Jörg Pannier

Dies ist kein Pfeifenbuch

AF548058

agenda

Jörg Pannier

Dies ist kein Pfeifenbuch

Zur Philosophie des Pfeifenrauchens

agenda Verlag
Münster
2007

Bibliografische Information der Deutschen Nationalbibliothek

Die Deutsche Nationalbibliothek verzeichnet diese Publikation in der Deutschen Nationalbibliografie; detaillierte bibliografische Daten sind im Internet über http//:dnb.d-nb.de abrufbar.

© 2007 agenda Verlag GmbH & Co.KG
Drubbel 4, D-48143 Münster
Tel.: +49-(0)251-799610 | Fax: +49-(0)251-799519
www.agenda.de | info@agenda.de

Layout, Satz: Catrin Buchholz, Jutta Hanke
Umschlaggestaltung: Frank Hättich

Druck & Bindung: SoWa, Warschau/PL

ISBN 978-3-89688-330-8

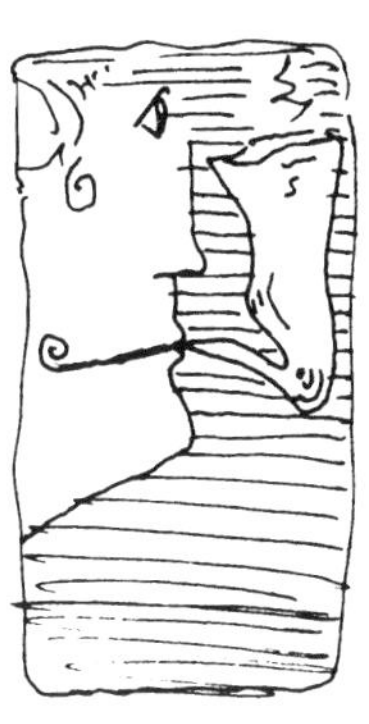

Es schicken wohl wenige Menschen Bücher in die Welt, ohne zu glauben, daß nun jeder seine Pfeife hinlegen oder sich eine anzünden würde, um sie zu lesen.

Georg Christoph Lichtenberg

Inhaltsverzeichnis

Die Pfeife ist der Jagdhund der Denker.
Pietro Barbarani

Rauchwort
Ein Vorzeichen

Ohne welches der geneigte Leser zwar alle übrigen Kapitel verstehen kann, gleichwohl einen leichteren Zugang findet und ansonsten sich ganz nach Belieben daraus einen Fidibus drehen mag.

Pfeifenrauchen macht Spaß. Philosophieren auch. Wer beides gleichzeitig tut, kommt ganz von selbst auf die Frage, ob es denn wohl eine Philosophie des Pfeifenrauchens gibt. Piepe + Philosophie = Piposophie? Ja gibt's denn so was? Und könnte da nicht jeder kommen? Schon ist man mitten im Thema.

Diese Philosophie des Pfeifenrauchens wendet sich vor allem an Pfeifenfreunde (und deren Sympathisanten), die als Kenner der Pfeifenmaterie nicht *noch* eine Einführung ins Pfeifenrauchen brauchen, ebenso wenig wie ein weiteres großes, mittleres oder kleines Handbuch der Pfeifenkunde – kurzum: Dies ist das Buch, auf das diejenigen schon lange gewartet haben, die endlich etwas Neues über das Pfeifenrauchen lesen wollen. Und sicherlich fühlen sich auch all jene angesprochen, die als Anfänger der Pfeifenfreuden direkt und ohne Umschweife zu diesem Thema gefunden haben.

Wer zu diesem Buch greift, wird sich also gern mit philosophischen Fragen rund um sein Lieblingsthema »Pfeifenrauchen« beschäftigen und darf zu Recht erwarten, dass sich hier alles um Philosophie, Pfeife und Tabak dreht. Aber statt »Pfeifenrauchen« könnte das ganz persönliche Lieblingsthema natürlich auch »Zigarrenrauchen«, »Weintrinken« oder »richtig gut Essen« heißen und man wäre hier immer noch goldrichtig – *denn dies ist ein Buch für Genießer*. Hier wird kein Brokkoli in Vittel-

Wasser gekocht oder dem Waschbrettbauch gehuldigt, sondern über eine sinnliche Leidenschaft mit Nebenwirkungen nachgedacht. Insofern werden hier die Freunde des dauersteifen Zeigefingers der politischen Korrektheit ausdrücklich nicht auf ihre moralinsauren Kosten kommen. *Achtung: Hier wird geraucht!* Wem das nicht passt, hat jetzt die Chance, das Buch wieder zu verlassen.

Sicher, Nichtrauchen ist gesünder, als Pfeife oder Zigarre zu rauchen. Jeder weiß das. Nikotin ist schädlich, Alkohol auch, Zucker sowieso und Fett ohnehin. Und Denken macht alles nur noch komplizierter. Trotzdem rauchen einige Unverbesserliche Pfeife oder Zigarre, trinken guten Whisky dazu und philosophieren darüber, dass sie zwischen diesen Buchdeckeln wohl lieber unter sich bleiben. Smokers only? Nicht ganz, denn wer sich als toleranter Nichtraucher einfach nur für Philosophie interessiert, sei hier herzlich willkommen! Wer allerdings glaubt, hier einen philosophischen »Persilschein« oder eine Generalabsolution für den Big Smoke zu finden, muss enttäuscht werden. Das Ziel einer Philosophie des Pfeifenrauchens ist ein ganz anderes.

Der Pfeifenraucher steht hier exemplarisch im Zentrum des Interesses, denn er erweist sich, wie der Gourmet, Aficionado oder Wein-Connaisseur, als Philosoph des Genusses. Sieht man einmal von einigen Eigenheiten des Pfeifenrauchens ab, dann lässt sich das hier Gesagte auf nahezu alle genussorientierten Leidenschaften übertragen. Und das wiederum hängt mit dem Wesen des Genusses zusammen.

Genießer sind besondere Menschen. Sie konsumieren nicht nur, sie zelebrieren ihre Lust mit Augenmaß und Leidenschaft und identifizieren sich mit und über den Genuss, also jene Freude, die man empfindet, wenn man etwas Angenehmes mit den Sinnen wahrnimmt. Im sinnlichen Vergnügen ist mancher schier außer sich, der Genießer jedoch ganz bei sich.

Dabei ist der Anlass des Genusses nahezu zweitrangig, denn der Genuss weist über sich und seinen Gegenstand hinaus auf den Genießer selbst. Der hält inne und denkt nach: Ob über das stille Glück des Feierabends, die (Vor)Freude beim Entkorken einer Flasche Wein, die Lust des Lesens – und natürlich der Genuss, bei all dem eine Pfeife mit feinem Tabak zu rauchen. So sinnlich zu genießen gilt als stilvoll, manche sagen auch: philosophisch, denn im reflektierten Genuss beginnt die

Philosophie der Lebenskunst, zu der die Philosophie des Pfeifenrauchens gehört. Doch dazu später mehr.

Pfeifenraucher sind wohl nicht zuletzt deshalb philosophisch interessiert, weil man sie ohnehin schon für Philosophen hält. Gerade weil dies aber noch zu beweisen ist, sollte man zunächst klären, was hier mit »Philosophie« im Allgemeinen und »Philosophie des Pfeifenrauchens« im Besonderen gemeint ist.

Befragt man Pfeifenraucher dazu, antworten sie meist ausweichend. Wer wollte ihnen das übel nehmen, wenn sogar die einschlägige Fachliteratur hier nicht wirklich weiter hilft. Nicht jene fürs Pfeifenrauchen und schon gar nicht die fürs Philosophieren. Deshalb ist eine Handreichung für den philosophischen Pfeifenfreund sicher keine schlechte Idee.

Wenn man jemanden sagen hört »Meine Philosophie des Pfeifenrauchens ist...« meint derjenige meist so viel wie »Ich handhabe das Pfeifenrauchen so und so« oder »Ich bevorzuge dies und das«. Was, ehrlich gesagt, mit Philosophie ungefähr so viel zu tun hat, wie Pfeifenrauchen mit Heizen. Technische Fragen zu erläutern oder praktische Tipps rund um Pfeife und Tabak zu geben, trägt nichts dazu bei, die Verbindung von Pfeifenrauchen und Philosophieren irgendwie zu verstehen oder gar zu erklären. Daran sind letztlich alle großen »Pfeifenflüsterer« gescheitert (wenn sie denn überhaupt zugeben würden, sich daran versucht zu haben). Die vorsichtigeren sprechen deshalb lieber vom *Flair* oder der *Magie* des Pfeifenrauchens.

Im Unterschied zu diesen Versuchen steht hier das *Philosophische* am Pfeifenrauchen im Mittelpunkt und wir können uns schon an dieser Stelle vom Ballast der üblichen Ratgeberliteratur für Pfeifenraucher befreien – schließlich sind wir keine Anfänger mehr. Außerdem ist unsere Fragestellung eine gänzlich andere – bloß wie lautet sie nun eigentlich?

Beim Pfeifenrauchen denkt mancher über das Leben nach – und das ist genau das, was hier mit dem Philosophieren verbunden wird. Wie Blumenberg meinte: »Philosophie ist, worauf man beinahe von selbst gekommen wäre.« Der Job des Philosophen besteht zunächst darin, hier und da durch möglichst einfache Fragen im Alltag auf die Sprünge zu helfen und etwas die Spur zu halten, während er bedächtig an der Pfeife zieht. Die Frage des amerikanischen Philosophen Thomas Nagel »Was bedeutet das alles?« ist eine gute Ausgangsfrage für das Philosophieren in allen Lebenslagen. Also auch mit und über die Pfeife. Und genau hier wollen wir beginnen.

Ein neues Buch

Dies ist also ein Pfeifenbuch, das im herkömmlichen Sinne *kein* Pfeifenbuch ist. Außerdem ist es ein philosophisches Buch, das *mehr* als nur ein Buch über Philosophie sein will. Es betrachtet das Pfeifenrauchen philosophisch, ja es begreift heiteren Gemüts und gänzlich unbefangen das Pfeifenrauchen selbst als philosophische Handlungsweise, und zaubert nicht bloß historisch-amüsantes Wissen aus der »Bonmotten«-Kiste der Philosophiegeschichte.

Nun könnte man fast vermuten, hier werde ernsthaft beansprucht, die *erste* systematische Philosophie des Pfeifenrauchens vorzulegen. Ein verführerischer Gedanke, doch es wäre wohl ein wenig übertrieben, dies zu beanspruchen. Jedoch etwas Philosophie in die Raucherecke zu bringen, kann schon mal ein Anfang sein. Wir werden uns ganz am Ende dieses Buches noch einmal ausführlich mit diesem Problem beschäftigen.

Nun kann und soll man Philosophie ernst und systematisch betreiben, und wer sie als *akademische Wissenschaft* praktiziert, muss dies ohnehin, da sich der Priem der Gelehrsamkeit nur bedächtig kauen lässt. *Aber wir müssen hier nicht.* Wir dürfen fröhlich philosophieren und uns dabei Pfeife schmauchend amüsieren. Und das tut nicht nur uns, sondern auch der Philosophie von Zeit zu Zeit gut, sorgt es doch im Alltag für den philosophischen Kick und spendet der Theorie eine gewisse Erdung.

Nun werden manche Fachphilosophen bestreiten, dass ein solch unordentliches Projekt einer fröhlichen Pfeifen-Wissenschaft überhaupt noch philosophisch zu nennen ist. Hatte doch schon der große Hegel nachdrücklich gewarnt: »Die Philosophie aber muss sich hüten, erbaulich sein zu wollen!« Was nun wiederum nicht heißt, dass Philosophieren keinen Spaß machen darf. Da lobt man sich die alten Griechen, immerhin die Erfinder der Philosophie, die zwar die Wichtigkeit ernster Themen einsahen, nicht aber die Notwendigkeit, diese auch *ausschließlich* ernst zu behandeln (Frédéric Pagès). Und genau das ist das Generalthema dieses Buches.

Die einzelnen Kapitel nehmen nur locker aufeinander Bezug, denn ein systematischer Zusammenhang oder gar ein heimlicher Seminarplan wird nicht verfolgt. Damit wird nicht nur eine dem Thema angemessene Darstellungsart gewählt, sondern auch der unterschiedlichen Einsatzbereitschaft verschiedener Leser entsprochen: Wer das Buch nicht in einem »Rutsch« lesen kann oder mag, nicht gern chronologisch liest und lieber im Text auf Entdeckungsreise geht, sollte sich gut zurechtfinden können.

Die Länge der Kapitel orientiert sich an der Dauer einer durchschnittlichen Pfeifenfüllung. Mehr oder weniger jedenfalls. Gründliche Leser und solche, die gern mal in Gedanken abschweifen, werden sich vielleicht gleich eine zweite Pfeife vorbereiten. Flake-Raucher und Freunde der Double Corona blättern locker zum nächsten Kapitel weiter. Big Smoke...

Der Ton des ganzen Buches ist salopp. Das wird manchem nicht seriös erscheinen und will es ehrlich gesagt auch gar nicht. Der Autor möchte lediglich unterhalten und zum Nachdenken anstiften. Geschrieben wurde dieses Buch für den Lesesessel, die Gartenbank oder den Liegestuhl und nicht für den Schreibtisch. Das ganze Unterfangen dieser Philosophie des Pfeifenrauchens ist nicht bierernst, sondern eher weinselig. Als Populärphilosophie gehört sie in den anspielungsreichen Dunstkreis der Pfeife. Also: »Gentlemen, you may smoke!«

Die Fachterminologie ist auf ein Mindestmaß beschränkt und es wird versucht, sie ebenso klar wie kurzweilig zu erklären. Hierzu dient auch das Glossar am Ende des Buches, das nicht so geläufige Namen und Begriffe erläutert. Darüber hinaus mag gelegentlich ein Register der Pfeifenkunde und ein Lexikon der Philosophie bei der Lektüre nützlich sein – für all jene, die es genauer wissen wollen.

In den Fällen, wo zitiert wird, sind die Quellen im Text offen gelegt. Eine Literaturliste zum Nachlesen findet sich im Anhang. Manches, was bereits vor Jahren als Hintergrundlektüre diente, mag unversehens wieder in den Text eingeflossen sein. Auch wenn man dies gern als neuen Blick durch alte Löcher ausgibt, bestand immer das redliche Bemühen, den entsprechenden Publikationen ihren Platz in der Literaturliste zuzuweisen, soweit die Quellen noch präsent waren.[1]

[1] Um nun noch jeden verbleibenden Verdacht zu zerstreuen, dass es sich bei dieser Philosophie des Pfeifenrauchens um eine wissenschaftliche Studie handeln könnte, wird

Am Ende eines jeden Kapitels werden Leseempfehlungen gegeben: Keine Klassiker oder elementare Erträge der Forschung, sondern gut lesbare Sachbücher und Romane, die einen eher ungewöhnlichen Zugang zu den ganz gewöhnlichen Dingen des Lebens bieten. Damit interessierte Pfeifenfreunde da weiterlesen können, wo dieses Buch Lust auf mehr gemacht hat.

Dies ist nun der heikle Punkt, wo in Pfeifen- und Zigarrenbüchern immer längere Auslassungen stehen über die Bevormundung von Rauchern, die moralische Zweifelhaftigkeit der Tabaksteuer, die Gesundheitsdiktatur, den Tugendterror der Political Correctness, den Gesinnungseifer mancher Nicht(mehr)raucher, die Scheinheiligkeit von Politikern, die klammheimliche Einführung einer Gesundheitszensur, den skrupellosen Missbrauch statistischen Materials, das machtvolle Wiehern des Brüsseler Amtsschimmels, die zutiefst intoleranten, undemokratischen und freiheitsberaubenden Antiraucherkampagnen und deren Vergleich mit Robespierres Wohlfahrtsausschuss oder McCarthys Kommunistenhatz. Man kann dies hier alles (ich hoffe, ich habe nichts vergessen) als »geschenkt« betrachten, da es das kämpferische Buch von Imre von der Heydt gibt: *Rauchen Sie? Verteidigung einer Leidenschaft*. Es enthält alles Notwendige, was es zu diesem Thema zu sagen gibt, und man muss es hier nicht noch einmal wiederholen.

So können wir uns philosophisch gelassen zurücklehnen, eine Pfeife stopfen und dort beginnen, wo himmlisch Pfeife geraucht wird. Nämlich im ersten Kapitel.

Zum Weiterlesen empfehle ich
jenen, die doch noch eine Einführung ins Pfeifenrauchen benötigen, mein Buch *Pipe-Line – Das Buch zur Pfeife*, Daedalus Verlag, Münster 2005[2]. Ein gutes Nachschlagewerk ist das *Philosophie Lexikon* aus dem Metzler Verlag, Stuttgart, Weimar 2007[3]. Ein Pfeifenlexikon ist leider nicht mehr publiziert worden, seit Helmut Hochrains *Lexikon für den Pfeifenraucher*, Heyne Verlag, München 1982[4], vergriffen ist.

---

auf gelehrte Verweise, akribische Belege und ausgefeilte Anmerkungen verzichtet. Dies ist also die erste und letzte Fußnote in diesem Buch.

Kapitel 1
Der Pfeifenraucher als Philosoph

In dem wir über den Wolken einen philosophischen Crash-Kurs machen, beim Zurückbeugen ein Philosoph in den Brunnen fällt und wir uns ganz nebenbei als ausgezeichnete Liebhaber erweisen.

Ein schöner Sommertag geht im milden Abendlicht zu Ende. Himmlische Ruhe. Simplicius, ein kleiner rundlicher Engel im karierten Nachthemd, sitzt auf einer Wolke, baumelt fröhlich mit den Beinen und raucht Pfeife. Vor ihm geht ein großer würdevoller Engel in Gehrock und Cowboy-Stiefeln vorbei und raucht eine mächtige Meerschaumpfeife. Ein dritter Engel, Pipophilos, mit langem Bart und wehendem Mantel, tritt hinzu, auch er raucht Pfeife. Er spricht Simplicius an.

P Hast Du gesehen, Simplicius? Ich wusste gar nicht, dass *der* auch im Himmel ist.
S Wen meinst du, Pipophilos?
P Na, den da gerade eben; den mit der Meerschaumpfeife.
S Ach den. Warte mal, denn kenn ich doch...
P Mensch Simpel, das ist Samuel Langhorne Clemens!
S Nein, der heißt anders...
P Doch, doch, das ist der, der gesagt hat [*mit verstellter John-Wayne-Stimme*] »Wenn man im Himmel nicht rauchen darf, gehe ich nicht hin.«
S Ja, aber man darf doch... Wo ist denn da das Problem? - Jetzt hab ich es: Mark Twain heißt er!

Pipophilos zupft sich nervös den Bart und zieht an seiner Pfeife. Süßer Ambrosia-Duft mischt sich mit der englischen Note aus Simplicius' Billiard.

P Ja, so nennt er sich auch. Der Kerl war zu Lebzeiten Freidenker, Simplicius, und er ist es wahrscheinlich immer noch. Kein Wunder, dass er so viele Pseudonyme hat.

S Na und? Jeder wie er will, sagt der Chef immer. Ist Mister Twain denn nicht etwa Philosoph wie du, Pipo? Schließlich raucht er Pfeife und du sagst doch immer...

P [*Seufzend*] Ja, ich weiß, ich weiß. Jeder hat eben seine Schwächen. Wie so viele glaube auch ich, dass Pfeifenrauchen und Philosophieren irgendwie miteinander zusammenhängen. Aber bei diesem Twain frage ich mich, ob das auch stimmt...

S Also ehrlich gesagt habe ich nie so richtig verstanden, wo da dein Problem ist. Aber du könntest mir doch mal den Zusammenhang von Pfeifenrauchen und Philosophieren erklären; ich meine, du bist doch als Pfeifenraucher und Philosoph doppelt vom Fach.

P Na ja, die Haltung des Pfeifenrauchers zur Welt ähnelt tatsächlich der des Philosophen. Deshalb sind viele von der Richtigkeit der These intuitiv überzeugt. Beides, Pfeifenrauchen wie Philosophieren, stellt eine Unterbrechung des Alltäglichen dar und schafft so *Muße* zur Selbstbesinnung und damit die Möglichkeit, nachzudenken. Mein Philosophielehrer hat immer gesagt: »Die Selbstzweckhaftigkeit des Denkens steigt auf wie der Rauch aus der Pfeife.«

S Wenn wir hier nicht auf einer rosa Wolke sitzen würden, würde das ziemlich nach verkorkster Innerlichkeit klingen.

P Jaja, du hast schon Recht. Er meinte aber wohl nur die simple Tatsache, dass in der Muße des Pfeifenrauchens die Dinge mit Abstand betrachtet und eingeordnet werden; nach reiflicher Überlegung werden Schlüsse gezogen und Entscheidungen getroffen.

S Aber wir haben hier doch immer Muße! Wir sind doch im Himmel!

P Richtig, aber die armen Schw... [*Donnergrollen*], ähm Schwestern und Brüder da unten doch nicht. Außerdem stellt sich für die Sterblichen noch ein ganz anderes Problem: Es mag ja das Pfeifenrauchen durchaus jene Atmosphäre schaffen, in der sich prima philosophieren lässt, aber macht das einen Pfeifenraucher schon zum Philosophen?

S [*Seufzend*] Wenn du schon so fragst, Pipo...

Philosophie für Pfeifenraucher

P Genau: Es ist die gelassene Distanz des Pfeifenrauchers, die die Brücke zur Philosophie schlägt. Die abgeklärte Haltung, für die Pfeifenraucher bekannt sind, kann man mit gutem Recht philosophisch nennen, denn sie beinhaltet genau das, was als *die* Grundhaltung des Philosophen gilt: Reflexion.

S [*Vieldeutig*] Aha?

P Reflektieren bedeutet im wörtlichen Sinne *zurückbeugen*, und meint Abstand gewinnen, das Ganze unvoreingenommen in den Blick nehmen, um desto besser erkennen zu können.

Simplicius springt auf und beugt sich wie ein Gummimännchen zurück und schwingt kichernd wieder nach vorne, was er mehrmals schnell hintereinander wiederholt.

S Huiuiuiui - So etwa?

P [*Ächzend*] Ich meine Folgendes: Wenn du die Pfeife in deiner Hand betrachtest, musst du sie im richtigen Abstand zu den Augen halten, wenn du was erkennen willst. Du nimmt sie näher heran oder hältst sie weiter weg, je nach dem, ob du die Maserung genauer betrachten (dort, der winzige Spot!) oder einen Gesamteindruck gewinnen möchtest.

Simplicius drückt sich den Pfeifenkopf vor das rechte Auge, klemmt ihn fest wie ein Monokel und grinst seinen Freund an.

S Ich verstehe: Man stellt die notwendige Distanz zum Selbstverständlichen und Alltäglichen her, um etwas aus einer anderen Perspektive, in einem anderen Licht gründlich betrachten zu können. Wie mit dieser Pfeife. Ooops!

Er lässt die Pfeife fallen und schnappt sie elegant auf.

P [*Überrascht*] Äh, ja. Aber es gibt noch mehr Parallelen zwischen Philosophieren und Pfeifenrauchen. So wie die Pfeife beim Rauchen der Sorgfalt bedarf, also durch Stopfen, Anzünden, Nachstopfen und Ziehen in Gang gehalten werden muss, so fordert die Philosophie, neben dem gründlichen und vorurteilsfreien Nachdenken, immer auch eine aktive Teilnahme an der Welt.

S Ach, ich dachte immer Philosophen wären so 'ne Art Hans-guck-in-die-Luft-Typen. Ziemlich neben der Spur und weit weg vom echten Leben. Wie der antike Philosoph, der so sehr in Gedanken war, dass er den Brunnen vor seinen Füßen nicht sah und hinein plumpste.

P Du meinst Thales. Ja, ja. Seine Zuschauer hatten ziemlich viel Spaß, vor allem diese junge Frau aus Thrakien. Das Lachen der Thrakerin ist seit damals sprichwörtlich für die »Alltagstauglichkeit« der Philosophen geworden. Aber die Geschichte geht ja noch weiter: Thales wollte es den Bürgern seiner Stadt so richtig zeigen, denn seine »Tiefenforschung« hatte sich dank der Thrakerin herumgesprochen. Er kratzte seine Ersparnisse zusammen und mietete sämtliche Ölmühlen der Region für die Erntezeit. Alle, die das Öl aus ihren Oliven pressen wollten, mussten nun zu ihm kommen und seine erhöhten Preise akzeptieren. So wurde er durch seine Klugheit sehr reich, konnte die Mühlen schließlich sogar kaufen und noch reicher werden.

S Ha, ganz schön clever. Und da Menschen Erfolg im Reichtum messen, war es ziemlich gerissen von diesem Philosophen, seine Revanche über das Geld laufen zu lassen. Nun mussten die Bürger ihn anerkennen.

P Ja, aber nur als Kredithai. Eigentlich ging es Thales um etwas ganz anderes: Denken, Handeln, erneut Bedenken, nach Grundlagen für das Handeln suchen, all das gehört zusammen. Bei aller Notwendigkeit der Theorie – Philosophie *muss* praktisch sein, wenn sie ernst genommen werden will. Deshalb verlangt sie Teilnahme. Wer allzu viel Abstand hat, zu distanziert ist, wird zum unbeteiligten Zuschauer des Lebens, während er sich im Rauch seiner Pfeife versteckt.

S Thales soll das Pfeifenrauchen ja erst hier oben gelernt haben...

P Was Pfeifenrauchen bedeutet, meinen Pfeifenraucher wie wir natürlich selbst am besten zu wissen – daher rührt der fortwährende Streit um das »richtige« Pfeifenrauchen sogar hier oben im Himmel. Unter Philosophen ist das nicht anders. Sie debattieren schier endlos darüber, worin denn nun die besondere Weise des *philosophischen* Denkens besteht.

S Und worin besteht sie nun?

P [*Etwas unsicher*] Na ja, die meisten Philosophen meinen, das Besondere ihrer Disziplin liege in der Radikalität des Fragens, der Gründlichkeit der Untersuchung und im sorgfältigen Umgang mit den Antworten. Klar und mit deutlich unterschiedenen Begriffen soll es in der Philosophie zugehen. Grundsätzlich wird das Grundsätzliche gefragt und das schließt die Grundsätze des Fragenden ein. Die Preisgabe der Vorurteile durch Einsicht in das Nicht-Wissen wird zur Vorbedingung alles sicheren Wissens. Deshalb ist philosophisches Denken kritisches Selbstdenken. Oder kürzer: Philosophie ist Kritik.

S Na, na! Das behaupten die Wissenschaftler doch alle. Außerdem kenne ich da so einen Zwerghuhnzüchter...

P [*Genervt*] Im Unterschied zu den übrigen Wissenschaften macht die Philosophie aber das, was man in den Wissenschaften Forschung nennt, selbst zum Gegenstand ihrer systematischen Erforschung. Einfacher gesagt: Die Philosophie hat im Wesentlichen mit dem Denken über das Denken zu tun. Autopsie – Selbsteröffnung.

S Uäää. Wie gut, wenn man dabei eine angenehm duftende und beruhigend warme Pfeife in der Hand hält.

P Nehmen wir es mit dem *Philosophen*, der *Philosophin* wörtlich. Warte mal...

Pipophilos zieht aus seinem Mantel ein riesiges Lexikon hervor und blättert eifrig.

P Hier steht: »Er oder sie ist ein philós, griechisch für Freund, Vertrauter, sogar Liebhaber der sophía, der Weisheit, der Wahrheit.« Liebe und Freundschaft werden hier verstanden als »selbstlose Hingabe«. [*Er blättert weiter*] Und: »Weisheit bedeutet praktische Einsicht in die vernünftigste Art der Lebensführung.« [*Er schaut auf und sieht Simplicius' fragenden Blick*] Das klingt schwierig, meint aber nur, dass Philo-Sophen nichts weiter als Liebhaber der Weisheit sind, Freunde der Wahrheit, die zum Äußersten entschlossen sind, mit ihren Einsichten ernst zu machen.

S [*Schmunzelnd*] Wie Liebhaber eben so sind...

P Gestern habe ich Martin Heidegger in der Wunder-Bar getroffen und wir sprachen wieder mal über dieses Thema. Du weißt ja, eigentlich kann man mit ihm über nichts anderes sprechen. Er fand die herkömmliche Übersetzung von Philosophie ebenso sentimental wie altväterlich. Er schlug vor, Philosophie zu übersetzen mit »einen Riecher für etwas, einen Instinkt für das Wesentliche« zu haben.

S [*Skeptisch*] Ein Philosoph ist also jemand, der einen Riecher für das Wesentliche hat?

P Genau! Und das lässt sich besonders gut an der duftenden Pfeife erläutern. Passionierte Pfeifenraucher sind nämlich grundsätzlich Amateure und Dilettanten.

S [*Entrüstet*] Ich bin doch kein Dilettant!

P Doch bist du! Natürlich nicht im heute gebräuchlichen abwertenden Sinne eines ungeübt mit der Pfeife pfriemelnden Stümpers, sondern in der jeweils ursprünglichen Bedeutung als Liebhaber, der sich seiner Leidenschaft hingibt.

S Ach so.

P Dem Liebhaber ist es ernst, deshalb sucht er stets nach Wegen, geht Wagnisse ein und bleibt letztlich Amateur. Der Pfeifenraucher ist ein ausgezeichneter Liebhaber und als Liebhaber entwickelt er sich schließlich zum Kenner!

Tiefe Stimme von oben: Hört, hört!

P [*Verunsichert*] Ähm, ja. Dem Klischee entsprechend halten viele einen Philosophen für jemanden, der nicht das gleiche Leben lebt wie alle anderen und den das Sich-versenken in seine Gedankenwelt bisweilen etwas wunderlich macht. Also wie bei Thales.

S Deshalb rauchen Philosophen also Pfeife! Gehüllt in den dichten Rauch der Pfeife kommen sie mit der bösen Welt kaum in Berührung.

P So jedenfalls das Vorurteil.

S Na, so ganz schuldlos scheinen sie daran ja wohl nicht zu sein.

Pipophilos wirft Simplicius einen vernichtenden Blick zu.

P Tatsächlich ist die Philosophie *kein* weltfremdes Lehrfach! Sie beansprucht, direkt mit der Lebensführung und der Lebensweise, der

Haltung der Menschen zu tun zu haben. Jemand hat mal gesagt, dass Sokrates der Erste war, der die Philosophie vom Himmel herunter gerufen, in die Wohnungen und an die Herdstellen der Menschen geführt hat. Bis heute weigert Sokrates sich, wie wir auf Wolken zu sitzen. Er raucht lieber da unten mit den Menschen. Und was ist eine Pfeife auch anderes als eine portable Herdstelle?

S Na, ein duftendes Feuer, um das man sich im Zeitalter von Zentralheizung und Fernsehen gern schart, weil die Sterblichen hier endlich mal Muße zum Denken findet?

P Philosophen und Pfeifenraucher stehen genau besehen mitten im Leben. Sie stellen sich nur manchmal bewusst abseits der großen Lagerfeuer auf.

S Lagerfeuer haben doch was Romantisches...

P Aber genau wie beim Lagerfeuer, ist es auch nicht die Pfeife, die ruhig und besonnen macht. Es ist der Umgang mit der Pfeife, der eine gewisse ruhige Grundhaltung vom Pfeifenraucher fordert – sonst ist das Pfeifenrauchen nichts für ihn. Die Philosophie stellt eine ganz ähnliche Forderung, nämlich das Leben wohlüberlegt und reflektiert zu führen. Nur so kann man Philosoph *werden.* Andernfalls würde ja studieren, das heißt das Anhäufen von mehr oder weniger nützlichem theoretischen Wissen, ausreichen. »Man kann nur Philosoph werden, nicht es sein«, meint Friedrich Schlegel. »Sobald man es zu sein glaubt, hört man auf, es zu werden.«

S Aha, und da sich die Forderungen an Pfeifenraucher und Philosophen so sehr ähneln, findet man ganz ähnliche Temperamente in beiden Gruppen. Man könnte also sagen, dass man deshalb nicht zufällig gerade unter Philosophen besonders viele Pfeifenraucher findet – und umgekehrt.

P [*Erleichtert*] So ist es!

S Wie steht es denn aber mit dem bei Pfeifenrauchern so beliebten Spruch: »Nicht jeder Philosoph ist Pfeifenraucher, aber jeder Pfeifenraucher ist Philosoph«? Stimmt der denn?

P Hm, klingt logisch, aber irgendwo ist da sicher ein Haken. Ich kenne da einige Pfeifenraucher, die echte Pfeifen sind... Du weißt, was ich meine.

S Klar. Vielleicht liegt es daran, dass man eindeutig erkennen kann, ob jemand Pfeife raucht, dass aber das mit dem Philosophen durchaus nicht so offensichtlich ist. Und genau besehen ist ja auch nicht jeder ein echter Pfeifenraucher, nur weil er mal mit Pfeife gesichtet wurde.

P Tja, soviel steht jedenfalls fest: Philosoph wird man nicht durchs Pfeifenrauchen. Aber offensichtlich auch nicht allein durch die Gaben des Geistes, sondern durch die Anstrengung des Willens, durch die trainierbare Geisteskraft.

S Heißt das, jeder kann Philosophieren?

P Im Prinzip schon, nur tun's nicht allzu viele. Philosophie ist eben auch anstrengend, es hat unter Umständen unbequeme Folgen. Philosophie ist eine erlernbare praktische Einstellung und nicht in erster Linie der Besitz einer bestimmten Menge oder Tiefe des Wissens. Sonst hätte ja auch der Wahlspruch des Sokrates »Ich weiß, dass ich nicht weiß« wenig Sinn.

S Also bei Sokrates wäre ich vorsichtig, da rede ich lieber gleich mit Platon...

P Nun sagte das alte Schlitzohr nicht »Ich weiß, dass ich blöd bin«, sondern er fragte, was es heißt, überhaupt etwas zu wissen. »Ich weiß nicht, ob und was ich weiß«, hätte er sagen müssen.

S Moment, kommt man so nicht zu der deprimierenden Einsicht, dass man tatsächlich nichts wirklich weiß?

P Ja, leider. Eine Erkenntnis, die schon so manchem beim Pfeifenrauchen dämmerte, aber ohne dass derjenige deshalb gleich vom großen Orakel zum weisesten Menschen auf Erden erklärt wurde, wie es das bei Sokrates tat. Ob es von Sokrates allerdings auch weise war, seine Einsicht gleich jedem unter die Nase zu reiben, wage ich dann doch zu bezweifeln, denn seine Mitbürger entledigten sich dieser philosophischen Nervensäge durch den Schierlingsbecher, einer damals sehr beliebten Hinrichtungsmethode.

S Auweia...

P Wir lernen aus dieser Geschichte, dass die Philosophie auf leidenschaftliche Gründlichkeit und Ehrlichkeit dringt und damit ebenso erfolgreich wie gefährlich ist.

S Das hätte ich jetzt nicht gedacht.

P Die Bereitschaft, konsequent nach der Wahrheit zu fragen und mit dem als wahr Erkannten – was immer das auch sei – ernst zu machen, kann für den Einzelnen fatale Konsequenzen haben. Beides gemeinsam, die Art des Fragens als Ausdruck des Wissen-Wollens und der Umgang mit den Antworten, zeichnet Philosophen aus.

S Aha! So ganz ohne Fachwissen geht es also doch weder beim Philosophieren noch beim Pfeifenrauchen. Sokrates‘ Spruch schien mir eh‘ paradox. Zu wissen, dass man nicht weiß...

P Na ja, Sokrates‘ provokante Feststellung ist sicherlich verschmitzter Ausdruck eines bestimmten Wissens, nämlich eines reflektierten Selbstverständnisses. Deshalb ist die Aussage »Ich weiß, dass ich nicht weiß« aber nicht paradox, geht es doch um unterschiedliche Begriffe des Wissens. Sokrates weiß wenigstens, dass er nicht weiß, was immerhin mehr ist als das Wissen all jener, die nur glauben, etwas Richtiges zu wissen.

S Und was heißt das für die Philosophie?

P Im Anspruch der Selbsterfahrung des vernünftigen Menschen auf Übereinstimmung mit sich selbst wird eine philosophische Lebensführung zu einer ihre Voraussetzungen ernst nehmenden Philosophie.

S Bitte?

P Das bedeutet, dass Philosophie und Leben, Theorie und Praxis notwendig zusammengehören. Eine Philosophie, die lediglich als ein gelehrtes System zu verstehen wäre, hätte letztlich nur noch einen Wert in sich selbst; sie wäre für Sterbliche aber bedeutungslos. Wie eine Pfeife, die sehr schön aussieht, man aber nicht rauchen kann.

S Sag das doch gleich...

P Philosoph-Sein ist also ursprüngliche Selbsterfahrung und beginnt mit Selbsterkenntnis.

S »Erkenne Dich selbst!« Das ist doch die uralte Inschrift in so einem Tempel des Apollon. Leider führte der Gott der Weissagungen nicht weiter aus, was man tun soll, wenn sich herausstellt, dass man jemand ist, den man lieber nicht kennen lernen möchte. Und wenn ich dann denke, ich wäre der, dann wäre ich doch lieber ich.

P Du kommst immer auf Ideen! Ich wollte sagen: Selbsterkenntnis ist nötig, weil sie der Beginn der Vergewisserung ist. Und wo könnte man damit besser beginnen, als bei sich selbst, wenn man gerade Pfeife raucht.

S Also mich halten viele Leute für einen ziemlich...

P Simplicius! Nicht was alle meinen, sondern was du über dich selbst weißt – und zwar klar und sicher – das ist der Anfang allen Wissens, der Beginn allen Forschens. Und das heißt nichts anderes, als sogar zu sich selbst auf Distanz zu gehen und aus diesem Abstand gründlich bedachte Schlüsse zu ziehen.

S [*Brummt*] Wie gut, dass ich ein Engel bin und eine unendliche Pfeife rauche.

P [*Begeistert*] Philosophieren bedeutet also, die begriffliche Selbstauslegung des Menschen als eines vernünftigen Wesens systematisch zu betreiben.

S Pipophilos, ich verstehe kein Wort!

P Ist doch ganz einfach: Ziel der philosophischen Selbstauslegung ist immer die Orientierung in Welt- und Lebenszusammenhängen.

S ???

P Man kann Philosophie auch als Versuch der Kartografierung des Geisteslebens beschreiben – leider entsteht die Karte im Maßstab 1:1. Philosophen suchen Aufklärung über die Rätsel der Welt, in deren Mitte sie als Fragende stehen.

S [*Pafft missmutig*] Na, das ist ja eine tolle Selbstaufklärung...

P Richtig. Aber die philosophische Selbstauslegung macht nicht nur den Sterblichen begreiflich, was es bedeutet, frei zu sein. Das Abenteuer Denken: Hier zu sitzen, Pfeife zu rauchen und sich in der Reflexion seiner selbst bewusst zu sein, bedeutet, den Geschmack von Freiheit und Abenteuer zu erleben. Auch als Engel.

S Na gut, ich weiß selbstverständlich, wie man eine Pfeife stopft, anzündet und raucht – aber wie philosophiert man denn nun? Ich habe mal den Philosophen Hector Castañeda sagen hören: »Philosophie ist, ohne Zweifel, für verschiedene Leute Verschiedenes«, aber das hilft mir ehrlich gesagt nicht wirklich weiter. Und was hat es mit so geheimnisvollen Wissenschaften wie Ethik, Ontologie oder Metaphysik auf sich?

P Also: Betrachtet man die Philosophie als eine geistes- oder kulturwissenschaftliche Disziplin, so läuft dies meist auf eine systematische Darstellung von deren Themen und Bereichen hinaus, an denen sich offenbar seit gut drei Jahrtausenden nicht allzu viel geändert hat. Diese

Liste wäre aber nur ein wenig hilfreiches »Branchenverzeichnis« der philosophischen Disziplinen. Und wir kämen bloß zu der Einsicht, dass offenbar auf jede Frage, die man in der Philosophie stellt, bereits ein alter Grieche das Copyright angemeldet hat.

S Das ist mir auch schon aufgefallen, deshalb sind die hier oben auch so aufgeblasen. Aber vielleicht kommt man der Antwort auf die Frage nach dem Philosophieren näher, wenn man nach ihrem *Ursprung* fragt.

P Ich weiß nicht, ob die Idee so gut ist. Im Pfeifenclub meinte letztens Jean Paul noch: »Aller Anfang ist dermaßen schwer, daß die ganze Philosophie bisher weiter nichts suchte als eben einen.« Dem hielt Søren Kierkegaard entgegen: »Die Erfahrung hat gezeigt, daß es für die Philosophie keineswegs schwierig ist, anzufangen. Weit entfernt; sie fängt ja mit nichts an und kann somit jederzeit anfangen. Was hingegen der Philosophie und den Philosophen schwerfällt, ist das Aufhören.« Und was sagt uns das? – »Nichts kann so unsinnig sein, daß es nicht von irgendeinem Philosophen gesagt werden würde.« Verflixt, da hat sich Cicero wieder eingemischt, und der ist doch auch Philosoph! Du kannst dir vorstellen, was da los war...

S Na, da lobe ich mir doch das Pfeifenrauchen, das immer einen Anfang und ein Ende hat und zwar genau in dieser Reihenfolge.

P Abwarten! Gerade wir als unendliche Wesen müssen uns im Klaren darüber sein, dass die herkömmlichen Vorstellungen erkenntnistheoretischer Natur...

S Oh nein, können wir dieses Thema nicht noch etwas verschieben? Wie wäre es mit dem Staunen? Allgemein wird doch im Staunen der Ursprung der Philosophie gesehen.

P [*Etwas pikiert*] Ja, richtig. Der älteste Nachweis hierüber findet sich bei Platon. [*Zieht ein dicke Buchrolle aus seinem Mantel*] Nach einigen denkakrobatischen Windungen des Gesprächs mit Sokrates räumt dessen junger Gesprächspartner *Theaïtetos* verdattert ein, ich zitiere: »Also ehrlich, bei den Göttern, Sokrates, ich staune ganz gewaltig, wie das wohl sein kann; ja manchmal, wenn ich richtig aufpasse, wird mir ganz schwindelig bei dem, was du da sagst.« Und Sokrates antwortet: »Mein Lieber, man urteilt schon ganz richtig von deiner Natur. Denn genau das ist der Zustand eines Freundes der Weisheit [also eines

Philo-Sophen!], nämlich das Staunen; ja es gibt gar keinen anderen Anfang der Philosophie als genau das Staunen.«

S Staunen oder Verwundern hat also etwas mit den Perspektivenwechseln zu tun, die so tief greifend und ungewohnt sind, dass dem armen Kerl davon der Kopf schwirrt wie von einer Morgenpfeife mit einem englischen Balkenbiegertabak.

P Man muss ja auch eine Menge aufgeben: Wer staunt, ist alles andere als Inhaber einer Welt-Anschauung; wer nämlich Letztere hat, staunt nicht. Ist ja auch alles im Lot. Scheinbar.

S Du, diese sokratische These scheint immer wieder aufzutauchen. Zum Beispiel dieser Wiener Philosoph, du weißt schon, der sich auch als Architekt versucht hat...

P Du meinst Ludwig Wittgenstein?

S Genau. »Ein philosophisches Problem hat die Form: Ich kenne mich nicht aus«, sagt er und behauptet, dass man nur so in die Philosophie starten könne.

P Recht hat er! Leider tun sogar schon die Anfänger im philosophischen Seminar so, als wären sie Mister Allwissend, der schon alles gelesen und verstanden hat – was für Sterbliche ziemlich lächerlich ist.

S Aber was genau heißt denn nun *staunen* im philosophischen Sinne?

P Staunen meint nicht das Ergriffensein vom Erhabenen (wenn du eine himmlische Pfeife von Jørn Micke oder Bo Nordh bestaunst) oder Kuriosen (wenn du die vermutlich größte Pfeife der Welt in Saint-Claude anstaunst), sondern Verwirrung als Folge einer – nennen wir es kühn – Offenbarung. Wenn man urplötzlich eine umwerfend neue Erfahrung macht, eine Einsicht gewinnt, dann springt einen etwas regelrecht an, es tut sich jäh wie ein Abgrund auf, etwas ist plötzlich ganz anders als man bisher dachte. Oft bekommen dabei bislang gewisse, sichere Fundamente tiefe Risse.

S Aber das ist doch schrecklich! Schließlich ist fraglich, ob die Grundlagen unseres Denkens als Basis überhaupt noch taugen.

P So ist das eben. Jeder Anspruch fordert Einspruch heraus. Niemand hat schließlich behauptet, dass Philosophie das Leben einfacher oder leichter macht.

S Hm, stimmt schon... Aber sie scheint wenigstens das Leben interessanter zu machen.

P Nimm unseren Freund Ludwig Marcuse: »Die Geschichte der Philosophie ist eine Serie von mehr oder weniger haltbaren Böden unter den Füßen; jedes Fundament endet in einem Erdrutsch«, meint der.

S Kein Wunder, dass einem beim Philosophieren schwindelig wird. Da kann man doch froh sein, wenn man sich an der Pfeife festhalten kann.

P So sehe ich das auch. Denkerische Erdbeben machen im Schutz des Pfeifenrauchs nicht mehr so viel aus. Im Gegenteil: »Es gibt kein Gelingen, nur verschieden interessante Wege des Scheiterns« – Walter Benjamin, du kennst ihn als Pfeifenraucher. Scheitern kann eine ziemlich anstrengende Tätigkeit sein.

S Das erinnert mich daran, dass letztens noch Jean Cocteau zu mir gesagt hat: »Ein Philosoph ist jemand, der eine Pfeife verschluckt und dafür eine Dampflokomotive ausspuckt«... Ich finde, das passt auch auf Mark Twain.

P Also gut, insofern wollen wir diesen schlimmen Finger, der immerhin Minderjährige in seinen Romanen zum Pfeifenrauchen anhält, in unsere Reihen aufnehmen...

Die Philosophie aus der Pfeife

Soweit die beiden himmlischen Boten. Man sieht, dass Beruhigung und Anregung, Distanz und Leidenschaft der Pfeife zu Gebote stehen und es sich gut mit der Pfeife philosophieren lässt. Die Tabakspfeife erweist sich als der ideale Katalysator für philosophische Denkprozesse und Diskussionen. Sie ist wie der Destillierkolben des Alchimisten, ein Purgatorium der Gedanken, wo die Schlacke des Seins abgeschmolzen wird und die Grundfragen der Philosophie zu Tage treten:

✓ Der aufsteigende Tabakrauch und seine Verwandlung von Sein in Nichts vor unseren Augen lässt nach dem Wesen der Dinge, ihrem Entstehen, Werden und Vergehen fragen: Was bedeutet es, wenn etwas *ist*, und was wäre, wenn *Nichts* wäre? Warum ist etwas und nicht vielmehr nichts? So kommt man zur grundsätzlichen Frage: *Was kann ich wissen?*

- ✓ Man schaut dem aufsteigenden Rauch hinterher und denkt über das Leben nach. Oft grübelt man beim Pfeifenrauchen darüber, was demnächst zu tun oder zu lassen ist, welche Konsequenzen mit diesem und jenem Handeln verbunden sind und dass perfiderweise sogar Unterlassungen das Leben verändern werden. Man fragt sich: *Was soll ich tun?*

- ✓ Vom herrlich duftenden Tabak bleibt letztlich nur ein kleines Häufchen Asche – das an Endlichkeit und Sterblichkeit erinnert. Und man entsinnt sich mit der erloschenen Pfeife in der Hand an Menschen, die schon längst von uns gegangen sind. Die Pfeife wird im wahrsten Sinne des Wortes zum Denk-mal, zum *Memento mori*. Bang fragt man sich: *Worauf darf ich hoffen?*

- ✓ Zurückgelehnt betrachtet man durch den Schleier des aufsteigenden Rauchs die Umtriebigkeit der Welt und fragt sich, was einen immer wieder dazu treibt, an diesem Irrsinn teilzunehmen. Insofern sind wir Menschen uns selbst das größte Rätsel. Betrachtet man sich in Hinblick darauf, was man wissen kann, was man tun soll und was man hoffen darf, so fragt man sich: *Was ist der Mensch?*

Offenbar hat philosophisches Pfeifenrauchen, das hier übrigens den Grundfragen der Philosophie nach Immanuel Kant folgt, mehr mit dem Fragenstellen, dem In-Frage-Stellen, als dem Antworten zu tun. Dabei kommt das Pfeifenrauchen wie das intensive Nachdenken zwei zentralen menschlichen Grundbedürfnissen nach: Der Sehnsucht, sich die Welt anzueignen und dem Wunsch, in dichten Tabakswolken Schutz vor ihr zu suchen. Das Pfeifenrauchen als Ort der Sicherheit und Klarheit, der Freude und Entspannung, wo ein kurzer Blick darauf möglich ist, wie das Leben sein sollte und könnte.

So wie man viel Spaß am Pfeifenrauchen haben darf, kann man auch Philosophie als etwas den Alltag Erhellendes auffassen, das Vergnügen bereitet. Um es mit Horst Günther zu sagen »Das philosophische Denken ist eine Sache, die so viel Spaß macht und zugleich so wichtig ist, daß man sie keinem anderen überlassen sollte.« Nun ist das Pfeifenrauchen nicht gerade wirklich »wichtig« (außer vielleicht für Pfeifenraucher), aber das heißt noch lange nicht, dass es mit Augenmaß und Leidenschaft betrieben nicht »ernsthaft« Spaß machen würde.

Auch wenn nicht jeder Pfeifenraucher gleich ein Philosoph ist, so steckt doch in jedem etwas »Philosophisches«, das es zu entdecken und kultivieren gilt. Der Pfeifenraucher als Philosoph - das ist nicht der Sonderfall der Philosophiegeschichte. Er ist deren Musterfall. - Oder sollte das Ganze nur ein Mythos sein?

Zum Weiterlesen empfehle ich

Friedhelm Moser, *Kleine Philosophie für Nichtphilosophen*, Beck'sche Reihe (bsr), München 2002[2]. Anregungen für Leib und Leben des aufgeschlossenen Pfeifenrauchers bietet Francesca Rigotti, *Philosophie in der Küche, Kleine Kritik der kulinarischen Vernunft*, C. H. Beck Verlag, München 2002. Einen haarsträubenden Roman über die Chancen, ein ganz großer Philosoph zu werden, hat Tibor Fischer geschrieben: *Ich raube, also bin ich*, Rowohlt Verlag, Berlin 1997. Wer einen ironischen Zugang zur Philosophie sucht, greife zu Fred Vargas *Vom Sinn des Lebens, der Liebe und dem Aufräumen von Schränken*, Aufbau Verlag, Berlin 2007[2].

Kapitel 2
Der vergessene Mythos

Wo wir an den Feuern der Urzeit unsere erste Pfeife rauchen, den Göttern Dampf machen, den Tabak nach Europa bringen, fast den Kopf verlieren und einen toten König ziemlich ärgern.

Eine der interessantesten Fragen der Kulturgeschichte des Pfeifenrauchens lautet, wieso die Pfeife so tief als Zeichen des gebildeten Menschen in unserer Kultur verwurzelt ist. »Welches Bild könnte mehr den Eindruck von Ruhe und Sicherheit vermitteln, als eine Person, die Pfeife rauchend ihrer Arbeit nachgeht. Unwillkürlich vermittelt sie ein Gefühl des Vertrauens, fast immer mit einer starken Ausstrahlung von Sympathie, die den Betrachter - und das vom ersten Augenblick an - beeindruckt«, so der Journalist Mathias Paulokat. Aber warum das so ist, wird eigentlich nie geklärt.

Die Kulturhistoriker unter den Pfeifenbuchautoren weisen darauf hin, dass sich das oben beschriebene Bild des Pfeifenrauchers als Vertrauensperson aus grauer Vorzeit herleitet. Keineswegs ist das Pfeifenrauchen in Afrika, Asien und Europa erst seit der Einführung des Tabaks üblich gewesen. Vielmehr spielte es immer schon bei bestimmten Anlässen eine wichtige *kultische* Rolle - nur wurde eben außerhalb Amerikas noch kein Tabak geraucht. Die historischen Wurzeln der Verknüpfung von Pfeife und Geist reichen weit hinab bis ins mythische Dunkel der Menschwerdung, zurück bis zum flackernden Licht des ersten von Menschen gehüteten Feuers.

Am Anfang war die Pfeife

Der Mensch ist das einzig uns bekannte Lebewesen, das Feuer kontrollieren kann. Er ist von ihm fasziniert und angezogen. Um ein Feuer erzeugen und unterhalten zu können, müssen eine ganze Reihe komplizierter Handlungen beherrscht werden. Die Nutzbarmachung des Feuers vor etwa 400.000 Jahren war für die menschliche Kultur ein außerordentlicher Fortschritt, vielleicht der größte überhaupt. Feuer wärmt, man bereitet mit ihm die Nahrung zu, es bietet Schutz vor wilden Tieren und lockt Artgenossen an. Und wo Feuer ist, da ist auch Rauch. Und schon haben wir die ersten Raucher.

Wahrscheinlich waren die ersten »Pfeifen« Erdlöcher, in die man einen hohlen Knochen oder Halm steckte, um so das Feuer zu »belüften«. In jenen Zeiten, als man selbst noch kein Feuer machen konnte, war es wichtig, die Feuerstelle zu behüten. Wollte man das Feuer transportieren, was bei der damaligen Lebensweise häufig der Fall war, musste man das Erdloch irgendwie mitnehmen. Die logische Folge war ein transportabler Glutbehälter aus Ton, Stein oder Knochen mit einem Halm. Oder man nahm einfach ein aufgebohrtes Horn. Die Pfeife war erfunden – und mit ihr die Brandblase. Man sieht: Pfeifenraucher nehmen heute noch teil am uralten Ritual des Feuerhütens.

Irgendwann mussten unsere Vorfahren auf die Idee gekommen sein, an den Pfeifen zu ziehen, statt zu pusten. Schnell schätzten sie den angenehmen Duft und Geschmack bestimmter Kräuter auf der Glut und erfreuten sich deren anregender Wirkung, wie sie der griechische Historiker Herodot später im fünften vorchristlichen Jahrhundert bei skythischen und massagetischen Rauchern in Osteuropa staunend beobachtete: »Sie werden von dem Rauch ganz trunken wie wir Griechen, wenn wir Wein trinken.« Klar, was da schon seit Jahrhunderten, möglicherweise seit Jahrtausenden, geraucht wurde: Ohne Hanf kein Kampf!

Vor allem im alten Nord- und Osteuropa wurde lange vor der antiken Zeit geraucht. Die Kelten qualmten undefinierte »aromatische Kräuter«, die harten Germanen bevorzugten Riedgras, was nicht zur Nachahmung empfohlen werden kann. Die Vorläufer der dabei verwendeten Rauchgeräte finden sich schon in prähistorischer Zeit. Geht man zu diesen Wurzeln des Pfeifenrauchens zurück, ergibt sich eine hoch interessante kulturphilosophische Deutung der archäologischen Fundlage.

Wahrscheinlich schon in der Spätsteinzeit wurde demnach die Pfeife als Hort des Feuers zum Zeichen der Weisen und Mächtigen, also derjenigen, die im Clan über Leben und Tod entschieden. Schließlich barg die Pfeife die heilige Glut, das reinigende Feuer, den Funken der

Götter, die Flamme der Weisheit und den himmlischen Duft der verbrennenden Kräuter. Mythen rankten sich von Anfang an um dieses duftende Geschenk der Götter. Man denke an die Tabakmythen und magischen Pfeifenrituale der Indianer mit ihren verschiedenen Zeremonienpfeifen oder die Sagen und Märchenwelt rund um Feuer und Rauch im alten Europa.

Insbesondere der Rauch hat eine sakrale und mystische Bedeutung. Das Verbrennen von heiligen Kräutern gehört in allen bekannten Kulturkreisen zur Liturgie und wertvolle Räuchergeräte gab es zu allen Zeiten und bei allen Völkern. Der Theologe Wolfgang Zwickel hat dies in seiner Forschung über *Räucherkult und Räuchergeräte* eingehend untersucht. Seit Menschengedenken setzt man verschiedene Aromastoffe dem Feuer bei. Räucherwerk enthielt bei Mesopotamiern, Ägyptern, Griechen und Römern duftende Botenstoffe zu den Göttern: *Per fumum* – durch den Rauch gesagt. Das ist der Ursprung des Wortes Parfum und es ist damit unserer duftenden Pfeife dem Wesen nach verwandt.

Der Ursprung des eigentlichen »Rauchens«, also des Rauchens um des Rauches willen, kann natürlich nicht im Transport des Feuers liegen, wir können ihn aber im Kultischen vermuten. Zur Menschwerdung gehört nämlich nicht nur das Feuer, sondern vor allem der *Mythos*. In ihm suchen wir eine Antwort auf die menschlichste aller Fragen, nämlich der Frage nach unserer Identität: Wer sind wir? Die Mythen geben uns darüber Auskunft, sie zeigen uns die Stellung des Menschen im Kosmos, welche Rolle wir in der Welt spielen und stabilisieren damit zugleich unsere sozialen Bindungen. Feuer und Mythos gehören ursprünglich zusammen, wie man noch heute ganz einfach am Lagerfeuer feststellen kann.

Die Nutzbarmachung des Feuers muss als Akt der Freiheit und Macht verstanden werden. Der erste Mensch, der mit einem brennenden Ast ein gefährliches Raubtier verscheuchte, wird sich unglaublich stark gefühlt haben. Im Feuer lodert Kraft, zeigt sich gebändigte Macht und beherrschte Gefahr. All das stand nun dem Mensch als Meister des Feuers zu Diensten. Aus dem unbedeutenden affenartigen Beutetier war schlagartig ein mächtiger Konkurrent um die Beute geworden.

Schon früh fragten Menschen sich, woher denn das verzehrende Feuer stammt. Es schien direkt von den Göttern zu kommen, etwa wenn es als Blitz auf die Erde geschleudert wurde. War dies ein Geschenk oder doch eher ein Versehen? Hatte man diese Macht überhaupt verdient oder hatte man das Feuer gar gestohlen?

Dass Menschen sich dies fragten, zeigen uralte Mythen wie der des Prometheus, jenes Helfers der Menschheit, der das Feuer gegen den erklärten Willen des Göttervaters den Menschen gab. Zur Strafe schickte Zeus den Sterblichen Pandora mit ihren unzähligen Plagen und bestrafte den aufsässigen Prometheus äußerst grausam. Der Besitz des Feuers wird so zum Sündenfall, zum brandgefährlichen Zwist der Menschen mit den Göttern, der selbst die Götter untereinander entzweit.

Der Mythos des Prometheus zeigt, dass man einen hohen Preis zu zahlen hat, wenn man sich etwas aneignet, das eigentlich den Göttern vorbehalten ist. Deshalb sollte man sich tunlichst wieder mit ihnen versöhnen. Am besten durch ein Opfer dessen, was einem den Groll der Götter eingebracht hat: So liegt es nahe, ein Rauchopfer zu veranstalten.

Es muss für die Menschen der Vorzeit überhaupt etwas Magisches gehabt haben, den Aggregatwechsel vom festen »Brennstoff« zum flüchtigen Rauch zu beobachten. Im Wechsel vom Sein zum Nichts schienen die Götter im Feuer anwesend, vielleicht sogar am Verbrennen maßgeblich beteiligt zu sein. Wer sonst sollte in den Flammen den Brennstoff verzehren, wenn nicht die unsichtbaren Götter? Ein Rauchopfer verbindet Irdisches mit Himmlischem. Natur, Menschen und Götter werden wieder vereint durch den Ritus: In der irdenen Pfeife wird ein Gewächs des Bodens verbrannt und so steigt die rohe Materie durch das Feuer geläutert als reiner Rauch in die himmlischen Sphären auf. Und der Duft ist den Sterblichen wie den ewigen Göttern ein Wohlgefallen. So stimmt man milde und vergewissert sich des eigenen Seins in einer Welt, die durch den Kult wieder geeint ist.

Der *ursprüngliche* Kult des Pfeifenrauchens erklärt sich also aus dem Mythos. Durch den Ritus, den festgelegten Ablauf im Kult, wird die Sphäre des Göttlichen über das Trennende, das Feuer, wieder mit dem Irdischen ausgesöhnt. Der Rauch ist dabei der für alle sichtbare Vermittler zwischen Menschen und Göttern, sein Aufsteigen ist der Beweis der Gunst der Götter. Siehe Kain und Abel!

Der kultische Raucher versöhnt durch Magie und Beschwörung, durch Opfer und Rausch seine irdische Existenz mit den göttlichen Mächten. Das Opfer ist ein ritueller Akt, durch den eine geweihte Gabe dargebracht wird, die ein heiliges Band zwischen Mensch und Gott schafft, aufrechterhält oder wieder herstellt. Der opfernde Raucher ist gleichzeitig *Mittler* und *Garant* für den Ausgleich mit den Göttern zum Erhalt der Welt.

Aber der prähistorische »Pfeifenraucher« war auch der *Wächter* des Feuers. Eine so wichtige Aufgabe vertraute man nur besonders zuverlässigen und erfahrenen Stammesmitgliedern an und entband die so Ausgezeichneten von anderen (ablenkenden) Pflichten. Der Hüter der Pfeife war also in doppelter Hinsicht ein Ausgezeichneter. Nur er lebte, jedenfalls zeitweise, in frei verfügbarer Zeit, in Muße. Dies war die Zeit des Kults. Zeit für die Pfeife, Zeit für den Mythos. Zeit für das, was man seitdem Kultur nennt. Insofern stand am Anfang die Pfeife.

Vom Mythos zum Logos

Der *Mythos* (griechisch für Wort, Geschichte, Legende) ist eine Erzählung in Sinnbildern, manchmal auch in Gleichnissen. Die meisten Märchen und Legenden enthalten einen mythischen Kern. Der wiederum verlangt nach einer Interpretation, die hinter dem jeweils buchstäblichen den verborgenen Sinn sucht und damit den sinnbildlichen Wirklichkeitsgehalt offen legt.

Dem Inhalt nach überschreitet der Mythos die Grenzen tatsächlicher Ereignisse und zielt auf Ursprüngliches, wie wir am Beispiel des Prometheus sahen. Der Philosoph Manfred Frank sieht im Mythos kein System von Zeichen, sondern von *Symbolen.* Im Gegensatz etwa zur Verfassungsurkunde, die aus lauter Zeichen besteht, ist das Symbol nicht eindeutig, es ist bewusst nicht exakt kodiert und stellt keinen festen Verweisungsbezug her. Mythen sind somit immer interpretierende Reden. Anders als im *Kult,* wo die Gegenwart des Heiligen unmittelbar Ereignis ist, erscheint der Mythos selbst durch seine Begründungsstruktur distanziert vom Begründenden. Da erzählt einer ja nur eine »Geschichte«.

So enthält der Mythos zwar immer ein Verständnis der menschlichen Wirklichkeit, er handelt aber nur auf indirekte Weise davon. Diesen indirekten Charakter kann man so erklären, dass für den Mythos die menschliche Wirklichkeit über den Menschen hinausweist. Deshalb sagt man auch, der Mythos transzendiert (lateinisch für überschreitet) die Grenzen menschlichen Wissens, indem er auf Außerzeitliches und Außerweltliches zurückgreift oder verweist.

Damit wird der Mythos zum Tor in eine andere Welt, in die Welt der Götter, Helden und Wunder, und bietet so die Möglichkeit, dem Vergehen des Gewöhnlichen zu entgehen. Da der Mythos zugleich wahr und doch irreal ist, kommt ihm eine unendliche zyklische Zeit im imaginären Raum zu. Wer ernsthaft fragt, wann das goldene Zeitalter war, wird auch wissen wollen, wo Atlantis liegt, und enttäuscht sein, wenn er den Olymp erstiegen hat, um nachzuschauen, wo Familie Zeus wohnt. Wir werden auf diese Problematik später noch ausführlich zurückkommen. Hier nur so viel, dass das Pfeifenrauchen wegen seiner eigentümlichen Zeitstruktur dem Mythischen eng verbunden ist.

Die Abläufe des Pfeifenrauchens scheinen selbst für diese zeitliche Struktur verantwortlich zu sein: Das Vorbereiten (Stopfen) der Pfeife entspricht dem »Es war einmal«, durch das die linear verlaufende Zeitstruktur, der chronologische Ablauf, wie er die Alltagswelt dominiert, vorübergehend suspendiert wird. Man tritt aus dem alltäglichen, dem irdischen Zeitrahmen heraus. Das Rauchen orientiert sich, wie die Erzählung, an seinen eigenen zyklischen Erfordernissen. Ist die Pfeife zu Ende geraucht, ist die Geschichte noch lange nicht abgeschlossen. Das Ausklopfen und Reinigen der Pfeife ist wie das »Und wenn sie nicht gestorben sind, dann leben sie noch heute« – was mehr als eine bloße tautologische Abmoderation ist, denn es stellt eine Rückkehr in die linear verlaufende Wirklichkeit der alltäglichen Raum-Zeitlichkeit dar. So wird der Raum des Mythischen mit uns realen Wesen verknüpft. Die indianischen Stämme haben nicht zuletzt wegen dieser rituellen Struktur des Pfeifenrauchens und dessen spirituelle Bindung an den Mythos, das Kalumet, die so genannte Friedenspfeife, als ein kultisch-magisches Instrument angesehen.

Die beliebige Wiederholbarkeit, die jeden Mythos auszeichnet, trifft auch auf das Pfeifenrauchen zu, denn wenn der Tabak verraucht ist, bleibt die Pfeife. Man kann sie immer wieder benutzen, so wie man die alten Geschichten immer wieder erzählen kann. Die Handhabung der Pfeife ist wie die Erzählstruktur des Mythos – ein zyklischer Ablauf im tradiert-rituellen Rahmen. Und der Kult wird durch die Wissenden ausgeübt. Der

Wissende wird zum Weisen. Und der raucht Pfeife. Mythos Pfeife. Doch es wäre noch verfrüht, ein q.e.d. unter unsere Beweisführung zu setzen.

Die ausgedehnte Dauer des eigentlichen Rauchens macht die Pfeife zu *dem* Instrument des Mythos, zum Rauchmedium jener Großform der narrativen Dichtung, dem Epos. Hierzu braucht man genügend Zeit. Zeit bei mehreren Pfeifen, die man in Muße rauchen kann. Tolkien hatte das erkannt und den Bewohnern von Mittelerde das Pfeifenkraut geschenkt. Auch bei Terry Pratchett rauchen alle Zauberer, allein im Lehrerzimmer von Hogwarts scheint ein politisch korrektes Rauchverbot zu herrschen.

Im Epos wird aus der Sicht eines allwissenden Erzählers die Ausfahrt und Bewährung des Helden geschildert. Der lange Atem der Geschichten (nicht der linear verlaufenden punktuell-exakt datierbaren Geschichte) kommt dem Pfeifenraucher sehr entgegen. Man könnte sagen, dass der Pfeifenraucher ein episches Bewusstsein hat. So erscheint das Pfeifenrauchen manchmal als ein liebgewordenes Relikt aus einer längst vergangenen Erzähl- und Denkstruktur, einer antiquierten Zeitmodalität des Mythos, von der wir als Menschen aber unmöglich lassen können.

»Die Geschichte«, so Jean Cocteau, »ist eine Wahrheit, die mit der Zeit zur Lüge wird, während der Mythos eine Lüge ist, die mit der Zeit zur Wahrheit wird.« Dem mythisch-epischen Bewusstsein bleibt alles, wie es ist. Eine ewige Wiederkehr des Gleichen. Dem heute vorherrschenden linear-chronologischen Denken entspricht die reine Zukunftsausrichtung einer letztlich unkalkulierbaren Welt, deren einzige Beständigkeit im diffusen Wandel liegt: Nichts bleibt, wie es wird.

Heute wird Mythos anders verstanden als zu jenen Zeiten, da das Pfeifenrauchen einen kultischen Zweck erfüllte. Mit der Rationalisierung der Welt durch die Wissenschaft ging die Verschriftlichung des Mythos einher und das bedeutet vor allem, dass die zyklische Ausdrucksweise der gesprochenen Sprache zugunsten einer stringent-linearen Erzählstruktur des Schriftlichen aufgegeben wurde. Der Mythos wurde *entzaubert* und zur Unterhaltung trivialisiert: Helden verkommen zu Pop-Ikonen und Superstars. Diana wurde mit »Pomp and Circumstance« begraben, Madonna macht Musik, und es ranken sich Legenden um Zino Davidoff oder den »Mythos Dunhill«. Ob Sakralisierung des Autos, Lustökonomie des Konsums oder Götzenverehrung im Sport: Der Mythos mutiert zur monströsen Übersteigerung des Alltäglichen, zur Hybris des Banalen. Aus den ursprünglichen Mythen einer Kultur werden erst Märchenanthologien, dann Marketingstrategien. »Mars bringt verbrauchte Energie zurück« – das lässt dem einst so mächtigen Kriegsgott nichts Gewaltiges mehr – außer die Macht der Kalorien.

»Vormoderne Energien«, so der Kulturwissenschaftler Gernot Böhme, »flottieren durch alle Systemebenen der modernen Gesellschaft«, weil wir längst nicht so aufgeklärt sind, wie die Moderne behauptet. Gehört der »Mythos« des Pfeifenrauchens in dieses Pandämonium der Entzauberten oder ist er vielmehr ein Hoffnungsschimmer in entsetzlich entzauberten Zeiten? Und ist diese Philosophie des Pfeifenrauchens überhaupt noch von dem unbedarften Gerede von »Unternehmensphilosophien« oder der »Philosophie«, eine bestimmte Automarke zu fahren, unterschieden?

Philosophisches Pfeifenrauchen bedarf, um zur Entfaltung zu kommen, der »Einwurzelung in Räume der Muße«, wie man dem Philosophen Josef Pieper in den Mund legen könnte: »Die Muße aber lebt vom Kult. Abgeschnitten vom Kult wird die Muße müßig.« Die Frage ist also, wie »kultisch« das Pfeifenrauchen heute noch ist, wie eng es dem Mythos verbunden geblieben sein mag.

Auf den ersten Blick haben die Situationen, in denen man Pfeife raucht, kaum noch etwas vom ursprünglichen Kult. Sie sind Konsumsituationen, in denen bestenfalls genossen wird. Der Kalauer des konsumistischen Manifests liegt in der Luft. Tatsächlich haben wir den ursprünglichen Mythos vergessen und wir wissen nicht mehr, wozu der Kult ursprünglich diente, den wir immer noch pflegen. Wir rauchen eben Pfeife und machen uns keine weiteren Gedanken. Wozu auch? Wir stopfen die Mixture *Ambrosia* in die Pfeife der Serie *Wotan* und zünden den Tabak mit dem Feuerzeug der Marke *Prometheus* an. Na und?

Manchmal aber lässt uns das Pfeifenrauchen wieder ahnen, dass der Wunsch nach Ganzheit, die Sehnsucht nach der Einheit mit Gott und der Welt tief in uns verwurzelt ist. Der Versuch, Distanz zu gewinnen, ist Teil der ewig neuen Strategie, sich die Welt als Ganze zu erschließen, sie sich anzueignen und damit sich selbst zu bestimmen. Wie der allwissende Erzähler des Epos greift man zur Pfeife, spürt den Zeit- und Erzählstrukturen längst vergangener Versuche der Welterschließung nach und ist erstaunt, dass das alte Bedürfnis nach dem Mythos immer noch so lebendig und mächtig ist. Und wie könnte man besser einen Mythos aufleben lassen, wie ließe sich fruchtbarer ein Problem in epischer Breite erörtern, als bei einer Pfeife, die man tatsächlich in Muße und mit Genuss raucht.

Aber genau das scheint im Widerspruch zum neuzeitlichen Weltbild zu stehen. Die moderne Wissenschaft führt nämlich zur Ausgrenzung des Mythischen als Unsicher-Symbolisches, des Aberglaubens, des Vorurteils. Kurz und knapp lehnt sie die Phantasie ab und lässt unser Bedürfnis nach dem Mythos unbefriedigt. Trotzdem bricht der Mythos immer wieder in unterschiedlichen Maskeraden hervor, brauchen wir ihn doch zur Selbsterkundung und Weltorientierung. In seiner Ursprünglichkeit ist der Mythos nicht totzukriegen. Der Pfeifenraucher Schelling spricht deshalb von der Unerfindbarkeit des Mythos, da er »einer der Urgedanken ist, die sich selbst ins Dasein drängen.« Für diesen Philosophen des Mythos ist folglich auch »der Historiker ein rückwärts gewandter Prophet.«

Kurioserweise ist das Pfeifenrauchen nicht nur mit dem mythischen Wähnen, sondern, seit der Neuzeit, vor allem auch mit der Klarheit der wissenschaftlichen Strenge verbunden. Kaum taucht im Spielfilm ein Wissenschaftler auf, trägt er nicht nur den obligatorischen weißen Kittel, er raucht auch ein lange, gerade Pfeife. Man denke an Pierce Brosnan in *Mars Attacks*. Die Ursachen dieses Klischees finden sich wiederum im Mythos, und es sieht ganz danach aus, als wären diese Insignien nicht erst von Hollywood usurpiert worden.

Bereits in der Antike wurde dem Mythos der *Logos* entgegengesetzt: Er ist das Vernünftige, Rationale, das chronologisch Geordnete und wissenschaftlich Exakte. Die Sprache der Logik ist die der Deutlichkeit und Präzision, ihre Zeitlichkeit ist linear und forschrittsorientiert, weshalb sich bereits die alten Griechen viel darauf zugute hielten, vom Mythos zum Logos, vom gleichnishaft-dunklen Märchen zur reinen und klaren Wissenschaft fortgeschritten zu sein. Bereits in dieser ersten philosophischen Aufklärung ging es nicht um Einheit und Versöhnung, sondern um zergliederndes Verständnis und umfassende Beherrschung. Das galt schon damals als modern.

In der binären Logik von wahr und falsch ist kein Platz für Transzendentes, für Erahntes und Erfühltes. Logos statt Mythos – nur einige Philosophen sehen wieder mal alles ganz anders und starren trotzig in die duftende Glut. Mythos und Logos sind für sie nur zwei Seiten einer Medaille. Zuerst wird aus dem Gleichnis eine Gleichung und wenn Physiker lange genug an ihrer Weltformel gerechnet haben, wird aus der Gleichung wieder ein Gleichnis.

Es ist vor allem Platon, der den Mythos benutzt, um vertrackte philosophische Denkfiguren und schwierige Argumentationen leichter zu fassen und das *Unsagbare*, das Transzendente, das nur schwer vollständig Begreifbare, besser formulieren und vermitteln zu können. Der Mythos ist also entweder ein didaktisches Mittel (und insofern für uns hier nicht weiter interessant) oder aber er stellt eine Art »Probebohrung« des Geistes dar, der seine eigenen Fundamente, aber auch seine äußersten Ziele untersucht. Da wo der Logos nicht weiter kommt, hat der Mythos seinen Auftritt. Hier haben wir es wieder mit der alten Frage nach uns selbst zu tun: wer wir sind und was wir sollen. Dies ist das Feld der Philosophen, der Forscher – und die rauchen, wie wir noch sehen werden, seit dem 16. Jahrhundert Pfeife.

Wir verknüpfen also nicht von ungefähr die Pfeife mit dem wissbegierigen Wissenschaftler und Forscher. Etwas schrullig, aber ziemlich klug sieht er mit seiner Pfeife aus. Er bedient sich selbstverständlich der schärfsten Instrumentarien der Logik, er ist ein Meister der Dialektik, auch wenn er vielleicht etwas weltfremd scheint. Die wissenschaftliche Aneignung der Welt wird von ihm mit beträchtlicher Ausdauer, höchster Konzentration und größter Sorgfalt betrieben, das lebenslange Lernen ist ihm so selbstverständlich, wie das Atmen.

Ein guter Teil des »Mythos Pfeife« basiert somit auf den allgemein mit dem Klischee des Forschers verbundenen Bildern. Übertragen werden Logik, scharfsinniges Schlussfolgern und kühle geistige Überlegenheit auf den Pfeifenraucher, der sich natürlich nicht wehrt. Kurioserweise treibt ausgerechnet der Logos den »Mythos Pfeife« zur reinsten Blüte. Der Logos wird durch den Mythos verstärkt, ja, der Logos wird selbst zum Mythos.

Über den Mythos ist die Philosophie mit dem Pfeifenrauchen eng verschwistert. Trotzdem sagen wir manchmal abfällig »Das kannst du in der Pfeife rauchen« – das hieße aber im Rahmen unserer Überlegungen zur Selbstreflexion, uns selbst zu rauchen, wie es René Magritte in seinem surrealen Bild *Die philosophische Lampe* gezeigt hat. »Die Überlegung eines manischen und zerstreuten Philosophen können an eine geistige

Welt denken lassen, die in sich geschlossen ist, wie hier ein Raucher der Gefangene seiner Pfeife ist«, so Magrittes Kommentar zum eigenen Bild. Es sind zwei absurde Szenarien dargestellt: erstens der geschlossene Rauchzirkel des Philosophen, bei dem Pfeife, Mund und Nase eine zyklische Einheit bilden und für die ewige Wiederkehr des Gleichen steht; zweitens eine brennende Kerze, die am unteren Ende geschmolzen, am brennenden Docht jedoch fest ist. Magritte stellt so die vermeintlich sicheren Gewissheiten unseres Alltags zur Disposition. »Wie eine ironische Replik auf die Lichter, die einem beim Denken aufgehen sollen, wirkt diese Kombination aus schlangenartiger Erkenntnis-Kerze und dem Magritte ähnelnden Kopf, der sich selbst in der Pfeife zu rauchen scheint«, erläutert der Kunsthistoriker Marcel Paquet. Mythos Pfeife – quod erat demonstrandum?

Siegeszüge

Von wegen: Was zu beweisen war! Ihnen ist das ganze Gerede über Mythos und Kult zu dubios, Sie wollen »harte« Beweise über den Ursprung des »Mythos« Pfeife? Gut! Gehen wir das Problem *kulturhistorisch* an und betrachten das Pfeifenrauchen von seinen europäischen Wurzeln her. Dies bietet uns die Möglichkeit, den Umgang mit dem vergessenen Mythos, dessen Kompensation sowie die Folgen zu betrachten. Gerade am Beginn des europäischen Pfeifenrauchens finden wir Helden und Mythen in Hülle und Fülle, wobei wir allerdings feststellen, dass die ersten »Pfeifenhelden« alles andere als Stubengelehrte waren.

Die Historiker sind sich darüber einig, dass sich die Europäer das »Rauchtrinken« von *Nicotiana tabacum* bereits bei ihren ersten Expeditionen in die neue Welt von den Indianern abgeguckt haben. Rodrigo de Jerez gilt als erster aktenkundiger Tabakraucher der europäischen Geschichte. Leider wissen wir nur deshalb von ihm, weil sein Leben durch den blauen Dunst eine betrübliche Wendung nahm. Der Seemann brachte 1493 Tabak als Eigenimport von seiner Fahrt unter Capitano Kolumbus nach Hause mit und wurde sogleich von den Behörden unter Arrest gestellt. Damals lautete die Anklage nicht etwa Drogenbesitz, Zigarettenschmuggel oder Steuerhinterziehung, sondern er wurde von der heiligen Inquisition als vom Teufel Besessener inhaftiert, da er wie Satan persönlich Rauch aus Mund und Nase ausstieß. Die Verteufelung der Raucher hat also eine lange Tradition.

Die schreckliche Strafe von zehn Jahren Kerkerhaft für den ersten Raucher konnte schon damals nicht den Siegeszug des Tabaks aufhalten. Als der »arme Teufel« endlich entlassen wurde, war der Tabakrauch bereits in aller Munde. Zu exotisch, aufrührerisch und mondän war das Pfeifenrauchen. Man bedenke, dass damals die Matrosen des Kolumbus, Vasco da Gama und Amerigo Vespucci ein Ansehen genossen, wie wir es heute vielleicht noch Astronauten entgegenbringen (Neil Armstrong, der erste Mensch auf dem Mond, war selbstverständlich Pfeifenraucher). Ohne Frage wollten alle das exotische Verhalten dieser Abenteurer und Entdecker imitieren, um etwas von deren Ruhm auf sich zu übertragen. Noch heute macht ein irischer Pfeifenproduzent mit der Produktlinie »Great Explorers« guten Umsatz. Aber bis es dazu kam, bedurfte es noch eines Anstoßes.

Das Pfeifenrauchen verdanken wir genau genommen den Engländern, und es hat mit jener Kolonie zu tun, die 1585 von Sir Walter Raleigh zu Ehren der »jungfräulichen Königin« Elizabeth I. von England *Virginia* genannt wurde (was gerade Raleigh hätte besser wissen müssen, wie manche behaupten). Die englischen Kolonisten hatten zu den dort lebenden Indianern zwar nicht immer die besten Beziehungen, aber von Pocahontas' roten Brüdern lernten sie zumindest das Pfeifenrauchen.

»Sir Walter war der erste, der Toback nach England und in Mode gebracht hat«, schreibt 1670 sein Biograf John Aubrey und übergeht dabei Admiral John Hawkins, dem diese Ehre rund 50 Jahre vor Raleigh gebührte. Richtig ist aber, dass erst Raleigh das Pfeifenrauchen *populär* machte, indem er es vom Kultischen befreite, aus den rituellen Kontexten der Indianer vollständig löste und es stattdessen mit einem originär europäischen Flair, man würde heute sagen: *Image* versah. Dazu nutzte er geschickt seinen Ruf und den seines Zechkumpans, Sir Francis Drakes, »Tollkühn wie ein englischer Pirat –Nur echt mit Pfeife!« »Modern wie die neue Welt – Das macht die Pfeife!« Freiheit, Abenteuer, Zeitgeist und Genuss verschmolzen zum neuen Mythos Pfeife. Pfeifenrauchen wurde zur britischen Lebensart und Raleigh der erste Imageberater in Sachen Tabak.

Von nun an verbreitete sich das Pfeifenrauchen mit rasanter Geschwindigkeit. Bereits 1590 wurde die Pfeife in einer offiziellen Chronik als »Teil Englands« bezeichnet. Nur wenige Jahre nachdem Raleigh der alten Welt die neuen Genüssen des Tabaks eröffnet hatte, bestieg Jakob I. den englischen Thron und verfasste sogleich ein *Counterblaste to Tobacco*, ein Pamphlet wie aus der Schreibstube Brüsseler Bürokraten. Jakob hasste Pfeifen, den Tabakrauch, das Rauchen und am meisten verabscheute er Raleigh. Er konnte ihm zwar den Prozess wegen Hochverrats (und nicht etwa wegen Rauchens) machen, aber seinen Untertanen konnte er weder die Anhänglichkeit zu dem Seehelden noch das Rauchen abgewöhnen.

Raleigh rauchte tatsächlich bis zuletzt. Als er am 29. Oktober 1618 zur Hinrichtung ging, soll er geraucht und erst zum Enthaupten die Pfeife aus dem Mund genommen haben. »Er nahm noch einige Züge aus der Tobackspfeife, bevor er aufs Schafott stieg«, berichtet John Aubrey, »was etliche förmliche Personen chocirte – indes ich finde, es war gut & recht getan.« Da wir alle wissen, wie sehr es Pfeifenraucher hassen, die Pfeife nicht zu Ende rauchen zu dürfen, können wir uns die schlechte Laune vorstellen, mit der der 64-jährige von dieser Welt schied. Außerdem verlieren Pfeifenraucher nur ungern den Kopf.

Das aufregende Abenteurer- und Heldenimage, verbunden mit schnurrigen Anekdoten, das machte das Pfeifenrauchen unwiderstehlich für Raleighs Zeitgenossen und legte den Grundstein für den modernen Mythos Pfeife. Das Kultische verschwand hinter der aufziehenden Moderne und das Pfeifenrauchen wurde zum weltlichen Tabakgenuss. Man könnte auch von einer Säkularisierung des Pfeifenrauchens sprechen, die wir Raleigh zumindest teilweise verdanken. Aber ein Rest des spirituellen Erbes der ursprünglichen Raucher scheint doch immer wieder durch.

Noch ein Nachtrag zu König Jakob, dem Rauchmelder. Als man vor einigen Jahren wegen Sanierungsarbeiten in der Westminster Abbey das erste Mal seit Jakobs Beisetzung 1625 dessen Grab öffnete, fand man neben den sterblichen Überresten des Monarchen eine gerauchte Pfeife. Irgendwer muss sie während der Beisetzung in den Sarg geschmuggelt haben, um den toten König noch mal so richtig zu ärgern. Und das perfiderweise bis in alle Ewigkeit. Man munkelt, dass es sich bei besagter Pfeife um jene handelt, die Sir Walter zuletzt geraucht hat.

Das Pfeifenrauchen kam von England her in Mode und verbreitete sich insbesondere durch die europäischen Konfessionskriege mit den protestantischen Heeren auf dem Kontinent. Anfangs freilich nur unter den Vermögenden, denn Tabak war noch lange als importierte Kolonialware sündhaft teuer. Zu Wallensteins Zeiten wurde Tabak mit Silber aufgewogen. Bei diesen Apothekerpreisen war es nur folgerichtig, dass Tabak gleich in der Apotheke verkauft wurde, zumal man das Indianerkraut für eine Arznei hielt. Ein weiterer Mythos.

Ärzte wie Jean Nicot verschrieben ihren Patienten Tabak. Doktor Nicot war übrigens nicht der Entdecker des »Wirkstoffs« Nikotin, wie man immer wieder lesen kann. Das wäre im 16. Jahrhundert noch unmöglich gewesen. Nicot wurde erst Ende des 18. Jahrhunderts vom schwedischen Systematiker Carl von Linné als ärztlicher Förderer des Tabaks zum Namenspatron des Wirkstoffs ernannt. Tatsächlich: Die meisten Ärzte und Apotheker sahen bis weit ins 17. Jahrhundert hinein in dem Kraut aus der Neuen Welt die lange gesuchte Wunderdroge *Panacea*, die »Allheilende«, jene mythische Pflanze, die gegen alle Leiden helfen sollte.

Bodenständiger war da die Analyse der damaligen »Heilpraktiker« der Paracelsus-Schule: Tabak mache »Rotz und Schleim fließen, stärkt die Lebensgeister und auch das Gedächtnis, indem es das Hirn von groben Dünsten reinigt und ausleert«, so ein Arzt der Zeit. Hieronymus Bock bezeichnete in seinem Kräuterbuch von 1639 den Tabak als »Wunder-Confect, fürnembstes Arzney-Kräutlein, Erfröhlichungs-Kraut und Heil aller Welt.« Entsprechend baute man das lukrative Kraut bereits überall in Europa an, als Tomaten und Kartoffeln noch lange allein in botanischen Gärten anzutreffen waren.

Im 17. Jahrhundert wurde der Tabak wegen seiner botanischen Zugehörigkeit zur Familie der Nachtschattengewächse von den klassisch gebildeten Gelehrten in die Familie der europäischen Mythologie adoptiert, indem sie ihn kurzerhand zum Wappenkraut von *Hypnos* (Schlaf), dem Sohn der Nacht, erklärten. Man wusste damals schon um die Gefahren des übertriebenen Tabakkonsums, denn Hypnos Zwillingsbruder ist *Thanatos*, der Tod. Das griechische *Pharmakon* steht gleichermaßen für Gift, wie für Medizin. Allein die Dosis macht den Unterschied, lehrt Paracelsus. Tabak hielt man durchweg für gesund, wenn er denn in Maßen genossen wurde. Was immer auch mit »genossen« gemeint war, denkt man an die damals in der Medizin so beliebten Tabak-Klistiere, Aufgüsse und Wickel. Aber Tabak wurde natürlich auch gekaut, geschnupft und geraucht. Ja man stopfte ihn sich sogar in die Ohren – gegen das Ohrensausen.

Tabak wurde vielfältig in der Medizin eingesetzt und die ersten Erfolge hatte bereits Nicot bei der Migränebehandlung der französischen Königin Katharina von Medici erzielt. Insbesondere zur Pest-Prophylaxe wurde immens geraucht. Man reichte die Pfeife bei Magen- und Darmbeschwerden, Zahnweh und Kopfschmerzen, aber auch als Mittel gegen Depressionen. Pfeifenrauchen wurde zum Aspirin des 17. und 18. Jahrhunderts. Noch im Sommer 1831, als die Cholera in Berlin wütete, empfahl eine medizinische Broschüre Tabakrauchen als Schutzmittel vor der Epidemie. Der passionierte Pfeifenraucher und Philosoph Hegel schenkte diesem ärztlichen Mythos wohl zu viel Glauben, denn er verließ die Stadt nicht und fiel prompt der Seuche zum Opfer. Vielleicht hatte er versäumt, die entsprechenden »Kräuterzusätze« seinem Tabak beizumengen.

Es darf übrigens als gesichert gelten, dass bereits Shakespeares Zeitgenossen nicht nur Tabak aus ihren Clay-Pipes rauchten. Bei Ausgrabungen in Stratford-upon-Avon, damals wie heute nicht gerade der Nabel der mondänen Welt, konnten durch modernste Untersuchungen der Londoner Gerichtsmedizin in den Überresten von zwei Dutzend Tonpfeifen aus dem 17. Jahrhundert Spuren von Kokain nachgewiesen werden. Holy Smoke! Wenn das schon in Stratford üblich war, was mochte da erst in »Swinging London« los gewesen sein? Manches Ungereimte des Großmeisters des englischen Dramas wird so nicht verständlicher, wohl aber erklärlich.

❦

Zum Weiterlesen empfehle ich
Die Hochzeit von Kadmos und Harmonia von Roberto Calasso, btb im Goldmann Verlag, München 2001, ein Buch, das eine phantastische Reise ins Labyrinth des Mythos unternimmt. Zwar ist Hans Blumenbergs *Arbeit am Mythos*, stw, Suhrkamp Verlag, Frankfurt am Main 2006, wört-

lich zu nehmen, aber Dank des eleganten Stils gut lesbar. Und natürlich darf hier nicht die kulturhistorische Arbeit von Alfred Dunhill fehlen: *The Pipe Book; A Guide to Nearly Every Pipe Created*, Gramercy Books, New York, London 1924, Reprint 1999. Die deutsche Ausgabe ist leider vergriffen.

Kapitel 3
Giganten
Die etwas andere Philosophiegeschichte

In welchem erklärt wird, was Hobbes mit Cavendish zu tun hatte, wie Newton beinahe eine junge Dame lädierte, warum Schopenhauer einen so großen Safe brauchte und weshalb Russell sich als schlechter Tugendbold erwies.

Giganten haben große Köpfe, in die eine Menge hineingeht, sie haben mächtige Mundstücke und sie sind nicht immer handlich. Das gilt nicht nur für große Pfeifen, so genannte Giants, sondern auch für große Philosophen: Großkopferte. Und man trifft viele dieser Philosophen mit Pfeife an. Große Philosophen sind meist auch große Pfeifenraucher. »Piposophen« könnte man sagen. Und wir »Zwerge« stehen auf den Schultern jener Riesen und können auf diese Art manchmal etwas weiter sehen, als die Großen – wenn sie nicht zu dichten Rauch machen.

Für philosophische Pfeifenfreunde sind die großen Pfeifen-Philosophen Gewährsleute und Vorbilder, insbesondere deshalb, weil in ihnen eine gemeinschaftsbildende Kraft lebendig ist. Diese Giganten bieten Orientierungszusammenhänge und Identifikationspotenziale, sie stehen für Schaltstellen der Geistesgeschichte und es macht stolz, dass man, wenn man Pfeife raucht, mit dabei ist. Hegel hat nämlich gelehrt: »Wenn der Geist einen Ruck macht, da sind wir Philosophen auch dabei.« Wir und die Pfeife. Ein historischer Überblick lohnt also, zumal wir auf einige der hier vorgestellten »Piposophen« später noch ausführlicher zurückkommen werden.

Die Klassiker

Bereits 1623 berichtete der englische Naturforscher, Philosoph und Lordkanzler Englands, Francis Bacon unter dem Titel *Historia vitae et mortis* über seine Erfahrungen mit Tabakspfeifen. Als Staatsmann hatte er dabei vornehmlich die Volkswirtschaft im Auge: »In unserem Zeitalter wächst der Gebrauch des Tabaks ins Unendliche und erobert die Menschen mit einem gewissen geheimnisvollen Ergötzen, so daß jene, die erst einmal daran gewöhnt sind, sich dessen nur schwer enthalten können.« Und wer raucht, arbeitet nicht, ärgerte sich der Politiker.

Bacons Zeitgenossen René Descartes waren solche Überlegungen fremd. Der französische Söldner des Dreißigjährigen Krieges, Spieler, Mathematiker, Wissenschaftler, Haudegen und notorische Herzensbrecher soll sich am liebsten bei schlechtem Wetter mit einer langen Gouda-Pfeife hinter den warmen Kachelofen zurückgezogen haben, um bei Wein und Tabakrauch an Gott und der Welt zu zweifeln. Nicht zu verzweifeln, denn schließlich rauchte er ja Pfeife. Hier, hinter dem Ofen, soll er zur Einsicht gekommen sein »Ich rauche, also denke ich«.

Ein weiterer berühmter philosophischer Pfeifenraucher jener Zeit war der Engländer Thomas Hobbes, der grundsätzlich nach dem Essen mindestens eine Pfeife rauchte und trotz dieses Lasters mit über neunzig Jahren zu den langlebigsten Philosophen zählt. Aber man sollte nicht die Kunst zu leben mit der Fähigkeit, alt zu werden verwechseln, denn wenn es im Leben des Thomas Hobbes eine beständige Triebkraft gab, dann war es die Furcht. Pfeife und Philosophie schenkten ihm etwas Ruhe und Frieden in Zeiten der religiösen Bürgerkriege.

Dass die von Hobbes bevorzugten gigantischen Tonpfeifen, die er »Leviathan« nannte, Pate standen für sein philosophisches Hauptwerk über die Begründung staatlicher Gewalt, ist ein so windiges Gerücht, dass es sich selbst bei seinem ansonsten so geschwätzigen Biografen John Aubrey nur andeutungsweise findet.

Und noch etwas ist kurios: Obwohl Magister Hobbes viele Jahre als Hauslehrer der Familie *Cavendish* diente, schätzte der Philosoph ausdrücklich nicht die süßen, sondern allein jene würzigen Tabake, die in etwa die gleiche Wirkung wie ein kräftiger Schlag mit einem dicken Knüppel haben. Der herbe Rauch seiner Leviathan-Pfeifen entsprang einer dubiosen »Eigenmischung«, nach deren Ursprung sich ein kluger Mann besser nicht erkundigen sollte.

Sir Thomas Browne, in England noch heute durch seine Schrift *Religio Medici* von 1635 bekannt, war ein feinsinniger Gelehrter, der ebenfalls Pfeife rauchte. Das wäre für damalige Verhältnisse noch nichts Besonderes, aber er empfahl darüber hinaus noch der Damenwelt das Pfeifenrauchen – How shocking! Einer Brieffreundin riet er: »Die boshafte Welt mißbilligt Ihren Rauchgenuß, doch ich möchte Ihnen raten, Madame, von einer so unschuldigen Zerstreuung nicht abzulassen.« Dr. Browne, der Mediziner war, hielt das Pfeifenrauchen tatsächlich für gesund.

Der einflussreiche liberale Staatsphilosoph und Arzt John Locke, der ganz nebenbei 1696 die Bank von England gründete, war ebenfalls ein passionierter Pfeifenraucher, der sich, genau wie sein Kollege Browne, über die Wirkung des Tabaks einigen Illusionen hingab: »Brot oder Tabak können, trotzdem dass sie der Gesundheit nützen, aus Gleichgültigkeit oder Widerwillen vernachlässigt werden; aber die Vernunft und Überlegung empfehlen sie und lassen den ersten Versuch machen; der Gebrauch findet oder die Gewohnheit macht sie dann angenehm.« Man sollte hierüber nicht den Kopf schütteln, denn noch rund 250 Jahre später (1954) glaubte Alfred Dunhill tatsächlich Gleiches: »Vielleicht haben wir das Geheimnis des Pfeifenrauchens schon gelüftet, wenn wir uns vor Augen führen, dass es das einzige Anregungsmittel ist, das wiederholt, ja sogar ständig angewandt werden kann, ohne körperliche Beschwerden oder schädliche Wirkungen nach sich zu ziehen.«

Etwa zeitgleich mit den Briten Hobbes und Locke rauchte der bettelarme Niederländer Baruch de Spinoza trotz Tuberkulose und knapper Kasse Sumatratabake aus kleinen Tonpfeifen und schrieb an einer großen *Ethik*. Daneben war das Pfeifenrauchen die einzige Freude bei seinem Broterwerb – nicht etwa dem Schreiben von Büchern, sondern dem Schleifen optischer Linsen. Ein Job, der am Ende des 17. Jahrhunderts in die High-Tech-Branche der Kriegsmarine fiel. Ferngläser dienten der Flotte zur Fernaufklärung und gehörten zu den Frühwarnsystemen. Heute würde Spinoza bei einer Amsterdamer Computerfirma Spionagesatelliten zusammenschrauben – und dürfte dabei selbstverständlich nicht rauchen.

Ein weiterer Philosoph jener Tage war Blaise Pascal. Auch er konnte sich nicht gerade Giants leisten, aber geraucht wurde allemal. »Es gibt einen Zeitraum in unserer schönen Literatur«, so Hoffmann von Fallersleben, »etwa von 1690 bis 1730, wo jedes Blatt nach Tabak riecht«. Man kann auch bei Pascal den Tabak nahezu riechen, wenn er dem Rationalismus seinen *esprit de finesse*, den Geist des Feinsinns, entgegensetzt. »Wir erkennen die Wahrheit nicht nur durch die Vernunft, sondern auch durch das Herz; in der Weise des Letzteren kennen wir die ersten Prinzipien.« Pfeifenrauchen als Herzensangelegenheit.

Leider hat er in seiner *Logique du coeur* den nahe liegenden Bezug zum Pfeifenrauchen nicht hergestellt. Der Ausspruch: »Eine Pfeife hat neben den drei Dimensionen noch eine vierte: die des Herzens«, stammt allerdings nicht von Pascal, sondern von Carlo Scotti, dem Begründer der italienischen Pfeifenmanufaktur *Castello*.

Ganz anders betucht als Pascal war dessen Zeitgenosse, der elegante Höfling und Universalgelehrte Gottfried Wilhelm Leibniz, der zwar selten, aber immerhin *auch* Pfeife rauchte. Möglicherweise ließen es die Amtsgeschäfte des umtriebigen Diplomaten nicht allzu oft zu. Wahrscheinlicher ist aber, dass um 1700 bereits jeder Bauer Pfeife rauchte und sich damit die Pfeife für die Oberschicht zunehmend deklassierte. Man nahm in der High Society lieber eine Prise aus der prächtigen Schnupftabaksdose. Das 18. Jahrhundert war die Glanzzeit der Tabatiere.

Genau wie Locke sah Leibniz den gesundheitlichen Aspekt des Pfeifenrauchens recht optimistisch. Aber Leibniz geht über seinen englischen Kollegen noch hinaus, wenn er 1712 das Pfeifenrauchen mit seiner Lehre von der *prästabilierten Harmonie* verknüpft, wonach Gott alle Substanzen (also auch den Tabak) so geschaffen hat, dass, indem jede dem Gesetz ihrer inneren Entwicklung mit voller Selbstständigkeit folgt, sie zugleich mit allen anderen in jedem Augenblick in genauer Übereinstimmung ist. Deshalb ist Rauchen auch gut für die Seele: »Die Menschen können und müssen ihren Gaumen verbessern und ihm Geschmack beibringen. Man kann auch den Geschmack der Seele verändern. Eine gehörige Untersuchung, Übung, Fleiß, Gewohnheit haben diese Wirkung. Auf solche Weise gewöhnt man sich an den Tabak, den Gewohnheit oder Gebrauch endlich angenehm finden lassen.«

Im Gegensatz zu Monsieur Leibniz griff der britische Naturforscher Sir Isaak Newton lieber zur Pfeife als zur Schnupftabaksdose und stritt sich vehement mit dem Diplomaten aus Hannover um die Urheberschaft der Infinitesimalrechnung. Newtons Pfeifen waren kurz, vom Dauerbetrieb schwarz und je weniger man über ihren Geruch sagt, desto besser – so jedenfalls die Meinung von Miss Barton, Newtons Mündel.

Newton war selbst nach den anspruchsvollen Maßstäben britischer Intellektueller ein bemerkenswerter Exzentriker – und es kursieren reichlich Pfeifenraucheranekdoten über ihn. Die bekannteste ist die wenig schmeichelhafte Geschichte, der zufolge bei einem Bankett der zerstreute Gelehrte geistesabwesend den Finger seiner jungen Tischnachbarin als Stopfer benutzt haben soll. Die Folgen dieses Fauxpas sind nicht überliefert.

Die Anekdote ist allerdings wenig glaubwürdig, denn so zerstreut kann Newton kaum gewesen sein, schließlich war er der Chef der englischen Münze und damit oberster Währungshüter seines Königs – ein ebenso verantwortungsvoller wie repräsentativer Job, den man niemals einem zerstreuten Schussel mit unmöglichen Manieren anvertraut hätte. Mochte der Junggeselle Newton im privaten Umgang merkwürdig gewesen sein, so waren seine öffentlichen Auftritte, ob mit oder ohne Pfeife, stets tadellos. Gelegentlich unterstellt man übrigens diese Anekdote auch dem galanten Magister Kant – was grober Unfug ist, da Kant zwar passionierter Pfeifenraucher war, aber niemals in der Öffentlichkeit rauchte und schon gar nicht einer Dame gegenüber zerstreut gewesen wäre.

Newton hat sich eingehend mit dem Phänomen der Seifenblasen beschäftigt, wozu er eine alte Tonpfeife zweckentfremdete. Dabei ging es nicht um ein juveniles Spiel, sondern um die physikalische Frage, welche Kräfte das Seifenwasser zu einer so hübschen und filigranen Blase formen, erhalten und tragen. Die Pfeife wurde so zu einem Forschungsinstrument für die Experimentalphysik. Kein Wunder also, dass spätere Physiker wie Einstein, Bohr, Heisenberg, Pauli, Hubble oder Oppenheimer Pfeife rauchten.

Das Pfeifenrauchen der französischen und deutschen Aufklärungsphilosophen war in der Regel alles andere als geruhsam, da sich die Denker meist auf der Flucht vor Zensur und repressiven Staatsorganen befanden. Man verbot nicht nur ihre Bücher, sondern auch das Rauchen, was die Situation der Intellektuellen gänzlich unerträglich machte. Vielleicht kamen Europas Philosophen deshalb schneller und intensiver mit der englischen Pfeifenkultur in Berührung. Das liberale Britannien als Stammland des Pfeifenrauchens war, wie im Falle von Monsieur Voltaire, ein beliebtes Exil für Freidenker und Freiraucher.

Blicken wir über den »großen Teich«. Einer der philosophischen Gründungsväter der USA, Thomas Paine, hat so manche Pfeifenfüllung bei der Abfassung seines Hauptwerkes *Die Rechte des Menschen* geraucht. Das Pfeifenrauchen ist ihm dabei so selbstverständlich gewesen, dass er es nicht ausdrücklich unter die Menschenrechte gezählt hat. Die fatalen Folgen sieht man heute überall im »Land of the Free«, wo die Political Correctness jedem Raucher die Pfeife aus dem Gesicht schlägt. Öffentlich rauchen wird man wohl bald nur noch in so genannten Schurkenstaaten dürfen.

Man bedenke: George Washington, der erste Präsident der USA, war wohlhabender Grundbesitzer und Sklavenhalter in – Virginia! Er saß damit an der Quelle für exzellenten Pfeifentabak und rauchte mit Thomas Jefferson auf dem Verfassungskonvent so manche Pfeife. Im Mai 1776 schrieb Washington an den Kongress die bedeutenden Worte: »If you can't send money, send tobacco!« Erst als der Tabak eintraf, wurde die Unabhängigkeitserklärung der USA verfasst.

Benjamin Franklin war nicht nur Mitunterzeichner jener Unabhängigkeitserklärung, Erfinder des Blitzableiters und Gründer der *American Philosophical Society*, sondern auch passionierter Pfeifenraucher. Er ging zwischen 1776 und 1785 als Botschafter nach Paris, wo er das Tabakschnupfen affektiert fand und unverdrossen Pfeife rauchte. Dabei traf er auf Charles de Montesquieu. Der liebte es arabisch, und man muss sich den französischen Rechtsphilosophen und genialen Autor der *Persischen Briefe* hingegossen auf einem Diwan mit einer mächtigen Tschibuk, der Liegepfeife der Orientalen, vorstellen. Jemand, der die Analyse der Verfassungsbestimmungen, Gesetze und Rechtsgewohnheiten eines Landes nicht nüchtern *Rechtslehre* nennt, sondern als Titel *L'Esprit des Lois*, also *Vom Geist der Gesetze* wählt, war eindeutig vom Geist der Pfeife inspiriert.

Der schottische Skeptiker David Hume griff besonders gern zur langen Clay-Pipe, wenn er Karten spielte. Seine Fertigkeiten als Kartenspieler und Raucher waren legendär. Humes Gewinne bei tabakverhangenen Pokerpartien müssen so beachtlich gewesen sein, dass ihm 1746 General Sinclair sogar eine Gewinnbeteiligungen anbot, die der passionierte Zocker jedoch philosophisch ablehnte: »Mach niemals aus deinem Steckenpferd einen Ackergaul.«

Gemeinsam mit seinen Freunden Carlyle, Boswell und Franklin zog er pfeifenrauchend durch die Pubs von Edinburgh und London sowie die Brasserien von Paris, wo Hume 1765 als Botschafter ihrer Majestät tätig war. Hier frönte er seiner größten Leidenschaft nächst Spiel und Rauchen, nämlich sich durch die Haute Cuisine zu schlemmen, Rezepte zu sammeln und alles zuhause nachzukochen. Wer das Glück hatte, von dem wohlbeleibten (und beliebten) Junggesellen eine Einladung zum Essen zu erhalten, konnte sich nicht nur auf ein exquisites, vom Philosophen höchstselbst zubereitetes Menü freuen – es durften auch nach dem Essen Whisky und Pfeifen nicht fehlen. Hume war zwar Schotte, aber nicht knauserig. Man musste nur vermeiden, während der Pfeifenrunde nach den Spielkarten zu greifen, weil man dann riskierte, ausgenommen zu werden wie die soeben verspeiste Gans.

Eine der vielen Anekdoten um David Hume zeigt dessen gelassenen Skeptizismus besonders anschaulich: Während einer sommerlichen Landpartie vor den Toren Edinburghs ruhte sich der Philosoph auf einer schattigen Bank etwas aus und rauchte Pfeife. Ein Reiter preschte heran und fragte gehetzt, wie lange er noch bis Edinburgh brauchen würde. Hume paffte ruhig weiter und erwiderte: »Zwei Stunden, wenn Sie langsam reiten, und vier, wenn Sie sich weiter so beeilen.« Natürlich war Hume mit den Stoikern bestens vertraut.

Kommen wir nun zu Immanuel Kant, einem Mann, nach dem man die Uhr stellen konnte. Der rauchte sein langes preußisch geregeltes Leben lang »zur Beförderung der Purgation« *jeden* Morgen zwei seiner geliebten Tonpfeifen. Die beiden einzigen des Tages übrigens. So optimierte er für sich den Genuss, wie er im handschriftlichen Nachlass aufzeichnete: »Es verlohnt sich wohl, ein Vergnügen zu kultivieren, was täglich genossen werden kann.« Offensichtlich war mehr das Rauchen als die Verdauung gemeint.

Der notorische Junggeselle Kant bezeichnete seine »blaue Morgen-Stunde« mit Tabak, Tee und Tageszeitung immer als die glücklichste Zeit des ganzen Tages. Angeblich machte er hier die grandiose Entdeckung, dass der Verstand die Fähigkeit hat, selbst herauszufinden, wo er aufhört. Das Projekt der Vernunftkritik, auch bekannt als das deutsche Reinheitsgebot der Philosophie von 1781, wurde demnach im blauen Morgendunst geboren. Hier »sah« der Professor, der nie aus seiner

Heimatstadt Königsberg hinauskam, auch jene fernen Länder, die er nur aus der Lektüre kannte und die er in seinen Vorlesungen zur Geografie so plastisch zu beschreiben verstand, dass selbst Gasthörer aus jenen Ländern hätten schwören können, Kant sei dort gewesen. Der Pfeifenraucher Kant könnte damit als der Erfinder des Armchair-Travelling gelten.

Kants Wohnung war spartanisch eingerichtet, überall weiße Wände ohne Bilder. Nur in seinem Arbeitszimmer waren die Wände gelb getönt. Vom Pfeifenrauch. Als einmal ein Gast bei ihm war und gedankenverloren mit dem Finger über die Wand strich, wurde der weiße Untergrund sichtbar. Kant bemerkte das und rief: »Warum zerstören Sie die von selbst entstandene Altertumsschicht? Ist eine solche Tapete nicht viel besser als eine gekaufte?« Wie gesagt, Kant war Junggeselle.

Jahre später, als den Königsberger Weltweisen wegen seines hohen Alters die nötige Feinmotorik verließ, um die filigranen Tonpfeifen zu stopfen, musste ihm sein junger Freund Wasianski sieben Pfeifen für die ganze Woche stopfen. Auf den Geschmack kam es dem »Alleszermalmer« da wohl schon nicht mehr so an. Aber auf das tägliche Pfeifenrauchen verzichten mochte der Greis bis zum Schluss nicht.

Kants Brieffreund Georg Christoph Lichtenberg in Göttingen gehörte zu den Hardcore-Pipesters, deren Kocher nie erlöschen. Der Philosoph besaß nicht nur eine große Leidenschaft für England und dessen Biere, er schätzte auch englischen Pfeifentabak. Der sonst als Hypochonder stets seine labile Gesundheit mit äußerster Sorge beobachtende Lichtenberg rauchte Pfeife sogar beim schlimmsten Katarrh. Selbst die elende Seekrankheit konnte den begeisterten Englandreisenden nicht von der Pfeife abhalten. Und so dürften manche seiner Pfeifen noch heute auf dem Grund des Ärmelkanals liegen.

Am liebsten rauchte Lichtenberg bei der Lektüre. Überhaupt schien ihm der Zusammenhang von Buch und Pfeife bemerkenswert: »Es gibt eine gewisse Art von Büchern, und wir haben in Deutschland eine große Menge, die nicht vom Lesen abschrecken, nicht plötzlich einschläfern oder mürrisch machen, aber in der Zeit von einer Stunde den Geist in eine gewisse Mattigkeit versetzen, die zu allen Zeiten einige Ähnlichkeit mit derjenigen hat, die man einige Stunden vor einem Gewitter verspürt. Legt man das Buch weg, so fühlt man sich zu nichts aufgelegt, fängt man an zu schreiben, so schreibt man eben so, selbst gute Schriften scheinen diese laue Geschmacklosigkeit anzunehmen, wenn man sie zu lesen anfängt. Ich weiß aus eigener Erfahrung, dass gegen diesen traurigen Zustand nichts geschwinder hilft als eine Tasse Kaffee mit einer Pfeife Varinas.« Varinas war ein sehr begehrter Luxus-Tabak aus Venezuela – genauer: aus der Provinz Barinas.

Zum Denken gehörte für Lichtenberg das Pfeifenrauchen schlicht dazu, vor allem, wenn es nicht so recht läuft. Da greift der Philosoph zum Bündel Federkiele. »Zuerst werden ein paar geschnitten, dann zerkaut, hierauf einige Schnupftücher verbraucht, ein paar Mal auf und ab spaziert, eine Pfeife angesteckt und noch immer will das Brett vor dem Kopf nicht weg.« Doch schon nach einigen Zügen aus der Pfeife stellt sich endlich der erwartete Transport der Gedanken ein und die Tinte fließt in Strömen.

Der nächste große Philosoph mit einem ausgeprägten Hang zum Pfeifenrauchen war Johann Gottlieb Fichte. Der verband wie Lichtenberg seine beiden Leidenschaften miteinander: Lesen und Pfeifenrauchen. »Nun ist das Lesen schon an und für sich selber eine von allen anderen Gemütsstimmungen spezifisch verschiedene Stimmung, die etwas höchst Angenehmes hat und gar leicht zum unentbehrlichen Bedürfnisse werden kann. So, wie andere narkotische Mittel, versetzt es in den behaglichen Halbzustand zwischen Schlafen und Wachen, und wiegt ein in süße Selbstvergessenheit, ohne dass man dabei irgendeines Tuns bedürfte. Mir hat es immer geschienen, dass es am meisten Ähnlichkeit mit dem Tabakrauchen habe, und durch dieses sich am besten erläutern lasse. Wer nur einmal die Süßigkeit dieses Zustandes geschmeckt hat, der will sie immerfort genießen, und mag im Leben nichts anderes mehr tun; er liest nun, sogar ohne alle Beziehung auf Kenntnis der Literatur und Fortgehen mit dem Zeitalter, lediglich, damit er lese und lesend lebe, und stellt in seiner Person dar den reinen Leser.«

Fichte war kein starker Raucher, liebte aber das abendliche Pfeifenrauchen im Studierzimmer. Bei der Wahl seiner Pfeifen war er sehr anspruchsvoll, wie auch in der Philosophie. »Was für eine Philosophie man wähle, hängt davon ab, was für ein Mensch man ist« – dieses Urteil über die Philosophie gilt bis heute auch für Pfeifen.

Die beiden modernen Pfeifenbuchautoren Liebaert und Maya weisen wie der »reine Pfeifenraucher« Fichte immer wieder auf die Parallelität von Lesen und Pfeifenrauchen hin. »Beide verlangen eine eigene Aktivität und damit einer gewissen Anstrengung. Und vielleicht bedürfen beide auch des Lichts, der Atmosphäre des Geheimnisvollen, der Ruhe, des Für-sich-Seins, und vor allem der *Flamme* der Leidenschaft.« Lesen wie Pfeifenrauchen erfordert Konzentration und erzeugt gleichzeitig Ruhe. Es ist möglich, dass deshalb heute beides etwas unzeitgemäß erscheint. So selbstverständlich man von »Lesepfeife« spricht, so kurios erscheint das Wort »Fernsehpfeife«. Doch zurück zum 18. Jahrhundert.

Ebenfalls starke Pfeifenraucher waren die schwäbischen Studienfreunde Friedrich Hölderlin und Friedrich Wilhelm Josef Schelling. Insbesondere Schelling galt als echter Beau und sein Pfeifenrauchen hatte etwas Dandyhaftes. Der dritte Schwabe auf der Studentenbude, der spätere preußische Staatsdenker Georg Wilhelm Friedrich Hegel, rauchte Pfeife am liebsten gutbürgerlich in Mütze, Hausmantel und Pantoffeln, um den Weltgeist zu beschwören. Das brachte ihm den Spitznamen »alter Mann« ein. Neben den Schwaben dürfen also auch Pfeifenraucher sagen: »Schelling, Hölderlin und Hegel, die sind bei uns die Regel.«

Kommen wir zu den pfeifenrauchenden Philosophen des 19. Jahrhunderts. Søren Kierkegaard rauchte in Kopenhagens Cafés am liebsten Pfeife beim Haareraufen (selten der eigenen). Bei explosiv-deprimierter Stimmung neigte er zu ausgiebigen Selbstanklagen: »Du willst nichts haben, wünschst nichts; denn das einzige, was Du Dir wünschtest, wäre eine Wünschelrute, die Dir alles geben könnte, und hättest du sie, so würdest Du Deine Pfeife mit ihr auskratzen. Du bist mit dem Leben fertig, und brauchst kein Testament zu machen, denn Du hinterläßt nichts.« Außer immerhin einer sauberen Pfeife möchte man meinen.

Das regelmäßige Säubern der Pfeifen war jedenfalls angesichts der Rauchgewohnheiten Kierkegaards bitter nötig, denn der Herr Magister qualmte wie ein Schlot: Mindestens ein Pfund Pfeifentabak und mehrere Kisten Zigarren gingen bei ihm pro Monat in Rauch auf. Aber obwohl der melancholische Philosoph Vielraucher war, griff er stets nur zu feinstem Pfeifentabak und besten Zigarren.

Kierkegaards Lieblingsbeschäftigung in psychisch stabileren Phasen war die Beratung in Sachen Liebe – aber auch hier immer mit Pfeife: »Heute habe ich für einen andern einen Liebesbrief geschrieben. Das ist mir immer eine große Freude. Zum ersten ist es recht interessant, sich so lebendig in die Situation hineinzuversetzen, ohne seine Gemütlichkeit opfern zu müssen. Ich stopfe meine Pfeife, höre den Bericht an, lasse mir die Briefe geben, die sie schon geschrieben hat.«

Sein Zeitgenosse Arthur Schopenhauer hatte ein ähnliches explosives Temperament wie der Kopenhagener Kollege. Er stritt sich tagsüber mit jedem über alles und warf auch schon mal eine »Person« die Treppe hinab. Zum Feierabend, den der Misanthrop am liebsten allein mit seinem Pudel Atma (Weltseele) bei einer leichten Lektüre verbrachte, kamen seine mächtigen Gesteck-Pfeifen zum Einsatz. Die Welt als Wille und Vorstellung des Pfeifenrauchers.

Dank seiner Erfahrungen als Raucher kam Schopenhauer zu dem ironischen Schluss »Wer Pfeife raucht, braucht nicht zu denken«. Das war zwar vom geschätzten Goethe übernommen, aber offenbar nicht so abwertend wie beim Dichterfürsten gemeint, denn Schopenhauer selbst suchte Abend für Abend diese Art Entspannung, die ihn regelrecht zu lähmen schien. Er liebte die ruhige Bequemlichkeit des Feierabends mit Pfeife so sehr, dass er, wie er selbst sagte, »immer erst einen Anlauf nehmen musste, um in dieser Situation etwas erledigen zu können«. Störte man den Philosophen beim Rauchen, konnte er mindestens so unangenehm werden wie ein Bär, den man um seinen wohlverdienten Winterschlaf bringt.

Überhaupt hielt er nicht viel von Friedenspfeifen. Der misstrauische Eremit Schopenhauer schlief immer mit zwei geladenen Pistolen unter dem Kopfkissen. Jeden Abend verschloss er sorgfältig drei Dinge in seinem Safe: Sein Geld, seine Papiere und seine Gesteckpfeifen. Deshalb also der große Panzerschrank.

Kierkegaard und Schopenhauer verband neben der Begeisterung fürs Pfeifenrauchen auch eine leidenschaftliche Hegel-Feindschaft. Übertroffen wurden sie darin nur durch Jakob Friedrich Fries, den übrigens Hegel gern ebenso schlicht wie missgünstig »Plattkopf« nannte – natürlich hatte diese Bezeichnung nichts mit der von Fries bevorzugten Pfeifenform zu tun. Fries qualmte mit seinen politischen Freunden in der Kneipe aus urtümlichen Gesteckpfeifen »teutsch-nationalen« Tobak und schwang schwarz-rot-goldene Reden. Danach zog sich der Herr Professor erschöpft mit seiner Pfeife ins familiäre Stübchen zurück, um den Burschen die Aktionen der Straße zu überlassen. Schließlich erstritt man sich 1848 wenigstens wieder das Recht, öffentlich zu rauchen.

Mitte des 19. Jahrhunderts griff der Wuppertaler Fabrikantensohn Friedrich Engels zur Meerschaumpfeife – Karl Marx hingegen zum Kapitalistenschnuller. Das Proletariat rauchte Tonpfeife. Marx und Engels entdeckten die Tabakverschwörung der Finanzminister und prangerten schon damals die schamlose Steuerpolitik an: »Allerdings, wäre die Verstaatlichung des Tabaks sozialistisch, so zählten Napoleon und Metternich mit unter den Gründern des Sozialismus«, ätzte Engels.

Doch nun schlug die Zeit der *Gartenlaube*, dem Lifestyle-Magazin des biedermeierlichen Kleinbürgertums. Thomas Chandler Haliburton schrieb in dieser Zeit sein ironisches Bekenntnis zur bürgerlichen Pfeife: »In dem Augenblick, in dem ein Mann zur Pfeife greift, wird er zum Philosophen. Sie ist dem Armen ein Freund, sie beschwichtigt die Sinne, mildert das zornige Gemüt und läßt uns Widrigkeiten gelassen ins Auge blicken. Sie hat mehr treffliche Männer, gute Ehegatten, wohlwollende Dienstherren und langmütige Väter hervorgebracht, als jede andere Schöpfung auf dieser gesegneten Erde.« Die Pfeife wurde zum kleinbürgerlichen Tranquilizer.

Aus den Stuben und Salons des Bürgertums kamen aber nicht nur die gemütvollen Qualmwolken der beschaulichen Pfeifenraucher. Aus diesem Dunstkreis entstammt auch jene Generation brillanter Intellektueller, die die Welt radikal veränderten: Charles Darwin rauchte ebenso Pfeife wie John Stuart Mill, Ludwig Feuerbach, Henri Bergson oder Robert Koch.

Friedrich Nietzsche stellte in seiner *Fröhlichen Wissenschaft* die Frage: »Kennt man die moralische Wirkung der Nahrungsmittel? Gibt es eine Philosophie der Ernährung?« Warum also keine Philosophie des Pfeifenrauchens? Vielleicht weil Nietzsche einen so gewaltigen Schnauzbart hatte, dass man in ihm hätte Ziegen halten können und deshalb bestenfalls das Rauchen einer Chruchwarden möglich gewesen wäre. Doch der Pfarrerssohn Nietzsche hielt Gott für tot, weshalb sich eine Chruchwarden von selbst verbot.

Ende des 19. Jahrhundert schien der Slogan »Pfeifenrauchen verbindet« unter den Intellektuellen en vogue gewesen zu sein. Mochten sich auch die verschiedenen philosophischen Schulen untereinander auf Kongressen befehden, bei der Pfeife im Kongresscafé war man sich rasch wieder einig. »Der Kongreß raucht« – nämlich Meerschaumpfeife.

Man huldigte der weißen Göttin, deren führende Tempel damals noch in Wien standen. Bei mildem Gaslicht und Jugendstilinterieur war für den larmoyanten Pfeifenraucher die üppige Meerschaumpfeife noch einmal die Manifestation des *fin de siècle*.

Doch schon bald sollte die Mutz, die kleine Shagpfeife, ihren Siegeszug durch Schützengräben und Trümmerfelder der Weltkriege antreten. Dunhill wurde durch seine Schützengrabenpfeifen groß. Preisgünstig und doch solide wurden sie als ein Stück Heimat an die Front geliefert. Und hier hatten sie den lebensverlängernden Vorteil, dass der Pfeifenraucher nachts den feindlichen Scharfschützen kein leuchtendes Ziel wie sein Zigarettenrauchender Kamerad abgab. Außerdem lässt sich in einer Pfeife so ziemlich alles rauchen, was nur brennt.

Das 20. Jahrhundert

Metropolen wie London, Paris, Wien, München und Berlin waren zu Beginn des 20. Jahrhunderts die Bühne, wo sich jene großen Philosophen, die ohne Pfeifen schlicht unvorstellbar waren, vor allem in Bistros, Cafés und kleinen Bars die Ehre gaben.

Für Walter Benjamin etwa gehört die Pfeife zur Grundausstattung des Intellektuellen, wie er in seinem Buch *Einbahnstraße* ausführt: »Der Autor legt den Gedanken auf den Marmortisch des Cafés. Lange Betrachtung: denn er benutzt die Zeit, die noch das Glas – die Linse, unter der er den Patienten vornimmt – nicht vor ihm steht. Dann packt er sein Besteck allmählich aus: Füllfeder, Bleistift, Pfeife.«

Das Pfeifenrauchen gehört für Benjamin so sehr zum kreativen Prozess des Schreibens, dass ihn nur die Pfeife ins »Arkadien der Schriftstellerei« führen kann. Lesen und Rauchen – beides ein Schmöke(r)n. Und das Schreiben ohnehin: »Der Rauch, mit dem sich der Schriftsteller umgibt, wenn er schreibt«, so der Schriftsteller Herbert Rosendorfer, »führt in die Tiefen des schöpferischen Geheimnisses hinunter. Für manche ist der Rauch, der sie umnebelt, eines der Mittel, um die schöpferische Einsamkeit um sich her aufrechtzuerhalten.«

Philosophische Pfeifenraucher fanden damals ihren Weg in die akademische Philosophie, als man in Seminar und Hörsaal noch qualmte, dass die Sinne schwanden. Der pfeifenrauchende Philosoph hatte nun seine Bühne und sein Publikum gefunden. Die Pfeife gehörte zum Katheder wie die Zigarre zum Kapitalisten. Kaum noch ein Philosoph trat ohne Pfeife vor sein Publikum.

Allen voran sind die Grandseigneure der britischen Philosophie zu nennen: Bertrand Russell und George Edward Moore, die beide bis ins biblische Alter ihre Pfeife offenbar nur zum Schlafen aus dem Mund nahmen. Zugegeben, Moore kam während seiner Lehrveranstaltungen kaum zum Rauchen, wie Russell berichtet: »Ein Lieblingsvergnügen aller Freunde Moores war es, ihm zuzusehen, wenn er seine Pfeife anzünden wollte. Er strich ein Streichholz an, begann dann zu diskutieren und hörte damit nicht auf, bis ihm das Zündholz die Finger versengte. Darauf strich er ein zweites an, dann wieder eins, und so fort, bis die Schachtel leer war. Es war das zweifellos sehr gut für seine Gesundheit, da er dann wenigstens für Augenblicke nicht rauchte.« Russell übergeht hier, dass er die ganze Zeit während der Beobachtung selbst Pfeife rauchte. Wenn jemand noch mehr rauchte als Moore, dann sicher Russell. Von ihm ist der Ausspruch überliefert »Wer ohne Tabak lebt, ist nicht würdig zu leben« – der übrigens von Molière stammt.

Russell gehörte während seines Studiums kurzzeitig zu den »Tugendbolden«, einer skurrilen studentischen Organisation mit moralisierendem Anspruch, die sich damals in Oxford und Cambridge gegründet hatte. Für Verfehlungen in ihrem Lebenswandel wurden den Mitgliedern strenge Bußen auferlegt und zwar nur solche, die sie selbst zuvor in einer Liste festgelegt hatten. Das sollte die Akzeptanz der Buße fördern. Die Ausführung der Buße wurde dann von speziellen Aufsehern überwacht.

Natürlich lag es nahe, einem passionierten Pfeifenraucher mit Pfeifenentzug zu drohen, aber Russell führte wohlweißlich in seiner Liste möglicher Strafmaßnahmen nur das Rauchen von Meerschaumpfeifen an. Er begründete dies mit dem besonderen Luxus des Meerschaums, auf den er nur schwerlich verzichten könne. Als man ihm auf die Schliche kam, waren seine Tage bei den »Tugendbolden« freilich gezählt. Fortan ging der Philosoph seinen eigenen Weg – und zwar stets mit Pfeife. Der ehemalige Tugendbold änderte sein Lebensmotto: »Der Fromme lebt gesünder, doch schöner lebt der Sünder.« So wundert es nicht weiter, dass es 1940 in einem charakterlichen Gutachten der Stadtverwaltung New York über den Gastdozenten Russell heißt, er sei »anarchistisch, wollüstig, libidinös, lüstern, unkeusch, erotoman, aphrodisisch, respektlos, engstirnig, unwahr und bar jeglicher Moral.« Darauf angesprochen soll Russell gut gelaunt entgegnet haben: »Ich glaube, die haben nur das Pfeifenrauchen vergessen zu erwähnen.« Heute würde das eine US-Behörde selbstverständlich nicht mehr übersehen.

Die englische Universitätslandschaft war zu Beginn des 20. Jahrhunderts strikt an der Disziplin des akademischen Pfeifenrauchens ausgerichtet. Auf nahezu jedem Lehrstuhl saß ein Pfeifenraucher. Der kanadische Intellektuelle Stephen Butler Leacock beschreibt dies 1928 so: »Aus verschiedenen Quellen weiß ich, dass die Tätigkeit eines Professors in Oxford darin besteht, eine kleine Gruppe von Studenten um sich zu versammeln und sie mit seiner Pfeife anzurauchen. Wenn sie vier Jahre angeraucht wurden, gelten sie als fortgeschrittene Studenten. Ein gut geräucherter Student spricht und schreibt ein würdevolles Englisch, das nur auf diese Art erlernt werden kann. Ein Professor raucht ihn so lange an, bis er Feuer gefangen hat.«

In Wien treffen wir zu dieser Zeit auf einen eleganten Philosophen, dessen falstaffsche Ausmaße bequem eine Doppelcouch füllten und der als notorischer Junggeselle eine mächtige Bent zu seiner ständigen Begleiterin gewählt hatte. Die Rede ist von Egon Friedell, der tagsüber unablässig schmauchend an einer umfassenden Kulturgeschichte schrieb und abends durch die Wolken seiner Pfeife geschliffene philosophische Pointen im Kabarett auf ein begeistertes Publikum abschoss.

Mit dem pfeifenrauchenden Philosophen Friedell stand noch einmal ein universal gebildeter Mensch auf der Bühne, ein Philosoph, der, wie Demokrit, den allergrößten Wert auf das Lachen legte. Nicht wie bei Henri Bergson als philosophisches Problem, sondern im Sinne einer heiteren Lebensführung. Sein Ende war leider alles andere als heiter. Friedell entzog sich 1938 den Nazis durch Suizid. Sein Leben lang misstraute er jeder Art des Abstinenzlertums.

Ein deutscher Philosoph von spektakulärem Pfeifen-Kaliber war Ernst Bloch. Nie wurde der Autor von *Das Prinzip Hoffnung* ohne Pfeife angetroffen, kaum ein Foto existiert, wo der Philosoph nicht raucht oder zumindest eine Pfeife in der Hand hält. Sein Kollege Hans Maier schrieb über den Philosophen, dass die Pfeife »allmählich nicht mehr Requisite war, sondern zum Teil seiner Identität wurde«. Bloch wäre ohne Pfeife schlicht unvollständig gewesen – ja, man könnte fast von einem existenziellen Mangel sprechen, wie eine kleine Geschichte zeigt: Da Bloch sehr schlecht sehen konnte, war er darauf angewiesen, dass bei einer Verabredung die Leute ihn erkannten. Dem Kollegen Joachim Schumacher beschrieb er sich so: »Groß, reichliche, graueschwarze Harre, glattrasiert, längliches Gesicht, Hornbrille und Pfeife.« Zum Erkennungszeichen Pfeife und damit zum besagtem Treffen kam es aber nicht, da Bloch eine Zigarre rauchte, weil er sich, wie er sagte, wegen einer Nikotinvergiftung ein paar Tage schonen wollte. Das sollte Bloch später nicht mehr passieren: »Mein Körper hat sich längst nicht nur ans Nikotin, sondern auch an die Nikotinvergiftungen gewöhnt.«

Wie nachhaltig Bloch das Ansehen der Pfeife in Deutschland geprägt hat, werden wir später noch sehen. Seine Seminare waren jedenfalls die reinsten Tabakskollegien. »Die Luft ist voll Tabakrauch«, berichtet sein damaliger Assistent Gert Ueding. »Bloch stopft sich schon die nächste Pfeife, er, der Inbegriff des Pfeifenrauchers, tut das mit einer Nachlässigkeit, die jedem Adepten dieser edlen Rauchkunst unbegreiflich erscheinen muss, der, wie ich selber, mit seinen Pfeifen, ihrer Maserung, den Tabaksorten und dem glänzenden Besteck ein ganzes Ritual entfaltet und viel Wesen um den blauen Dunst macht.« Der Meister war Viel- und kein Feinraucher.

Bloch reinigte seine Pfeifen immer erst dann, wenn sie völlig verstopft waren. Da er meist nur zwei oder drei Pfeifen im Dauergebrauch hatte, waren diese meist nach kurzer Zeit regelrecht verschlissen. Erschwerend kam der von Bloch bevorzugte Tabak der Marke *Translanta* hinzu, ein überaus herber Knaster, wie sein Sohn Jan Robert, ebenfalls passionierter Pfeifenraucher, mitteilt: »Meinen feineren, englischen Tabak verachtete er mit Jakobinerstolz. Der holländische war ihm grundehrliches Brot.«

Ueding berichtet von den verzweifelten Versuchen, den Professor wenigstens im Seminar mit duftigeren Tabaken zu versorgen. »Meist eröffnen wir die Sitzung mit dem üblichen Geplänkel: ich biete aus meiner Dose an, vergebens natürlich. Bloch weist den keineswegs etwa exklusiven Tabak mit übertrieben zornigem Gebrumm zurück: ›Ihr vornehmes Zeug!‹ und raucht seinen Translanta.« Manuskript, Pfeife, missmutiger Blick – Bloch war der old grumpy man der Philosophie.

Sogar während der Prüfungen wurde bei Professor Bloch kräftig Pfeife geraucht. So soll ein Kandidat eine enorme Pfeife zu Beginn der Prüfung bei Bloch behutsam gestopft und sachkundig angezündet haben. Der nervöse Protokollant vermerkt, dass nach viereinhalb Minuten Prüfling und Prüfer endlich so weit waren und aus den dichten Wolken Blochs Stimme zu vernehmen war: »Na, dann schießen Sie mal los, junger Mann!« Entgegen der anfänglichen Befürchtungen des Protokollanten gestaltete sich die Prüfung dann zwischen paffendem Kandidaten und Philosophen als reges Gespräch, wobei der Prüfling zuweilen kurze Gesprächspausen in aller Seelenruhe zum Überlegen, Nachstopfen und neu Anzünden der Pfeife nutzte. Was dabei wahre Ursache und gekonnte Überbrückung war, das Nachdenken oder der Pfeifendienst, war nicht zu erkennen. Am Ende der Prüfung lobte Bloch den Kandidaten, der die Materie souverän beherrscht hatte. »Aber unabhängig davon gebe ich Ihnen ein *Ausgezeichnet* schon allein wegen Ihrer philosophischen Haltung.« Wie man sieht, konnte man bei Bloch noch zum Dr. pip. promovieren. Und das übertrug sich auch auf sein Umfeld, wie sein Biograf Peter Zudeick belustigt feststellt: »Meister und Schüler, Erkennungszeichen Pfeife.«

Ganz ähnlich wie Bloch war auch Arnold Hau innig der Pfeife verbunden – Hau, ein im Leben verkannter und nach dem Tode vergessener deutscher Denker, lag nichts daran, den Philosophen zu spielen. Wie sein Biograf Robert Gernhardt berichtet, schätzte er die kleinen Freuden des Lebens: »einen guten Tropfen, ein gutes Buch, ein Pfeifchen.« Von ihm stammt auch der Aphorismus: »Die einzig brauchbare Anthropologie hat die Eisenbahn entwickelt: der Mensch ist entweder Raucher oder Nichtraucher.« Auf die Frage, worin denn nun der Unterschied zwischen Raucher und Nichtraucher besteht, antwortete er gelassen: »Der Nichtraucher stirbt gesünder.«

Ein weiterer Pfeifenraucher der Leistungsklasse war zur selben Zeit der französische Existentialist Jean-Paul Sartre. Stets plagte ihn das schlechte Gewissen, da er sehr viel rauchte. »Die werden mir noch die Beine abschneiden«, argwöhnte er nach einem Arztbesuch. Und nachdem er einige Zeit deprimiert an der Pfeife gezogen hatte, meinte er schließlich: »Ach, meine Beine, gewiß könnte ich auch ohne sie auskommen.« Auf das Pfeifenrauchen verzichtete er dann tatsächlich auch später als kranker Greis nicht.

Die Tabakspfeife, so Sartre, sei das einzige, das den Mann gegenüber den Frauen auszeichne. Das ist nicht gerade eine feinsinnig feministische Position, und sie ist deshalb besonders pikant, da ausgerechnet Simone de Beauvoir, die Vorkämpferin der weiblichen Emanzipation, Sartre und seinem »Mythos Pfeife« verfiel.

Und das kam so: Als die Tochter aus gutem Hause zufällig in Paris das *Café du Drome* betrat, fiel ihr sofort der kleine Philosoph mit der Nickelbrille und dem komischen Auge auf, der unablässig Pfeife rauchte, während er hitzig debattierte und energisch gestikulierte. Diesen interessanten Mann mit der Pfeife musste sie einfach kennen lernen! Die Pfeife als ursprüngliches Merkmal der Männlichkeit wurde zum Sinnbild des Philosophen Sartre. Auf die Frage eines Journalisten, was denn das eigentlich Wichtige in seinem Leben sei, antwortete der Philosoph: »Ich weiß nicht. Alles. Leben. Pfeifenrauchen.«

Bloch und Sartre hatten großen Einfluss auf die Studentenbewegung Ende der 60er Jahre. In Deutschland wurden sie hierin nur noch von den Philosophen Theodor W. Adorno und Max Horkheimer übertroffen. Insbesondere deren *Dialektik der Aufklärung* zog viele Studenten in den Bann ihrer *Frankfurter Schule*. Adorno rauchte zwar nie ernsthaft Pfeife, aber dafür hielt sich Horkheimer an mächtigen Apple- oder Billiard-Modellen fest, während er die *kritische Theorie* diskutierte. Auf ihn gehen so legendäre Urteile zurück wie: »Wenn schon Jaspers, dann Heidegger.« Vielleicht, weil Heidegger wenigstens Pfeife rauchte. Auf Heidegger als Pfeifenraucher werden wir später noch ausführlich zu sprechen kommen.

Ein Philosoph aus dem Umfeld des Instituts für Sozialforschung war Norbert Elias. Er rauchte Pfeife, während er den *Prozeß der Zivilisation* nachzeichnete. Eine Soziogenese der Pfeife hat er leider nicht hinterlassen. Herbert Marcuse, noch ein Vertreter der kritischen Theorie und wahrscheinlich der einzige aus dem Kreis des Instituts für Sozialforschung, den man auf Anhieb verstehen kann, soll nicht nur zum Zigarillo, sondern auch zur Pfeife gegriffen haben. Er war eben alles andere als ein eindimensionaler Mensch. Ob Jürgen Habermas Pfeife raucht (oder je rauchte), ist nicht bekannt. Jedenfalls hätte das Pfeifenrauchen ein eigenes Kapitel in seiner *Theorie des kommunikativen Handelns* verdient, etwa an der Stelle, wo es um die Merkmale mythischer und moderner

Weltverständnisse geht. Die Geschichte der Philosophie ist voller versäumter Chancen.

Und so kommen wir ins Fin de Millénaire, wo postmoderne Denker, die ja die Fragmentierung der Moderne predigen, ausgerechnet zur Pfeife greifen, dem Rauchgerät mit dem Atem des Epos. Allen voran Jacques Lancan, der stets mit Pfeife auftrat. Jacques Derrida wurde ebenfalls nie ohne seine Billard gesichtet, Jean-François Lyotard schien dagegen Bent-Modelle vorzuziehen. Wahrscheinlich hatte allen dreien Emmanuel Lévinas das Pfeifenrauchen beigebracht, während er ihnen Geschichten erzählte und Rauchgeräte aus der afrikanischen Pfeifensammlung von Claude Lévi-Strauss verteilte – sehr zum Ärger des Meisters, da diese Pfeifen eigentlich tabu waren.

Michel Foucault war mal wieder Spielverderber. Er rauchte nicht mit, weil ihm die Pfeifen nicht strukturalistisch genug waren. Wahrscheinlich waren keine sandgestrahlten Modelle in Lévi-Strauss‘ Sammlung. Dafür schrieb Foucault ein charmantes Büchlein mit dem Titel *Dies ist keine Pfeife*, allerdings erst, nachdem er von René Magritte, dem Maler der wohl berühmtesten Pfeife der Kunstgeschichte, dazu aufgefordert worden war. Hierbei greift er auf das beliebte Beispiel in sprachtheoretischen Diskussionen zurück, wie es die amerikanische Schriftstellerin Gertrude Stein als verdichtetes Verweisungsproblem von sprachlichem Begriff und Gegenstand in eine griffige Formel gebracht hatte: »Eine Pfeife ist eine Pfeife ist eine Pfeife.«

Pfeifenrauchen im 21. Jahrhundert

Selbst wenn man versucht, es mit allen Mitteln zu vermiesen: Bis heute rauchen Philosophen gern Pfeife – wie Rüdiger Safranski, der in einem Interview auf die Frage, wie er sich entspanne, antwortete: »Pfeife rauchen, einen guten Bordeaux trinken, Musik hören, Unsinn reden.«

Der amerikanische Publizist Jim Hankinson hält trotz der Anti-Rauch Kampagnen in den USA die Pfeife ausdrücklich für *das* Requisit des Philosophen: »Viele echte Philosophen rauchen Pfeife, vermutlich aus einem ganz banalen Grund, den auch Sie berücksichtigen sollten: Wenn man Ihnen nämlich mit einer wirklich üblen Frage zusetzt oder Sie auf andere Weise in Verlegenheit bringt, brauchen Sie nur die Pfeife aus der Innentasche Ihres Jacketts zu ziehen, nachdem Sie eine einleitende Bemerkung in folgendem Stil vorausgeschickt haben: *Nun, was mir wirklich wichtig erscheint, ist zumindest...* Dann treffen Sie die Vorbereitungen zum Anzünden der Pfeife. Sie können sich dafür ruhig fünf Minuten Zeit lassen, sogar mehr, wenn Sie einige Übung haben. Und wenn Sie beiläufig irgendeinen vollkommen unverbindlichen Kommentar einwerfen, während Sie die Pfeife ausklopfen, reinigen, bürsten, hindurchblasen, sie auseinander nehmen und wieder zusammensetzen, Tabak hineinfüllen, die Pfeife stopfen, anzünden, anziehen, sie erneut anzünden, nochmals stopfen, wieder anziehen und große, giftige Rauchwolken produzieren, wird niemand den Verdacht hegen, dass Sie nur Zeit gewinnen wollten. Machen Sie Ihre Sache gut, und Sie brauchen die Frage möglicherweise gar nicht mehr zu beantworten.«

Man wird den Verdacht nicht los, dass Hankinson vom Pfeifenrauchen ungefähr so viel versteht wie vom Philosophieren. Und natürlich, dass die Grundidee von Einstein stammt. Hankinson behauptet, dass wir mit der Pfeife nur Eindruck schinden, unlauter taktieren oder durch Ablenkungsmanöver schlicht vor Antworten kneifen. Kurz: Sein Ziel ist der Bluff. Der Rat des großen Physikers lautet aber »Bevor man eine Frage beantwortet, sollte man immer erst seine Pfeife anzünden«, was bedeutet, dass man bei schwierigen Entscheidungen grundsätzlich erstmal die Zeit einer Pfeifenlänge als *Bedenkzeit* zur Vermeidung von Schnellschüssen verstreichen lassen sollte. Es gibt Situationen, in denen wir sehr gründlich abwägen müssen. Ein Fehler und unsere Zukunft wäre Vergangenheit.

Hankinson muss man allerdings zugute halten, dass es ihm ja ausdrücklich um den *Bluff in der Philosophie* geht und er dieses Thema amüsant behandelt und die kleinen und großen Eitelkeiten der Philosophen mit spitzer Feder entlarvt.

Allein schon das Wort »Requisite« zeigt, worum es Hankinson eigentlich geht: die Pfeife als Dekorationsstück zu Inszenierungszwecken. In den aus ihr entquellenden Rauch kann man »zu einem Indifferenzpunkt in der Ferne sprechen, womit man aus jeder Banalität eine den Horizont des Menschlichen übersteigende Weltweisheit macht, die in fließendem Ja-gut-Deutsch vorgebracht wird«, was nun ausgerechnet Roger

Willemsen sagt. Dabei ist es tatsächlich viel einfacher, ein philosophischer Pfeifenraucher zu sein, als nur so zu tun als ob. Was aber nicht heißt, dass es solche Simulanten nicht auch gibt.

Pfeifenrauchen mag in der Diskussion eine Geste der Unterbrechung sein, die von allen Beteiligten Warten erfordert, aber eine solche Pause muss kein Ausbremsen oder Aussitzen sein. Pfeifenrauchen kann eine Zeit der Besinnung und Sammlung bieten, eine Beruhigung des Gesprächsverlaufs einleiten und es kann die Präzisierung der Argumente bewirken, weil es vor dem Sprechen ganz sinnvoll ist, erst nachzudenken. Die beeindruckende Reihe der großen pfeifenrauchenden Philosophen von Bacon bis Bloch fordert uns auf, mit unseren Problemen *philosophisch* umzugehen. Hier liegt die philosophische Kunst der Lebensführung und die beginnt für einen Pfeifenraucher mit der Kunst des Pfeifenrauchens.

Zum Weiterlesen empfehle ich

Otto A. Böhmer, *Als Schopenhauer ins Rutschen kam; Kleine Geschichten von großen Denkern*, Beck'sche Reihe (bsr), München 1998[2]. Zur Riesen-Problematik siehe Robert K. Merton, *Auf den Schultern von Riesen; Ein Leitfaden durch das Labyrinth der Gelehrsamkeit*, Suhrkamp Verlag (stw), Frankfurt am Main 2004[2]. Außerdem den satirischen Roman über die Liebe zu Frauen, Literatur, blauem Dunst und den verzweifelten Versuch, bei all dem eine Biografie über Jean Nicot zu schreiben: Bruno Preisendörfer, *Die letzte Zigarette*, Eichborn Verlag, Berlin 2006.

Kapitel 4
Über die Kunst des Pfeifenrauchens

In dem wir uns ausgiebig beschnuppern, zum Schnuller stehen, in den Keller müssen, uns ziemlich gruseln und mit kleinen Gesten zu großen Genüssen kommen, während Marcel Proust sich ziemlich ärgert.

Heute ist kaum noch die Rede von der *Kunst des Pfeifenrauchens*. Das war nicht immer so. Früher in den 1950er Jahren etablierten die Pfeifenbücher von Joaquin Verdaguer und Alfred Dunhill, die modernen Klassiker der Pfeifenliteratur, die »Edle Kunst, Pfeife zu rauchen«. Man wollte nach den entbehrungsreichen Nachkriegsjahren weg vom Image des Resterauchers mit der billigen Shagpfeife. Dazu besann man sich auf das Besondere des Pfeifengenusses. Elegante Pfeifen, exklusive Tabake und das Image des pfeifenrauchenden Gentleman wurden zur Kunst des Pfeifenrauchens verbunden. Der Pfeifenraucher war jemand, der es geschafft hatte, sich Unabhängigkeit und kultivierten Genuss als Liebhaberei leisten zu können.

Von diesem etwas behäbigen Bild des angesilberten Pfeifenrauchers distanzierten sich in den späten 60ern Helmut Hochrain, Manfred Schulz und später Walter Altmann. Sie stellten in Deutschland erstmals den Spaßfaktor nahezu gleichberechtigt neben den gediegenen Genuss. Pfeifenrauchen wurde zur einfachsten und modernsten Sache der Welt erklärt, die jeder, der nur will, *lernen* kann. Die Zielgruppe ihrer »Lehrbücher« war nicht mehr die ohnehin Pfeife rauchenden Ruheständler, sondern vor allem jene mitten im Berufsleben stehenden Männer, die gerade ganz unbefangen das Pfeifenrauchen für sich entdeckten. Pfeifenrauchen wurde Männer-Kult: »Drei Dinge braucht der Mann...«

Neuartige Pfeifendesigns und mild-süße Tabake aus Dänemark taten in den 70ern ein Übriges, um das Pfeifenrauchen zum Trend zu machen. Auch deutlich unter den Dreißigern liegende Männer wurden angesprochen. Und erstmals auch gezielt Frauen. Goldene Pfeifenzeiten brachen an, denn für einen Moment war Pfeifenrauchen »astrein«.

An dieses anfangs sehr erfolgreiche Konzept hielt sich die Branche viele Jahre, trotz später dramatisch rückläufiger Zahlen. So war es bis in die 90er Jahre hinein nahezu verpönt, das Pfeifenrauchen als Kunst zu bezeichnen. Der Gentleman hingegen genoss weiter seine Pfeife und schwieg.

Anfang der 90er Jahre geriet als Reaktion auf den Zigarrenboom das Besondere des Pfeifengenusses wieder in das Zentrum der Wahrnehmung der Pfeifenbranche. So jugendlich, erfolgreich und genießerisch wie die »Aficionados« wollten (oder sollten) nun auch die »Piperos« sein. Doch Pfeifenrauchen war nie wirklich »cool«. Dazu ist es viel zu kompliziert. Carmen, Cohiba und Caipirinha, ja, das geht, aber die Pfeife passt doch besser zum teuren Whisky vor dem Kaminfeuer.

In den einschlägigen Fachblättern fand man über den mondänen Lifestyle wieder Anschluss an die Gourmet-Kreise. Und schon war wieder, wenn auch zaghaft, von der Kunst des Pfeifenrauchens die Rede. Kunst im Sinne einer genussvoll zelebrierten Rauchtechnik. Für den überzeugten Pfeifenraucher war das nichts Überraschendes, wohl aber, dass sein altes Selbstverständnis nun plötzlich wieder top-aktuell war. So kommt man wieder dort an, wo Alfred Dunhill schon vor über fünf Jahrzehnten stand.

Doch im Gegensatz zu damals, hat die Qualität der Produkte eine ungeahnte Höhe erreicht. Nie konnte man besser gefertigte Pfeifen und delikateren Tabak in so großer Auswahl kaufen wie heute. »Die Pfeifenraucher von heute gelten als Individualisten, sie stellen ständig die Geschmacksfrage, der die Industrie und der Handel als Spezialisten und Berater mit Einfühlungsvermögen begegnen müssen«, so Gerd Meyer, Chef eines führenden Tabakunternehmens.

Die Kunst des Pfeifenrauchens

Wir wollen hier Kunst zunächst ganz ursprünglich verstehen als besondere Tätigkeit, als spezielle Fertigkeit, als ein Können oder Wissen. Insofern ist das Pfeifenrauchen unbestritten eine Kunst. Sogar eine schöne.

Der Journalist Bernhard Roetzel hat dieses Verständnis der Kunst des Pfeifenrauchens in dem Standardwerk gehobener Lebensart *Der Gentleman* anschaulich zusammengefasst: »Vermutlich ist es neben dem reinen Tabakgenuß gerade das scheinbar umständliche Drumherum, das zur Freude am Pfeiferauchen beiträgt. Allein die Auswahl der Pfeife erfordert gründliche Überlegung, den häufigen Besuch anheimelnder und bestens ausgestatteter Fachgeschäfte, erlaubt auch den Kauf interessanter Pfeifenliteratur, kurz, es ist ein ausgemachter Zeitvertreib.«

Die komplizierte Handhabung und das Drumherum beim Pfeifenrauchen erfordert Sach- und Fachkunde, Geschicklichkeit und – nicht zuletzt – Kunstfertigkeit. *Tèchne* nannte Platon dies im Unterschied zur *Praxis*: Während die gelungene Praxis den Zweck in sich selber trägt, steht die Tèchne (weniger als Vorläuferin unserer Technik als eher der Kultur) immer im Dienst von etwas anderem und ist lediglich Mittel zum Zweck. Doch um die bloße Anleitung zum Pfeifenrauchen soll es hier ja ausdrücklich nicht gehen. Die Kunst im Sinne von *gelungener Technik* und *handwerklichem Können* bleibt den herkömmlichen Pfeifenbüchern überlassen. Philosophen interessieren sich für die *Theorie* der Kunst, Pfeife zu rauchen.

Nun kann man einwenden, dass das Pfeifenrauchen für Platon sicher keine Kunst im Sinne der theoriefähigen Tèchne gewesen wäre, zumal die alten Griechen noch keinen Tabak rauchten. Einer Kunst des Pfeifenrauchens fehlt Entscheidendes, »weil sie keine Rechenschaft über die natürliche Beschaffenheit der Mittel zu geben weiß, welche sie anwendet, so daß sie die Ursache zu jedem im Einzelnen nicht anzugeben weiß«, so Platon. Der Pfeifenraucher geht zwar mit Tabak und Pfeife um, er muss dazu aber nicht wissen, wie man beides herstellt, er muss beides nur benutzen können.

Hier knüpft Francesca Rigotti an, der zufolge jene Tèchne in Platons Sinne bestenfalls unter die Scheinkünste zu rechnen wäre. »Tatsache ist, dass es für Platon neben den wahren Künsten eine Reihe von Pseudokünsten gibt, die nichts weiter als Travestien oder Schattenbilder sind: Scheinbar um das Wohl von Leib und Seele bekümmert, zielen sie in Wirklichkeit auf Lust und Schmeichelei ab.« Bleibt zu hoffen, dass sich Pfeifenrauchen am Ende nicht in diesem Sinne als Kunst erweist.

Schon auf den ersten Blick wird aber deutlich: Am Pfeifenrauchen ist mehr dran, mehr als das bloße Rauchen, mehr als bloße Lust oder Schmeichelei. Die Kunst des Pfeifenrauchens erschöpft sich nicht in der Praxis des Pfeifenrauchens, und schon gar nicht in seiner manuellen Technik. Offenbar hat das Ganze mit dem zu tun, was Liebaert und Maya den »Geist der Pfeife« nennen und was Generationen von Pfeifenbuchautoren mit ihrem Wort von der »magischen Kunst« oder der »Philosophie des Pfeifenrauchens« zu beschreiben versuchten, aber irgendwie nicht richtig fassen konnten.

Genau betrachtet entpuppt sich die Kunst des Pfeifenrauchens als ein Sonderfall der altehrwürdigen philosophischen *Kunst der Lebensführung*. Das Pfeifenrauchen schenkt nämlich jene Momente des Innehaltens und Nachdenkens, in denen man den notwendigen Raum der Freiheit und Muße findet, Fragen zu stellen. Fragen, die darauf abzielen, wie man sein Leben führen kann, wie man es führen soll. Man fragt dies meist, wenn man feststellt, dass das Leben zu leben sich nicht nur von selbst versteht. Wir hätten in solchen Situationen am liebsten eine klare Anleitung, aber leider gibt es eine solche Bedienungsanleitungen zum Leben nicht. Das Ganze ist etwas komplizierter, aber auch - kunstvoller.

Eine Kunst der Lebensführung sollte Wilhelm Schmid zufolge grundlegende Techniken lehren, wie man sich vernünftig entscheidet, gut handelt, seine Zeit sinnvoll nutzt, sich bildet und dem Leben einen Sinn gibt. Natürlich sollte sie uns auch dahin bringen, dass wir (wieder) das Leben zu leben verstehen. *Ars vivendi*, die Kunst zu leben; das bedeutete einst Gelassenheit, Besonnenheit und das Bewusstsein von Freiheit in der Lebenskunst zu verschmelzen. Das Leben als Kunstwerk der Selbstverwirklichung und nicht als stromlinienförmige Anpassungsleistung oder massenkonfektionierte Fremdbestimmung.

Die etwas sperrig erscheinende Kunst des Pfeifenrauchens setzt genau hier als Lebenskunst an. Nicht nur, dass das Pfeifenrauchen den Raum für gründliches Nachdenken bereitet, es ist vor allem der Umgang mit Pfeife und Tabak, der uns Geduld und Beharrlichkeit lehrt, der von uns ein ruhiges Gemüt, Erfahrung und Gelassenheit fordert. Übertragen wir dies auf die Gestaltung unserer Existenz, so können wir von *Lebensstil* sprechen. Das Pfeifenrauchen kultiviert und verfeinert unsere Art zu leben, es betont Details in unserem Leben und verdeutlicht zugleich den Nuancenreichtum unserer Persönlichkeit. Reflektierter Lebensstil ist *Lebensart*. Was uns dorthin bringt, ist die Philosophie der *Lebenskunst*.

Diese Lebenskunst hat nur wenig mit dem bohemienhaften Lebenskünstler zu tun, der, egal was auch geschehen mag, immer irgendwie zurechtkommt. Bei der Philosophie der Lebenskunst geht es nicht ums »Durchwursteln«, sondern um das besonnene, das richtige Handeln. Der Handelnde ist mit sich in Übereinstimmung, er ist authentisch, mag er auch scheitern, so bleibt er doch stets optimistisch. »Gott sei Dank«, sagt Wilhelm Raabe, »daß der Spaß nicht totzukriegen ist in dieser mürrischen Welt.«

Heute wird die *ars vivendi*, die Kunst zu leben, gern mit dem etwas oberflächlichen, modischen und konsumorientierten Lifestyle in einen Topf geworfen. Der Lifestyle ist *eine* Kultur des Konsums und insofern *auch* auf das Pfeifenrauchen anzuwenden. Er ist ein junger Sonderfall verschiedener Lebensstile. Unter Kultur versteht der Lifestyle das unbändige Verlangen, dabei zu sein. Dem steht der Pfeifenraucher aber eher skeptisch gegenüber. »Wo bleibt da der Genuss«, fragt er sich »und was heißt hier überhaupt Kultur?« So wird man zur Spaßbremse der Spaßgesellschaft, was Widerstände schafft und die Begründung des eigenen Standpunktes nötig macht.

Wer das Pfeifenrauchen als Kunst betreibt, ist auf dem Weg zur philosophischen Lebenskunst und das beinhaltet eine ästhetische Selbstentfaltung, eine Selbstkonstituierung und Konkretisierung. Wer in diesem Sinne zur Pfeife greift, wählt ein »künstlerisches« Ausdrucksverhalten und »designt« sich selbst. Kein Sein ohne Design. Und insofern kann Pfeifenrauchen durchaus *stylish* sein, gerade weil es sich eher als Gegenkultur zum Kommerz sieht, ihm aber gleichzeitig durch Konsum verbunden ist.

Das genussvolle Pfeifenrauchen scheint den Sinn und Zweck überwiegend in sich selbst zu tragen. Selbstbestimmt greift der Raucher zur Pfeife. An Kant angelehnt könnte man sagen: *Freiheit ist die Bedingung der Möglichkeit des Genießens.* Man kann nur wirklich genießen, wenn man tatsächlich die Wahl hat, sich dem Genuss zu widmen. Man ist so frei. Gruppendruck, Abhängigkeit oder Sucht verwehren den Zugang zum Genuss, weshalb Pfeifenraucher gerade den Genuss als solchen kultivieren. »Verbanne die Gedankenlosigkeit beim Rauchen, ächte die Lieblosigkeit!«, ruft uns Alfred Dunhill zu. Verständigkeit, Respekt und Muße machen den Genuss aus, unterscheiden ihn vom reinen Verbrauch, dem bloßen Konsum. Wahre Rauchkultur, so Dunhill, zeichnet sich durch die *Qualität* des Rauchgenusses aus, nicht durch seine Quantität.

Kaum ein Philosoph hat das Besondere des Pfeifenrauchens so treffend beschrieben wie Georg Christoph Lichtenberg: »Ach! beim Pfeifenrauchen bedenkt der Statistiker nur den Tabak. Aber gerechter Gott! das Vergnügen, nach des Tages getragener Last und Arbeit, in seiner Familie ruhig und vorbereitet zum kurzen Schlaf und der sich morgen wieder erneuernden schweren Arbeit, das Kraut abbrennen zu sehen, den Ersatz durch teuer erkauften Trunk, die ausruhende Beschäftigung – o großer Gott! das alles bedenkt niemand.« Außer eben der, der hier genießt. Und liest.

Was aber ist jenes geheimnisvolle *Genießen*, und warum soll die so geadelte Lust das Pfeifenrauchen in den Rang einer Kunst erheben? Wer hierauf antwortet, verfällt meist schnell in eine *Phänomenologie* der Genüsse. Das heißt, man beschreibt mehr oder weniger vollständig, was man wann und wie genießt, um dann zur *Physiologie* des Genießens überzugehen: Man schildert, was das Genussmittel biologisch oder psychisch bewirkt, welche Rezeptoren angesprochen, welche Zentren gereizt und welche Glückshormone ausgeschüttet werden.

Genießen ist in jedem Fall etwas *Unmittelbares* und *Privates*: Selbst wenn man der Pfeifenleidenschaft gemeinsam mit anderen frönt, genießt doch letztlich jeder für sich. Denken wie Genießen separiert, es trennt von den anderen. Man kann zwar seinen Genuss mitteilen, aber nicht mit anderen teilen. Zwar ist es eine Binsenweisheit, dass es in Gemeinschaft besser schmeckt und dass Pfeifenrauchen durchaus kein einsames Geschäft sein muss (jedenfalls nicht, wenn man ordentlichen Tabak aus einer guten Pfeife zu rauchen versteht), aber das Genießen selbst muss jeder für sich *erleben*.

Beim Pfeifenrauchen besteht der sinnliche Genuss hauptsächlich im Schmecken und Riechen – und genau hierbei spielt das Erinnerungsvermögen und die Fähigkeit, aus Bekanntem zu imaginieren, eine bedeutende Rolle. Psychologen sprechen dabei vom »Marcel-Proust-Phänomen«: Dieser hat in seinem Romanwerk *Auf der Suche nach der verlorenen Zeit* insbesondere mit Geruchs- und Geschmacksassoziationen opulente Erinnerungsgemälde entworfen. Und der Leser kann ihm mit einigen Madeleines, etwas Tee und mildem Pfeifentabak in Swanns

Welt folgen. Dies gelingt nicht etwa, weil man schon mal in Combray an einem warmen Sommerabend in einem kleinen Garten eine Pfeife geraucht hätte, sondern weil dieser Ausflug des Lesers eine assoziative Reise des reflektierenden Genießers zu sich selbst ist.

Geruchseindrücke und Geschmackswahrnehmungen stehen in enger Verbindung mit ganz bestimmten situativen Erinnerungen. Dabei ist die Nase das einzige Sinnesorgan, das seine aus etwa 12 Millionen Rezeptoren gewonnenen Impulse *direkt* an das Hirn weiterleitet. Vom zerebralen Riechzentrum führt ein exklusiver Informationsstrang schnurstracks ins limbische System zum so genannten Mandelkern. Dort werden die Duftinformationen *unmittelbar* in Emotionen umgewandelt und spontan ganze Kaskaden von Assoziationen und Reaktionen ausgelöst. Kein Wunder also, dass Gerüche so gewaltig, aber auch so subtil bewegen können.

Ein Tabak, der in der Kopfnote wie Lavendel und Äpfel duftet, lässt vielleicht unwillkürlich an einen Sommertag in Combray denken. Auch wenn man natürlich nie an diesen fiktiven Ort der Literatur gelangen kann, dann *könnte* es doch in einem kleinen Marktflecken in der Normandie so angenehm duften.

Proust macht damit eindrucksvoll deutlich, dass die Fähigkeit, die Welt der Gerüche und die fünf bekannten Geschmacksrichtungen zu bestimmen, meist von dem Vermögen abhängt, sie zu benennen. Jeder Mensch kann etwa 10.000 Düfte mehr oder weniger sicher unterscheiden, auch ohne über die Fähigkeiten des monströsen Parfumeurs Jean-Baptiste Grenouille zu verfügen. Dabei identifiziert und beschreibt man einen neuen Geruch *vorläufig* als etwas, das so riecht wie etwas, das man bereits kennt.

Ob unter Parfumeuren, Teehändlern, Weinfreunden oder Tabakkennern, die Beschreibungen von Gerüchen und Geschmacksrichtungen sind blumig und assoziativ: Das mildwürzige Aroma von Hölzern, Herbstlaub und Weihrauch einer englischen Mixture, die zarten Duftnoten von Blüten und Moos mit einem Hauch von Nüssen einer naturbelassenen Mischung, das kräftige torfig-herbale Aroma mit süßlich-ledriger Kopfnote einer irischen Mixture, der dezent süße Hauch von Dörrobst eines Virginia-Flakes, die frisch-herben Anklänge von Frucht und Heu einer schottischen Komposition, die leichte Lavendelnote einer französischen Melange und die dezenten fruchtig-floralen bis kräftig bonbonsüßen Düfte einer dänischen Mischungen... Getreu der Markenorientierung der großen Hersteller: »Am Geruch sollt ihr sie erkennen«. Und so riechen auch wir nach »Pfeife«. Das haben wir schon mit 16 gelernt: Heimlich kann man nun mal nicht Pfeife rauchen. Man muss zu ihr stehen.

Der Geruch eines Menschen ist als individuelle Note sowohl origineller Auftritt als auch Ausdruck kollektiver Zugehörigkeit. Und das gilt auch im übertragenen Sinne. Wir müssen erstmal einen Neuling ausgiebig beschnuppern, ob er den richtigen Stallgeruch hat. Wir haben eine Nase für so etwas. Frauen angeblich feiner als Männer.

Proust fand es übrigens sehr ärgerlich, dass man den Geschmacks- und Geruchssinn als »niederen Sinn« bezeichnet – und dies nur, weil er unmittelbar dem emotionalen Erleben und nicht den geistigen Fähigkeiten dienen soll. Dabei ist es vom retronasalen Riechepithel bis zum Hippocampus, wo die Gedächtnisinhalte verarbeitet werden, gerade mal zwei Synapsen weit, wie die Hirnforscher sagen.

Durch unser Erinnern prägen wir die Welt der Sinne in unserem Sinne: »Einer Dauer eine Form aufzuprägen, das ist der Anspruch der Schönheit, aber auch des Gedächtnisses. Denn das Formlose ist unfassbar, kann nicht erinnert werden«, so der Schriftsteller Milan Kundera. Wir verleihen der gesichtslosen Unendlichkeit, der Abstraktion, eine Gestalt. Und zwar nicht irgendeine, sondern *unsere* Gestalt. Wir gestalten die Welt, indem wir sie erkennen und benennen.

Pfeifenraucher werden bezüglich der Genussmomente beim Pfeifenrauchen gern und schnell mit *psychologischen* Erklärungen gepeinigt. Wenn man (vom Titel irregeleitet) mit großen Erwartungen den Band *Die Kunst des Genießens* der Französin Gisèle Harrus-Révidi in die Hand nimmt, wird man hinsichtlich der Frage nach dem Genuss des Pfeifenrauchens schnell enttäuscht. Die Autorin ist Psychoanalytikerin und leider nur auf *ein* Erklärungsmodell von Lust und Genuss fixiert. Bei ihr hat offenbar *alles* am Genuss mit oralen Phasen, ritualisierten Kannibalismustabus und sublimierten Inzestvorstellungen zu tun. Was hat es da noch mit der Kunst auf sich, wo bleibt da die Kultur, die Zivilität? All das dient Pfeifenrauchern nur zur Kaschierung ihres Nuckeltriebs, meint Madame.

Die Wiener Sexualpsychologin Gerti Senger, die von der Boulevardpresse gern »Sexpertin« genannt wird, argumentiert ganz ähnlich und sieht in der Pfeife eine Intimitätsattrappe, eine Art blinder Brustwarze, die Trost und Wärme vermittelt. Kurz, die Pfeife ist ein Schnuller für erwachsene Kinder. Was natürlich ein alter Hut ist, kennen wir doch das betagte indische Sprichwort: »Die Pfeife ist für die gepeinigte Seele wie die Liebkosung einer Mutter für ihr leidendes Kind.«

Nun ist die »Schnullertheorie« ganz amüsant, aber auf Dauer doch ärgerlich. Endlose Wiederholungen machen das Ganze nicht besser. Die beiden französischen Pfeifenexperten Liebaert und Maya bringen es in ihrer Entgegnung auf den Punkt: »Zwischen Pfeife und Schnuller liegt alles, was den Menschen von seinem Urzustand sowie vom Tier unterscheidet: Wissen, Kultiviertheit, Zivilisiertheit. Die Pfeife ist dem Menschen eigen.« Schließlich geht es hier um die Kunst des Pfeifenrauchens und nicht um die Pfeife als pädagogisch wertvolles Spielzeug.

Trotzdem: Mit der schauerlichen Enthüllung der Pfeife als eines frivolen »Objekts der Begierde«, als sublimatorischem Fetisch oraler Luststimulans wird so manchem die unbeschwerte Freude am Genuss vergällt. Die in Harrus-Révidis Titel beschworene *Kunst des Genießens* verweist Pfeifenraucher (und mit ihnen unerbittlich alle Gourmets, Connaisseure und Aficionados) ins finstere Reich der Pornografie. Wer würde noch in aller Öffentlichkeit so obszön sein, eine Pfeife zu *stopfen*, wer traute sich da noch, vor aller Augen an ihr zu *saugen*? Beschämt rauchen wir wieder wie damals verborgen in Vatis Weinkeller. Nur, dass er jetzt mit von der Partie ist. Gemeinsam machen wir uns schuldbewusst bei einem Dämmerschoppen Gedanken zur *Psychopathologie des Pfeifenrauchens*. Wer nicht nur Pfeife, sondern gelegentlich auch noch Zigarre raucht, darf als polymorph perverses Ferkel gelten.

Liebe Mit-Ferkel! Auch wenn uns der journalistische Grundsatz »*sex sells*« geläufig ist, scheint es nicht sinn- und stilvoll zu sein, hier im Gegenzug über libidinöse Ersatzhandlungen oder Penisneid zu schwadronieren. Uns interessiert ehrlich gesagt der Schnuller-Aspekt bei der Kunst des Pfeifenrauchens kaum am Rande. Wir kommen darauf nur zu sprechen, weil er uns immer wieder vorgehalten wird.

Mit Werner Luft, einem Pfeifenbuchautor der 60er Jahre, stehen wir für gewöhnlich zu unserem Nuckelantentum. Luft zitiert nämlich süffisant Sigmund Freud, den Über-Vater der Psychoanalytiker, mit den geflügelten Worten: »Manchmal ist eine Zigarre eben nur eine Zigarre.« Und wenn das sogar auf den phallischen Kapitalistenschnuller zutrifft, dann ist eine Pfeife eben manchmal auch nur eine Pfeife. Aber auch dann, wenn man nur genießt? Egal, was die Seelenklempner sagen: Genussfähigkeit zeichnet den kultivierten Menschen aus. Wer nicht genießt, wird ungenießbar. Und das führt uns zur philosophischen Seite des Genusses.

Der Pfeifenraucher als Genießer

»Das Genießen«, so Gero von Randow, »ist ein faszinierendes Phänomen. Es ist körperlich und seelisch, privat und öffentlich, geformt und zerfließend, gemessen und ohne Maß. Eine besonders intensive Beziehung zur Welt. [...] Genuß will nicht nur ausschweifend, er will auch abschweifend sein: Genuß weckt die Lebensgeister, ruft die Fantasie wach, holt Erinnerungen zurück.« Genuss beinhaltet immer ein bedeutendes Maß an Großzügigkeit, an Laisser-faire. Dagegen töten Engstirnigkeit, Missgunst und Sparsamkeit jeden Genuss. Geiz ist alles andere als geil! Da wäre man doch blöd. Gourmandise ist eine ebenso großartige wie freigebige Geste, eine sinnliche Feier der Fülle ohne jedes Ressentiment, fern ab von jenem Lebensneid, der das »echte« Leben immer nur dort wähnt, wo es grundsätzlich nicht hingehört, nämlich bei den anderen.

Jean Anthelme Brillat-Savarin argumentiert in seinem kulinarischen Manifest von 1826: »Der Feinschmecker erscheint im Grunde als die Inkarnation des Kulturmenschen. Die Tiere fressen, der Mensch ißt; der gebildete Mensch allein ißt mit Bewußtsein« – und Honoré Daumier ergänzt: »Rauche, rauche, rauche! Nur durch die Pfeife unterscheidet sich der Mensch vom Tier.« Der Mensch als *Homo Fumer*.

Das Eigentümlichste am Genuss ist, dass die wachsende Kennerschaft den Genuss immer weiter steigert und den Geschmack fortwährend verfeinert. Je mehr man weiß, desto mehr nimmt man wahr. Übung macht den Genießer. »Das Exzellente«, so Zino Davidoff, »ist kein Ziel, sondern eine Etappe, die es erlaubt, zur nächsten aufzusteigen«. Genuss will also gelernt sein. Man muss sich auf das Genießen verstehen und das heißt, seine Anlagen und Sinne planmäßig auszubilden. Dabei geht es nicht etwa um platten Hedonismus, suchtmotivierten Egoismus oder unreflektierten Konsumrausch, sondern schlicht um gepflegten Genuss. Kultivierter Genuss ist stets reflektierte und damit beherrschte Lust.

Zum Wesen der Lust gehört allerdings auch, dass der Rest der Welt unter ihrem Regiment nur noch in gedämpfter Form wahrgenommen wird. Diesen Zustand selektiver Wahrnehmung muss man sich in der vielfältigen Bedeutung des Wortes »leisten« können. Man muss abkömmlich sein, man muss die notwendigen Mittel besitzen und man muss Lust dazu haben. Lust, Genuss und Luxus scheinen somit drei Äpfel vom selben Baum der Muße zu sein.

Wem das alles zu viel Getue ist, wer definitiv der häusliche Typ ist, der lieber seinen drei Sterne Kühlschrank als ein drei Sterne Restaurant besucht, der wird auch diesen Luxus entsprechend pflegen. Genussfähigkeit kann ganz unprätentiös daherkommen. »Feine Lebensart ist's, wenn's keiner merkt«, stellt David Blieswood fest. Offenheit, Freude am Guten und der Wille zur Vervollkommnung sind die wichtigsten Merkmale des freien Genießers.

Wir wissen: Aller Luxus ist relativ. Deshalb reden wir hier nicht nur von außergewöhnlich seltenen oder teuren Gütern. Denn auch das gänzlich Alltägliche verdient es, genossen zu werden. *Das* ist Savoir-vivre: Die Kunst, das Leben als ein Fest zu feiern. Jede Feier ist etwas Nicht-Alltägliches, weil zu feiern etwas Besonderes, etwas Außergewöhnliches ist. Das Leben kann so in seiner Alltäglichkeit als etwas Besonderes, nämlich als einzigartiges *Geschenk* begriffen und folglich jeder Tag neu und intensiv genossen werden. Das ist Wertschätzung des Lebens: Genuss, Respekt und Dankbarkeit gehören im Fest zusammen. Und das Pfeifenrauchen kann ein solches Fest sein.

Jeder Pfeifenraucher hat seine Lieblingspfeifen, die Spezial-Mixture, eine eigene Zugfrequenz, seine ganz spezielle Art, die Pfeife zu halten (mal mehr im Mund, mal mehr in der Hand). Manche rauchen aus Überzeugung immer bis zum bitteren Ende, andere sind der Meinung, dass man ruhig schon mal vorher aufhören darf. Aber alle erfreuen sich am Pfeifenrauchen und genießen ihre persönliche Art, Pfeife zu rauchen. Ob nun mit oder ohne Filter.

Wer glaubt, dass das schon alles sei, hat noch nie gesehen, mit welcher Inbrunst gestandene Pfeifenraucher sich der eigentlich nicht gerade ästhetischen Reinigung ihrer Pfeifen widmen. »Es ist ein wirkliches

Vergnügen, wenn man sich vor sein eigenes Herdfeuer setzt und die Pfeifenständer dicht um sich herum versammelt, wobei jede Bruyère-, Ton- oder Meerschaumpfeife das flackernde Licht auf ihre eigene Weise einfängt. Und man hat das Gefühl, etwas vollbracht zu haben, wenn man die Ständer einige Zeit später betrachtet, gefüllt mit sauberen, lieblich duftenden Pfeifen, jede bereit und darauf wartend, mit einer bevorzugten Tabakmischung gestopft zu werden«, so Mark Twain.

Deshalb: Genießen *Sie* als *Bonvivant*, als Liebhaber des Lebens Ihre Pfeife mit allen Sinnen so sehr, dass es eine wahre Lust ist. »Rauchen Sie weniger, aber besser und länger – machen Sie einen Kult daraus, eine Philosophie.« Altmeister Davidoff wusste, was *Qualitätsgenüsse* ausmacht: Weniger ist oft mehr. Klasse statt Masse. Und die meisten Dinge schätzt man erst durch Verzicht. Gemeint ist hier die selbst gewählte Beschränkung, aus purem Willen zum Genuss und nicht die Knebelung der Pfeifenleidenschaft durch eine raucherfeindliche Umwelt.

Bei allem Kult um Pfeife und Tabak sollte aber der Genuss einer Pfeife etwas »Normales«, Alltägliches bleiben. Wer *allein* auf den Genuss fixiert ist, wird aus seiner Leidenschaft ein Leiden schaffen. Das Wort von der *Passion*, das Pfeifenraucher so gern im Munde führen, ist nicht umsonst doppeldeutig. Darüber hinaus mindert zu große Leidenschaft das Feingefühl.

Hier geht es nicht um die Definition eines allgemeingültigen Maßes – das gibt es sowieso nicht. Es kommt allein auf eine Grundhaltung im Sinne des *verständigen* Genusses an: Wer als Mensch mit Geschmack nach der Vollkommenheit des Genusses strebt, wer im rechten Augenblick mit allen Sinnen zu genießen versteht, macht dem Namen *Homo Sapiens* alle Ehre. »Sapiens« heißt nicht nur »weise«, sondern auch »schmeckend«.

Jeder muss für sich selbst das rechte Maß, die rechte Mitte zwischen den Extremen bestimmen. Hier ist das *gute Leben* zuhause, hier weist die Vernunft die Richtung und die praktische Klugheit den Weg. Und dieser Weg kann für jeden woanders entlang führen, denn das rechte Maß ist eine elastische Kategorie. Vielleicht sind Genießer im Allgemeinen und Pfeifenraucher im Besonderen deshalb so tolerante Menschen, weil sie um die Relativität aller Gewohnheiten und Genüsse wissen und den Takt des Maßes kennen.

Jedes Übermaß, jeder Exzess ist letztlich ein taktloser Missbrauch und führt vom Genuss ebenso weg wie vom guten Geschmack. Nicht, dass wir nicht alle schon mal über die Stränge geschlagen hätten, aber eigentlich ist das eine des Genießers unwürdige Geschmacklosigkeit. Unnachsichtig stellt Brillat-Savarin fest: »Die Feinschmeckerei ist eine leidenschaftliche, begründete und gewohnheitsmäßige Vorliebe für Dinge, welche dem Geschmackssinn schmeicheln. Die Feinschmeckerei ist eine Feindin von Ausschreitungen: Jedermann, der sich überißt oder betrinkt, läuft Gefahr, aus den Listen der Zünftigen gestrichen zu werden.« Was für Essen und Trinken gilt, kann man auch auf das Pfeifenrauchen übertragen, wie Mathias Paulokat in seinem *Plädoyer für die Pfeife* feststellt: »Wer Pfeife raucht, weiß Maß zu halten. Die Pfeife lehrt den Raucher Sparsamkeit und Duldsamkeit, weil sie Ruhepausen verlangt und bedächtiges Ziehen mit einem unvergleichlichen Geschmack belohnt.«

Die Entwicklung des Geschmacks und die Entschlossenheit zum wohlverstandenen Genuss machen den kultivierten Menschen zu dem, was er ist: menschlich. Es ist die Einstellung des Genießers zu sich und anderen. Offenheit, wache Sinne, Begeisterungsfähigkeit, Verantwortungsbewusstsein, Pflichtgefühl und Entschlossenheit zeichnen notorische Connaisseure, die erste Liga der Genießer, aus. Die besonderen Zeichen bei Menschen mit Geschmack sind der besonnene Umgang mit sich selbst und der Respekt vor Anderen. Auch beim Rauchen und gerade beim Pfeifenrauchen.

»Geschmack zu haben«, so Gero von Randow, »bedeutet, der Gleichgültigkeit zu widerstehen, der Lieblosigkeit, denn der Geschmack erfordert eine bewußte Zuwendung«. Genuss geht nur mit Köpfchen, also mit klarem Verstand und sicherer, das heißt geschulter Urteilskraft. Und das zeigt wiederum, wo der eigentliche Genuss entsteht: nicht an den Geschmacksrezeptoren, auch nicht in der größten erogenen Zone, irgendwo tief in der grauen Masse des Hirns, sondern als Zusammenspiel aller Faktoren im *Bewusstsein*, in dem wir uns zuraunen »Ich bin«.

Genuss ist eine Frage der entwickelten Persönlichkeit. »Nie wieder freiwillig Schlechteres« lautet das Credo aller wahren Genießer. Sie verzichten lieber, als sich mit Minderwertigem zufrieden zu geben und damit die eigenen Prinzipien zu verraten.

Wie wir aus eigener Erfahrung wissen, haben Pfeifenraucher während des Rauchens das außerordentlich intensive Gefühl des Lebendigseins. Vielleicht gerät ein Genießer schon mal bei besonders exquisiten Tabaken oder einer Straight Grain Designerpfeife völlig außer sich. Aber genau genommen bleibt er beim Rauchen doch immer ganz bei sich selbst, zentriert auf den inneren Kern des Wahrnehmens.

Pfeifenrauchen ist für die meisten etwas Besonderes im Alltag und es prägt die es begleitenden Tätigkeiten, es drückt ihnen seinen Stempel auf. Das genussvolle Pfeifenrauchen hat seinen Ort und seine Zeit, es ereignet sich als Besonderes im Gewöhnlichen und hebt damit den Alltag teilweise auf.

Man kann die Frage danach, warum jemand Pfeife raucht, aus ganz verschiedenen Perspektiven beantworten. Psychologische, soziale und kulturelle Argumente wurden bereits genannt, aber das Pfeifenrauchen als solches bleibt ein Arkanum, ein mysteriöses Verhalten. Letztlich scheitern alle bisherigen Erklärungsansätze, weil sie die *Ursache* des Pfeifenrauchens im Sinne einer *kausalen Erklärung* angeben wollen. So aber versteht man keine Geheimnisse.

Das Pfeifenrauchen hat sich bislang jedem Versuch der *Rationalisierung*, der Entzauberung, erfolgreich entzogen. Mehr noch: Jeder Versuch der vernünftigen Erklärung scheint den Zugang zum Verständnis des *Wesens* des Pfeifenrauchens geradezu zu versperren. Was aber nicht heißt, dass Pfeifenrauchen schlicht unvernünftig sei.

Das Pfeifenrauchen ist nicht *erklärt*, wenn man es als Methode zur Raucherzeugung oder Nikotinaufnahme beschreibt, und auch nicht, wenn man es als Image-Signal betrachtet. Man kommt ihm nur näher, wenn man erkennt, dass es eine Handlung ist, die ein allgemein verfügbares Modell unserer selbst verwirklicht: *Pfeifenrauchen als Lebensart.*

Aus philosophischer Sicht handelt es sich beim Pfeifenrauchen grundsätzlich um eine Frage des Stils – also der *ästhetischen* Frage danach, wie man sich selbst versteht. Wir haben es hierbei mit *Magie* zu tun, nämlich dem Zauber der Persönlichkeit. Das Pfeifenrauchen erweist sich unversehens als eine metaphysische Beschwörung des Ganzen, als die Aufhebung der Vereinzelung und das Angebot einer Versöhnung von Mensch und Welt.

Dies führt zu der anthropologischen These zurück, der zufolge der Mensch unter anderem durch die Fähigkeit zum Genuss erst zum Menschen wird. Im Genussstreben liegt eine Triebkraft, die ihn nach der Vervollkommnung seiner Anlangen streben lässt. Mag das Pfeifenrauchen auch nur ein historisch entstandenes Modell der Selbstvergewisserung unter vielen sein, so verwirklicht es doch in seinem Vollzug immer auch allgemeine Aspekte des Menschseins.

Da der Genuss sich immer in einer Form materialisieren muss, kann er verschiedenste Wege gehen. So wird kultiviertes Genießen zum Ausdrucksverhalten der sich als Individuum verstehenden Person, die Wert darauf legt, dass ihr Verhalten von anderen als ein ästhetisches verstanden wird. Als Pfeifenraucher hat man sich zur Selbstverortung für ein bestimmtes ästhetisch motiviertes Ausdrucksverhalten des Genusses entschieden. Natürlich kann man sich nicht nur auf eines allein festlegen, denn die Persönlichkeit eines jeden ist hierzu viel zu facettenreich und komplex: Die Vorliebe für deutsche Autos, schottischen Tweed, italienische Küche, französischen Wein, dänische Pfeifen und englischen Tabak...

Das Pfeifenrauchen hat den entscheidenden Vorteil, dass es sich wie ein Umhang um nahezu alle anderen Ausdrucksverhalten legen kann, um diese zu unterstreichen oder abzumildern. Es begleitet und prägt gleichzeitig die Lebensführung. Jeder entscheidet für sich, in welchem Maß dies geschieht. Es ist zwar übertrieben, zu behaupten, dass sich die Person über das Pfeifenrauchen konstituiert, aber sie entscheidet über einen *bestimmten* ästhetischen Auftritt und ist am fortlaufenden Prozess der Persönlichkeitskonstituierung beteiligt. Wir erfinden uns in jedem Augenblick selbst.

Der Versuch, das Pfeifenrauchen als Handlung zu rationalisieren, also vernünftig zu erklären, basiert auf einem völligen Missverständnis dessen, was die Frage nach dem Motiv des Pfeifenrauchens ausmacht. Der Rationalist, der dem Genuss des Pfeifenrauchens den Zauber nehmen will, begreift grundsätzlich nicht, worum es beim Pfeifenrauchen *tatsächlich* geht. Aber das wiederum kann man dank der Philosophie sehr vernünftig zeigen.

Von der Geste des Pfeifenrauchens

Betrachten wir noch einmal die eigentliche *Tätigkeit* des Pfeifenrauchens. Also nicht den »technischen« Ablauf, die Praxis des Pfeifenrauchens, wie sie in Pfeifenbüchern geschildert wird, sondern die Handhabung der Pfeife im Sinne eines komplexen Ausdrucks: der *Geste des Pfeifenrauchens.*

Geste meint eine Körperbewegung, meist als bewusster Ausdruck einer bestimmten inneren Haltung, eines *Habitus*. Uns fallen spontan einige nicht ganz salonfähige Gesten ein, etwa der seit alters her bekannte *digitus impudicus*, der unzüchtige Finger, der in seiner modernen Bezeichnung als »Stinkefinger« mit bis zu € 2.000 geahndet werden kann.

Eine Geste ist also eine bisweilen unscheinbare, aber unter Umständen sehr wirkungsmächtige Bewegung, ein Zeichen, ein Signal oder eine Handlung. Das Wort Geste geht zurück auf das lateinische *gerere*, was so viel bedeutet wie etwas zur Schau tragen, sich benehmen. Gestus ist zum einen die körperliche Stellung, die Bewegung. Sie ist Ausdruck des Leibhaften und insofern äußerlich. Gestus kann andererseits auch als das Innere, das Gemeinte, das, was man konkret be-deutet, aufgefasst werden. Dann ist er Ausdruck des Innerlichen und insofern habituell. Im übertragenen Sinne spricht man von einer Geste des guten Willens, einer Geste der Höflichkeit. Gesten können also auch komplexe Handlungen sein – wie etwa das Rauchen einer Pfeife.

Eine *Gebärde* ist demgegenüber ein Sich-Verhalten, ein Ausdruck einer bestimmten Haltung, eine Handlung, bei der, im Unterschied zur Geste, eine formalisierte und konkrete *Informationsübermittlung* im Mittelpunkt steht. Darum spricht man auch von Gebärdensprache, alles andere ist wildes Gestikulieren. Wir kennen die Demutsgebärde, die Drohgebärde – alles Gebaren, die bei uns Menschen entwicklungsgeschichtlich tief verwurzelt, jedoch stets präsent sind und als non-verbale Kommunikation eine Art Grundgrammatik des Sprechens darstellen.

Das Pfeifenrauchen als solches gehört zu den Gesten, da es eine bewusste Handlung, ein Ereignis, oder, wie es noch bei Kant heißt, ein »Eräugnis« ist, das mit einem Blick aufgenommen wird, für sich steht und für sich spricht. Es stellt ein vom Bewusstsein geleitetes gesamtpersönliches Ausdrucksgeschehen dar. Und es ist keine Gebärde, da es trotz aller Routine nichts Formalisiertes enthält, wie das etwa beim Heben der Hand zum Schwur der Fall ist. Die Geste des Pfeifenrauchens ist ein besonderer Auftritt komplexer Handlungen, die zwar ritualisiert, aber nicht formalisiert sind.

Rituale bieten uns im stürmischen oder trüben Alltag Ruhe und Halt durch ein Vorgehen nach einer festgelegten und vertrauten Ordnung. Wir können uns so distanzieren. Riten haben darüber hinaus eine nicht zu unterschätzende strukturierende Wirkung. Man denke etwa an das Anstecken der Pfeife, das den Feierabend einläutet und eine deutliche Zäsur zwischen Tagewerk und Mußestunden darstellt. Den Tag in zwei Hälften teilen: Das macht beide Hälften überschaubarer und angenehmer.

Es geht beim Ritual weniger um Ablenkung als vielmehr um Konzentration und Besinnung auf Vertrautes sowie die Eröffnung symbolischen Erlebens. Wie jeder Psychologe (und auch jeder Priester) bestätigen kann, dienen ritualisierte Handlungen in Stresssituationen verhaltensstabilisierend. Rituale, die eine ausgesprochen ruhige Bedachtsamkeit erfordern, wirken besonders tröstlich. Und das vor allem, wenn sie für den Handelnden nicht nur vertraut, sondern durchweg positiv besetzt sind. Die Pfeife wird zum Übertragungsobjekt, sagen Psychologen, während Priester eher den Rosenkranz empfehlen. Aber der kann ja auch aus Bruyère sein.

Der Philosoph Vilém Flusser geht in seinem Buch *Gesten – Versuch einer Phänomenologie* noch erheblich weiter. Er hält die Geste des Pfeifenrauchens für »paradigmatisch in Hinblick auf zentrale kulturelle Errungenschaften«. Flusser behauptet damit, dass das Pfeifenrauchen in besonderer Weise so beispielhaft ist, dass man daran etwas Allgemeines über die ihm eng verwandten, aber komplizierteren Gesten religiöser und künstlerischer Natur verdeutlichen kann. Und er möchte beweisen, dass das Pfeifenrauchen ein »Lehrstück über Kunst und Religion« ist.

Flusser unterscheidet drei Formen von Gesten. Da sind zuerst die *Arbeitsgesten*, die man ausführt, um etwas zu »machen«, herzustellen, zu produzieren. Sie sind zu etwas Bestimmtem gut, bringen etwas hervor, das wiederum zu etwas zu gebrauchen ist. Arbeitsgesten sind stets Mittel zum Zweck, niemals Selbstzweck. Auch wenn eine schlecht gestopfte Pfeife durch den erhöhten Zugwiderstand in Arbeit ausarten kann, ist Pfeifenrauchen noch lange keine Geste der Arbeit.

Von der Arbeitsgeste ist die *Kommunikationsgeste* zu unterscheiden. Sie dient *allein* dem Zweck, etwas mitzuteilen. Auch in diesem Sinne soll das Pfeifenrauchen nach Flusser nicht Geste sein, denn wir wollen nicht mit jenen Profilneurotikern in einen Topf geworfen werden, die, nur um ihr mattes Image aufzupolieren, zur Pfeife greifen. Wir wissen ja: »Image ist das, was man braucht, damit die Anderen denken, man hätte das, was sie denken, man hätte es.« Und verzichten darauf.

Zweifellos ist Pfeifenrauchen immer auch Selbstdarstellung, denn man kann nicht nicht kommunizieren. Sicher, diese banale Erkenntnis hat einen langen Bart. Aber sie macht noch einmal deutlich, dass das Pfeifenrauchen *an sich* seinen *Zweck* nicht in der Kommunikation hat. Die Kunst des Pfeifenrauchens dient dem Genuss. Wer eine Botschaft übermitteln will, sollte zum Telefon greifen. Und Indianern die Rauchzeichen überlassen.

Aber gerade das indianische Erbe der Pfeife führt drittens zu den *rituellen Gesten*, die ihren Sinn und Zweck einzig in sich tragen und lediglich um ihrer selbst willen ausgeführt werden. Etwa weil sie Freude bereiten und weil wir sie für sich genommen für wichtig, schön oder heilig halten. Sie könnten somit auch als reine Praxis bezeichnet werden. Bei Manitu: Ihrem großen Geist brachten die Indianer den Tabakrauch zum Opfer, nährten so das heilige Feuer und glaubten schließlich, dass der große Geist im Tabakrauch verborgen sei. Gleichzeitig ließen sie sich aber auch ihre Pfeifen (rein »privat«) schmecken. Das Pfeifenrauchen kommt so über den Mythos nicht nur in die Nähe von Kunst und Religion, der »Geist des Pfeifenrauchens« ist für Flusser beispielhaft für alle rituelle Gesten schlechthin.

Die Frage, warum manche Menschen Pfeife rauchen, ist nach Flusser »ein Spezialfall der Frage, warum rituelle Gesten ausgeführt werden, und beinhaltet außerdem die Frage, warum speziell diese Geste statt einer anderen rituellen ausgeführt wird«. Die Antwort ist klar, sogar wenn man kurz vom Geschmack des Tabaks, also dem nächstliegenden Sinn des Rauchens absieht: Man raucht Pfeife aus purem Vergnügen, aus reinem Genuss. Fragt sich nur, wieso man sich hierzu ausgerechnet die anspruchsvolle Geste des Pfeifenrauchens aussucht und nicht zur unkomplizierten Zigarette greift. Vielleicht weil der Fluppe Genusskultur und Dauer abgeht.

Aber gerade das Komplizierte lässt Spielraum für Ritualisierung und Stabilisierung, weshalb die Pfeife (ausnahmsweise mal) im Vorteil ist. Sie verhält sich zur Zigarette wie die altjapanische Teezeremonie zum Teebeutel.

Das Pfeifenrauchen, so Flusser, ist zweckfrei, profan und ideologisch nicht besetzt. Man kann nun einwenden, dass es, wenn es um das Rauchen geht, immer ideologisch wird und dass es auch innerhalb der Pfeifengemeinde reichlich ideologische Grabenkämpfe gibt (Filter!). Aber Flusser will hier gar nicht ideologiekritisch argumentieren; er meint nur, dass das Pfeifenrauchen eine »stereotype Handlung« ist, »deren allgemeine Struktur feststeht und die ausgeführt wird, um diese allgemeine Struktur zu verwirklichen, und nicht, um einen über die Struktur hinausweisenden Zweck zu verfolgen.« Schließlich erahnen wir beim Pfeifenrauchen wenigstens noch einen Schimmer des vergangenen Mythos von der Einheit des Kosmos.

Nun gibt es keine allgemeine Norm, nach der sich Pfeifenraucher zu verhalten hätten, auch wenn alle Einführungen ins Pfeifenrauchen eben dies beschwören. »Das heißt nicht nur, dass jeder Pfeifenraucher seine eigene, für ihn charakteristische Art ausgearbeitet hat, seine Pfeife zu manipulieren, sondern auch, dass jeder Pfeifenraucher bereit ist, diesen Stil in einer Diskussion mit anderen Pfeifenrauchern zu begründen und zu verteidigen.« Wer würde das leugnen wollen?

Der Streit der Meinungen – und es handelt sich hierbei tatsächlich um *Meinungen* und nicht etwa um ein begründetes Wissen – hinsichtlich der besten Art, Pfeife zu rauchen, ist nicht zu schlichten und soll auch gar nicht geschlichtet werden. Er ist Teil des »Faszinosums Pfeife« und gleichzeitig der Skandal der Philosophie des Pfeifenrauchens. Allen Beteiligten ist nämlich klar, dass es sich bei diesem Streit um subjektive Stellungnahmen handelt. »Die Diskussion ist völlig theoretisch und hat auf die theoriefreie Geste des Rauchens keine Auswirkung, und, was das Seltsamste ist, will sie auch gar nicht haben. Trotzdem entsteht sie, wo und wann immer Pfeifenraucher zusammenkommen, weil nämlich die Theoriefreiheit des Rauchens angesichts seiner völligen Praxisferne für die Raucher selbst eine Art von Skandal darstellt.« Die Diskussion um das »richtige« Pfeifenrauchen bleibt Flusser zufolge nur deshalb unproblematisch, »weil man sich auf dem Gebiet der Kunst bewegt, wo nach wie vor der Grundsatz *l'art pour l'art* gilt«. Hier staunt der passionierte Pfeifenraucher dann doch etwas.

Man kann Flussers Kunstbegriff mit Recht in Frage stellen. Da wir oben sowieso ein ganz anderes Verständnis von einer Kunst des Pfeifenrauchens entwickelt haben, sei hier nur darauf hingewiesen, dass man sich beim Pfeifenrauchen *eben nicht* auf dieser Ebene der ästhetischen Beliebigkeit bewegt. Für Flusser wird das Pfeifenrauchen zu einer interessanten, aber grundsätzlich beliebigen Angewohnheit. Hier bleibt er deutlich hinter den eigenen Ansprüchen zurück.

Da diese Angewohnheit des Rauchens nach Flusser durch und durch profan ist, gesteht jeder Pfeifenraucher dem anderen zu, so zu rauchen, wie dieser es für das Beste hält – wobei es ihm freilich unbenommen bleibt, weiterhin die seinige als die einzig wahre Methode anzusehen. Aber wehe, es will sich jemand einmischen, etwas als richtig vorschreiben, dann kann es schnell vorbei sein mit der sprichwörtlichen Gelassenheit der Pfeifenraucher. Kaum irgendwo sonst wird so unerbittlich gestritten, wie in den Leserbriefspalten der einschlägigen Fachpresse. Das ist Flusser zufolge übrigens kein Widerspruch oder Ausdruck von Inkonsequenz, da jeder Pfeifenraucher ja tatsächlich *seine* Praxis als die richtige erlebt und sich mit ihr identifiziert. Aber gerade das Technische, die bloße Praxis, ist ja kein philosophischer Ansatzpunkt!

Wenn man über jemanden sagt, er mache einen *Kult* aus dem Pfeifenrauchen, so meint man, dass er die Geste wohl etwas übertreibt. Dabei wäre es im obigen Sinne durchaus berechtigt, von Kultus beim Pfeifenrauchen zu sprechen. Echte Kultiviertheit zeigt sich um ihrer selbst willen und die Pfeifenkultur beweist sich im angemessenen Umgang mit Pfeife und Tabak. Pfeifenrauchen kann ein Hochamt der Sinne sein. Insofern kann man also auch heute noch von rituellen Handlungen beim Pfeifenrauchen sprechen.

Flusser vermutet deshalb, dass der *Sinn* des Pfeifenrauchens in der *Unterbrechung* aller anderen Gesten liegt. Hierin ist sein größter Beitrag zu einer Philosophie des Pfeifenrauchens zu sehen: Es ist die Fülle der angenehmen Unterbrechungen des Alltags, die als kontemplativ und stabilisierend, als lustvoll und gleichzeitig beruhigend im Pfeifenrauchen erlebt werden. Diese Unterbrechungen, mit denen gerade Anfänger beim Pfeifenrauchen »zu kämpfen« haben und die von gestandenen

Pfeifenrauchern überhaupt nicht als belastend empfunden werden, machen gerade den besonderen Reiz dieser Geste aus.

Die Unterbrechungen des Alltäglichen durch die Geste des Pfeifenrauchens lässt den Raucher wenigstens für Augenblicke aus dem Zentrum des Alltags heraustreten. Damit wird der philosophische Kern des Pfeifenrauchens deutlich: Das Pfeifenrauchen macht den Raucher zum *Exzentriker*!

Exzentrik ist Edith Sitwell zufolge, jener höchst exzentrischen Dame des British Empire, keine Form von Verrücktheit, wie uns langweilige Leute glauben machen wollen, sondern eine Art unschuldiger Stolz. »Geniale und aristokratische Menschen werden häufig als exzentrisch betrachtet, weil das Genie wie der Aristokrat vollkommen unerschrocken und unbeeinflußt ist von den Meinungen und Launen der Massen.«

Die hier geschmähte Masse der Leute glaubt ihrerseits, dass der Unterschied zwischen übergeschnappt und exzentrisch vorwiegend in einer beträchtlichen Menge Geld besteht. Dem Wörterbuch folgend bedeutet *exzentrisch* »nicht im Mittelpunkt liegend« und »merkwürdig, vom normalen Verhalten originell abweichend« – was als Definition mehr Fragen aufwirft als erklärt.

Der Skeptiker Odo Marquard versteht dies so, dass der Mensch grundsätzlich ein »exzentrisch positioniertes Wesen« ist: »Alle anderen Lebewesen leben ihr Leben; der Mensch lebt sein Leben nicht nur, sondern verhält sich auch noch zu ihm, und das kann er nur, weil er auf Distanz geht zu seinem Leben.« Sein Leben zu leben, das ist der Alltag, sich aber beim Pfeifenrauchen zurückzulehnen, sich außerhalb seines gewöhnlichen Lebenskreises zu stellen (also gezielt eine *exzentrische* Position einzunehmen), um durch eine bewusste Geste der Unterbrechung im Alltag innezuhalten, das eigene Leben zu betrachten – das ist die philosophische Haltung des Pfeifenrauchers, denn gerade im Genuss hat man ein besonderes Selbstverhältnis mit ausgeprägt exzentrischer Selbstwahrnehmung.

Das Pfeifenrauchen als Positionierung des Exzentrikers! Man könnte auch sagen, dass die Pfeife ein *Moratorium* des Alltags ist, eine teilweise Aussetzung des Alltags zur Versöhnung *mit* dem Alltag und damit eine Entlastung *vom* Alltag.

Pfeifenrauchen verbindet somit drei Lebensformen, das *genießende*, das *praktische* und das *beschauliche* (also theoretische) Leben, zur Einheit des *guten Lebens* in der Praxis. Das *wirklich* gute Leben meint hier nicht die technisch perfekte Schwelgerei in egoistischer Reinkultur, sondern es stellt jene Einheit der Lebensführung dar, bei der Menschen im umfassenden Sinne menschlich sind, wo sie ganz bei sich sind und der vollständigen Entfaltung ihrer Möglichkeiten näher kommen. »Werde was Du sein kannst«, fordert Aristoteles. In diesem Streben ist man dem antiken Philosophen zufolge Mensch, weil man auf dem Weg zum guten Leben ist. Das ist echte Selbstverwirklichung und der Pfeifenraucher wird sein eigener Entwicklungshelfer.

Wie wichtig Moratorien des Alltags sind, wird deutlich, wenn man die Strukturlosigkeit des modernen Lebens betrachtet. Karlheinz Geißler weist auf die stupide Einförmigkeit eines zäsurlosen Lebens hin, in dem alles ständig verfügbar geworden ist. »In der hoch entwickelten Industriegesellschaft wird alles möglichst permanent, d.h. zu jeder Zeit, rund um die Uhr und an jedem Ort, bereitgestellt. Das macht gesellschaftliche Anfänge und Abschlüsse tendenziell überflüssig. Das Individuum ist hierdurch immer mehr gezwungen – will es nicht in der zeitlichen und räumlichen Grenzenlosigkeit verschwinden –, selbst zeitliche Markierungspunkte zu setzen.« Die Feierabendpfeife ist dazu ein Beitrag, denn aus der bewusst am Rand des Geschehens eingenommenen Perspektive des Exzentrikers lassen sich Strukturen ausmachen oder willkürlich setzen.

Das Schöne am Pfeifenrauchen ist – und damit sind wir wieder bei Vilém Flussers ästhetischer Theorie der Gesten –, dass die Geste des Pfeifenrauchens als Moratorium des Alltags nicht nur im Sinne einer komplexen Gesamtgeste, einer fest umrissenen Auszeit und damit einer teilweisen Entfristung unserer Zeitlichkeit, funktioniert. Die Geste des Pfeifenrauchens kann auch im Alltag *en passant* wie eine Verlangsamung und damit als Entschärfung des Alltags wirken. Manche sprechen beim Pfeifenrauchen von *Entschleunigung*. Weniger modisch ausgedrückt: Pfeifenraucher wissen, wo die Bremse ist und wie man sie betätigt. Niemand spricht hier vom Anhalten der Uhren, denn dies würde, wenn es denn möglich wäre, sowieso nur dazu führen, in der »Zwischenzeit« so weiter zu machen, wie bisher.

»Das Pfeifenrauchen macht Vergnügen, nicht aus diesen oder jenen spezifischen Gründen, sondern weil es eine Geste ist, in der man sich *aus-lebt.*« Unter »Ausleben« versteht Flusser die eigene, ganz spezifische und mit keiner anderen vergleichbare Existenz aus sich selbst zu projizieren. Und das ist alles andere als ein Sich-gehen-lassen, denn man ist dabei ganz auf sich selbst konzentriert. »Wenn man Pfeife raucht, dann bewegt man sich in Funktion von spezifisch *frei gewählten* Gegenständen, also innerhalb eines begrenzten Parameters, auf eine die eigene Existenz bezeugende Weise. Das eben macht Vergnügen: sich selbst an seinem Stil zu erkennen; und dann alle übrigen Gesten (zum Beispiel das Schreiben und die der Unterhaltung mit einem Freund) in diesen Stil zu tauchen.«

Die Geste des Pfeifenrauchens prägt die anderen Gesten, indem sie sie unterbricht und mit dem sättigt, was wir als uns selbst erkannt haben oder erkennen wollen. Im Ausleben solcher Gesten fühlen wir uns zuhause; sie helfen uns, wir selbst zu sein. Ob das nun vorgegaukelt oder wirklich so ist, mag dahingestellt sein. Was zählt, ist die Wirkung. Und die hat manchmal auch ihre Kritiker, etwa den Romantiker August Klingemann, besser bekannt als Bonaventura: »Es gehört zur menschlichen Größe, in der Nähe erhabener Gegenstände Nebengeschäfte zu betreiben, z.B. der aufgehenden Sonne mit der Pfeife im Munde ins Antlitz zu schauen; die Menschen haben es darin sehr weit gebracht.«

Klingemann übergeht hier, dass das Pfeifenrauchen eine Geste ist, die erlaubt, sich im eigenen Stil in der Welt zu finden und so mit ihr anzufreunden. Man *muss* weder zur Positionierung in der Welt noch zur Selbstfindung Pfeife rauchen, aber man *kann* es als Ausdruck einer ganz bestimmten Persönlichkeit verstehen, gerade *diese* Geste in *jener* Situation zu benutzen. Niemand muss bei Sonnenaufgang Pfeife rauchen, aber unter bestimmten Bedingungen kann ein Sonnenaufgang mit Pfeife ein unvergessliches Erlebnis sein.

Die rituelle Geste des Pfeifenrauchens ist aber nicht nur jenes berühmte »Erkenne Dich selbst«, die Aufforderung sich endlich selbst ernst zu nehmen; das Pfeifenrauchen trägt auch die Möglichkeit in sich, dieses Eins-mit-sich-Sein auf alles, was man tut, auszudehnen. Die Aneignung der Welt mit der Pfeife. Man könnte auch sagen: Die Welt in der Pfeife liegt in der Welt der Pfeife.

So ganz nebenbei kommen wir über einen konkreten Widerspruch zu einer nahezu dialektischen Aussöhnung mit der Welt, denn der Genuss ist, wie Gero von Randow feststellt, höchst widersprüchlich. Und dies gilt natürlich auch für das Pfeifenrauchen: »Der Genießer gewinnt, indem er sich verausgabt. Er vollzieht mit seinen Sinnen die Einheit mit der Welt, doch indem er den Genuß empfindet, ist er ganz auf sich allein zurückgeworfen: Niemand anderes kann für ihn genießen. Im Genuß versöhnt er sich mit der Welt.«

Der Pfeifen-Virtuose

Wenn die Kunst des Pfeifenrauchens aber nicht in der möglichst »fehlerlosen« Handhabung der Pfeife zu sehen ist, wie steht es dann um das *Virtuosentum*, das sich, wie Thomas Bernhard sagen würde, »naturgemäß« auf effektvolle und äußerst schwierige Rauchtechniken kapriziert. Ein »Paganini der Pfeife« müsste das Pfeifenrauchen um die instrumentalen Möglichkeiten mit schöpferischer Kraft erweitern, was als Herausforderung selbst für passionierte Untergeher skurril wäre. Kunstraucher, Wettraucher und ähnliche Pfeifen-Enthusiasten mag es geben, aber sie bleiben doch eher »sportliche« Sonderfälle. Doch gerade hier öffnet sich eine weitere Dimension des Pfeifenrauchens.

Nimmt man den Virtuosen wörtlich, dann geht seine Art zu rauchen auf virtù, auf Tüchtigkeit und Tugend zurück. Virtus, die lateinische Mannhaftigkeit, mag als Zeichen des Pfeifenrauchers (und selbstverständlich auch der Pfeifenraucherin) angehen, gefragt ist aber beim Virtuosentum vor allem umsichtiges, ja perfektes Können. Allerdings sollte man nicht glauben, man hätte es hier nur mit einem technischen Problem zu tun.

Bei der Formulierung »Die Kunst, Pfeife zu rauchen« wird Kunst noch im ganz ursprünglichen Sinne von Tugend und Tüchtigkeit verstanden, im Gegensatz zum heutigen Verständnis, Kunst als eine höhere Form von Arbeit anzusehen. Die Kunst war ursprünglich eine Frucht der Muße und der Freiheit; ein Musenkind, das heute im Kunstbetrieb fabrikmäßig schuftet.

Sieht man von einigen indianischen Stämmen ab, so hat das Pfeifenrauchen für uns nichts Magisches oder Heiliges mehr. Und sogar bei den Indianern um Black Elk überwiegt heute das Folkloristische.

Wir erleben durch die Pfeife nicht mehr die Gottheit in der Geste, wie noch unsere frühen Vorfahren. Und genau genommen ist das für uns auch besser so. Der moderne Mensch gibt sich nicht mehr *vollständig* hin, er sucht beim Pfeifenrauchen selbstverständlich auch kein religiöses oder spirituelles Erleben – aber er ahnt beim Rauchen immer noch den leisen Nachhall dieser ursprünglichen Hingabe an das Göttliche und die Präsenz des Absoluten.

Pfeifenrauchen ist aus dieser Perspektive »oberflächlich« und profan geworden. Doch das Beschwörende und Betörende der rituellen Geste ist noch unterschwellig vorhanden und erschließt sich dem aufmerksamen Beobachter. »Der Pfeifenraucher lebt, wenn er Pfeife raucht, ästhetisch«, so Flusser – und sein Rauchen ereignet sich innerhalb eines nicht-ästhetischen Lebenszusammenhangs als willkommene und wohltuende Unterbrechung von Arbeit und Kommunikation.

Das Pfeifenrauchen ist deshalb noch am ehesten eine »bloß« oder doch zumindest überwiegend rituelle Geste, von der aus man sich über die Zufälligkeit unserer Patchwork-Existenz klar werden kann. »Tatsächlich führt ein jeder von uns alle drei Typen von Gesten ständig aus, und jeder Typ besitzt auch Aspekte der beiden anderen. Wir sind, mit anderen Worten, da, indem wir uns immer zugleich gegenüber der Welt (Arbeit); den anderen (Kommunikation) und uns selbst stilisieren (Ritus).« Pfeifenrauchen ist nicht nur paradigmatisch und kultisch, es ist sogar *idealtypisch.*

In der modernen Massengesellschaft geht ausgerechnet das Individuum, die Grundlage der westlichen Philosophie und Demokratie, zunehmend verloren. Theodor W. Adorno hat immer wieder auf diesen fortschreitenden Verlust hingewiesen. »Bei vielen Menschen ist es bereits eine Unverschämtheit, wenn sie ICH sagen.« Das Pfeifenrauchen lässt uns nun die Wonnen der Selbstreferenzialität erleben, denn es hat, wie wir sahen, immer mit Selbstfindung und Selbsterfindung zu tun. Gemeint ist damit auch im wörtlichen Sinne die Selbstdarstellung. Damit hat die Geste des Pfeifenrauchens trotz allem immer auch eine kommunikative Wirkung. Präsentation: Man stellt sich vor – und das in jeder Hinsicht. Fichte rief einmal seinen Zuhörern zu: »Denken Sie sich!« So kommt das Ich zu Bewusstsein und Welt, wenn es am Anderen zu sich kommt. Kein Individuum ohne Andere, ob nun mit oder ohne Pfeife. Jedoch kann einem das beim Pfeifenrauchen klarer werden: »Ich bin. Aber ich habe mich nicht. Darum werden wir erst«, formuliert dies Bloch.

Pfeifen sind nun einmal auffällige Gegenstände mitten im Gesicht, weshalb sie immer auch ein bestimmtes Maß an Selbstbewusstsein (man muss sich trauen) und eine besondere Form von Selbstdarstellung und damit Selbstverständnis signalisieren. Pfeifen machen Leute. Ein bisschen jedenfalls.

Es ist also gar nicht so leicht, eine Pfeife *selbstverständlich* zu rauchen. Der Soziologe Helmuth Plessner hält es vielmehr für einen komplizierten, manchmal sogar gefährlichen Prozess der exzentrischen Selbstvergewisserung: »Der Blick von außen, der uns trifft, unser eigener wie der fremde, ist die immerwährende Gefahr, welche unser Gefühl um seine Echtheit bringt und uns dazu erhöht oder erniedrigt, als jemand zu figurieren, dem wir gewachsen sein müssen.« *Authentizität* lautet heute das psychologische Zauberwort. Mit den eigenen Ansprüchen an sich selbst mithalten zu können, ist manchmal gar nicht so einfach.

Wer sich selbst bestimmt, achtet darauf, er selbst zu bleiben. Das gilt besonders bezüglich eines Habitus wie dem des Pfeifenrauchens. Die stolze Geste des Pfeifenrauchens würde sonst zur jämmerlichen Rolle und die Pfeife zur bloßen Requisite werden. Dagegen feit nur die Reflexion – in diesem Fall die bekömmliche Distanz zu einem selbst. Die Exzentrik hilft gegen eine Überidentifikation mit der eigenen Rolle und trägt zur Vermeidung von überzogenen Erwartungen bei. Auch das macht den Zauber der Persönlichkeit aus.

Die *Kunst des Pfeifenrauchens* will gelernt sein als ein Sich-Verhalten wie es der Künstler, der Zen-Mönch oder der Prophet in der rituellen Geste tut. Und was unterscheidet den Pfeifenraucher von dieser illustren Gesellschaft? Künstler, Zen-Mönche und Propheten erstreben die *völlige* Aufgabe der Vernunft im Sinne der Verabschiedung von rationaler Erklärbarkeit und kalkulierbarer Zweckhaftigkeit, sie fordern die rückhaltlose Hingabe an die rituelle Geste. Gerade das aber kann der pfeifenrauchende Philosoph schwerlich bereit sein zu tun. Denn er weiß, dass die Finesse Verstand braucht. Nur die Kultiviertheit vermag diesen zugegeben weltlichen Genuss zu verleihen. Der Pfeifenraucher, der die Kunst des Pfeifenrauches recht versteht, wird sein Leben an der Philosophie ausrichten. Und gerade das macht ihn zum Philosophen.

❦

Zum Weiterlesen empfehle ich
den schon häufiger gelobten Band des Journalisten Gero von Randow: *Genießen; Eine Ausschweifung*, Hoffmann und Campe, Hamburg 2001 sowie Detlev Bluhms literarische Rundreise durch die Welt des Tabakgenusses: *Wenn man im Himmel nicht rauchen darf, gehe ich nicht hin; Vom Genuß des Tabaks*, Aufbau Taschenbuch Verlag (AtV), Berlin 2000. Von Genuss, Leidenschaft, Erotik und Feinschmeckerei handelt Isabel Allendes Buch *Aphrodite - Eine Feier der Sinne*, Suhrkamp Taschenbuch, Frankfurt am Main 1999.

Kapitel 5
Pfeife und Zeit

In dem wir uns auf die Suche nach der gestohlenen Zeit machen, um die Wette rauchen, eine Zeitmaschine basteln, einen kleinen Gott an den Haaren ziehen und feststellen, dass sich eine Pfeife entweder gar nicht oder nur unendlich lange rauchen lässt.

»Wenn es Ihnen recht ist, machen wir jetzt eine kurze Zigarettenpause. Wir sehen uns dann in etwa einer Viertelstunde wieder.« Keine Sorge, wir machen hier natürlich keine solche Pause, schon gar nicht am Anfang eines neuen Kapitels und ohnehin nicht mit Fluppe. Aber so oder ähnlich werden noch heute von mutigen Bekennern kleine Pausen eingeleitet, wobei die *berechenbar* verglimmende »Zigarettenlänge« als Zeitmaß zu Grunde gelegt wird.

Wollte man die Pfeife zum Maß der Zeit machen, würde das notwendig in die Satire führen, wie in Joseph Albrecht von Ittners Novelle *Die Pfeife – das Maß aller Dinge*. Dort wird ein Pfeifenraucher vorgestellt, der seine Zeit konsequent nach der Pfeife einteilt: »So gewann er endlich durch das anhaltende und regelmäßige Rauchen in der Abmessung der Momente eine solche Fertigkeit, daß er gar keiner Uhr mehr bedurfte, sondern Stunde und Tage nach den Tabakspfeifen berechnete. Er sagte nicht mehr: Der Tag hat zwölf Stunden und die Stunde sechzig Minuten, sondern: Der Tag hat zwanzig Pfeifen, die Pfeife vier Viertelspfeifen und die Viertelspfeife hundert Züge.« Wer ihn nach einer bestimmten Wegstrecke fragte, erhielt »sechs starke Pfeifen« zur Antwort; wer mit ihm gemeinsam Pfeife rauchte und nach ihm fertig wurde, bekam zu hören: »Mein Freund, Eure Pfeife geht nach.«

Pfeifenrauchen funktioniert so natürlich nicht. Ittner stellt hier einen Pfeifenraucher vor, der die Pfeife als Instrument zur Zeitmessung *missbraucht*, weil er den Sinn des Pfeifenrauchens gründlich missversteht. Seine Kunst des Pfeifenrauchens besteht im uhrwerkhaft regelmäßigen Ziehen an der Pfeife. Darin ist er ein skurriler Virtuose. Von Genuss ist dabei auffallend wenig die Rede, geht es doch um eine Möglichkeit, sich die Welt exakt anzueignen. Der Anspruch geht dabei jedoch deutlich über die bloße Zeitmessung hinaus: Die Pfeife als das Maß aller Dinge!

Das sich hier zeigende philosophische Problem ist weniger in der Zeit als vielmehr im Begriff des Maßes zu sehen: Ittner karikiert hier den so genannten *homo-mensura*-Satz, also jene These des Sophisten Protagoras von Abdera (485-415 v. Chr.), der zufolge der Mensch (lat. homo) das Maß (lat. mensura) aller Dinge sei. Genau heißt es bei Protagoras »Der Mensch ist das Maß aller Dinge, der Seienden, daß sie sind, der nicht Seienden, dass sie nicht sind«, was so viel bedeutet, als dass die Erlebnisse des Individuums das Kriterium bilden, an dem Wirklichkeit gemessen und bewertet wird. Außer den Erlebnissen des Einzelnen gibt es keine Wahrheit, weshalb Wahrheit notwendig relativ ist. Ittner stellt nun alles auf den Kopf, indem er die Pfeife zum Maß aller Dinge erhebt. Kein schnöder Glimmstängel kann hier mithalten.

Gleichwohl bleibt die Zigarettenpause als Zeitmaß unschlagbar, weil sie so kurz ist. Pfeifenrauchen dauert. Niemand mag sich unter Zeitdruck auf das Pfeifenrauchen einlassen, denn man braucht dazu *Muße*. Nur so wird es zum Genuss; allein in der Muße kommt die Pfeife zu ihrem Recht. Nicht als Maß aller Dinge, sondern als Muße für die Dinge. Man geht nicht »mal eben eine rauchen«, wenn man Pfeife mit Genussabsicht raucht. Wer nur raucht, um zu rauchen, pflegt eine depravierte Form des Pfeifenrauchens, eine Schwundstufe des Pfeifengenusses. Wenigstens hierin sind sich alle Pfeifenmeister einig. Pfeifenrauchen braucht seine Zeit und das lässt sich nicht in die Maßeinheit »eine Stunde« pressen.

Trotzdem: »Die Stunde ist die asketische Praxis, die das ekstatische Leben nicht in einem langen Bedauern über die flüchtige Zeit enden läßt.« Wilhelm Schmid meint damit, dass Zeiteinteilungen uns grundsätzlich notwendige Strukturen zum Lebensvollzug geben. Ohne Zeit kein Glück – nur von welcher Zeit reden wir hier eigentlich?

Die »Pfeifenzeit« lässt sich trotz aller Erfahrung nicht so einfach aus der Kombination von Tabak plus Pfeife »errechnen«, wie Ittner fabuliert. Der passionierte Pfeifenraucher hat es zwar einigermaßen im Gefühl, wie lange dieser Tabak in jener Pfeife noch »braucht«, aber er könnte es nicht exakt in den üblichen Zeiteinheiten der Uhr angeben. Und genau genommen will er das auch gar nicht. Der Pfeifenraucher bleibt lieber vage und das hat gute Gründe. Philosophische Gründe!

Es widerspricht nämlich der *Idee* des Pfeifenrauchens, ja, man kann mit gutem Recht sagen, es widerspricht der *Philosophie* des Pfeifenrauchens, es in das Korsett der Uhrzeit zu zwängen. Martin Heidegger benutzt deshalb das Pfeifenrauchen als Beispiel für eine temporale Wahrnehmung jenseits des rechnerisch Genauen. Wenn man sagt »eine Pfeife lang«, so drückt dieses Maß Heidegger zufolge aus, dass man nicht nur nicht *messen* will, sondern dass die *abgeschätzte* Zeit »einem Seienden zugehört, zu dem man besorgend umsichtig hingeht«. Ähm, wie war das doch gleich?

Heidegger will sagen: Das Pfeifenrauchen entzieht sich der Uhrzeit und bringt seine *eigene* Zeit mit, wenn man erst mal die ihr innewohnende Dauer entdeckt. Dies ist eine Zeit, die unabhängig von Uhren, immer schon als existenzielles Maß besteht. Natürliche Rhythmen wie Tag und Nacht, die Jahreszeiten oder die Gezeiten sind hier gemeint.

Pfeifenrauchen orientiert sich an *natürlichen* Umständen und Abläufen, an eigenen »Ereignissen«, wie sie immer schon für Menschen galten, also etwa Herzschlag und Atmen. Das regelmäßige Atmen hatte bereits Pythagoras als grundlegendes Zeitmaß des Menschen erkannt und seinen Anhängern bestimmte Atemübungen empfohlen. In der meditativen Selbsterfahrung gewinnt man ein neues Verhältnis zur Zeit und damit zu sich selbst. Hier »spürt« man jene andere Zeit, die sich als Dauer zeigt. Aufmerksame Pfeifenraucher kennen dieses Gefühl der intensiven Zeitwahrnehmung. Manche sprechen deshalb auch ganz ernsthaft von *Pfeifenmeditation.*

Die so empfundene »innere« Zeit bezeichnet man auch als natürliche oder *ursprüngliche* Zeit. Sie leitete uns Menschen bereits, als es noch keine Uhren gab. Kurz, ohne kalauern zu wollen: Ur-Zeit statt Uhr-Zeit. Sozialpsychologen sprechen auch von *Ereigniszeit* im Unterschied zur mathematisch-physikalischen *Uhrzeit.* Robert Levine fasst die Unterschiede beider Zeitformen folgendermaßen zusammen: »Wenn man nach der Uhrzeit lebt, setzt die vom Zeitmesser angezeigte Zeit den Beginn und das Ende einer Aktivität fest. Wenn die Ereigniszeit dominiert, wird der Zeitplan von den Aktivitäten bestimmt. Ereignisse beginnen und enden, wenn die Teilnehmer im gegenseitigen Einverständnis *das Gefühl haben,* dass die Zeit jetzt richtig sei.« Hier geht es um die Strukturierung des Lebens nach zwei unterschiedlichen Zeitkonzepten. Das Pfeifenrauchen spielt sich dabei überwiegend in der Ereigniszeit ab.

Der individuelle Rhythmus des Ziehens an der Pfeife ist zwar entscheidend für die objektiv messbare *Quantität* (Uhrzeit), aber genau genommen ist allein die individuell empfundene *Qualität* des Genusses maßgeblich. Der richtige Rhythmus hängt nicht von der Uhr, sondern vom Raucher sowie dem Zusammenspiel aus Pfeife und Tabak ab: Das Pfeifenrauchen braucht so lange, wie es eben braucht, um *gut* zu sein. Dabei stehen Pfeife und Pfeifenraucher miteinander in einer Art Dialog: Nicht zu viel und nicht zu wenig, genau das rechte Maß. Das braucht nicht nur *seine* Zeit, das hat vor allem seine *rechte* Zeit. Und damit ist nicht primär die richtige Situation gemeint, sondern eine bestimmte Verfasstheit, eine *Dauer* der Zeit, die diese Situation auszeichnet. Dieses Zeitmaß und seine »Taktung« sowie die souveräne Beherrschung beider Zeitkonzepte liegt in unserer Hand. Vielleicht sind deshalb Pfeifenraucher als taktvolle Menschen so geschätzt, weil sie mit der Zeit differenziert und nicht gedankenlos umgehen.

Eine Zigarette lässt sich nebenbei oder zwischendurch rauchen und ihr Raucher muss sich deshalb selten um ein anderes Zeitkonzept Gedanken machen als das der Uhrzeit. Das macht das Zigarettenrauchen so unkompliziert und seinen Flair der Leichtigkeit aus.

Der Pfeifenraucher wird demgegenüber durch die Erfordernisse des Pfeifenrauchens gezwungen, sich zum Genuss der Pfeife zuzuwenden. Wie sich der Musiker beim Musizieren dem Instrument hingibt und dem Rhythmus und Tempo der Musik folgt, muss der Pfeifenraucher sich zur Pfeife »besorgend umsichtig hinwenden«, wie Heidegger dies nennt. Nur so schenkt die Pfeife ihre Zeit als Dauer. *Humane Zeit*. Eine höchst subjektive, eigenwillige und genussvolle Ereigniszeit, eine Zeit nur für den Pfeifenraucher. Hier findet sich die verlorene, ja sogar die gestohlene Zeit wieder. Die Zeit zur Selbstbesinnung. Wie schon Wolfgang Neuss hintersinnig erklärte: »Der Tag ist immer 24 Stunden lang, aber unterschiedlich breit.«

Pfeifenrauchen lässt innehalten, zur Besinnung kommen, indem es von der Uhrzeit nimmt, um dem Raucher durch die Empfindlichkeiten der Pfeife zu ermahnen, sich wieder der Ereigniszeit, die eine Erlebniszeit ist, zu widmen. Wer hektisch raucht, wird zuverlässig mit schlechtem Geschmack und löchriger Zunge bestraft. Der Pfeife wohnt auf besondere Weise Zeit inne, aber eben eine andere als einer Uhr, die ja die Zeit nicht wirklich physikalisch misst.

Tatsächlich messen Uhren gar nicht die Zeit, sondern nur möglichst gleichförmige Veränderungen und Abläufe, die wir Zeit *nennen.* Die Uhr ist keine Entsprechung für die zeitliche oder ästhetische Qualität der Erfahrung, wie die Dauer, sie ist etwas äußerlich-künstliches, auch wenn sie noch so kunstvoll gearbeitet ist.

Die Bruyèrepfeife hingegen wartet mit einer handfesten Überraschung auf, denn sie zeigt auf ganz natürliche Weise, was Zeit ist: Ihre Maserung ist eingefangene Zeit. Die Holzstruktur ist jene Spur, die die Zeit in der Pflanze hinterlassen hat. Pfeifen sind Manifestationen von Zeit, sie sind im wahrsten Sinne dauerhaft und sie spenden jedem, der sich darauf einzulassen versteht, »ihre« Zeit. Und wie gehen wir mit diesem Geschenk um? Uns wird Zeit meist nur erlebbar im Zeitmangel *und* Zeitüberfluss. Ansonsten verstreicht sie einfach bloß und gräbt Falten in unser Gesicht.

Die Zeit der Physik

Uhren als vermeintliche Hüter der Zeit vermitteln eine künstlich festgelegte Zeit. Die Zeit der modernen wissenschaftlich aufgeklärten Zeit, und dies beinhaltet ein Zeitkonzept, das unbedingte Unterwerfung fordert. Dabei handelt es sich um Isaak Newtons (angeblich) wahre, absolute und mathematisch exakte Zeit, deren Relativität Albert Einstein fand und die Stephen Hawking in seiner *Kurzen Geschichte der Zeit* darstellt, wobei er im Untertitel verrät, worum es den Physikern dabei immer schon ging: um die Suche nach der Urkraft des Universums.

Die Zeit besitzt diesem Verständnis nach nur eine Dimension, nämlich die, zu vergehen. Sie ist als Zeitpunkt mathematisch exakt festgelegt und es genügt eine einzige Zahl, um sie in eine geordnete Struktur zu bringen: »Es ist Zwölf«, sagen wir. Auf einer Geraden findet sich immer ein Zeitpunkt vor und ein Zeitpunkt hinter einem Zeitpunkt. 11:59, 12:00, 12:01. Diese Ordnung der Zeit wäre nicht möglich, wenn die Zeit mehrere Dimensionen wie der Raum hätte. »Die Darstellung der Zeit als Linie legt fest, dass es nicht mehrere Zeiten auf einmal gibt und dass die einzelnen Augenblicke der Zeit nahtlos ineinander übergehen. Es gibt keine Umkehrungen und Lücken, denn die vergehende Zeit ist allgegenwärtig. Für Physiker scheint die Zeit lediglich das praktischste Mittel zu sein, das die Natur gefunden hat, um nicht alles auf einmal passieren zu lassen.

Heutige Physiker *interpretieren* Zeit als Koordinate im vierdimensionalen Kontinuum, was kurioserweise eine Leugnung der Zeit voraussetzt: Man gibt vor, die Zeit als Beobachter von außerhalb der Zeit zu betrachten. Aber selbst wer nur beschreibt, unterwirft die Natur einem Gesetz, dessen Geltung die Einheit der Zeit unter der Herrschaft der *Vergangenheit* behauptet. Alles Beschriebene ist vorbei. Das geht mit allem, nur eben nicht mit der Zeit.

Die Erfindung und letztlich die Vorherrschaft des mathematisch-naturwissenschaftlichen Zeitbegriffs entwickelte sich mit dem technischen Fortschritt vom mechanischen Uhrwerk über die digitale Quarzuhr bis zur Atomuhr: Immer genauer *gehen* Uhren: 9.192.681.770 Schwingungen des Cäsiumatoms ergeben *genau* eine Sekunde; und das 86.400-mal am Tag. Tag für Tag. Jahrein, jahraus.

Hier zeigt sich der umgangssprachliche Doppelsinn der Uhr als *Zeitmesser*: So wie wir es im Alltag verstehen, »misst« sie nicht nur, sie schneidet die Zeit zu Feinschnitt. Ausgerechnet das ehemals Unteilbare, das Atom (von griechisch *a-tomos*, das Unzerschneidbare), dient dabei als Zeitgrundlage. Und so »schneiden« Physiker die Zeit in immer feinere Scheiben: Zehntel-, Hundertstel-, Tausendstel-, Mikro-, Nano-, Pico- und Femtosekunde. Das derzeit kürzeste Messbare ist die Attosekunde (10^{-18}), mit der die Elektronenbewegungen innerhalb eines Atoms gemessen werden. Hier schließt sich wieder der Kreis zur Atomuhr und ihrem Cäsiumatom.

Die physikalische Zeit ist unanschaulich und fremd, mag sie auch unseren Alltag durch Funk- oder Quarzuhren unerbittlich und allgegenwärtig regeln. Die Selbsterfahrung des Menschen in der modernen Welt ist nachhaltig durch die künstliche Uhrzeit geprägt und das wird als Entfremdung empfunden. Der Soziologe Niklas Luhmann hat darauf hingewiesen, dass die künstliche Standardisierung der Zeit als soziales und psychisches

Orientierungsmittel in modernen Gesellschaften absolut notwendig ist. »Fristen und Termine sind Methoden, komplexe Organisationsabläufe zu strukturieren, alternative Verwendungsmöglichkeiten der Zeit auszusondern und klare Handlungsprioritäten zu setzten.« So funktioniert unser Alltag vom Busfahrplan über den Friseurbesuch bis hin zur Feierabendpfeife.

Was so rationell daher kommt, kann krank machen, da es von der natürlichen Zeit entfremdet. Man denke nur an manchen Tagesablauf: Das Erste, was man morgens tut, wenn man lange vor seiner Zeit aus den Federn krabbelt, ist, auf die Uhr (den *Wecker*!) zu schauen. »Waaas? So spät schon?« Man stürzt ohne Frühstück aus dem Haus, weil man nicht gut in der Zeit liegt und hinkt den ganzen Tag mit seiner Zeit der Uhr-Zeit hinterher. Man hetzt von Termin zu Termin und kommt an, bevor man noch richtig da ist, was bedeutet, immer zu spät zu sein, auch wenn man »pünktlich« ist. Man isst nicht, wenn man Hunger hat, sondern weil gerade Mittagspause ist; oder man isst nichts, obwohl man Hunger hat, weil keine Zeit dazu ist. Die Pfeifentasche lässt man lieber gleich zuhause, denn man hätte sowieso keine Zeit zum Pfeifenrauchen. Man verzichtet sogar auf die Feierabendpfeife und geht früh schlafen, nicht etwa weil man müde wäre oder keine Pfeife mehr rauchen möchte, sondern weil man mit Blick auf die Uhr sagt: »Du musst morgen wieder früh raus, also weg mit der Pfeife und ab ins Bett.« Hätte man doch nur mehr Zeit – aber mehr Zeit zu was? »Eigentlich bin ich ganz anders, nur komm ich so selten dazu«, kalauert Ödön von Horvárth.

Sogar unsere Frei-Zeit verbringen wir nach der entfremdenden Uhr-Zeit, die Ferien-Zeit füllen wir mit einem betäubenden Wechselbad verschiedener Zeitvertreibe, damit uns bloß nicht die Zeit lang wird. Das ist gefüllte nicht erfüllte Zeit. Auch nach Feierabend und an den Wochenenden haben wir nicht etwa »frei«, denn nun verrichten wir unsere andere Arbeit: die des Einkaufens. Nach der Produktion kommt die Konsumtion. Wir hetzen durch Shopping-Malls und Einkaufspassagen und hängen die halbe Nacht vor dem Computer: 3... 2... 1 – Meins! Entspannung? Muße? Fehlanzeige! Und schon gar nicht findet sich hier die gefühlte Zeit des Müßiggangs wie beim Bummeln. Shoppen ist nichts für Romantiker, denn man ist dabei Lichtjahre von jenen großen Flaneuren wie Baudelaire oder Benjamin entfernt. »In unserer Welt ist der Müßiggang zur Untätigkeit geworden, und das ist etwas ganz anderes: Der Untätige ist frustriert, er langweilt sich, ist beständig auf der Suche nach der Bewegung, die ihm fehlt«, so Milan Kundera. Und diese Hyperaktivität lässt sich ganz hervorragend in Konsum umwandeln, solange man nicht zur Besinnung kommt.

Der Müßiggänger mit der Pfeife scheint in seinem Trödeln ein unbelehrbarer Zeitverschwender zu sein. Aber selbst er versucht für die so genannte Freizeitindustrie (deren Name Programm ist) durch die verschiedenen Mechanismen des »Zeitgewinnens« die aussichtslose Aufholjagd um angebliche Erlebnisrückstände voranzutreiben. Wenn man das Pfeifenrauchen als etwas betrachtet, für das man sich die Zeit stehlen muss, dann verursacht sogar Pfeifenrauchen Stress. Alle Versuche, Pfeifenrauchen als »plug & play« (etwa durch Tabakpatronen) zu etablieren, gehen am eigentlichen Interesse des Pfeifenrauchers vorbei. Das genüssliche Pfeifenstopfen ist keine Zeitvergeudung, sondern Vorfreude und Teil eines uralten Rituals.

Beim Pfeifenrauchen spielen ganggenaue Uhren bestenfalls beim Wettrauchen eine Rolle: wer am längsten (langsamsten) kann. Solche Pfeifenmeisterschaften sind nicht unumstritten und böse Zungen behaupten, sie seien ungefähr so spannend, als würde man an der Wand einem Klecks Farbe beim Trocknen zuschauen. Nun, dabei kann man wenigstens die natürliche Dauer der Zeit deutlich erleben. Aber auch hier wird der Sinn des Pfeifenrauchens nicht gerade getroffen, unterwirft man es doch komplett der Stopp-Uhr, dem mechanisierten Alptraum der Uhrzeit.

Die Uhrzeit führt als Produkt der Modernisierung zur *Entfremdung* von den natürlichen Abläufen und damit zur *Verdinglichung* der Zeit. Unserer Gesellschaft ist die Uhr ein allgegenwärtiger Fetisch geworden. Kein anderes physikalisches Messgerät auf der Welt ist so verbreitet wie die Uhr, keines wird in Massen mit einer derartigen Präzision gefertigt. Uhren sind uns eben sehr wichtig. Zählen Sie doch mal, wie viele Uhren Sie besitzen. Und vergessen Sie nicht die Uhr im Handy, dem Videorecorder, der Mikrowelle, dem Computer, dem Auto...

In der Entfremdung von den natürlichen Abläufen liegt das Hauptproblem, wenn man das Pfeifenrauchen »erlernt«: Man raucht anfangs *gegen* die Uhr, weil man es so sehr verinnerlicht hat, sich an ihr zu orientieren. Man achtet nicht auf den Ablauf der Ereignisse, den Rhythmus der Pfeife, weil man denkt, es müsse so und so lange nach der Uhrzeit dauern. Erst wenn man dieses Missverständnis erkannt und überwunden hat, bereitet das Pfeifenrauchen tatsächlich Genuss. Wer später als erfahrener Pfeifenraucher »in Stress« gerät, fällt häufig in diesen Anfängerfehler zurück – und legt enttäuscht die Pfeife zur Seite. Es ist dann nicht die rechte Zeit fürs Pfeiferauchen.

Blicken wir auf den alltäglichen Umgang mit »der« Zeit, so müssen wir feststellen, dass ausgerechnet wir selbst jene Strukturen geschaffen haben, die uns nun beherrschen. Der Preis der Emanzipation von der Natur ist unsere eigene Versklavung durch die Uhr. Die »zivilisierte« Umwelt erwartet von uns Pünktlichkeit, das heißt: ein Funktionieren in ihren künstlichen Zeitmaßstäben und technisierten Zeitrahmen. Ein Zurück ist nicht mehr möglich. Wie Lévi-Strauss schon sagte: »Vom Gekochten führt kein Weg zurück zum Rohen.« Außerdem würde niemand ernsthaft auf die Errungenschaften verzichten wollen, die mit den modernen Wissenschaften gewonnen wurden und unsere Lebensqualität seither prägen.

Der Pfeifenraucher wird zum Kulturkritiker, wenn er sein Rauchen als Möglichkeit begreift, eine andere Zeit zu erleben, als die durch die »Kultur« der Uhr geregelte. Seine Entfremdung wird ihm aus der Perspektive der Ereigniszeit bewusst, wenn er Zeit als Dauer erfährt. Hier ist er noch ganz bei sich und erahnt wenigstens, was es bedeutet, jenseits der realen Mystifikation der Zeit durch den Fetisch Uhr zu leben.

Man sieht, dass das Maß der Entfremdung ziemlich merkwürdig ist: Je höher der Grad der Industrialisierung einer Gesellschaft ist, also je mehr angeblich zeitsparende Maschinen und Prozesse eingesetzt werden, desto mehr stehen die Menschen dort unter Zeitdruck und desto weniger freie Zeit bleibt pro Tag für ein oder zwei Pfeifenfüllungen. Die Ereigniszeit, wie sie sich beim Pfeifenrauchen zeigt, wird immer seltener, die Uhrzeit beherrscht nahezu alle Lebensbereiche. Je mehr Zeit man spart, umso weniger Zeit hat man. Für Karlheinz Geißler ist die von uns geschaffene rationalisierte Zeit ein Netz, in dem wir zugleich Spinne und Fliege sind: »Indem wir die Zeit kontrollieren, kontrollieren wir uns selbst.«

Ein Grund für diese Entwicklung besteht darin, dass jeder technische

Fortschritt mit einer Steigerung der Erwartungen und Standards einhergeht und damit die Entfremdung von der ursprünglichen Zeit immer weiter vorantreibt. Das gilt nicht nur für die Produktion, sondern auch für den Konsum, wie schon Karl Marx bemerkte. »Die Entfremdung besteht in der Subjekt-Objekt-Verkehrung beziehungsweise der Versachlichung, womit den Menschen das Resultat ihrer eigenen Arbeitstätigkeit verselbständigt gegenübertritt und sie beherrscht.« Nicht wir beherrschen die Dinge, sondern die Dinge uns. Computer erleichtern zwar viele Arbeiten, aber sie ermöglichen zugleich eine lückenlose Kontrolle aller Arbeitsvorgänge und bestimmen rigoros unser Arbeitsverhalten. Bis in die Freizeit hinein.

Zum Glück sind Pfeifen (verglichen mit Computern oder Handys) unzeitgemäß: Sie sind kaum noch technisch zu verbessern, benötigen keine Updates, haben keine Klingeltöne und außerdem halten Pfeifen entschieden zu lange. Was gepflegt und repariert werden kann, entzieht sich aber der binären Existenz der meisten modernen Konsumgüter, die entweder »in« oder »out«, intakt oder kaputt sind. Tertium non datur – etwas Drittes gibt es in der sich beschleunigenden Wegwerfgesellschaft nicht. Kein Pfeifenraucher wirft eine Pfeife fort, nur weil er sich eine neue gekauft hat, niemand trennt sich von einem betagten Schmauchholz, bloß weil es angelaufen, abgeschabt oder verschmuddelt ist. Im Gegenteil!

Eine Pfeife, die viele Jahre treu zu Diensten stand und sich eine Generalüberholung redlich verdient hat, ist jedoch aus Sicht der Konsumwirtschaft nicht nur ein erschreckender Anachronismus, es handelt sich dabei schlicht um Konsumverweigerung. Pfeifenpflege scheint so zum subversiven Akt des Protests gegen eine überhitzte Konsumgesellschaft zu werden – bis wir die neue Kollektion der Jahrespfeifen unserer Lieblingsmarke sehen... Aber haben wir überhaupt noch die Zeit, Pfeife zu rauchen? Diese Frage verlangt nach einer philosophischen Antwort!

Wenn die Zeit nun aber ein Loch hat...

Wer sagt »Ich habe jetzt keine Zeit zum Pfeifenrauchen«, meint: »Das auf mich Zukommende bildet eine lückenlose Kette von zeitgebundenen Aktivitäten, sodass es mir nicht möglich scheint, eines dieser Glieder so auf der Zeitachse zu verschieben oder herauszunehmen, dass eine zeitaufwendige Aktivität wie das Pfeifenrauchen darauf Platz hat.«

So reden natürlich nur Philosophen, aber diese kuriose Formulierung des einfachen Sachverhalts »Ich habe keine Zeit« zeigt deutlich das Problem, dass wir Zeit als linearen Fluss, als Einbahnstraße interpretieren, die kein Nebeneinander oder Umkehren zulässt. Vom Stopfen und Anzünden über das wohlige Paffen bis zum Ausklopfen - einem beliebigen Hin und Her auf der Zeitachse widerspricht unsere tägliche Erfahrung. Darüber hinaus lässt sich so was auch nicht widerspruchsfrei denken. Lediglich die Zukunft ist planbar und macht das Pfeifenrauchen zur Terminsache.

Und doch ist es gerade die Pfeife, der wir so manche literarische Verkehrung des Zeitflusses verdanken. Nicht nur als Muse des Autors, sondern ganz wörtlich: Umberto Eco berichtet als pfeifenrauchender *Lector in fabula* von jener kuriosen *Storia di Pipino nato veccio e morto bambino* des Giulio Granelli, bei der eine noch warme Pfeife neben der Tonfigur eines alten Männchens abgelegt wird. Die Pfeife beschließt dem Ding aus Ton etwas von ihrer Wärme und Vitalität abzugeben, damit es zum Leben erwacht. So wird der kleiner Greis Pipino geboren. Am Ende stirbt Pipino in der Wiege als Säugling bei seinem ersten/letzten Schrei. *Puer senex*, der greise Knabe, ist ein uralter Topos. Die Zeit wird dank Pfeife auf magische Weise umgekehrt zum biografischen Krebsgang.

Interessant sind auch jene Gedankenspiele um Zeitreisen, die seit H. G. Wells letztlich immer auf das Phänomen der *Temporalparadoxie* hinauslaufen. Die Science-Fiction Literatur ist voll von Beispielen, wo der Lauf der Zeit, genauer der Gang der Geschichte, in der Vergangenheit zum Wohle (?) der Zukunft/Gegenwart verändert wird. Besonders amüsant ist dann immer, wenn der Held der Handlung sein jüngeres Ego ausschaltet, also der temporalen Logik zufolge nie das Alter für die spätere Zeitreise zurück zur eigenen Verhinderung erreicht hätte... Weshalb beispielsweise der russische Physiker Sergej Krasnikow behauptet, man würde mit einer Zeitreise notwendig in ein Paralleluniversum verschlagen werden. Aber das ist wieder ein anderes Problem.

Man kann sich übrigens ganz einfach eine Zeitmaschine bauen. Doch, doch: Man rücke einen bequemen Stuhl in eine sonnige Zimmerecke, nehme auf ihm Platz und zünde sich eine Pfeife an – und fertig ist die Zeitmaschine: In nur einer Stunde wird sie einen sechzig Minuten in die Zukunft gebracht haben...

Es gibt aber auch noch andere Zeitreisen, etwa wenn man in ein Land fährt, in dem es einen vollkommen anderen Umgang mit der Zeit gibt als bei uns. Dorthin, wo nicht nur wegen der Zeitverschiebung die Uhren anders gehen. Deutlich ist in Bezug auf Pünktlichkeit und effizienter Zeitnutzung ein Nord-Süd-Gefälle wahrnehmbar. Je südlicher man lebt, desto mehr dominiert die Ereigniszeit.

Manchmal reicht es aber schon, in einen Zug zu steigen, um aus allen Zeitkonzepten zu purzeln. Wie gut, wenn man dann die Pfeifentasche dabei hat. Aber leider darf man kaum noch in Zügen rauchen. Das wäre doch mal was: »Sehr geehrte Fahrgäste, wegen der außergewöhnlichen Verspätung des Otto-Pollner-Express von Bünde nach Berlin wird das Rauchen in den Wagen mit den ungeraden Laufnummern erlaubt.«

Pfeifen-Paradoxien

Schnelllebige Westeuropäer legen Wert auf Pünktlichkeit, prompte Aufgabenerledigung und Effizienz. Flexibilität, Mobilität, Just-in-time Produktion, Speed Management, Power-Shopping... Pfeifenrauchen wird zum temporalen Luxus. Diese »disziplinierte« Lebensweise wird aber keineswegs überall geteilt und nicht immer gelten dieselben Spielregeln im Umgang mit der Zeit. Es gibt Menschen, die leben mehr in der Ereigniszeit als in der Uhr-Zeit. Das führt nicht selten zu Missverständnissen und Protokollfehlern. Andere Länder, andere Zeiten.

Diese Form der unterschiedlichen Zeitwahrnehmung findet sich sogar innerhalb *einer* Gesellschaft und kann als *soziale Zeit*, als stille Grammatik des Zusammenlebens bezeichnet werden. Rentner gehen mit Zeit anders um als Akkordarbeiter und die wiederum anders als Manager oder Studenten. Und je nach dem, welche der Rollen wir gerade spielen, verhalten wir uns bei der Arbeit oder zuhause wiederum unterschiedlich.

Wir stellen sogar auf der individuell-privaten Ebene eine irritierende Konkurrenz unterschiedlicher Zeitauffassungen fest, etwa wenn man mal wieder die Zeit »vergessen« hat. Bei einem guten Buch, einem Glas Wein, einem angeregten Gespräch oder eben beim Pfeifenrauchen. Und schon muss jemand auf uns warten. Das ärgert denjenigen (wenn er nicht gerade selbst Pfeife raucht) und uns ist es peinlich.

Wir sehen: Der Umgang mit den unterschiedlichen Zeitkonzepten macht den Rhythmus des Lebens aus. Und während man Pfeife raucht, wechselt man immer wieder von der Uhr-Zeit in die Ereigniszeit und zurück – und vertut sich gelegentlich, sehr zum Missfallen der Umwelt, die zur Synchronisation ihrer Ansprüche allein auf die Uhrzeit setzt.

Obwohl wir genau wissen, dass unser Umgang mit der Zeit problematisch ist, mangelt es uns doch manchmal am rechten Verständnis für das Zeitempfinden anderer Menschen. Es waren besonders die Surrealisten, die auf dieses Problem durch weiche Uhren, Vexierbilder und nicht zuletzt durch ihre Manifeste aufmerksam machten. André Breton, der Wortführer und Theoretiker der Surrealisten, brachte es in einer Anekdote auf den Punkt: »Die berühmte Frage bleibt durchaus aktuell, die Arthur Carvan *in sehr müdem und sehr altem Ton* an André Gide richtete: Monsieur Gide, wie stehen wir mit der Zeit? – Viertel vor sechs, antwortete dieser ihm, ohne sich Böses dabei zu denken. Oh, man muss es wohl zugeben, wir stehen schlecht, sehr schlecht mit der Zeit.« Sprechen wir über *die* Zeit, so reden wir häufig aneinander vorbei und doch meint jeder zu wissen, was mit »Zeit« gemeint ist.

Hinzu kommt noch, dass Begriffe wie Vergangenheit, Gegenwart und Zukunft nur noch selten als das erkannt werden, was sie eigentlich sind: Abstraktionen eines *natürlichen* Zeitbegriffs, der vielschichtiger als die Uhr-Zeit ist und auf unserer Fähigkeit zu Erinnerung und Imagination (Zukunftsentwurf) beruht.

Wenn man den Begriff der Zeit von der Verdinglichung entkleiden, die ihm in unserem substantivischen Sprachgebrauch anhaftet, dann wird deutlich, dass eine Uhr weder die Vergangenheit zeigt, wenn sie nachgeht, noch die Zukunft, wenn sie vorgeht. Aber was *zeigt* sie dann? Offensichtlich leider auch nicht den rechten Zeitpunkt. All das liegt außerhalb ihrer Möglichkeiten, wie der Uhrmacher unseres Vertrauens versichert. Uhren sind Chronometer und keine Chronoskope, mit ihnen »messen« wir Zeit, wir nehmen sie aber nicht mit ihnen wahr. Das passt schon eher zur Pfeife.

Überhaupt scheinen Vergangenheit, Gegenwart und Zukunft logisch gesehen gar nicht zu existieren: Die Vergangenheit gibt es nicht, weil sie nicht mehr ist, die Zukunft ist noch nicht, und die Gegenwart ist definiert als Zwischenbereich zwischen zwei Dingen, die nicht existieren – was ja logischerweise nicht sein kann. Augustinus, dem wir dieses Gedankenspiel verdanken, will höchstens die Gegenwart der Vergangenheit als Erinnerung und die Gegenwart der Zukunft als Hoffnung zulassen, aber die Gegenwart der Gegenwart stellt für den spätantiken Kirchenvater ein unüberwindliches Problem dar. Kaum denkt man an etwas, das gerade geschieht, ist es schon geschehen und damit vergangen.

Wir können uns zwar an die Vergangenheit erinnern, aber wir können nicht mehr *spüren*, wie sie vergeht. Genauso wenig fühlen wir die Zukunft kommen. Deshalb sagt uns unser »Zeitgefühl«, dass die Zeit die Gegenwart sein muss, also jener kurze Augenblick, der wie der vorwärts rasende Scheitelpunkt der Woge die Vergangenheit von der Zukunft als das Jetzt trennt. Oder verbindet, ganz wie man will. Das Problem ist jedenfalls, dass gerade dieser flüchtige Augenblick unendlich scheint, da man ihn nie verlassen kann: Das Jetzt hört nie auf. Jedenfalls nicht, solange man ist.

Was sagt uns das? Erstens darf Zeit nicht als irgendetwas Gegenständliches verstanden werden, auch wenn sie als Oberbegriff für alle Veränderungen in der Welt angesehen wird. Daraus resultiert zweitens, dass *die* Zeit nichts weiter ist als eine symbolische Repräsentantin einer Tätigkeit – und zwar der *sozialen* Tätigkeit des Zeitbestimmens. Man könnte auch von einer Variablen des menschlichen Realitätsbezugs sprechen.

»Die retrospektive und prospektive Erweiterung des Horizonts bewirkt eine Verdichtung des Lebens in der jeweiligen Gegenwart, in der allein gewählt und gehandelt werden kann«, so Wilhelm Schmid in seiner *Philosophie der Lebenskunst*. In dieser Perspektive besteht Lebensführung in der Verwirklichung von Möglichkeiten, wobei die Gegenwart allein die Zeit der Veränderung ist. Die Zukunft dient im Alltag gewissermaßen nur zum »Zielen«.

Der Begriff »Zeit« enthält somit im alltäglichen Sprachgebrauch zwei Facetten: Einmal den feststehenden *Zeitpunkt* und dann die fortschreitende *Zeitdauer*. Wir bestimmen einzelne Zeitpunkte (Anzünden der Pfeife exakt um 17:53:15, Verlöschen genau um 19:05:59) und bezeichnen die dazwischen liegende Zeit (1:12:44) als *Zeitraum*. Zeitpunkte, die man auch als »Atome der Zeit« bezeichnen könnte, markieren also lediglich einen unendlich fein gedachten *hypothetischen* Einschnitt, einen Fixpunkt im Verlauf der als unendlich fließend gedachten Zeit. Was natürlich problematisch ist, da die Zeit sich ja nicht festhalten lässt, sondern immerfort weiter läuft: Tempus fugit, Zeit verrinnt.

Deshalb meinen wir meist Zeiträume, wenn wir allgemein von Zeit sprechen. Noch genauer: Wir sprechen von Zeitraum, da wir Zeit nicht als Konstante erleben, sondern als etwas, das von Ewigkeit zu Ewigkeit ständig im fluktuierenden Fluss ist. *Panta rhei*, alles fließt, sagt Heraklit. »Zweimal kannst du wohl nicht in ein und denselben Fluß steigen.«

Zeit existiert nur in der ewigen Gegenwart, wo sie sich im Vergehen stetig verändert, aber immer bleibt. Heraklit fiel als Erstem auf, dass sich genau genommen nicht die Zeit verändert, sondern wir uns in der Zeit. Aber kaum jemand macht seinen Begriff der Zeit daran fest. Es ist dabei so ähnlich wie bei dem Verhältnis von Erde und Sonne: Obwohl wir genau wissen, dass sich die Erde um die Sonne dreht, sprechen wir immer noch vom Sonnenaufgang und Untergang. Nicht die Zeit vergeht, sondern wir in ihr.

Die Annahme von Zeitpunkten ist nun vor allem deshalb so problematisch, weil diese entweder als ausgedehnt oder ausdehnungslos gedacht werden müssen. Wären sie ausgedehnt, müsste man eine Grenze ziehen können zu allen anderen Zeitpunkten, und deren jeweilige Ausdehnung müsste genau bestimmt werden können. Das bedeutet aber wieder Teilbarkeit. Man müsste also ein A-tomos, etwas nicht Teilbares im Zeitpunkt bestimmen können. Was wenigstens bislang noch nicht gelungen ist.

Nimmt man andererseits an, Zeitpunkte seien ausdehnungslos, so würde man etwas Unausgedehntes als Prinzip für die zweifellos ausgedehnte Zeit ansetzen. Und da sind wir bei einem ziemlich vertrackten

Problem angekommen. Zeit würde nämlich nicht so vergehen können, wie sie es zu tun scheint. Das wollen wir uns in einem kleinen Experiment genauer ansehen: Nehmen wir unsere Pfeife hier. Wir haben sie zum Zeitpunkt »*A*« angezündet und sie wird höchstwahrscheinlich bis zum Zeitpunkt »*V*« (Verlöschen) etwas tun, was sie nach obiger Überlegung gar nicht tun dürfte, nämlich rauchen – vorausgesetzt man zieht hin und wieder an ihr.

Das Problem liegt darin, dass der Zeitraum zwischen den beiden Zeitpunkten *A* und *V* sich theoretisch in eine unendliche Zahl an Zeitpunkten unterteilen lässt. Wenn die Kette der Zeitpunkte zwischen *A* und *V* aber unendlich lang ist, müsste unsere Pfeife unabsehbar lange rauchen, ohne je den Zeitpunkt *V* erreichen zu können. Das würde unsere blaue Stunde verewigen. Da aber ein Perpetuum fumabile unmöglich ist, kann hier etwas nicht stimmen.

Nehmen wir weiter an, wir wären – ohne zu berücksichtigen, wie wir dorthin gelangt sind – jetzt im Augenblick beim Zeitpunkt »*M*« (wie Mitte) angekommen. Bei genauerer Betrachtung von *M* stellt sich heraus, dass dieser Zeitpunkt (aus der Reihe unendlich vieler Zeitpunkte zwischen *A* und *V*) wiederum aus unendlich vielen Zeitpunkten der Klasse M besteht (M1, M2, M3 bis Mn). Schlimmer noch: Der Übergang vom Zeitpunkt *M1* zum nächsten Zeitpunkt *M2* würde uns wiederum auf eine unendliche Reise innerhalb von *M1* schicken, da jeder der einzelnen Zeitpunkte wieder in unendlich viele Zeitpunkte zerfiele ($M1^1$, $M1^2$, $M1^3$, $M1^n$) und so weiter und so fort (Mn^n). Die Zeit würde nicht vergehen, sie müsste gewissermaßen auf der Stelle treten. Unsere Pfeife würde sich, wie der englische Philosoph John Stuart Mill mutmaßte, nicht nur nie zu Ende rauchen lassen, sie würde sich gar nicht rauchen lassen, da sie im Fluss der Zeit wie eingefroren wäre.

Natürlich wusste Mill genau wie wir, dass dieser radikale Skeptizismus unserer Alltagserfahrung widerspricht. Man kann Pfeife rauchen, schließlich halten wir den Beweis gerade in Händen. Zeit »vergeht«, auch wenn sie manchmal unterschiedlich schnell zu vergehen scheint. Tatsächlich sind wir bei unseren Überlegungen über eine uralte *Paradoxie* gestolpert. Seit Zenon von Elea im fünften vorchristlichen Jahrhundert getreu dem Motto »Wer beim Denken nicht auf Paradoxien stößt, hat zu früh aufgehört zu denken«, das Problem der unendlich teilbaren Zeit erstmals formulierte, haben viele Philosophen versucht, einen Weg aus dieser Falle zu finden.

Eine mögliche Lösung des Problems schlägt der amerikanische Begründer des Pragmatismus William James vor. Das ganze Problem lässt sich ihm zufolge dadurch umgehen, dass man die verbreitete Ansicht, wirkliche Prozesse würden kontinuierlich ablaufen, aufgibt und stattdessen annimmt, dass sie sich in *endlichen* Schritten vollziehen »wie die aufeinanderfolgenden Tropfen, durch die eine Tonne Wasser gefüllt wird, indem ganze Tropfen entweder auf einmal oder überhaupt nicht hineinfallen«.

Man müsste also so etwas wie Zeitquarks annehmen. Damit wären wir wieder bei der ersten Annahme, bei der wir von ausgedehnten Zeitpunkten ausgingen, die sich nicht weiter teilen lassen. Aber aus wie vielen Zeittröpfchen (oder von mir aus auch Zeit-Prisen) besteht eine Pfeifenfüllung? Unser Problem, ob die Realität ein Kontinuum unendlich kurzer Momente oder eine Aneinanderreihung einzelner Zeitabschnitte ist, scheint damit nicht gelöst. In beiden Fällen tappen wir wieder in Zenons Falle, denn wären die Momente auch noch so kurz, sie wären dennoch Zeitabschnitte mit einer bestimmten Dauer. Unsere Pfeife würde sicher sofort ausgehen, wenn sie das wüsste.

Alles scheint mit unserem *Bewusstsein* zusammenzuhängen, das sich allein in der Gegenwart greifen lässt. Das *Zeitbewusstsein* meint nicht das Bewusstsein von der (wie auch immer) objektiv ablaufenden Zeit, sondern die zeitliche Verfasstheit des Bewusstseins selbst. Es gehört zur inneren Zeitlichkeit des Bewusstseins, dass jeder erlebte gegenwärtige Augenblick nicht einfach isoliert ist, sondern sich aus einem zuvor ereigneten ergibt und mit der Erwartung auf das, was sich anschließen kann, verbunden wird. Wir sind gewissermaßen so »formatiert«. Die Pfeife, die ich im Augenblick rauche, habe ich vor kurzem gestopft, angezündet und, wenn ich nicht gleich nachstopfe, wird sie ausgehen.

Edmund Husserl meint dazu: »Das Gegenwärtige ist in seiner Gegenwart einerseits eine (zeitliche) Folge des Vorherigen und trägt andererseits in sich eine Art der Anwesenheit des Zukünftigen.« Man könnte auch sagen, die Noch-Gegenwart und die Noch-nicht-Gegenwart verbindet sich in der verschwimmenden Einheit des Augenblicks, den wir »Jetzt« nennen. Der Augenblick der Gegenwart enthält die unendliche

Fülle der Handlungsoptionen. Wir verhalten uns im Jetzt zum Möglichen im Wissen um das Gewesene.

Psychologen machen sich das Ganze etwas leichter. Für sie ist die Gegenwart die zeitliche Ausdehnung von Reizen, die in einem Wahrnehmungsakt erfasst werden können. Wir sehen jetzt den Rauch aufsteigen, fühlen die Wärme der Pfeife. Alles weitere, etwa ob die Pfeife gleich ausgeht oder nicht, muss aufgrund von Erfahrungswerten eingeschätzt werden und unterliegt im gewissen Rahmen unserer Kontrolle. Denn sie kann uns trotz aller Erfahrung ausgehen.

Dabei kommen wir zu der Einsicht, dass zwar alles passieren könnte, aber längst nicht alles wahrscheinlich ist. Natürlich könnte diese Pfeife im nächsten Augenblick explodieren – wenn ich etwa *Lehrer Lämpel* wäre. Aber ich bin es ja nicht. Zum Glück. Also muss ich jetzt nachstopfen... So... Es ist nicht alles möglich, sondern nur einiges, nicht Beliebiges, sondern nur Sinnvolles. »Noch Überraschungen müssen als solche identifizierbar sein. Die Inhalte der Vergangenheit begrenzen und ordnen die zukünftigen Möglichkeiten«, so Manfred Sommer.

Wenn das Zeitbewusstsein punktuell-atomistisch wäre, würde man immer nur jeden Augenblick für sich isoliert erleben können. Was er ja vielleicht auch ist. Aber erst die Ausdehnung des Zeitbewusstseins über die bloße Gegenwärtigkeit hinaus lässt uns den Erlebnisstrom als Abfolge des Lebens, also im Sinne eines Kausalzusammenhangs *interpretieren.* Nur so ist ein Sich-Verhalten überhaupt sinnvoll möglich.

Damit sind wir wieder bei unserem alten Problem: Kein Zeitpunkt unserer Interpretation ist ohne einen vorherigen denkbar und jedem existierenden wird wie natürlich ein weiterer folgen. Daraus schließen wir notwendig die Unendlichkeit der Zeit, die uns ebenso geläufig wie letztlich mysteriös bleibt. Denn leider können wir uns etwas Unendliches nicht wirklich vorstellen. Wir können nicht mit der Idee der Unendlichkeit umgehen, aber wir kommen irgendwie auch nicht ohne sie zurecht.

Viele Wissenschaftler halten es deshalb für plausibler, die Zeit nicht aus Zeitpunkten zusammengesetzt zu denken, sondern Zeit als ein *Kontinuum* aufzufassen, das beliebig unterteilt und damit eingeteilt werden kann. So lassen sich Zeitmaß und Zeitordnung pragmatisch durch Setzung bestimmen, und unsere Pfeife auch weiterhin rauchen. Theoretisch und praktisch.

Gerade beim Rauchen fällt uns immer wieder auf, dass wir Menschen keinen echten Zeitsinn im Sinne eines *verlässlichen* inneren Chronometers, eines Zeitorgans besitzen. Wie auch: Man kann Zeit nicht mit den Sinnen fassen, sie ist eine ebenso abstrakte wie individuelle »Größe«. Mag auch der Augenblick süß erscheinen, man kann Zeit nicht schmecken, die Stunde hat keine Maserung, die Minute fühlt sich nicht glatt oder rund an und die Sekunde duftet nicht. Die Pfeife scheint all dies zu können, aber letztlich vermittelt sie doch nur ein sinnliches Ereignis, bei dem Zeit vergeht. Und das muss man sich im Rahmen der modernen Zeit »leisten« können.

Damit sind wir bei Benjamin Franklin, der 1748 die Legende vom »Time is Money« in die Welt setzte. »Durch eine seltsame Anstrengung des Intellekts«, so vermutet Robert Levine »hat der zivilisierte Verstand die Zeit – das obskurste und abstrakteste aller individuellen Güter – auf die objektivste Größe überhaupt reduziert: Geld.« Und wie jeder Pfeifenraucher weiß: Zeit ist Geld ist Betrug. Bei genauer Betrachtung eine faustdicke Lüge, die, vielleicht gerade wegen ihrer unglaublichen Dreistigkeit, so wirkungsmächtig wurde, dass sie heute allerorten bedingungslos geglaubt wird: »Die Gegenwart wird betrogen und verdüstert, indem man sich heute unablässig mit den Käufen von morgen beschäftigt und in der Hoffnung auf künftiges Glück ständig spart und zugleich ausgibt«, kritisiert die englische Wissenschaftsjournalistin Jay Griffiths in ihrem *Lob der Langsamkeit.*

Nicht nur, dass wir auf die Zeit-ist-Geld-Parole pfeifen, während wir bewusst Pfeife rauchen; wir geben die feste, lineare und messbare Zeitrealität der Uhrzeit auf, die mit ihren Zeitplänen unsere Aktivitäten bestimmt und gehen über in die Anarchie der Ereigniszeit, bei der umgekehrt die Aktivitäten den Zeitplan bestimmen. Aber dieses Moratorium des Alltags hält nur für eine gewisse Zeit. Uhrzeit. Das ist der Rahmen, in dem wir uns bewegen, gefangen wie eine Fliege im Glas. Doch jetzt nur die Ruhe bewahren und die Pfeife neu anzünden. Betrachten wir einige Fluchtmöglichkeiten.

Pfeifenfluchten

Zeitmanagement ist das aktuelle Zauberwort, ein modernes Märchen, das angeblich dem Managerinfarkt vorbeugen soll. Der Magie von Optimierung, Strukturierung, Prioritätensetzung, Delegation und Controlling kann sich kaum noch jemand entziehen. »Arbeiten Sie besser, schneller und effektiver. Organisieren Sie Ihre Arbeit zielorientiert und zeitsparend. Nutzen Sie Informationen auf allen Ebenen. Verfolgen Sie Ihre Prioritäten klar und nachdrücklich. Treffen Sie kundenorientierte, wettbewerbsfähige Entscheidungen« – paukt uns der Unternehmensberater Bill Jensen ein. Doch sein ganzes Konzept klingt nicht nach Arbeitsalltag, sondern nach Dschungelkrieg. Nicht zufällig finden sich verdächtig viele militärische Begriffe im Jargon von Betriebswirten und Unternehmensberatern.

Heraus kommt beim Zeitmanagement meist eine krankmachende Orgie von Zeitkompensationen, die vor allem wiederum nur Zeit kosten und, weil man zu immer dichter beieinander liegenden Terminen hetzt, den Erwartungsdruck mit der angeblich wachsenden Arbeitsleistung steigen lässt. Fazit: Man bringt immer mehr Zeit mit Arbeit zu, denn das Zeitmanagement kann ja nicht falsch sein, schließlich organisiert man immer effizienter. Also muss es an der eigenen Unfähigkeit liegen, mit der Zeit auszukommen. Weshalb man immer mehr Zeitmanagement braucht. Perfiderweise macht so der angebliche Ratgeber die Schuld für jedes Scheitern allein beim Ratsuchenden aus.

Da ist wieder die alte Falle der Entfremdung: Je mehr Zeit man verplant, umso geringer wird der Gestaltungsspielraum, denn durch Zeitmanagement »gewonnene« Zeit ist keine *freie* Zeit und schon gar keine Ereigniszeit. Bestenfalls effizient genutzte Arbeitszeit. Doch auch hier wird die Zeit nicht mehr, nur die Arbeit, die in sie hinein passen muss, wächst kontinuierlich. Die Spirale des Zeitmanagements ist ein Teufelskreis, aus dem man nur mit den Füßen voran herauskommt. »Tja, er war Raucher«, heißt es dann.

Vor lauter Zeitmanagement geht einem erst die Zeit und dann die Luft aus. Aber das scheint sogar gewünscht, denn nur wer keine Zeit hat, meint heute auf der Höhe der Zeit zu sein. »O tempora, o mores!« – Oh Zeiten, oh Sitten, rief der alte Cicero angesichts des umtriebigen Rom aus. Was hätte er wohl über uns gesagt?

Wahrscheinlich hätte er uns erklärt, dass auch die zweite moderne Zauberformel, sie lautet *Simplify your life*, weitgehend nutzlos ist und wieder nur Zeit, Geld und Lebensqualität kostet. Zur Parole der Lebensvereinfachung soll man, unter (kostspieliger und zeitraubender) Anleitung, Schluss mit allem machen, was das Leben kompliziert und mühselig macht, weil es zu »zeitintensiv« ist. Dazu gehört, sein Leben zu durchforsten, Abläufe zu vereinfachen, so genannte Zeitverschwendung zu eliminieren und Ballast abzuwerfen, um mehr Zeiträume für das Wesentliche zu gewinnen. Kurz, man müsste sein ganzes Leben komplett umkrempeln und änderte doch nichts grundsätzlich, da die Lebensvereinfachung unser Hauptproblem, nämlich die Entfremdung von der natürlichen Zeit, nicht einmal ansatzweise erkennt. Rationalität wird zur Rationalisierung und die zur Rationierung der Zeit.

Ob nun Effizienztraining, Zeitmanagement oder Lebensvereinfachung – Traktate zur Steigerung der Arbeitsmoral sind wahrscheinlich so alt wie die Lohnarbeit selbst. Seit jeher werden von findigen Köpfen Begriffe wie Intelligenz, Kreativität oder Leidenschaft mit neuen Inhalten gefüllt, die meist das genaue Gegenteil ihrer ursprünglichen Bedeutung besagen. »Ordnung, Disziplin, Opferbereitschaft, Pflichterfüllung und Verantwortungsbewusstsein bilden das Netz, mit dem die selbsternannten Zeit-Moralisten lohnabhängig Beschäftigte zu fangen versuchen, um ein Maximum an Arbeitsleistung von ihnen zu fordern«, so Tom Hodgkinson. Dabei überbietet heute jede Maschine auch den Fleißigsten mit den geforderten »Tugenden«. Echte Intelligenz und wahre Leidenschaft bieten sie aber (noch) nicht. Die Kreativität wird zum Test für die Realitätstauglichkeit: Die Phantasie an die Macht!

Man ist heute so sehr von der Notwendigkeit mühevoller, ermüdender und entfremdender Arbeit überzeugt, dass emsige Routine nahezu jede Form von Kreativität aus dem Arbeitsalltag verdrängt hat. Wer hier gelassen eine Pfeife ansteckt, erntet scheele Blicke. Dabei können kreative Pausen oft viel produktiver sein als zwanzig Überstunden. Und ein gelassener Kollege ist meist die Stütze der ganzen Abteilung. Für einen solchen gestandenen Pfeifenraucher ist das Burn-out-Syndrom ein Pfeifenproblem, dass er mit einer Paste aus Kohlekompretten, Bimsmehl und Wasserglas löst.

Der Versuch, zu viele Möglichkeiten auf einmal zu realisieren, erzeugt das, was man *Stress* nennt. Permanente Zeitnot heißt genau besehen nichts anderes, als dass ein Leben nicht ausreicht, um das zu erleben, was wir Welt nennen. Nur keine Nischen der Langsamkeit, nur keine kreativen Pausen! Blicken wir zurück, so zieht unser Leben vorüber als ein ungelebtes, als eine Ansammlung vertaner Chancen. Hier zeigt sich nahezu täglich unser Versagen vor dem Anspruch, das Leben so zu leben, als hätten wir nur das eine. Wir leiden allen Ernstes daran, nicht genug Zeit für die ganze Welt zu haben. Wie denn auch? In dieser Welt mit ihrer unendlichen Fülle der Möglichkeiten zu sein, ist aus dieser Perspektive allein schon Zeitdruck genug. Und genau darin bestärken ausgerechnet noch jene Bücher mit guten Ratschlägen, die angeblich helfen wollen, aber im Endeffekt nur Schuldgefühle und Versagensängste wecken.

Im Alltag sprechen wir davon, dass die Zeit das kostbarste »Gut« des Lebens sei, lassen aber offen, wem die Zeit denn nun gehört. Es scheint mehr als fraglich, ob man Zeit tatsächlich stehlen, verlieren, sparen oder gewinnen kann. *Haben* wir Zeit? Was sagen die Anlageberater dazu?

Wer versucht, Zeit zu sparen, das wissen wir aus Michael Endes *Momo*, der wird von den grauen Herren betrogen. Man kann Zeit nicht sparen, denn sie ist einfach nicht eigentumsfähig. Wenn überhaupt, dann gehören höchstens wir der Zeit, was eine beunruhigende Einsicht ist. Aber man kann trotzdem in Ruhe Pfeife rauchen. Und sich Gelassenheit im Sinne einer gewissen Lässigkeit im Umgang mit der Uhrzeit zulegen, wie sie der Lyriker Günter Eich vorschlägt: »Endlich weiß man, was Zeit ist: Solange man auch trödelt, es wird nicht früher.«

Nun ist es ja nicht so, als hätten das nur Pfeifenraucher erkannt. Ein Szene-Schlagwort in den Lifestyle-Debatten lautet *Zeitpionier*. Der Lebensstil von Zeitpionieren, so der Soziologe Karl H. Hörning, ist geprägt durch ein »neu strukturiertes Verhältnis von Zeit und Geld sowie durch eine Neustrukturierung alltäglicher Zeitschemata«. Gemeint ist, dass Geld nicht mehr so wichtig ist, vorausgesetzt natürlich, man hat genug davon, um genug davon zu haben. »Zeit tritt in Konkurrenz zu Geld, Zeitwohlstand wird genauso wichtig (oder wichtiger) als materieller Wohlstand.« Wenn dies so weiter geht, dann könnte die Zeit für unser Jahrhundert das werden, was das Geld für das vergangene bedeutete, so seine unbegründet optimistische Prognose.

Das Problem vieler »Besserverdiener« ist heute, wie man seinen

Zeitwohlstand richtig nutzt, ohne gleich wieder in Zeitnot zu geraten. Denn alle, die jetzt denken »Na, *ich* wüßte schon, was ich mit so viel Geld anfangen würde«, sind versucht, den Geist der Entfremdung in die Ereigniszeit hineinzutragen und damit nur auf höherem Niveau unglücklich zu sein. Wer glaubt, mehr Möglichkeiten zu haben, der verpasst eben auch mehr. Also braucht man noch mehr Zeitmanagement. Aber wie kann man diesen Teufelskreis durchbrechen?

Vielleicht sollten wir uns in aller Ruhe mal eine ganze Pfeifenfüllung lang Zeit nehmen... Und schon haben wir unseren Zeitwohlstand auch als »arme Schlucker« und nutzen ihn auch noch nach allen Regeln der Kunst. Sind Pfeifenraucher Zeitmillionäre? Was für ein skurriles Missverständnis, Muße als quantitativen Wert messen zu wollen! Das wird deutlich, wenn wir uns fragen, was wir beim Pfeifenrauchen genau mit *unserer* Zeit machen: Wir lassen sie einfach in der Ereigniszeit verrauchen... Hier wird keine Zeit *vertrieben*, wir begehen auch keinen Totschlag an ihr; hier wird Zeit einfach nur genossen. Das Zauberwort heißt Muße.

Pfeifenmuße

Unter Muße versteht man heute den Zustand des Nichtstuns (im Unterschied zum Beschäftigtsein). Das war nicht immer so. In der Antike bezeichnete man mit Muße jene Situation, in der man es sich leisten kann, Dinge zu unternehmen, zu denen einen weder die Notwendigkeit des physischen Überlebens noch der Druck der Karriere zwingen. In Muße geht man seinen Neigungen nach, für die man sich so viel Zeit lassen kann, wie man Lust hat. Muße ist Unabhängigkeit, die man die Freiheit hat, sich zu nehmen. Also ist Muße Luxus? Die philosophische Antwort lautet: Je nach dem.

Wenn Friedrich Nietzsche polemisch formuliert: »Müßiggang ist aller Philosophie Anfang«, so unterschlägt er, dass Muße (vom griechischen *schóle*) alles andere als Faulenzerei ist. Wer abkömmlich ist von der täglichen Arbeit (zum Erwerb des Lebensunterhalts), hat Muße, etwas anderes zu tun, nämlich beispielsweise in der Schule zu lernen, sich, wie Philosophen sagen, dem Leben in der Anschauung, also der Theorie, zu widmen. Das mag nach Nichtstun aussehen, hat es aber wortwörtlich *in sich.* Meister Leonardo da Vinci wusste das: »Menschen mit Verstand arbeiten tatsächlich am meisten, wenn sie am wenigsten tun.« Muße ist Ereigniszeit und deren Dauer ist der Augenblick. »Und der Augenblick«, so Leonardo weiter, »hat keine Zeit.«

Dieses uralte Konzept der Muße wird durch die Umstände der Industriegesellschaft zur *Freizeit* trivialisiert. Und das nicht ohne Grund: Freizeit muss gestaltet und durch Konsum gefüllt werden. Erholung dient zur Regeneration der Produktionskräfte und zur gesteigerten Konsumtion in der Zwischenzeit. Selbst die Freizeit wird durch eine eigene Industrie geprägt. Und so kommt es, dass wir auch in unserer Freizeit keine freie Zeit und schon gar keine Muße mehr haben. Es sei denn, man knüpft als Philosoph und Pfeifenraucher wieder bewusst an dem antiken Konzept der Muße an und lässt sich Zeit. Ereigniszeit.

Es sind manchmal Details, auf die man achten muss, um Zeitgenossen der Ereigniszeit zu erkennen. Beispielweise sind Funkuhren ohne Sekundenzeiger und Zeiteinteilung auf dem Zifferblatt eigentlich ein Witz. Eine grandiose Verhöhnung der Ganggenauigkeit. A la bonne heure! Wer erst einmal angefangen hat, Ausschau zu halten, der findet überall Inseln der Ereigniszeit, etwa wenn eine Uhr kaputt ist und niemand sie repariert: »Die Kirchturmuhr zeigte 4 Uhr 32 an, wie sie es seit dreihundert Jahren tat. Zweimal am Tag stimmte es, und das war besser als gar keine Uhr«, so Spike Milligan in seiner irischen Dorfgeschichte »*Puckoon*«, wo der Held der Geschichte pfeifenrauchend den Stillstand der Uhrzeit beobachtet.

Ehrlich gesagt möchte ich an dieser Stelle eine Lanze für die Faulheit brechen. Es fällt nämlich auf, dass der oben entwickelte Begriff der Muße schon wieder viel zu zielgerichtet ist, um nicht zu sagen *erfolgsorientiert* daherkommt. Unter dem paradoxen Motto: Muße ist akzeptabel, wenn sie produktiv ist. Dabei macht es doch keinen Spaß, nichts zu tun, wenn man nichts zu tun hat. Der wahre Pfeifenraucher ist in seinem tiefsten Inneren ein rebellisch-fauler Müßiggänger – und das ist auch gut so.

Die gestrenge Sprache unterscheidet nicht zwischen dem faulen Apfel und dem faulen Pfeifenraucher. Wer vor Faulheit stinkt, muss aber nicht unbedingt einen schlechten Tabak rauchen. Das Adjektiv *faul*, so die Germanistin Waltraut Legros, kommt von *verfaulen*, die Fäulnis steckt also in der Faulheit, der Faulpelz ist ein doppelt anrüchiges Faultier – wenn er sich nicht des Gegenteils *befleißigt*. Fleißig sein heißt, die Zeit emsig zu nutzen und nicht bei der Arbeit Pfeife zu rauchen. Nur reicht Fleiß allein nicht aus, wo Einfallsreichtum und Flexibilität gefragt ist. Hier kommt die Muße plötzlich wieder zu ihrem Recht und sogar der Müßiggang des Pfeifenrauchens ist nicht mehr nur aller Laster Anfang und des Luxus fette Beute.

Tatsächlich kommen beim Pfeifenrauchen die besten Ideen und Lösungen nicht wie von selbst zum Vorschein. Es bedarf des Denkens. Das philosophische Pfeifenrauchen bringt das Paradox des Nichtstuns zum Ausdruck: dass man arbeiten muss, um untätig zu sein. In der disziplinierten Muße erweist sich der wahre Müßiggänger als leidenschaftlich unabhängiger Philosoph mit Hang zur Konsequenz. Hier mildert die Pfeife die Disziplin.

Die Muße des Pfeifenrauchers gleicht in manchem dem Tagebuchschreiben. Es ist, wie Henri Frédéric Amiel sagt, »ein Kopfkissen der Faulheit, es erspart die umfassende Behandlung der Themen, es findet sich mit Wiederholungen ab, es begleitet alle Launen und Windungen des inneren Lebens, und es setzt sich kein Ziel«. Das Pfeifenrauchen als lustvolle Aus-Zeit, als Pause vom Erfolgsdruck. Warum also nicht die Uhr anhalten und ein bisschen »gammeln«. Und unverschämterweise zu der *Freiheit* einer doppelsinnigen »Arbeitspause« stehen. Schließlich ist es doch unsere Zeit. »Kaum hat man es sich versehen«, sinniert Lichtenberg beim Pfeifenrauchen, »und schon ist wieder nichts passiert.« Bis auf diesen genialen Aphorismus, der sicher kein Kind bloßen Fleißes war. Der Geistesblitz entzündete sich am Fidibus der Pfeife.

Die Pfeifen-Muße ist ein *Zeitanker* im Strom der Uhrzeit. Nach den Maßstäben der Uhrzeit haben wir es beim Pfeifenrauchen mit einer Phase der chronologischen Zeitlosigkeit, also der Ereigniszeit, zu tun. Der Pfeifentabak enthält ein Frustschutzmittel. Man saugt gewissermaßen durch die Pfeife die Zeit der Muße auf.

Die duftende Tabakspfeife ist zweifellos nur *ein* Instrument der Muße unter vielen, aber manche glauben, es sei eines der Besten. Tom Hodgkinson etwa empfiehlt in seiner *Anleitung zum Müßiggang* das Pfeifenrauchen ausdrücklich: »Der Griff zur Pfeife kann ein Weg sein, in ein untergegangenes Zeitalter vornehmer Nachdenklichkeit zurückzufliegen.« Die Pfeife verströmt mit ihrem Rauch den Duft aller Erdteile und stimmt so das Lob der Langsamkeit und manchmal eben auch der Faulheit an. Bertrand Russell schrieb ebenfalls ein *Lob des Müßiggangs*, Georg Simmel entwickelte sogar eine *Metaphysik der Faulheit*.

Besinnen wir uns noch einmal: Was ist Zeit? Die Antwort auf diese banale Frage scheint nach unseren Überlegungen um nichts leichter geworden zu sein. Im Gegenteil. Wir sollten uns vielleicht doch professionellen Beistand besorgen. Hier die Antwort einer Autorität auf dem Gebiet der Zeitlichkeit, des Kirchenvaters Augustinus: »Was aber ist Zeit? Werde ich danach gefragt, so weiß ich es. Will ich es aber dem Frager erklären, so weiß ich es nicht.« Gut beobachtet, aber ehrlich gesagt nicht sehr hilfreich... Versuchen wir es mit lexikalischer Autorität: »Zeit«, so ein Wörterbuch der Philosophie, »ist die vom menschlichen Bewusstsein innerlich wahrgenommene Form der Veränderung des Entstehens, Werdens, Fließens und Vergehens in der Welt.« Doch erscheint dem Skeptiker gerade jene innere Wahrnehmung als ausgesprochen suspekt.

Wie wäre es mit einem modernen Philosophen? Der uns bereits als Philosoph der Pfeifenzeit geläufige Martin Heidegger wurde einmal gefragt, was das sei, die Zeit (und das ausgerechnet von der Wochenzeitung DIE ZEIT!). Der Philosoph antwortete konziliant: »Man könnte meinen, der Verfasser von »*Sein und Zeit*« müsste dies wissen. Er weiß es aber nicht, so daß er heute noch fragt. Fragen heißt: hören auf das, was sich einem zuspricht.«

Und? Still! – Haben Sie etwas gehört? Wo »tickt«, wo verstreicht die Zeit? In uns? In den Dingen? Innen? Außen? Verstreicht da überhaupt etwas? Zeit scheint der Trennung von Subjekt und Objekt vorauszugehen, früher zu sein, weil sie die Bedingung der Möglichkeit selbst für dieses »Früher«, einem *vor* und *nach* der Trennung darstellt. Wir müssen somit feststellen, dass wir uns tatsächlich kein Sein ohne irgendeine Dauer *vorstellen* können. Dauer ist dimensionierte Zeit. Diese Zeit gehört für uns zum Dasein, sie ist eine Grundbedingung von Existenz. Zeit ist eine Denknotwendigkeit: Damit überhaupt etwas sein kann, muss Zeit sein. Vor der Zeit kann nur NICHTS sein, wobei ein »Sein« von Nichts »vor« der Zeit selbstverständlich unmöglich ist. Da es vorher kein Vor geben kann und Nichts nicht ist... So bekommen wir höchstens einen Knoten im Hirn.

Immanuel Kant nennt diese vor aller Erfahrung liegenden formalen Bedingungen aller Erscheinungen *Anschauungsformen.* »Die Vorstellung der Zeit entspringt nicht aus den Sinnen, sondern wird von ihnen vorausgesetzt. Denn, ob das in die Sinne fallende zugleich oder nacheinander ist, kann nur mittels der Vorstellung der Zeit vorgestellt werden, und die Zeitfolge erzeugt nicht den Begriff der Zeit, sondern beruft sich auf ihn.« Gut, das klingt etwas nach dem großen Axiom der Naturwissenschaften »Das ist eben so!«, aber es ist eine der wenigen einfachen und plausiblen Erklärungen.

Die oben zitierte lexikalische Definition von Zeit als lineares Nacheinander setzt beispielsweise immer schon das voraus, was zu bestimmen war: nämlich Zeit! Jetzt nur die Ruhe bewahren und die Pfeife neu anzünden! Wir wollen hier keinen kosmologischen Exkurs über die Möglichkeit des Anfangs der Zeit betreiben. Das würde uns früher oder später das Problem bescheren, dass etwas *Anfangen-Können* ja schon wieder das Bestehen eines *Nacheinander* voraussetzt – also wiederum Zeit. Wie kommt dann aber die Zeit in die Welt? Solche letztlich wohl theologischen Spekulationen überlassen wir lieber Profis wie dem Kirchenvater Augustinus, der sich über das Verhältnis von Zeit und Ewigkeit den Kopf zerbrach. Mit – ehrlich gesagt – bescheidenem Erfolg. Was nicht an diesem außerordentlich klugen Mann, sondern am Thema lag. Wir wollen es hier mit der alten irischen Pfeifenraucher-Weisheit halten: »Als Gott die Zeit schuf, hat er genug davon gemacht.« Aber er hat sie zugegebenermaßen etwas eigenwillig verteilt.

Unser Problem mit der Zeit hat also mehr mit uns als mit dem *Wesen* der Zeit zu tun. Es beginnt schon in unserer Alltagserfahrung des Augenblicks: Die Zukunft bestimmt offenbar immer unsere Gegenwart, wir *verweilen* nicht im Jetzt, sondern stolpern bereits weiter. Vielleicht beschäftigen wir uns deshalb so viel mit der Zukunft, weil wir den Rest unseres Lebens darin verbringen müssen. Wir sind uns in der Zeit immer schon selbst vorweg, könnte man sagen. Die Uhrzeit ist die unerbittlich voran stürmende Zeit, absolut klar und linear. Die unbarmherzig verrinnende Zeit ist im Verrinnen mechanisch darstellbar, was man meist mit messbar verwechselt. Es ist der Zeitstrom, der alles mit sich reißt. Aus dieser Perspektive rasen wir unweigerlich einen Zeitstrom hinab.

Die alten Griechen personifizierten diese Form der Zeit mit dem

Gott *Chronos*. Der alles verzehrende Chronos geht ursprünglich auf den Titan *Kronos* zurück, den Sohn des archaischen Götterpaares Uranos (Himmel) und Gaia (Erde), der durch eine Art »Putsch« zum Herrn der Welt wurde. Kronos, aus Furcht vor einer Weissagung über sein Ende, verschlang seine Kinder – alle bis auf Filius Zeus, der natürlich prompt den Orakelspruch erfüllte und den Herrn Papa entmachtete. Die unappetitlichen Details wollen wir hier übergehen. Irgendwie wurde dieser Kronos-Mythos auf Chronos, den Gott der Zeit übertragen. Chronos der Alles-Verschlinger. »Tempus edax«, die gefräßige Zeit.

Unter der tyrannischen Herrschaft des Chronos bewegt man sich unweigerlich auf ein einziges Ziel, nämlich auf die Zukunft zu. An deren Ende steht unausweichlich das persönliche Ende, der Tod als der furchtbarste Aspekt der Zeit. Kein Wunder also, dass wir uns beim Nachdenken über die Zeit so hoffnungslos sterblich fühlen. Nur der Tod schließt die Zukunft ab, wobei das Jetzt bis zuletzt der Ausgriff auf die unerreichbare Zukunft bleibt. Die Hoffnung stirbt bekanntlich zuletzt.

Chronos steht für die Grundlage unseres heutigen »chronologischen« Zeitverständnisses. Konzept: Uhrzeit. Dem steht die Ereigniszeit gegenüber, und auch für sie gibt es ein antikes Konzept, das mit *Kairos*, dem kleinen Gott der günstigen Gelegenheit und des rechten Augenblicks, verbunden ist. Dargestellt wurde er als dahineilender Jüngling mit Stirnlocke und kahlem Hinterkopf: Die Gunst der Stunde nutzen heißt, die Gelegenheit beim Schopf fassen. Wer zu spät kommt, bekommt nichts mehr zu fassen und geht leer aus.

»*Carpe diem*!« Ergreife den Tag, ruft uns der römische Dichter Horaz zu: Nutze das Heute, genieße das Jetzt und verliere Dich nicht an ein ungewisses Morgen. Dabei geht es jedoch weder um wahlloses Grapschen auf dem Wühltisch des Lebens, noch um Effizienz und Menge beim Ergreifen, sondern um das Begreifen von Wert und Qualität der Wahl. »Das Leben zu genießen, heißt mehr leben als andere« scheint auf den ersten Blick ein grundlegendes Missverständnis Davidoffs zu sein, das wohl eher für seinen Geschäftssinn, als für philosophische Einsicht spricht.

Genau besehen trifft der Großmeister des feinen Tabaks aber einen wahren Punkt, wenn man das Mehr des Lebens nicht quantitativ, sondern qualitativ versteht: Die Pfeife, die man gerade raucht, sollte immer die beste, der Tabak stets der feinste sein. Alles andere wäre Verschwendung von Ressourcen, Vergeudung von Möglichkeiten und Beleidigung des Geschmacks. Das hat zwar auch mit der »objektiven« Qualität von Pfeife und Tabak, aber alles mit der grundsätzlichen Einstellung zu beidem (und letztlich zu uns selbst) zu tun.

Die Gunst der Stunde *bewusst* zu ergreifen – das ist Kairos! Die Gunst der Stunde unter das Diktat der Uhrzeit zu stellen, ist das kapitalste, gleichwohl verbreiteteste Missverständnis unserer Konsumgesellschaft. Die bitterste Form der Zeitverschwendung ist die Vergeudung der Ereigniszeit, denn hier verschwendet man sich selbst.

Kairos steht für eine *qualitative* Zeit, die ganz in Subjektivität und Gegenwärtigkeit aufgeht. Sanft und abwartend, aber auch beherzt zugreifend, wenn der rechte Augenblick gekommen ist. Der kleine Gott mit der Stirnlocke regiert eine fruchtbare und lebendige Zeit, die, verglichen mit der vermessenen Chronos-Zeit, als irgendwie unangepasst und elastisch empfunden wird: Deutlich wahrnehmbar dehnt sie sich oder scheint verdichtet. Sie kann wie im Fluge dahineilen, aber auch in ihrer ganzen Länge intensiv genossen werden.

Der rechte Augenblick für etwas im Sinne des Kairos kann nicht mit der Uhr vorgegeben oder bestimmt werden. Man weiß, wann es so weit ist, wenn es so weit ist, oder, leider zumeist, wenn man es verpasst hat. Man kann das Rechte nur tun, weil es die rechte Zeit dafür ist. Hinter dieser Annahme verbirgt sich der archaische Mythos der grundsätzlichen Vertrauenswürdigkeit des Kosmos. Dass uns der Himmel nicht auf den Kopf fällt. Und dass alles seinen Gang geht und gut Ding Weile haben will.

Vielleicht schafft das Warten ja selbst den rechten Augenblick? Die moderne Wissenschaft hat diese Grundhaltung als naives Weltverständnis verbannt, sie will von metaphysischem Vertrauen nichts mehr wissen, sie versucht durch Entzauberung zu verstehen und durch Verstehen zu beherrschen. Vertrauen ist gut, Kontrolle ist besser, sagt man und meint, dass nur Dummköpfe oder Schwächlinge vertrauen. Doch dieses Konzept funktioniert in der Ereigniszeit nicht, da jeder Versuch, durch Kontrolle zu beherrschen, die Ereigniszeit zerstört.

Der anarchische Kairos ist allein durch seine Verwurzelung im Mythos vertrauenswürdig. Man kann nur auf die Gunst des Augenblicks vertrauen, nicht aber sie erzwingen oder berechnen. Dafür gibt der Kairos das intensive Gefühl des Lebendigseins. Ein gelungenes Rauchopfer mit der Pfeife ist nicht deshalb gut, weil es 65,31 Minuten gedauert hat, sondern weil es in seiner vollen Länge *genossen* wurde. Nach einem Wettrauchen, der Meisterschaft im Langsamrauchen, zündete sich der Sieger (grandiose 2:53:15) sofort eine weitere Pfeife an, weil er ganz in Ruhe, ohne Leistungsdruck einfach nur Pfeife rauchen wollte. Der Weg sei das Ziel? Ach, wenn diese Phrase nur nicht schon so abgedroschen wäre...

Was den Umgang mit der Zeit des Kairos anbelangt, kann man übrigens einiges von dessen kleinen Meistern lernen: den spielenden Kindern, die noch nicht vollständig der chronologischen Uhr-Zeit angepasst wurden. Sie wissen noch nichts von Termindruck und Pünktlichkeit, sind einfach da und spielen versunken im Augenblick.

Wenn die Uhr unsere Domestizierung in Hinblick auf die Zeit darstellt, dann sehen wir an Kindern, wie wir selbst durch die Zeit abgerichtet wurden. Das Paradies war wohl so paradiesisch, weil es dort keinen Zeitmangel gab. Wer die Ewigkeit noch vor sich hat, kann ruhig trödeln. Das Wort »Zeitverschwendung« ist unter diesen Umständen völliger Unsinn. Deshalb ist das Paradies des Pfeifenrauchers wie eine kleine Insel der Kairos-Zeit im reißenden Strom des Chronos, ein sicherer Hafen des Seins. Wer sich dem Augenblick hingibt, erhascht einen Zipfel davon.

Wenn man das *Gefühl* hat, dass jetzt die rechte Zeit dafür ist, Pfeife zu rauchen, dann ist das Ausdruck der Kairos- oder Ereignis-Zeit. In dieser Zeit kann man schon mal die Uhrzeit vergessen. Für die Chronos-Zeitgenossen ist man schlicht unpünktlich. Wer den Zeitgeist des Kairos kennt, sieht das anders und zeigt Verständnis für chronische »Verspätungen«, schließlich geht ein Pfeifenraucher (oder seine Pfeife) nicht nach, wie eine kaputte Uhr.

Genau genommen beruhen viele unserer Probleme im Umgang mit der Zeit darauf, dass wir uns unbemerkt zwischen konkurrierenden Zeitkonzepten befinden und uns deshalb mit falschen Ansprüchen konfrontiert sehen. Die Ursache dieses Dilemmas beschreibt Geißler: »Ich weiß, dass die Uhrzeit falsch ist: Sie unterteilt die Zeit räumlich, von außen. Die gefühlte Zeit, weiß ich, ist ebenfalls falsch: sie unterteilt nicht die Zeit, sondern unsere Empfindung von der Zeit.« Im Gegensatz hierzu steht der amerikanische Astrophysiker Alan Lightman: »Jede Zeit ist wahr, aber die Wahrheiten sind nicht dieselben.« Vielleicht sind die Kategorien wahr und falsch hier nicht richtig gewählt, denn wir sind durchaus in der Lage, mit beiden Konzepten dort erfolgreich zu agieren, wo sie uns angebracht erscheinen. Wir müssen uns darüber nur bewusst werden.

Uns bleibt faktisch immer der Weg zur Zeitsouveränität, zum (selbst)bewussten Umgang mit beiden Zeitkonzepten im Sinne einer »polytemporalen Autonomie«, nur sollten wir beide Zeitkonzepte sorgsam trennen. Wir entscheiden, wann es welche Zeit ist und ordnen die Prioritäten unter den Bedingungen der Sterblichkeit. Theoretisch. Praktisch müssen wir dabei von unserer Umwelt die Anerkennung unserer Zeitvorgabe einfordern und manchmal müssen wir ihr eben nachgeben. »Wo die beiden Zeiten aufeinanderstoßen, herrscht Verzweiflung. Wo sie getrennte Wege gehen, Zufriedenheit«, meint Lightman.

Eines können wir mit Bestimmtheit festhalten: Glaubten frühere Pfeifenpäpste noch, ihr Rauchopfer dem *ignotus tobaccatus piporensis*, dem unbekannten Gott der Pfeife darbringen zu müssen, wissen wir nun, dass es nur einen Olympier gibt, der den Duft unserer edlen Tabake als Labsal wirklich verdient - und das ist *Kairos*.

Zum Weiterlesen empfehle ich
den von Siegfried Reusch herausgegebenen Streifzug durch *Das Rätsel Zeit*, Wissenschaftliche Buchgesellschaft, Darmstadt 2004. Einen Zeitreise-Roman, bei dem der Kopf schwirrt, hat Audrey Niffenegger geschrieben: *Die Frau des Zeitreisenden*, Fischer Taschenbuch, Frankfurt am Main 2004.

Kapitel 6
Vom Trost der Pfeife

Wo wir uns auf verschiedene Weisen gründlich langweilen, unserem Leben hinterherlaufen, bis wir uns selbst einholen, plötzlich beginnen, zyklisch zu denken und schließlich doch lieber kein Holz hacken wollen.

Jeder hat sich schon mal so richtig gelangweilt: Die Zeit rinnt zäh, die Zeiger der Uhr kämpfen sich durch trüben Zeitkleister mühevoll voran und es wird einem ganz unbehaglich – dann zündet man eine Pfeife an und schon sieht die Welt ganz anders aus. Mit den Rauchwölkchen verflüchtigen sich die melancholischen Dünste und dunklen Schatten. Die Stimmung heitert sich zusehends auf und die Zeit vergeht wie im Fluge. Jedenfalls manchmal.

Obwohl natürlich auch unter den Bedingungen der Langeweile die Uhrzeit gleichmütig regelmäßig verläuft, wird das Vergehen der Zeit doch ganz unterschiedlich wahrgenommen. Die Frage ist, was geschieht, wenn man sich langweilt und sich die Zeit zu dehnen oder umgekehrt bei angenehmen Erlebnissen zu verkürzen scheint.

Die Erklärung dieses Phänomens ist auf den ersten Blick leicht: Kurzweiliges ist Ereignisreichtum. Demzufolge ist Langeweile Ereignisarmut. Ein Gefühl der Leere, der Öde stellt sich ein, das verbunden ist mit Unlust, Verdruss und Ekel, ja sogar Beklemmung und Furcht sind möglich. In der Langeweile erlebt man die Zeit als eine lange Weile, als schicksalhafte Langsamkeit, der man mehr oder weniger dauerhaft ausgeliefert ist. Man beißt die Zähne zusammen und hält durch, solange es eben dauert. Dabei kann das Selbstwertgefühl gegen Null tendieren, und das wiederum erlebt man, wie Kant feststellt, als ein »höchst widriges Gefühl«.

Betrachten wir zunächst die bekannteste Form der Langeweile, die oberflächliche oder *alltägliche Langeweile*. Sie ist die soeben beschriebene und hat eine äußere Ursache, die einen entweder hindert, etwas zu machen, was man viel lieber täte oder die einen zwingt, etwas zu tun, was einen anödet. Von dieser Form der Langeweile spricht man zumeist, wenn man sagt, dass man sich langweilt.

Die Empfindung dieser Langeweile ist eng verbunden mit dem modernen »chronologischen« Zeitverständnis, das im Wesentlichen an die neuzeitliche Konzeption der Individualität gekoppelt ist. Der Mensch als *Homo Faber* ist ein auf Arbeit und Streben ausgerichtetes handelndes Wesen und deshalb leicht ungeduldig und schnell gelangweilt.

Die von äußeren Ursachen bestimmte Langeweile ist im Wesentlichen Resultat des Wartens und damit Produkt aufgezwungener leerer Zeiträume. Man trifft dabei auf das Langweilige in seiner gähnenden Langweiligkeit; also etwa einen geistlosen Roman, den man lesen muss, eine öde Party, die man nicht sofort verlassen kann, ein grässliches Gartenkonzert, das ein guter Freund gibt, oder, als Gipfelpunkt des namenlosen Grauens, Onkel Walters narkotisierende Urlaubsanekdoten. In allen Fällen kann das *Gelangweiltwerden* durch den Einsatz einer Pfeife ungemein abgekürzt werden.

Manchmal scheint aber ohne erkennbaren Grund die Lebenskraft zu versiegen, der Lebensmut zu versickern, und eine ganz andere Form der Langeweile, die lähmende Langeweile, zieht wie ein schwarzes Loch unwiderstehlich in ihren Bann. Das ist die zweite Form der Langeweile, die tiefe oder *innere Langeweile*. Man spricht auch von intrinsischer Langeweile, denn sie hat keine äußere Ursache, sondern kommt direkt aus uns selbst und wird als existenzielle Erschütterung des ganzen Daseins erfahren. Wie ein gähnender Abgrund schiebt sich das düstere Nichts zwischen uns und die Welt. Es ist eine namenlose Angst, die sich als richtungslose, anonyme Beklommenheit äußert.

Das Zeichen dieser Langeweile ist der Mangel an Sinn. Sie erkennt ihren eigenen Grund und Gegenstand nicht. Folglich sind die Betroffenen matt, mutlos, an nichts interessiert und können sich zu nichts aufraffen. Wie gelähmt sind sie dieser Form der Langeweile als vereinsamt Leidende weitgehend wehrlos ausgeliefert, da sie wegen der Grundlosigkeit lediglich das Fehlen eines Bezuges der Beklemmung feststellen können. Die Grenze zur Melancholie und ihrer klinischen Form, der Depression, scheint fließend.

Allen Formen der Langeweile ist eine gedehnte Zeitwahrnehmung eigen. Das Leben scheint jeweils in den anderen Phasen stattzufinden. »Nur ein kleiner Teil des Lebens ist es, in dem wir leben«, meint *Seneca*. »Die ganze übrige Spanne ist nicht Leben, sondern Zeit.« Zeit hier im Sinne von Dauer.

Doch das Phänomen der »elastischen« Zeit ist keineswegs nur an die Langeweile gebunden. Die subjektive oder gefühlte Zeit vergeht auch unter anderen Bedingungen unterschiedlich. Im Wartezimmer des Zahnarztes ist sie vor Furcht schier endlos gedehnt, im Kabarett verfliegt sie vergnüglich im Nu und die Pfeife am Kamin lässt uns manchmal die Zeit einfach vergessen, gleichwohl wir diese Zeit doch lange und intensiv genießen. In solchen Situationen ist einem die angebliche Objektivität der physikalisch gemessenen Chronos-Zeit völlig schnurz. Eine Stunde ist *uns* eben *nicht* eine Stunde. Die Dauer dauert unterschiedlich.

Es ist eine grausame Ironie des Lebens, dass die Zeit zu kriechen scheint, wenn man sich wünscht, dass sie schnell vorbei gehen möge, und sie viel zu schnell verfliegt, wenn man den Augenblick möglichst lange auskosten möchte. Wir wollen recht viel Zeit haben, sorgen uns aber paradoxerweise, dass uns die Zeit zu lang werden könnte. Aber die Absicht, durch den gezielten Einsatz von Langeweile die Zeit zu strecken, ist auch unsinnig. Sonst wäre ja ein langweiliges Leben statt eines glücklichen besonders erstrebenswert. Die »Elastizität« der Zeit in unserer Wahrnehmung stellt uns also vor einige Probleme.

Am nächstliegenden ist die psychologische Erklärung für das Phänomen der Elastizität der Zeit: Alles scheint an unserem Erleben, unserem Zeitbewusstsein zu liegen. Dieses ist offenkundig abhängig von den Erlebnisinhalten, etwa die Empfindung, etwas zu tun, also beschäftigt zu sein, Pfeife zu rauchen, etwas Angenehmes oder Unangenehmes zu erleben oder einfach nur stumpf zu warten. Ob wir motiviert, interessiert und engagiert sind oder nicht, gibt den Ausschlag für unsere Einstellung zurzeit und hat Einfluss auf deren Wahrnehmung.

Das individuelle Zeitbewusstsein ist außerdem abhängig von der allgemeinen und persönlichen Beschaffenheit des Betreffenden sowie dem sozialen Umfeld. Zu manchen Zeiten wurde die Langeweile geradezu kultiviert. Man denke nur an die Renaissance. Und manche Menschen kommen einfach besser mit der Langeweile zurecht als andere. Einige glauben, dass Pfeifenraucher damit gemeint sind.

Wir wollen uns deshalb aus der Perspektive des Pfeifenrauchers das Warten und die äußerlich bestimmte Langeweile etwas genauer anschauen, kommen dann zur existenziellen Langeweile, um uns danach mit dem Phänomen der Elastizität der Zeit eingehend zu beschäftigen.

Moment mal...

wenn Sie wohl bitte nur einen Augenblick... ich muss nur... meine Pfeife... neu... anzünden... – Das ist Warten: Man möchte so gerne und kann noch nicht, weil... weil man dummerweise warten muss. Auf irgendwen oder irgendwas. Wie ärgerlich!

Dem Sozialpsychologen Rainer Paris zufolge ist Warten »eine mehr oder minder lang andauernde ortsgebundene Tätigkeit, ein stationäres Verweilen, bei der eine oder mehrere Personen ihre Aufmerksamkeit auf ein künftiges Ereignis richten und sich mental darauf vorbereiten.« Man könnte auch sagen, dass Warten die Gegenwart der Zukunft ist – was ein umwerfender Spruch für jede Intellektuellenparty ist, aber später an der Bushaltestelle nicht wirklich weiter hilft, wenn man den letzten Bus verpasst und kein Geld für ein Taxi hat. Na, wenigstens hat man dann Zeit zum Pfeifenrauchen...

Warten ist manchmal die Hölle, weil die unter den Bedingungen des Ausharrens verstreichende Zeit *auferlegte* Dauer ist. Wartezeit scheint deshalb vertane Zeit zu sein. Und Zeitverschwendung ist bekanntermaßen *die* Todsünde unserer Zeit. Warten zu müssen wird uns zugemutet und stellt damit einen willkürlichen Eingriff in unseren Ressourcenhaushalt dar, den wir uns am liebsten verbitten würden. Wenn nicht wir diejenigen wären, die hier etwas wollen – sonst würden wir ja wohl kaum warten. Damit werden wir zu allem Überfluss auch noch zu Mittätern bei der Zeitvergeudung.

Wenn wir weiter fragen, was genau das Warten zum Warten macht, so können wir mit Rainer Paris mehrere Merkmale des Wartens unterscheiden.

Als Erstes fällt auf, dass die Zeit beim Warten immer im Mittelpunkt für denjenigen steht, der wartet. Wo Zeit sonst nur mitgegeben ist, bloß als notwendige Begleiterscheinung aller Existenz auftritt, rückt sie beim

Warten unerbittlich in das Zentrum der Wahrnehmung des Wartenden. Keine Wartezone ohne Uhr, die uns versichert, dass wenigstens die Zeit vergeht. Umso schlimmer, wenn außer dem Verstreichen der Zeit nichts passiert. Wohl dem, der nun gelassen zur Pfeife greifen kann, um mit den vertrauten Gegenständen und gewohnten Handlungen die Zumutung des Warten-Müssens erträglicher zu machen. Das Ritual des Pfeifenrauchens spendet uns in solchen Situationen Trost.

Tatsächlich funktioniert das aber nur, wenn wir bloß *abwarten*. Wer auf den Bus wartet, hat eher die Chance, seine Pfeife zu genießen als jemand, der ein Prüfungsergebnis oder eine ärztliche Diagnose *erwartet*. Einmal ganz abgesehen davon, dass man ohnehin kaum noch dort rauchen darf, wo man warten muss.

Uns schwant Schlimmes, während wir erwartungsvoll zur *Untätigkeit* verdammt sind. Geht es um unseren Kragen, sind wir alles andere als entspannt. Furcht, Not, Elend und Leid, aber auch große Freude und unmäßiger Ärger, kurz alle heftigen Emotionen, sind keine guten Begleiter der sensiblen Pfeife. In dieser Situation erscheint es uns ganz unmöglich, genießen zu wollen, weil wir in Gedanken ganz woanders sind und es uns so erginge, wie Tristram Shandys Vater, der gleich mehrere Pfeifen zerbeißt, als er die Geburt seines Stammhalters erwartet.

Das Spektrum des Wartens scheint zwischen den zwei Extremen, dem angespannten *Erwarten* und dem entspannten *Abwarten*, enorm zu sein. Natürlich kann man durch Selbstbeherrschung so manches »Emotiönchen« niederkämpfen und zu einer gelasseneren Sicht der aktuell aufregenden Dinge finden. Aber mal ehrlich: Wer von uns gehört schon zu den Stoikern, den Kaltblütern unter den Philosophen, die es in allen Stürmen des Lebens schaffen, in Ruhe Pfeife zu rauchen und stets Herr ihrer selbst zu bleiben, weil ihre Vernunft alle Leidenschaften und Triebe souverän beherrscht. Und: Wer von uns will das überhaupt?

Eine Pfeife zu genießen bedeutet in zeitlicher Perspektive, das Wohlgefühl im Augenblick des Lebensverbrauchs auszukosten, so Gero von Randow. Fehlt die innere Einstellung und Ausgeglichenheit, dann hilft alles nichts und der Genuss kommt gar nicht erst zu Stande oder er wird schal. Abstand gewinnen heißt Raum und Zeit für die Reflexion zu schaffen. Das Zeitkonzept der Ereigniszeit steht uns erst dann wieder zur Verfügung, wenn wir uns distanzieren können.

Die Unterschiede beim Warten führen zum *Zweck des Wartens.* Warten ist nämlich kein Selbstzweck, nicht einmal im absurden Theater, wo sich Herr Godot mal wieder unabsehbar verspätet. Gegenstand und Ziel des Wartens ist ein voraussehbares Ergebnis oder Ereignis. Das Warten ist sofort zu Ende, wenn das Ziel erreicht wird. Je vorausschaubarer das Ergebnis des Wartens ist, umso entspannter ist man meistens – und das Pfeifchen schmeckt wieder. Existenzielles berührt uns selbstverständlich mehr als Dinge, die uns relativ gleichgültig sind. Furcht macht das Erwarten qualvoll, Routine macht das Abwarten vor allem ärgerlich, wie jeder Berufspendler weiß.

In jedem Fall aber belastet uns beim Warten die *erzwungene Passivität.* »Während man wartet, kann man nichts anderes tun als eben warten«, sagt der Fatalist und schmaucht sein Pfeifchen. Aber die, die gewohnt sind, aktiv zu sein, jene, die Zeit für Geld halten, konzentrieren sich dermaßen auf das Warten, dass sie das zugemutete Nichtstun völlig zermürbt. »Wir verschwenden doch hier nur unsere Zeit, oder?«, fragt sich der Tatenmensch. Wie steht's jetzt mit einem Pfeifchen? »Nein, danke!«, brüllt er wie ein Stier.

»Von echtem Zeitvertreib, Arbeit oder Vergnügen«, so Rainer Paris, »unterscheiden sich die Aktivitäten zur Ablenkung vom Warten durch *nachrangige Gewolltheit.* Es sind Aktivitäten innerhalb dominanter Passivität.« Lustlos und desinteressiert blättern wir in irgendwelchen in der Wartezone ausgelegten Zeitschriften. Wir wollen eigentlich gar nicht lesen, schon gar nicht jetzt, wo wir von jemandem dazu gezwungen werden zu warten. Und dann sollen wir auch noch *seine* Zeitungen lesen? Unerhört! Auch wenn wir zuhause warten, wollen wir nicht unbedingt Pfeife rauchen – wo doch jeden Augenblick... Nee!

Wer sich auf das Warten einstellt, wird versuchen, etwas Sinnvolles dabei zu tun. Dann war wenigstens das die eigene Entscheidung und man hat den Eindruck immerhin nicht ganz umsonst zu warten. Wir ändern damit zwar nicht grundsätzlich die Parameter des Wartens, haben aber wenigstens das Gefühl, unsere eigenen Spielregeln einzubringen: Wir lesen Zeitung, räumen den Schreibtisch auf, sortieren unsere Bücher oder »wursteln« einfach so herum, während wir warten. Hauptsache, man kann diese Tätigkeiten jederzeit unterbrechen, da wir ja auf Abruf warten.

Nur so, um die Zeit totzuschlagen oder aufkommende Nervosität niederzukämpfen, rauchen vielleicht Zigarettenraucher ihre Kette, dem Pfeifenraucher schmeckt die Pfeife aber nur, wenn die Umstände danach sind und er »Lust« darauf hat. Lust hat aber nur, wer frei ist, zu wollen, und nicht, wenn ihn jemand zwingt – und schon gar nicht, wenn er genötigt ist, zu warten. Nachrangige Gewolltheit passt nicht zur Pfeife.

Man liegt beim Warten aber nicht nur in zeitlicher und räumlicher Hinsicht an der kurzen Leine, man ist als Wartender meist auch noch *isoliert*. Da kreisen die Gedanken des Wartenden immer um ihn selbst und er schaut mit wachsend paranoidem Misstrauen auf andere Wartende als mögliche Konkurrenten. Weil man außer Warten nicht viel anderes tun kann, quält man sich mit hypothetischen Szenarien, die alle irgendwie mit Darwins These vom »survival of the fittest« und »Murphys Gesetz« zu tun haben. Das ist nicht ganz unbegründet: Erstens geht grundsätzlich schief, was schief gehen kann, und zweitens ist man ohne zentrale Sanktionsinstanz auf spontane Selbstorganisation angewiesen, die nicht selten über Frechheit oder Stärke läuft. Hier nützt jede Giant-Pfeife, die sich als Keule schwingen lässt.

Das führt zum letzten Merkmal des Wartens, das Rainer Paris als *Abhängigkeit und Kontingenz* bezeichnet. Man ist beim Warten von dem abhängig, *worauf* man wartet. »Was das erwartete Geschehen so bedrückend macht, ist die Ungewissheit des Ausgangs. Das antizipierte Ereignis ist letztlich kontingent, unserer Berechnung entzogen.« Paris meint damit, dass man ohnmächtig auf den Ausgang und sein willkürliches oder zufälliges Ergebnis warten muss und kaum etwas »wirklich« Sinnvolles tun kann, um Einfluss auf das Ergebnis nehmen zu können – und dass man das zu allem Überfluss auch noch genau weiß. An einem tristen Ort auf Abruf zu sitzen, für ein Ergebnis, das man nur schwer voraussagen oder mitbestimmen kann: Da sei einer noch gelassen.

Man ist beim Warten entweder einer *natürlichen* Entwicklung unterworfen (was als *Schicksal* noch akzeptabel erscheint) oder der *Willkür* anderer, die über die Verteilung der knappen Ressourcen entscheiden. Letzteres erregt unseren Zorn, zeigt es uns doch unsere Abhängigkeit besonders deutlich.

Das Ganze hat also auch noch eine *soziale* Dimension: Rangmäßig steht der Wartende unter dem Verteiler der Zeit – und manche Zeitgenossen scheinen ihre Macht über andere regelrecht zu genießen. Wegen anderer zu warten finden wir so demütigend, weil es uns sozial deklassiert. Wichtige Menschen warten nicht, wichtige Menschen haben Termine. Ihre Zeit scheint kostbarer zu sein als die anderer.

Bei natürlichen oder technisch bedingten Abläufen kann keiner etwas dafür, dass wir warten müssen. Trotzdem haben wir den Schuldigen für unser Warten zumeist direkt vor uns. Niemand würde ein Baby dafür verantwortlich machen, wenn die Geburt länger dauert, nur kleine Kinder maulen darüber, dass es dieses Jahr bis Weihnachten ziemlich lange dauert, und Stoßgebete helfen auch nicht, die Waschstraße zu beschleunigen. Trotzdem machen wir Hebamme, Weihnachtsmann und Tankwart verantwortlich, ob das nun gerecht ist oder nicht. Und warten Sie erst mal in einem Amt, jener Stein gewordenen Form der Herrschaft! Wer wartet, kommt schnell auf paranoide Fragen: »Was machen die da eigentlich so lange in ihren Büros? Doch nicht etwa Pfeife rauchen?« – Nein, das würde man ja riechen.

Ein Sonderfall ist es sicher, wenn wir für unser Warten selbst die Schuld tragen, etwa weil wir einen Zug verpasst haben oder, paradoxerweise, weil wir um das verhasste Warten zu minimieren, so überpünktlich sind, dass wir wieder warten müssen... In allen Fällen können wir uns ärgern, die Schuld auf andere schieben (den Verkehr, die Abfertigung, das Wetter etc.), aber letztlich sind wir doch wieder den allgemeinen Mechanismen des Wartens unterworfen. Es liegt eben nicht in unserer Hand, wann der nächste Zug kommt. Oder etwa doch? »Diese verflixte Bahn kommt immer dann pünktlich, wenn ich mich mal etwas verspäte; bin ich aber zu früh da, kommt sie natürlich nicht pünktlich – und rauchen darf man auf dem Bahnsteig auch nicht mehr...« Das ist wahre Egozentrik: Alles dreht sich nicht nur um den Menschen, die Krone der Schöpfung, es dreht sich sogar alles nur um uns ganz persönlich. Wir sind immer die Prinzessin (oder der Prinz) auf der Zeiterbse.

Die Folge des Wartens ist meist, dass wir uns darüber ärgern, nicht recht »voran zu kommen«. So vergangenheitsdominiert wir auch seien mögen, so zukunftshungrig sind wir doch. Wir dürsten regelrecht nach der Gestaltung der Gegenwart, wir wollen ihr *unseren* Stempel aufdrücken. Wir werden aber durch das Warten gehindert, unsere Individualität auszuleben, wir können oder dürfen uns nicht *verwirklichen*. Folge: Wir werden missmutig, ungeduldig und schließlich desinteressiert und erleben das Verstreichen der Zeit als banale Langeweile, deren Ende wir so sehr herbeisehnen, dass wir es kaum noch erwarten können. Wir ertragen seltsamerweise Zeit als Überfluss nur schwer, weil diese Zeitfülle Leere bedeutet und diese mit Sinnverlusten einhergeht. »Was mache ich hier eigentlich?«, fragen wir uns etwa alle dreißig Sekunden.

Pure Langeweile

Etwas ganz anderes ist es aber, wenn einen die Stimmung der existenziellen Langeweile ergreift. Sie kann aus dem Warten entstehen, sie kann aber auch ohne jede Vorwarnung »einfach so« aufkommen. Søren Kierkegaard beschreibt diese Gestimmtheit sehr eindringlich: »Was ist die Langeweile doch schrecklich – ja, schrecklich langweilig! ich weiß keinen stärkeren Ausdruck, keinen richtigeren. Wird doch nur vom Gleichen das Gleiche erkannt. Möchte es einen höheren Ausdruck geben, einen kräftigeren: dann wäre doch noch eine Bewegung darin. Ich liege hingestreckt, untätig; das einzige, was ich sehe, ist Leere, das einzige, wovon ich lebe, ist Leere, das einzige, worin ich mich bewege, ist Leere. Nicht einmal Schmerz empfinde ich. Der Geier nagte doch beständig an Prometheus‘ Leber; Loke träufelte doch beständig noch Gift darauf. Das war doch eine Abwechslung, wenn auch eine einförmige. Selbst der Schmerz hat das Belebende, das ihm eigen ist, für mich verloren. Biete man mir alle Herrlichkeiten der Welt, oder alle Plagen der Welt: sie rühren mich gleich viel und gleich wenig. Ich würde mich nicht auf die andere Seite umwenden, weder um sie zu gewinnen, noch um ihnen zu entfliehen. Ich sterbe des Todes. Und was sollte mich zerstreuen können? Ja, wenn ich eine Treue zu sehen bekäme, die jede Probe bestünde, eine Begeisterung, die alles auf sich nähme, einen Glauben, der Berge versetzte; wenn ich einen Gedanken vernähme, der das Endliche verknüpfte mit dem Unendlichen! Aber der giftige Zweifel meiner Seele zerfrißt alles. Meine Seele ist wie das tote Meer, über welches kein Vogel hinfliegen kann; ist er bis in die Mitte gekommen, so sinkt er ermattet hinab in Tod und Untergang.«

Dic Psychologin Verena Kast interpretiert Kierkegaards Erfahrung so, dass unsere Persönlichkeit sich weitgehend danach richtet, ob wir interessiert oder gelangweilt sind. »Es ist eine lustvolle Beziehung zwischen dem Selbst und der Welt, die das Selbst und die Welt verändert.« Das bedeutet: Interessieren wir uns intensiv für etwas, dann sind wir überzeugt davon, dass die Welt interessant ist. Wir fühlen uns angezogen und angeregt, lebendig, mitten in einem sinnvollen Leben, das sich verändert und das man verändern kann. Das gibt ein sicheres Gefühl der eigenen Identität im Vollzug. Und das macht uns auch für andere interessant.

Umgekehrt gilt, wer sich langweilt, *ist* meist auch langweilig. Der Überdruss verhindert Lebensgenuss, die eigene Identität kann sich nicht im Vollzug beweisen und das merken auch die anderen. Nicht nur, dass der sich Langweilende verkümmert, abstumpft, apathisch wird und darunter noch mehr leidet, die anderen registrieren diesen Kreislauf der Leidensverstärkung und rücken von ihm als einem Langweiler ab, was den Prozess nur noch mehr beschleunigt. Allgemein gilt Langeweile als so ansteckend wie Gähnen. »Merkwürdig«, so Kierkegaard, »daß die Langeweile, die in sich selber ein so ruhiges und gesetztes Wesen ist, mit solcher Kraft andere in Bewegung setzen kann. Ja, sie übt einen wahrhaft magischen Einfluß aus, nur daß sie nicht anzieht, sondern abstößt.« Die Folge für den Betroffenen ist eine Verstärkung der Langeweile, ein bedrückendes Gefühl der Sinnlosigkeit von Welt und Ich, bei dem man die eigene Nichtigkeit deutlich spürt.

Verständlich, dass jeder das unangenehme Gefühl des Sinnverlustes möglichst rasch loswerden will, bevor es in Tristesse, Melancholie oder gar Depression ausartet. Tatsächlich leiden depressive Menschen an einem veränderten Zeithorizont. Die Zeit scheint in den »schwarzen Stunden« zu kriechen und es hat den Anschein, als sei es unmöglich, Zeit zu planen, Termine einzuhalten. Die Depression funktioniert wie eine Zeitlupe, sagen Betroffene.

Deshalb schlagen die meisten lieber die Zeit tot, als sich tödlich zu langweilen. Und dabei definiert der Philosoph Herbert Spencer Zeit als »das, was der Mensch immer zu töten versucht, das aber am Ende ihn tötet«. Eine Einsicht, die nicht gerade ein Stimmungsaufheller ist.

Für den Pfeifenraucher Kierkegaard steht deshalb fest: »Die Langeweile ist die Wurzel allen Übels. Das kann man vom Anfang der Welt her verfolgen. Adam langweilte sich, weil er allein war, deshalb wurde ihm

Eva gegeben; darauf langweilten sich Adam und Eva und Kain und Abel en famille; dann mehrten sich die Menschen, und die Menschen langweilten sich en masse. Um sich zu zerstreuen, wollten sie einen Turm bauen, dessen Spitze bis an den Himmel reichte. Dieser Gedanke ist gerade so langweilig, wie der Turm hoch war, und ein schrecklicher Beweis dafür, daß die Langeweile schon eine große Macht geworden war. Dann wurden die Menschen über die ganze Erde zerstreut – man reist ja auch heute noch ins Ausland, um sich zu zerstreuen –, aber sie hörten nicht auf, sich zu langweilen. Und welche traurigen Folgen hatte nicht diese Langeweile.«

Diese Sicht ist übrigens keineswegs neu. Seit Menschengedenken war die Melancholie der Treibstoff der Intellektuellen. Der französische Philosoph Blaise Pascal hat darauf hingewiesen, dass »nichts dem Menschen unerträglicher ist, als völlige Untätigkeit, als ohne Leidenschaften, ohne Geschäfte, ohne Zerstreuungen, ohne Aufgabe zu sein. Dann spürt er seine Nichtigkeit, seine Verlassenheit, sein Ungenügen, seine Abhängigkeit, seine Unmacht, seine Leere. Alsogleich wird dem Grunde seiner Seele die Langeweile entsteigen und die Düsternis, die Trauer, der Kummer, der Verdruß, die Verzweiflung.« Das ist der Stoff, aus dem philosophische Systeme wachsen. Und nicht nur sie!

Die existenzielle Langeweile, die bei den Pfeifenrauchern Jean-Paul Sartre (*Der Ekel*) und Alberto Moravia (*La Noia*) ihren literarischen Niederschlag fand, scheint allerdings für die klinische Psychologie nur aus pathologischer Perspektive interessant zu sein, sie spielt aber in der Philosophie, insbesondere im Existentialismus, eine zentrale Rolle. Unsere Endlichkeit offenbart sich in aller Härte in der Langeweile und sie führt etwa bei Albert Camus zur Forderung des Aufbegehrens gegen die Beschränktheit des menschlichen Seins.

Im Gegensatz hierzu plädiert Émile Michel Cioran nicht für die Revolte, sondern er bevorzugt die Resignation, da jede Tat lediglich ein unweigerlicher Beitrag zum Zerfall, zur weiteren Zersetzung der Welt darstellt und nur das Elend der Menschen verstärkt. Die »Heiligkeit des Müßiggangs« und die Kontemplation sind die einzig möglichen Formen des philosophisch verantwortbaren Verhaltens. Pfeifenrauchen wird quasi zur Pflicht eines jeden Intellektuellen, da man sich hier zurückhält und jedes Handeln sorgfältig bedenkt, ja das meiste unterlässt.

Für Cioran ist Langeweile dementsprechend die einzige Möglichkeit, die

Welt angemessen zu verstehen, während man beispielsweise Pfeife raucht: »Wer Langeweile nicht kennt, steht noch im Kindesalter der Welt, dort, wo die Äonen ihrer Geburt harren. Er bleibt ihr verschlossen, dieser ermatteten Zeit, die sich selbst überlebt, die Spott treibt mit ihren Dimensionen, die zusammenbricht an der Schwelle ihrer eigenen... Zukunft, um die urplötzlich zur Beschwingtheit der Negation emporgelangte Materie mit in ihren Sturz zu reißen. Die Langeweile: Nachhall einer sich zerrüttenden Zeit in unserem Inneren, Offenbarwerden der Leere, Versiegen jenes Wahns, der das Leben erhält oder – erfabelt.« Bleibt nur zu hoffen, dass uns in diesem Kapitel der Tabak nicht ausgeht, denn letztlich ist Cioran Pfeifenrauchen die »Zuflucht der vom Glück angewiderten Seele«.

Die Langeweile lässt uns Cioran zufolge die Zeit als *zu* lang empfinden, weil die Zeit unfähig ist, uns ein Ziel zu enthüllen, und sie offenbart uns schonungslos die Sinnlosigkeit allen menschlichen Strebens. »Die Zukunft hat aufgehört, ein Daseinsgrund zu sein.« So offenbart sich die Ewigkeit nicht als Überschreiten, sondern als Verfall der Zeit.

Aus dieser existenziellen Langeweile führt ohne weiteres kein aktiv zu wählender Weg heraus. Es ist eine Gestimmtheit, die kommt und geht, die man erleidet, ohne sie selbst suchen oder beenden zu können. Und nicht jeder mag in dieser Situation zur Pfeife greifen. Trotzdem gibt es Phasen, in denen die Langeweile in ihr komplettes Gegenteil umschlägt, die angestaute Energie wie durch einen Blitzableiter abgelenkt wird und sich als Kreativität niederschlägt. Der Funken des Geistes zündet jenes Licht an, das die finstere Stimmung erhellt. Manchmal ist es der gleiche Funke, der uns auch die Pfeife entzünden lässt.

In diesem Zusammenhang ist häufig von *schöpferischer Langeweile* die Rede, die nicht so sehr vom Inhalt als vom Ergebnis bestimmt ist. Wie wir bereits oben sahen, ist die Geste des Pfeifenrauchens selbst bereits künstlerisch, sodass wir überhaupt von der Kunst des Pfeifenrauchens sprechen können. Nun dient die Pfeife als Kreativitätsbeschleuniger und ausgerechnet der Tabakverächter Goethe bringt diese sonderbare Stimmung auf den schwelenden Punkt: »Doch von Göttern ist voll der Olymp; du kamst, mich zu retten, Langeweile! du bist, Mutter der Musen, gegrüßt.« Das hat offensichtlich nichts mit der existenziellen Langeweile Kierkegaards und Ciorans gemein, sondern scheint eher die Auflösung von *Melancholie* in Poesie zu beschreiben.

Pfeifenmelancholie

Die Schwermut der schwarzen Galle, so die wörtliche Bedeutung von Melancholie, lässt sich in der Kreativität, dem künstlerischen Weltverständnis aufheben, so meint jedenfalls Robert Burton in seiner *Anatomie der Melancholie* (Oxford 1621). Die Romantiker brachten es später hierin zur Perfektion – ja sie suchten geradezu die Melancholie, da sich in ihr die romantische Weltsicht poetisch niederschlägt. Georg Büchner ruft deshalb aus: »Gott sei Dank, daß ich anfange, mit der Melancholie niederzukommen!« Nach Joseph von Eichendorff zeigt sie sich als besondere schöpferische Empfindsamkeit: »Oh heilige Melancholie! Du sympathetische Harmonie gleichgestimmter Seelen!« Schon greift der poetische Melancholiker zu Pfeife und Tobak und beginnt zu schreiben. Dabei erscheint die gepflegte Melancholie als das Vergnügen, traurig zu sein.

Die Psychiatrie sieht hingegen in der Melancholie nur noch das umgangssprachliche Synonym für endogene Depressionen. Was früher als Zeichen großer Sensibilität gewertet wurde, gilt heute schlicht als krank: Byron und Novalis sind in diesem Sinne klinische Fälle wie Hölderlin oder Büchner. Ganz zu schweigen von Joyce, Kafka, Proust oder Strindberg.

Kein Wunder also, dass uns selbst die banale Langeweile bereits Sorgen bereitet. Wir weichen jeder Form der Langeweile aus, so gut wir nur können, und wir scheuen auch nicht davor zurück, unsere Stimmung künstlich aufzuhellen. So verlieren wir nicht nur die Fähigkeit, Langeweile zu ertragen, uns kommt überhaupt das Verständnis für die Langeweile als solche abhanden. Und das ist ein herber Verlust. Allerdings scheinen dies nur Philosophen, Poeten und ein paar Pfeifenraucher so zu empfinden.

Martin Heidegger versucht, diesen existenziellen Sinn der Langeweile genauer zu erfassen: »Die Langeweile ist der Bann des Zeithorizontes, welches Bannen den der Zeitlichkeit zugehörigen Augenblick entschwinden lässt, um in solchem Entschwindenlassen das gebannte Dasein in den Augenblick hineinzuzwingen als die eigentliche Möglichkeit seiner Existenz, welche Existenz nur möglich ist inmitten des Seienden im Ganzen, das sich im Horizont des Bannens gerade im Ganzen versagt.« Nein, ich habe das Zitat richtig abgetippt: Heidegger will sagen, dass die

Langeweile als Zweifeln am Sein, uns ausgerechnet durch unser Leiden im Hier und Jetzt verankert. Wir müssen die Langeweile annehmen, denn sie ist gewissermaßen die Schwerkraft des Seins. Es ist nicht so sehr der Verlust der Fähigkeit, Langeweile ertragen zu können, als vielmehr das fehlende grundsätzliche Verständnis der Langeweile als einer menschlichen Grundstimmung. Dies führt zum fatalen Mangel an Tiefgang in der Spaßgesellschaft. Im sterbenslangweiligen Trubel amüsiert man sich zu Tode.

Es geht aber auch anders: Das Pfeifenrauchen bietet den äußeren Rahmen und die Philosophie liefert die notwendigen Mittel, um sich inhaltlich mit dem Phänomen der Langeweile auseinanderzusetzen. Nicht weil es selbst langweilig wäre, sondern weil es durch die Muße überhaupt erst die Gelegenheit bietet, sich diesem Problem systematisch zu stellen.

Kurioserweise vergeht zumindest die banale Langeweile sofort, wenn man sich philosophische Gedanken zum Thema »Langeweile« macht. Die Psychologie hat auch hier wieder eine einleuchtende Erklärung: »Wenn die Emotion *Interesse* zentrale Selbstanteile weckt«, so Verena Kast, »dann heißt das auch, dass wir, sofern wir in einer Situation, in der wir uns langweilen, uns auf diese Langeweile konzentrieren und warten, bis uns etwas einfällt, wir wieder mit etwas zentral Bedeutsamen von uns selber in Kontakt kommen.« Genau dies scheint man zu begünstigen, wenn man Pfeife raucht. Damit verleugnet oder bekämpft man die Langeweile zwar nicht, aber man beginnt sie zu verstehen und als Stimmung zu akzeptieren.

Nun wird aus dem Zustand der *banalen* Langeweile der Ort des Möglichen, an dem der schöpferisch-utopische Akt des Entwurfs beheimatet ist. Wir werden uns diesen Ort im nächsten Kapitel genauer anschauen; wir können aber bereits festhalten, dass Philosophen und Pfeifenraucher sich im banalen Sinne selten langweilen. Selbst die existenzielle Langeweile führt insbesondere den philosophisch sensiblen Pfeifenraucher zu wahren Höhenflügen der Erkenntnis. Manche, wie Kierkegaard, Heidegger oder Cioran, halten sie sogar für die einzige Möglichkeit der unverstellten Wahrnehmung des Seins.

Vielleicht sollte man das Pfeifenrauchen nur als einen »Katalysator« ansehen, der mit der Wartezeit aussöhnt, indem er uns zu unseren

Interessen führt. Das Rauchen einer Pfeife wäre dann kein Zeitvertreib, sondern, im Gegenteil, eine Inspiration der Zeit. So beherrscht man wenigstens vorübergehend die Zeit, indem man ihr die verbindlichen Regeln des Pfeifenrauchens auferlegt. Dies ist Ereigniszeit und kein Zeitvertreib.

Was aber meint genau, wer von Zeitvertreib spricht? Der Philosoph Hans Georg Gadamer hat in seinem Essay *Über leere und erfüllte Zeit* darauf hingewiesen, dass man nicht wirklich die Zeit an sich vertreiben will, die ohnehin vergeht. »Und doch ist sie selbst gemeint, ihre leere Dauer, das Weilen, das als Weilen zu lange ist und daher als quälende Langeweile erscheint.« Offenbar haben wir die Ereigniszeit so gründlich zu nutzen verlernt, dass wir daran schier krank werden. Statt der Stoppuhr sollte man lieber eine Pfeife zur Hand nehmen.

Jene Zeit, über die wir hier reden, müssen wir in uns selbst suchen. Niemand kann die kulturell vorgegebenen Zeitnormen ignorieren, aber wir sollten uns doch zumindest eingestehen, dass es letztlich immer unsere *eigene* Zeit ist, die beispielsweise den Charakter des Wartens bestimmt. Und es liegt an uns, zur rechten Zeit »zuzugreifen.« Wie Karl Valentin schon sagte: »Man kann schneller und langsamer warten.«

Die gewählte Zeit bestimmt die Art, wie unsere Vorstellungen zueinander in Beziehung stehen – und das offenbar nicht nur in welcher Abfolge, sondern auch in welcher Intensität (Qualität) die subjektive Wahrnehmung erfolgt. Das gilt auch umgekehrt: Unser Wohl- oder Unwohlsein lässt uns Zeit unterschiedlich wahrnehmen. Das fällt meist nur auf, wenn man seine eigene Zeitwahrnehmung mit anderen Zeitwahrnehmenden diskutiert oder mit einem »objektiven« Chronometer vergleicht.

Allerdings vergleicht man dabei Äpfel mit Birnen. Die Frage nach einer »wahren« oder »wirklichen« Zeitwahrnehmung ist insofern Unsinn, als es sich immer um *unsere* Zeitwahrnehmung handelt. Wenn der Zahnarzt mit dem Bohrer das Schmerzzentrum drei Minuten »stimuliert«, kommt einem das *sehr* lange vor. Nicht minder dramatisch ist der Fall, wenn man seine Lieblingspfeife in die Reparatur gegeben hat und sie schon eine halbe Ewigkeit weg zu sein scheint, der Händler aber darauf besteht, dass wir sie erst letzten Freitag abgegeben haben...

Carpe diem!

Wie unterschiedlich Zeitwahrnehmung sein kann, zeigt sich besonders deutlich darin, dass, je älter man wird, desto schneller die Zeit zu vergehen scheint. »Wo ist die Zeit nur geblieben«, fragt man sich immer öfter. Mit den Jahren sind die Jahre keine mehr. Dieses Gefühl lässt sich durch die Chronos-Zeit nicht belegen. Gleichmütig und unerbittlich tickt die Uhr immerfort. Ohne die Ereigniszeit würde uns nicht einmal auffallen, dass sich etwas in unserer Zeitwahrnehmung geändert hat. Nur in der Muße, etwa wenn man Pfeife raucht, kommt man zur Besinnung und stellt überrascht fest, dass sich in unserer Wahrnehmung die Zeit irgendwie zu beschleunigen scheint. Das ist das, was man in der Zeitmanagement-Literatur gern die *Beschleunigungsfalle* nennt. Da man dort aber weder die Ursachen dieses Phänomens untersucht, noch das Phänomen selbst richtig einschätzt, verstärken die angebotenen Lösungsvorschläge den Beschleunigungsprozess eher noch. Wir wollen uns deshalb die Beschleunigung der Zeit in unserer Wahrnehmung etwas genauer anschauen.

Zunächst kann man in der Zeit der gesellschaftlichen Wirklichkeit eine deutliche Beschleunigung ausmachen. Bereits 1936 hat Charlie Chaplin in seinem Film *Modern Times* diese Beschleunigung durch eine unmenschliche Entfremdungsmaschinerie gezeigt: Die Zeiten werden immer moderner und damit schneller. Da man diesen Prozess an *äußeren* Merkmalen (Fortschritt, Effizienzsteigerung, Effektivitätsgewinne etc.) festmacht, spricht man von einer *objektiven Beschleunigung*, der sich die gesamte Gesellschaft wie selbstverständlich unterwirft und dabei jeden Einzelnen von den ursprünglichen Zeitkonzepten immer weiter entfremdet.

Die Dringlichkeitsdynamik der Moderne macht das Leben zunehmend rastloser: Man erwartet von uns immer mehr in immer kürzerer Zeit – und das rund um die Uhr. Gut gelaunt, ganzjährig, mobil und flexibel. Nicht Wissen, sondern Schnelligkeit ist heute Macht. Wo es einfacher und fixer geht, einen Auftrag per E-Mail an jemanden in Indien zu schicken, als den Vorgang ins Nachbarbüro zu bringen, ist die gemütliche Pfeife ein nahezu befremdlicher Bremskörper. Und der passt offenbar nicht zum Leben auf der globalen Überholspur.

Ausgerechnet auf das Gaspedal des Lebens tritt nun das Zeitmanagement mit seinen »Lösungsvorschlägen« für Menschen, die Probleme mit diesem Geschwindigkeitsrausch haben. Aus der Zeitbeschleunigung der gesellschaftlichen Realität kann man ernsthaft nur befristet aussteigen, etwa indem man auf die Philosophie der Lebenskunst zurückgreift und sich eine Pfeifenfüllung Ereigniszeit gönnt. Dazu nutzt man die Gunst der Stunde, den Kairos: Zur Pause geht man in den Park, setzt sich auf eine sonnige Bank, raucht Pfeife und döst etwas. Das Glück der »Entschleunigung« kann so einfach sein.

Zusätzlich zur objektiven Beschleunigung erleben wir das eingangs beschriebene subtile Phänomen des beschleunigten Lebensverbrauchs in uns selbst. Wir können diese Wahrnehmung als *subjektive Beschleunigung* der Zeit bezeichnen. Selbst wenn wir von allen äußeren Einflüssen absehen, vergeht uns die Zeit mit zunehmendem Alter immer schneller. Leider lassen sich erschöpfende Erklärungen für dieses Phänomen nicht finden, wohl aber einige aufschlussreiche Theorien.

Die erste Theorie könnte man als *rückwärtsgewandt* bezeichnen: Als Kind lebt man im Jetzt ohne den »Ballast« der Vergangenheit. Für ein Kind ist alles neu und ungewohnt, weshalb es reichlich mit dem Jetzt als Erfahrung ausgelastet ist. Mit zunehmendem Alter sammeln sich Erfahrungen, man erkennt etwas als etwas wieder, weil man es schon kennen gelernt hat. Das Kind steht dem Ursprünglichen im Augenblick zwar näher, aber der Erwachsene hat mehr Zeit zu reagieren, da er aus der Erfahrung schließen kann. Die Vergangenheit verhält sich dabei wie ein kontinuierlich anwachsender Resonanzraum.

Zur Bewältigung der Gegenwartsprobleme und zur Orientierung für die Zukunft greifen wir im Laufe unseres Lebens immer öfter und ausgiebiger auf unseren stetig wachsenden Erfahrungsschatz, aber auch auf den vorheriger Generationen zurück. Diese mit fortschreitendem Alter wachsende »Geschichtsmächtigkeit« verstärkt nun im Laufe der Zeit das Gefühl, dass, gemessen an der kontinuierlich wachsenden Spanne unserer eigenen verstrichenen Zeit, die uns noch voraussichtlich verbleibende Zeitspanne unaufhaltsam schrumpft. Während dem Kind die Zeitspanne der Unendlichkeit zur Verfügung zu stehen scheint und ihm die Zukunft auch ziemlich egal ist, schrumpft dem Erwachsenen die verbleibende Zeit rapide, und zwar im Verhältnis je weniger desto schneller.

Als geschichtsfähige Wesen erleben wir das sorgenvoll als temporalen Beschleunigungseffekt.

Geschichte als einen solchen Resonanzkörper zu haben, bedeutet, dass man sich zu sich selbst als geschichtsfähiges Wesen verhalten kann. Dies ist die Voraussetzung, um überhaupt den Zustand der Ursprünglichkeit zu verlassen, damit wir unser Leben, genauer: die *Zukunft* planen können. Aber gerade diese Geschichtsmächtigkeit führt in die Beschleunigungsfalle. Aus Wünschen werden immer schneller Erinnerungen, die wir schließlich sogar vergessen. Zurück bleibt nur das vage Gefühl des Verlusts. Und so kommen wir zu einem eklatanten Zukunftsmangel, wenn zu viel Vergangenheit versammelt ist. Wir zahlen einen hohen Preis für unsere Fähigkeit zur Reflexion.

Diese Rechnung stellte bereits Nietzsche in seinen *Unzeitgemäßen Betrachtungen* an: »Betrachte die Herde, die an dir vorüberweidet: sie weiß nicht, was Gestern, was Heute ist, springt umher, frißt, ruht, verdaut, springt wieder, und so vom Morgen bis zur Nacht und von Tage zu Tage, kurz angebunden mit ihrer Lust und Unlust, nämlich an den Pflock des Augenblicks, und deshalb weder schwermütig noch überdrüssig. Dies zu sehen, geht dem Menschen hart ein, weil er seines Menschentums sich vor dem Tiere brüstet und doch nach seinem Glücke eifersüchtig hinblickt – denn das will er allein, gleich dem Tiere weder überdrüssig noch unter Schmerzen leben, und will es doch vergebens, weil er es nicht will wie das Tier. Der Mensch fragt wohl einmal das Tier: warum redest du mir nicht von deinem Glücke und siehst mich nur an? Das Tier will auch antworten und sagen: das kommt daher, dass ich immer gleich vergesse, was ich sagen wollte – da vergaß es aber auch schon diese Antwort und schwieg: so daß der Mensch sich darob verwunderte.«

Das Rindvieh mag *vielleicht* unhistorisch und deshalb glücklich existieren, wer weiß das schon so genau – wir jedenfalls können so nicht leben. Wir müssen uns immer zu uns selbst verhalten, sonst können wir weder frei noch glücklich sein. Nicht nur beim Pfeiferauchen. Außerdem wissen wir aus Erfahrung, woher die Steaks kommen.

Die zweite Theorie ist eher *vorwärtsgewandt*: Ein Verstärker für unsere sich fortlaufend ändernde Zeitwahrnehmung ist die stetig steigende Zukunftsausrichtung in unserer Lebensführung. Je älter wir werden, desto mehr und weiter planen wir bewusst voraus, wobei es uns aufgrund der zunehmenden Erfahrung meist immer besser und detaillierter gelingt, die Zukunft zu planen. Sehen wir in der Jugend vor lauter Möglichkeiten den Weg noch nicht, nehmen wir später im begrenzteren Feld der Möglichkeiten mehr Wege und Ziele wahr. Je mehr man sieht, desto mehr will man. Schließlich passt nicht mehr so viel in die Zeit, wie wir wollen, weshalb wir das, was wir wollen, immer mehr in die Zukunft verlegen. Bis wir nicht mehr können, weil unsere Zukunft begrenzt ist. Das gegenwärtige Leben wird zum Kredit auf das zukünftige. Man müsste gelegentlich mal sein Zeitkonto umschulden. Doch letztlich geht es einem mit der Zeit wie dem Schuldner mit dem Geld – es ist nie genug davon da.

Und so stellen wir fest, dass die uns verbleibende Zeit *immer* unzureichend ist. Die Folge ist Panik! Da haben wir die dritte *psychologische* Theorie: Die Sorge vor der Beschleunigung lässt uns die verbleibende Zeit nur noch argwöhnischer beäugen, was wiederum zu einer weiteren Beschleunigung des Zeitgefühls führt und so weiter und so fort. Wir nehmen den Augenblick, das kurze Jetzt, nur noch als sich zunehmend schneller bewegenden Punkt auf der Flucht vor der immer gewaltiger werdenden Lawine der Vergangenheit wahr, wobei der Fluchtweg Zukunft immer kürzer und kürzer wird. Gleichzeitig droht die Ewigkeit vor uns, die wahrscheinlich auch ohne uns blendend auskommt. Bei all dem entgeht uns oft die Gegenwart.

Eine ähnliche Erklärung für dieses Phänomen bietet Wilhelm Schmid, der auf die Metapher der *Schere der Zeit* zurückgreift: Die Schere der Zeit ist zunächst weit geöffnet, im Verlaufe des Lebens schließt sie sich jedoch unaufhaltsam. »Vom jeweiligen Punkt der Gegenwart aus gesehen, scheinen unabsehbare Möglichkeiten offen zu stehen, deren Realisierung bedenkenlos der schier endlosen Dauer der Zeit überlassen werden kann. In Wirklichkeit aber beginnt die Schere sich unmerklich zu schließen, unweigerlich verringert sich die Spannweite des Möglichen, in ständig sich verkürzenden Zeitspannen wird der Raum zur Realisierung der verbliebenen Möglichkeiten knapper.« Wer jetzt nicht dafür gesorgt hat, seine Möglichkeiten zu verwirklichen, der kommt in Zeitnot. Es ist schon kurios: Die Schere schneidet nur dort, wo sie sich gerade schließt. Das ist der Ort des Handelns (oder Unterlassens) und gleichzeitig der Ort des Lebensverbrauchs.

Je älter wir werden, das wusste schon Wilhelm Busch, desto näher kommen wir der Spitze der Schere, jenem Punkt, an dem unser Lebensfaden unweigerlich von der Zeitschere zerschnitten wird. »Mütze, Pfeife, Rock und Hose schrumpfen ein und werden lose, so daß man bedenklich spricht: ‚Hört mal, Knopp gefällt mir nicht!‘ In der Wolke sitzt die schwarze Parze mit der Nasenwarze, und sie zwickt und schneidet, schnapp! Knopp sein Lebensbändel ab. Na, jetzt hat er seine Ruh! Ratsch! Man zieht den Vorhang zu.«

Kinder, Teenager, Erwachsene und Greise haben unterschiedliche Zeitwahrnehmungen, weil sie ihre Zeit unterschiedlich *bewerten*. Ihre Zeitschere scheint unterschiedlich weit geöffnet, obwohl natürlich niemand weiß, wie weit sie tatsächlich noch geöffnet ist.

Der Ältere glaubt immer mehr zu tun zu haben, um sein Leben nicht zu vergeuden. Doch die Ereigniszeit ruft auch ihm ihr wohltuendes »Hasta mañana!« zu – mach‘s in Ruhe, schließlich ist morgen auch noch ein Tag. Rauche lieber jetzt Pfeife und genieße das Leben. Und auch der Kairos raunt: Morgen ist erst morgen. Ergreife jetzt die Gunst der Stunde und stopfe eine Pfeife. Carpe diem!

Der Umgang mit der Ereigniszeit führt im Laufe des Lebens bei manchen zu einer gewissen Abgeklärtheit, die wiederum zu mehr Ruhe und Zeit führt. Die Fähigkeit, auf den rechten Augenblick warten zu können, scheint aber leider oft nur im selben Maße zu wachsen, wie die Spontaneität erstarrt. »Altersweise«, also mit kristalliner Intelligenz gesättigt, wie man heute sagt, reagieren manche zwar viel gelassener als mit jungen Jahren, dafür fällt es nicht mehr so leicht, sich auf Überraschendes oder Neues einzustellen. Junge Menschen wollen alles sofort, sind aber bei der Wahl der Mittel flexibler; ältere sind nahezu irritiert, wenn etwas sofort klappt, dafür jedoch wählerischer und präziser. Alle Vorteile sind offenbar nicht gemeinsam zu haben, es sei denn, man arbeitet zusammen – und raucht miteinander Pfeife.

Ob jung oder alt – die Pfeife scheint ein ideales Trainingsgerät zu sein, um sich etwas philosophische Abgeklärtheit anzueignen, indem man den Umgang mit der Ereigniszeit verbessert. Abwarten und Pfeife rauchen. Die Pfeife als Zeit-Hantel zum Kairos-Training. Es ist gerade der bewusste Umgang mit der Zeit, der zu innerer Ruhe und damit wiederum zum bewussten Genuss einer »guten« Pfeife führen kann. Wer mit seiner

Ereigniszeit bewusst großzügig umgeht, verschwendet nichts, sondern findet neue Kraft für konzentriertes und effektives Handeln unter den unvermeidlichen Bedingungen des Chronos. Im richtigen Augenblick zuzupacken, das ist nichts für den pedantischen Chronos, aber alles für den schlauen Kairos.

Karlheinz Geißler spricht hier von »Nischen der Langsamkeit«, die als kreative Pausen wohl im streng ökonomischen Sinne nutzlos, aber nicht sinnlos sind. Es sind jene »Falten der Zeit«, in denen wir genießend aufleben, neue Kraft sammeln und die Sten Nadolny so eindrucksvoll als *Kunst der Langsamkeit* beschreibt. Eine Kunst, die dem Rhythmus des Lebens Sinn gibt.

Das griechische Wort *rhythmos* bedeutet nicht nur Takt und Ebenmaß, es impliziert vor allem *Harmonie*, etwas, das auf »natürliche Weise« pünktlich und angemessen ist, sich im *Einklang* mit sich und der Welt befindet. Rhythmus wie Harmonie sind Ordnungsprinzipien, unwillkürlich erfassbare Übereinstimmungen aller Teile, die so in *Einklang* miteinander sind. Im doppelten Sinn kann man hier von Fügung sprechen.

Der Rhythmus ist genau genommen die *lebendige Variation* des Selben, der freie Fluss der natürlichen Ordnung. Die neuzeitliche Produktivität setzt demgegenüber auf den *mechanischen Takt*, die maschinelle Reproduktion des Gleichen. Der Philosoph Albert Stüttgen weist darauf hin, dass der moderner Zeitnotstand aus der Entrhythmisierung der Lebensvollzüge resultiert, ein Verlust, der uns übermütig und maßlos mit allem umgehen lässt. Und das griechische Wort für Maßlosigkeit und Übermut lautet *Hybris*, was wiederum hervorragend zum Zeitmanagement passt: Etwas »managen«, also wörtlich *handhaben* zu wollen, was überhaupt nicht in unserer Hand liegt, ist schlicht vermessen.

Kairos und Rhythmos, die Gunst des Augenblicks und die Harmonie des Ereignens gehören für echte Pfeifenraucher notwendig zum Pfeifengenuss. Die Zugfrequenz des langsamen Atmens bestimmt als natürlicher Rhythmus den Genuss. Das Leben wird als polyrhythmisch erlebt, eine Erfahrung, die nicht immer nach Synchronisation oder gar Einklang verlangt. Im Gegenteil, manchmal muss man aus dem vorgegebenen Takt kommen, um seinen eigenen Rhythmus zu finden.

Vielleicht gelten Pfeifenraucher deshalb als erfolgreiche Zeitgenossen, weil sie diese harmonische Langsamkeit gleichzeitig mit dem

Rhythmus des Pfeifenrauchens für sich entdecken. Die so entstehende Lebenszufriedenheit führt zu einem geänderten Zeitverständnis, das wiederum die Zeitwahrnehmung beeinflusst. Wir können die Zeit nicht anhalten, geschweige denn, das Rad der Geschichte zurückdrehen, aber wir können die Zeit in all ihren Facetten bewusst wahrnehmen und sie, wo immer möglich, genießen.

Deshalb sind Pfeifenraucher keine langweiligen Phlegmatiker, sondern aktive Menschen, deren Lebendigkeit, Engagement und Kreativität sich gerade in der Ruhe und dem souveränen Umgang mit der Zeit zeigt. Denken dauert eben. Und am besten denkt man in Ruhe.

Manche gehen dazu in den Wald, andere fahren an die See, sind reif für die Insel oder die Almhütte, ziehen aufs Land oder gehen ins Kloster. Nur um endlich Ruhe zu finden. Dabei könnten manche das viel einfacher durch das Pfeifenrauchen haben, denn wenn man die Ruhe nicht in sich findet, dann ist es oft sinnlos, sie woanders zu suchen.

Wer leidenschaftlich Pfeife raucht, weiß, man wird nicht durch die Pfeife selbst ruhiger, sondern der Umgang mit der Pfeife fordert Ruhe. Das, was fordert, fördert bekanntlich. Man mag so jemanden Zeitpionier oder Genießer nennen; Pfeifenraucher zünden einfach gelassen die Pfeife an: *Let the good times roll...* Hier ist die Ruhe, die sich der Genießer gönnt.

Pfeifenraucher *haben* Zeit, weil sie gar nicht erst versuchen, Zeit zu *besitzen.* »Zeit zu haben heißt«, so Wilhelm Schmid, »mehr zu haben als nur Zeit, nämlich aus der in der Zeit dahingelebten Form der Existenz herauszutreten und die ganze Aufmerksamkeit einer Person oder Sache zuzuwenden, die Anonymität und das Allgemeine zurückzudrängen und der Besonderheit und Komplexität der Zusammenhänge Raum zu geben, sei es in der Form des Gesprächs oder der Nachdenklichkeit.« Man könnte auch kurz sagen: Da hat jemand Interesse. Und Menschen, die sich interessieren, alles ganz genau wissen möchten und dabei alles und jeden in Frage stellen, kann man Philosophen nennen. In diesem Sinne Pfeife zu rauchen, bedeutet nicht gleichgültig, sondern interessiert, aufmerksam, beharrlich und vor allem *geduldig* zu sein.

Die ewig »nervösen Hemden« der vibrierenden Spaßgesellschaft werden selten leidenschaftliche Pfeifenraucher. Wer in Gedanken immer schon zur nächsten Sache eilt, dem wird das Pfeifenrauchen schnell lästig, weil es ihm einfach zu lange dauert und viel zu viel Zuwendung braucht. Da liegt der kurze Takt der Zigarette näher als der lange Rhythmus der Pfeife.

Mancher schafft es vielleicht, sich zu disziplinieren, aber man sollte fairerweise einräumen, dass das Pfeifenrauchen eher eine Frage des Naturells als der Disziplin ist. Man kann es probieren, vielleicht sogar lernen, aber nicht erzwingen. Wieder einmal ist es mit der Pfeife wie mit der Philosophie: »Es gibt unvergleichlich Wirksameres gegen die großen Leidenschaften als die Philosophie: beispielsweise aufs Pferd steigen oder Holz hacken«, so die Einsicht des französischen Moralisten Théodore Jouffroy aus dem 17. Jahrhundert. Manche greifen lieber zur Pfeife...

Alles fließt

Mit der Pfeife kann man die Vielfalt der Zeit erkunden. Zunächst zeigt sich die Zeit vorrangig als gleichmäßig fließende *lineare Zeit*. So erlebt man Zeit im Alltag: Man stopft seine Pfeife und raucht sie in einer bestimmten Zeit, bis sie erlischt. Übrig bleibt etwas Asche. Es ist die *Einmaligkeit* alles Endlichen, es ist das Fließen der Abläufe in eine Richtung als Dauer vom Anfang bis zum Ende. Durch Geburt sind wir zum Sterben verurteilt, diese Zeit ist Frist zum Tod – Doch damit nicht genug: Es ist immer *unser* Leben, das wir leben, *unsere* Zeit, die unaufhaltsam und unwiederbringlich verstreicht, *unser* Tod, auf den wir unausweichlich zusteuern. Der Strom der Chronos-Zeit ist nun einmal unser Fluss. Die *exklusive Einzigkeit* des Lebens macht die Sterblichkeit so brisant. Deshalb erleben wir Zeit immer als etwas Begrenztes und uns Begrenzendes. Unser Leben erscheint uns angesichts dieser Umstände als viel zu kurz. Und doch fühlen wir uns (irritierenderweise) nicht wesentlich anders als damals vor zehn Jahren – schließlich sind wir doch noch die selbe Person. Wir sind in unserem Empfinden durchgehend gleich geblieben, während der Strom der Zeit immer schneller über uns hinweg zu gehen scheint. Irgendwie ist das Leben eben doch zu kurz!

Der römische Philosoph Seneca hat in seiner Schrift *De brevitate vitae* diese Klagen über die Kürze des Lebens energisch zurückgewiesen. Seiner Meinung nach ist nicht etwa das Leben zu kurz, sondern wir machen es erst durch unsere fahrlässige Zeitvergeudung kurz. Wären wir keine so elenden Zeitverschwender, müssten wir auch nicht so jammern. Plädiert Seneca etwa für antikes Zeitmanagement? Natürlich nicht, aber manche der heutigen »Erfolgsautoren« behaupten genau dies schamlos.

Senecas These leuchtete den damaligen Zeitsündern wie auch uns heutigen Terminsklaven intuitiv ein – leider ist sie so, wie sie hier formuliert ist, *falsch*. Gemessen an den bestehenden Möglichkeiten ist unser Leben grundsätzlich *immer* zu kurz. Das ist trivial, meint Seneca. Selbst wenn wir die Lebenszeit verdoppeln könnten, würde dies nichts grundsätzlich ändern. Seneca wusste, dass wir *nie* genug Zeit haben können, da wir zeitlich *limitierte* Wesen sind. Gerade das ist ja unser Schicksal, unsere *conditio humana*. Aber, so behauptet nun Seneca, gerade hier liegt auch unsere große Chance.

Nur wenn man, wie der Stoiker Seneca, an ein uns eingeborenes Ziel glaubt, und man von einer uns fest zugemessenen Zeitspanne zum Erreichen der uns aufgegebenen Vollkommenheit ausgeht, versteht man den antiken Philosophen recht: Wer trödelt, und deshalb das Klassenziel nicht erreicht, trägt tatsächlich die *Schuld* vor sich und den Göttern. Wer diesen antiken Grundzug in Senecas Denken außer Acht lässt, verkennt seine ganze Argumentation gründlich oder will uns etwas vormachen.

Heutige Zeitmanager missverstehen Senecas Brief *Über die Kürze des Lebens* deshalb gern als antiken Beitrag zu ihrer eigenen Erbauungsliteratur für Workaholics. Dabei taugt seine Philosophie überhaupt nicht zu der von ihnen propagierten temporalen Selbstverstümmelung, denn es geht Seneca selbstverständlich nicht um Produktivitätssteigerung, Effizienzmaximierung und ein grundsätzliches Schuldeingeständnis gegenüber Markt und Aufsichtsrat, sondern um die Vervollkommnung als Mensch. Hier zählt allein die Seele und ganz gewiss nicht der Profit.

Fazit: Das lineare Zeitverständnis führt zur Einsicht, dass wir nichts zu vergeuden haben und immer das Gefühl haben müssen, unserer Zeit hinterher zu laufen. Fragt sich nur, wo unsere Werte liegen und wie weit wir uns auf dieses »Spiel« einlassen. Nur so weit es unserer Vervollkommnung nützt, hätte Seneca geantwortet. Jedenfalls können wir uns nicht selbst einholen, das steht fest. Eine Einsicht, die sogar Zeitmanagern dämmert.

Allein durch etwas Nachdenken, so Odo Marquard, kommt man zu dem Schluss, dass »der Mensch das Zeitmangel-Wesen ist und seine temporale Primärerfahrung eine Knappheitserfahrung ist. Nur wer nicht weiß, daß er sterben muss, spürt diesen Zeitmangel nicht.« Senecas Rat führt uns also nur dann in die bekannte Beschleunigungsfalle, wenn wir das eigentliche Ziel des Stoikers aus den Augen verlieren: wir selbst zu werden. Und damit bietet er einen überraschenden Ausweg aus unserem Dilemma, wobei uns das Pfeifenrauchen ein klein wenig helfen kann.

Wie wir schon sahen, kann man Zeit nicht nur linear verstehen. Wir sind auch in der Lage, sie als etwas *Zyklisches* zu begreifen. Eine Pfeife lässt sich immer wieder rauchen. »Nach der Pfeife ist vor der Pfeife.« Es ist die uns bereits bekannte Wiederholung von Prozessen, die dem zyklischen Zeitverständnis des Mythos zu Grunde liegt und mit dem Gang der Welt auszusöhnen vermag. Man denke nur an die Gezeiten, die Jahreszeiten, das Kreisen der Galaxien. Nichts geht im Kosmos verloren. Die zyklische Zeit scheint äonisch und sie fügt uns ein in den kosmischen Reigen von Entstehen, Werden, Vergehen und neu Entstehen. Im Zyklus der Natur finden wir unseren Platz, einen Platz, der nicht abseits liegt, sondern immer in der Mitte geborgen ist, weil ein Kreis keinen Anfang hat.

Hier entfaltet der Ritus des Pfeifenrauchens durch seine zyklische Bedeutung seine beruhigende Wirkung, indem er seine Einbindung in den Bedeutungszusammenhang des Mythos offenbart. »Morgen ist auch noch ein Tag« beruhigt uns die zyklische Zeit und tröstet uns so über die eigene Vergänglichkeit hinweg, indem sie uns einlädt, das Morgen Morgen sein zu lassen und heute zu leben. Wohl wissend, dass wir sterblich sind, können wir so doch für Momente der Endlichkeit entrinnen, indem wir einen Blick auf die Ewigkeit werfen.

Genau besehen versteht nur das so genannte westliche Denken Zeit als etwas *strikt* lineares. Frühere europäische Kulturen, insbesondere die archaischen, waren zyklisch geprägt, eine lineare Ausrichtung des Zeitverständnisses ist also ein relativ spätes und regional begrenztes Phänomen in der Geistesgeschichte der Menschheit. Aus der Perspektive der historischen Mehrheit ist das lineare Zeitmodell kurios, um nicht zu sagen, sonderbar. Erst mit dem Siegeszug des westlichen Denkens fand das lineare Zeitverständnis zu seiner heute alles beherrschenden

Vormachtstellung. Wir sind entsprechend sozialisiert und können kaum noch nachvollziehen, was es mit der zyklischen Zeit auf sich hat – wenn wir nicht zufällig Pfeifenraucher sind. Das vermittelt wenigstens eine Ahnung von der Gelassenheit, die zyklisches Denken verleihen kann.

Linear versus zyklisch – *muss* man sich entscheiden? Die Frage müsste eher lauten, ob es überhaupt vorteilhaft ist, sich auf nur eine Sichtweise festzulegen. Beides sind nur *Interpretationen* dessen, was uns Zeit ist. Wir können das Problem der konkurrierenden Zeitmodelle – ob nun chronologisch, ereignisorientiert, linear oder zyklisch – nicht lösen im Sinne einer Wahrheitsfindung. Aber wir können, vermittels der Lebensklugheit, aus guten Gründen das jeweils hilfreichste Modell für die gegenwärtige Situation auswählen. Die Lebenskunst führt uns zu jenen alten Zeitverständnissen, der Ereigniszeit, dem Kairos und der zyklischen Zeit des Mythos, die sich im Pfeifenrauchen wie kleine versteckte Türen in der Zeit öffnen lassen.

Mit der Zeitsouveränität etwas anfangen zu wollen, führt beim Pfeifenrauchen häufig über die Muße zur Theorie. Im griechischen Wort *theoria* steckt *theos*, der Gott. In den Antworten auf die Frage nach der Wahrheit ereignet sich Ewigkeit, denn allein die Wahrheit hat Bestand. Und der Denkende hat daran Anteil.

In der Muße des Pfeifenrauchens macht man sich Gedanken. Gedanken sind aber so flüchtig wie Rauch, sagt man. Doch man kann sie ja zum Glück aufschreiben. Indem man einen Ausdruck für seine Gedanken sucht, begreift man, wie das Schreiben beim Pfeifenrauchen zur Möglichkeit wird, sich über sich selbst klar zu werden. Man schreibt, um sich daran zu erinnern, was man denkt. Und während die Zeit in der Sanduhr verrinnt, gerinnt der Gedanke auf dem Papier des Schreibers zum Text. Wer schreibt, der bleibt – auch heute noch, während der Cursor ungeduldig auf dem Bildschirm blinkt.

Diatribe nannte man in der Antike ein solches Ergebnis philosophischer Schriftstellerei; heute bezeichnet man das als philosophischen Essay. Nimmt man das griechische Wort *diatribe* wörtlich, dann geht es auf das »Verreiben von Zeit« zurück: Die Zeit selbst als Ereigniszeit wird hier so aufbereitet, wie wir es von einem Flake-Tabak gewohnt sind. Man reibt ihn etwas auf, damit er sich voll entfalten kann und er zu dem wird, was in ihm steckt. So ist dies auch mit der Ereigniszeit, die um ist, ehe man sich versieht. Was wiederum auf die Art des »Verweilens in Muße«, des intellektuellen Flanierens, verweist.

Die *Kontemplation*, die Versunkenheit in die Betrachtung ist mehr als nur ein Zeitvertreib. Die Diatribe dient nicht primär der Zerstreuung, sondern der reinen Anschauung und ist damit Selbstzweck. Der Lebensraum der Diatribe ist die bewusst gewählte Ereigniszeit und sie lädt alle ein, daran teilzunehmen – als Autor, als Leser. Als würde man gemeinsam Pfeife rauchen. Und das Schönste ist: Man kann alles gleichzeitig: rauchen, lesen, denken.

»Viele Genüsse«, so Gero von Randow, »haben ihr eigenes Zeitmaß. Oft locken sie uns in einen Raum, in dem andere Gesetze gelten, in dem insbesondere die Zeit anders läuft. Gleichwohl kommt es auf den richtigen Rhythmus und den passenden Moment an.« Diesen Raum betreten wir im folgenden Kapitel.

Zum Weiterlesen empfehle ich
das anspruchsvolle Buch des norwegischen Philosophen Lars Svendsen, *Kleine Philosophie der Langeweile*, Insel Verlag, Frankfurt am Main 2002. Das Lob der Langsamkeit stimmt der schwedische Religionspsychologe Owe Wikström an: *Vom Unsinn mit der Harley durch den Louvre zu kurven*, Kontrapunkt Oesch Verlag, Zürich 2003. Herrlich respektlos und voll praller Lebensfreude ist die *Anleitung zum Müßiggang* von Tom Hodgkinson, verlegt bei Rogner und Bernhard (Zweitausendeins), Berlin 2004.

Kapitel 7
Die Pfeife und der Ort des ortlosen Seins

Bei dem wir eine Erbse im Kölner Dom finden, uns in einen Tabakfalter verwandeln, mit Balzac das Pfeifenparadies entdecken, zwischendurch fast einschlafen und ganz unvermutet den vergessenen Mythos und die gestohlene Zeit wieder finden.

Fragt man Physiker danach, was »Raum« bedeutet, werden zumindest die ehrlichen unter den Teilchenschubsern nervös – und die meisten werden sich lieber auf den mathematischen Raum beziehen. Ähnlich wie die Zeit ist der physische oder anschauliche Raum nämlich etwas Kurioses. Schnell ist davon die Rede, dass grundsätzlich alles relativ sei, wie ja jeder wisse, und der Raum sowieso in sich gekrümmt vorgestellt werden müsse. Negativ gekrümmt selbstverständlich. Ohne Frage. Bloß krümmt sich leider auch das Hirn, wenn man versucht, diese angebliche Trivialität nachzuvollziehen. Also, wie ist das mit dem Raum; ist er unendlich teilbar, kompakt oder kontinuierlich? Schließlich will man als Pfeifenraucher wissen, was es mit dem »Raum« der Brennkammer auf sich hat. Es schleicht sich dabei der Verdacht ein, dass Naturwissenschaftler das auch nicht so genau wissen, weshalb sie verschämt in die schwarzen Löcher ihrer Pfeifen starren...

Aber auch der Philosoph hat es nicht unbedingt leichter mit der Erklärung des Raums. Wenn die Zeit die stumme Stellvertreterin unserer Ohnmacht ist, die uns die unerbittliche Grenze unserer Existenz zieht, so scheint der Raum eher Zeichen und Demonstrationsfeld unserer Macht zu sein. Das meint jedenfalls Étienne Klein: »Wir können den Raum einrichten, anpassen, ihn in jeder Richtung durchqueren, in ihm hin- und herlaufen und sein Erscheinungsbild und seine Form verändern.« Was man aber nicht kann, ist ihn verlassen. Man kann zwar einen Raum, aber nicht den Raum verlassen. Wo käme man da auch hin? So viel zum Thema »menschliche Macht und ihr Haken«. Und genau hier, gefangen in Raum und Zeit, zwischen Urknall und Apokalypse, fangen die philosophischen Probleme erst so richtig an, wenn noch der spirituelle Raum hinzukommt.

Nun kann man gelassen an der Pfeife ziehen und sagen: »Pah, ist mir doch egal.« Genau! Betrachtet man nämlich den Raum ganz genau, dann scheint streng genommen gar nichts da zu sein. Raum ist »irgendwie« dasjenige, innerhalb dessen sich Physisches, ausgedehnt Seiendes, befindet und worin alle Bewegung geschieht. Raum ist das Dazwischen im Drin und Drumherum, also das, was eingenommen wird und einnimmt. Der Raum als die Bühne des Seins. Ist Raum deshalb aber selbst schon *etwas*?

Schauen wir uns dazu die Pfeife in unserer Hand genau an – so richtig genau, mit dem stärksten Mikroskop, das wir auftreiben können. Glücklicherweise arbeitet unser Nachbar im Max-Planck-Institut und so können wir ein Bruyère-Molekül unter die Lupe nehmen. Und wir stellen fest: Außer Raum ist da nicht viel. Nur einige Atome. Und ein Atomkern wiederum füllt das Atom so schlecht aus wie eine Erbse den Kölner Dom. Als imaginäre »Wände« des Kerns sausen Elektronen, also Ladungen, herum. Und vom Atomkern selbst bleibt auch nichts übrig als schemenhafte Elementarteilchen, die Quarks. Der gesamte Rest besteht aus: *Nichts*! Sollte unsere kostbare Pfeife also etwa aus Nichts mit ein bisschen Ladung bestehen?

Zunächst einmal ist es durchaus umstritten, ob Raum und räumliche Relationen zwischen den physischen Dingen überhaupt etwas an sich Existierendes sind oder ob der Raum nicht vielmehr bewusstseinsgebunden ist, das heißt nur als *erfahrener* Raum oder als Bedingung der Erfahrung existiert. Wenden wir uns an den Raumausstatter unseres Vertrauens: Immanuel Kant ist der Auffassung, dass der Raum als eine »Anschauungsform a priori« zu begreifen sei, also einen Grundzug jeder möglichen, endlichen Anschauung *vor jeder* Erfahrung darstellt. Das hört sich kompliziert an, ist aber recht einleuchtend, wenn man sich erst einmal Folgendes klargemacht hat: Wie die Zeit so ist auch der Raum eine Denk-Voraussetzung, an die jede mögliche Erfahrung gebunden ist. Damit etwas sein kann, muss es in Raum und Zeit sein. Anders können wir es uns nicht vorstellen.

Damit haben wir einen der prominentesten Lösungsvorschläge für unser Raumproblem umrissen und der Streit über die Tragfähigkeit des kantischen Vorschlags kann beginnen – doch wir wollen einen anderen, einen jenseits von Kernphysik und Erkenntnistheorie angesiedelten, eher pfeifentypischen Weg einschlagen und das Raum-Zeit-Problem der akademischen Diskussion überlassen. Seien wir ehrlich: Das Problem der Wurmlöcher hat für Pfeifenraucher doch eine ganz andere Relevanz als für die meisten Physiker. Ich sage nur: »Kittstellen«.

Pfeifen(t)Räume

Erinnern wir uns, wie wir zu Beginn der Lektüre im bequemen Sessel Platz nahmen und die Spezialutensilien aus der stilvollen Pfeifentasche hervorzogen: eine sorgfältig ausgewählte Pfeife, einen exquisiten Pfeifentabak, das schöne Pfeifenfeuerzeug und ein elegantes Pfeifenbesteck.

Die Zeremonie des behutsamen Stopfens und bedächtigen Anzündens stimmt wie ein Mantra auf die Pfeifenmeditation ein. Die blauen Wölkchen steigen auf und man beginnt mit allen Sinnen zu genießen. Schon vagabundieren die Gedanken im so genannten *Flow*: Das Denken schweift ab, das Lächeln wird selig und man ist so entspannt, wie es sonst nur Yogis im Stadium der fortgeschrittenen Erleuchtung gelingt.

Was passiert, wenn man so *gedankenverloren* vor sich hin schmaucht? Das Fernsehgerät blökt im Nebenzimmer – na und? Tut es das nicht immer irgendwo? Das Telefon klingelt – wenn schon, soll doch der Anrufbeantworter rangehen. Wir sind jetzt nicht da... Aber wo sind wir, wenn wir so die Kunst des Pfeifenrauchens betreiben? Gemeint ist nicht die Trivialität, dass wir in einer »Raucherzone« sitzen, sonst würden wir ja wohl kaum *hier* rauchen. Nein, die Frage lautet: In welchen »Sphären« befinden sich Pfeifenraucher, wenn sie dank ihrer Pfeife im wörtlichen Sinne *abschalten*? Neben dem subjektiven Zeitempfinden scheint es auch eine subjektive Raumwahrnehmung im Sinne einer eigenwilligen Selbstverortung des Genießers zu geben. Wir sagen, man sei *abgetaucht*, und die Umwelt wirft uns manchmal vor, »nicht ganz da« zu sein. Pfeifenseligkeit.

Natürlich ist man noch »da«. Physisch, als raumzeitliche Existenz sowieso, denn man löst sich ja nicht während des Rauchens selbst in Rauch auf. Der Raucher bleibt im physikalischen Raum, er ist immer noch *da*, vorausgesetzt man wirft ihn nicht hinaus. Trotzdem: Der »Standort« kann bei solchem Pfeifenrauchen nicht allein durch ein Koordinatensystem im physikalischen Raum bestimmt werden.

Spätestens an dieser Stelle muss nachdrücklich darauf hingewiesen werden, dass grundsätzlich nur ganz *normaler* Pfeifentabak in die Pfeife kommt (Sie wissen schon, was ich meine), und wir uns dazu höchstens ein oder zwei Gläschen Feuerwasser genehmigen. Es geht hier nicht um *künstliche Paradiese*, sondern um den philosophischen Raum des Rauchens.

Der stille Genuss eines guten Tabaks aus der Lieblingspfeife entführt zumeist ins Reich der bewusst *gesteuerten* Phantasie, des zelebrierten Außeralltäglichen, des gewählt Besonderen, wenn man es als etwas Nichtalltägliches und Einzigartiges begreift. Dabei ist es nicht einmal ein Problem, dass man es täglich tut, es kommt nur darauf an, dass man mit Bedacht genießt.

Vielleicht überschreitet man dabei sogar die Grenze zu einer anderen Lebenswelt? Seit alters her unterscheidet man die ideale Form des tätigen Lebens, die *vita activa*, von der Lebensführung, die sich der Theorie, der *vita contemplativa*, widmet. Tritt nun als dritte Form der Lebensführung das Leben des besinnlichen Pfeifenrauchers als *vita fumativa*? Und ist Pfeifenrauchen damit schon per se *transzendent*, nur weil es das Alltägliche *überschreitet*?

Es scheint, dass das müßiggehende Pfeifenrauchen eher als Sonderfall zur Welt der Kontemplation gehört. Diese hat seit jeher neben ihrer Bedeutung der theoretischen Wahrheitssuche auch den Beigeschmack des trägen Genusses an sich. Das beschauliche Leben in freier Muße ist tatendurstigen Menschen grundsätzlich verdächtig. Der Vorwurf der *Faulheit* steht dabei unausgesprochen im Raum. Ob das, was sich in der Anschauung abspielt, nun träger oder bewusster Genuss ist, spielt aus Sicht der »Macher« keine Rolle, weil sich da ja »sowieso nichts tut«. Jedenfalls nichts, was sich in Stoffumsatz pro Zeiteinheit messen ließe – abgesehen natürlich vom Tabakverbrauch.

Den gelassenen Pfeifenraucher, der um den Wert der Muße weiß, kann dies kaum erschüttern oder ärgern. Er sieht im Geistesleben wie Oscar Wilde etwas Heiliges: »Das kontemplative Leben, jenes Leben, das sich nicht das *Handeln*, sondern das *Sein*, und nicht nur das Sein, sondern das *Werden* zum Ziel gesetzt hat – das ist es, was der kritische Geist uns geben kann. Götter leben so.« Der Müßiggänger wird so vom Vorbehalt eine bedauerliche Last der Gesellschaft zu sein freigesprochen. Er wird zu ihrem offiziellen Flaneur. Oder göttlichen Bärenhäuter.

Die »Macher« interessiert es jedoch kaum, dass weder die aktive, noch die kontemplative Lebensweise ohne die je andere möglich ist. Die beiden Extreme, ödes Brüten und blinder Aktionismus, mögen jedes für sich durchaus ihre überraschenden Zufallstreffer haben, aber wirklich erstrebenswerte Alternativen sind beide nicht.

Pfeifenraucher scheinen tatsächlich ein merkwürdiges Verhältnis zum Hier und Jetzt einzunehmen, wenn sie ihre Pfeifen angesteckt haben. Die Pfeife ist mit ihrem delikaten Tabak der Star des Augenblicks, sie scheint den Raucher aus Raum und Zeit zu entrücken. »Irgendwie« muss ihr wohl doch etwas Transzendentes anhaften. Ist es der Tabakrauch; ist er die flüchtige Seele der Pfeife? Hier überschreiten wir die Grenze zu einer »Metaphysik des Pfeifenrauchens«, der wir uns im vorletzten Kapitel zuwenden wollen. Das Pfeifenrauchen bleibt ein Mysterium.

Wahrscheinlich liegt es daran, dass der Pfeifenrauch nicht etwa trennt, absondert, sondern im Gegenteil wie ein zartes Band die Welt des Realen, des Materiellen mit der Welt des Irrealen, ja Surrealen, Mythischen, Phantastischen und Nicht-Stofflichen verbindet. Das Pfeifenrauchen vereint mit dem Kosmos, weil die sich im Rauch bewegenden und umschwebenden Sphären als Harmonie des Ganzen erlebt werden.

Der stoffliche Tabak löst sich in Rauch auf, verliert sich magisch im *Nichts*, und man lehnt sich zurück, um den Gedanken freien Lauf zu lassen, während man den verschwindenden Wölkchen nachblickend der Sphärenmusik lauscht – ähm, Sphärenklänge?

Nein, das hat nur oberflächlich mit Tinnitus zu tun. Diese Geräuschwahrnehmung bei absoluter Stille fiel bereits den alten Griechen auf. Allerdings hatten sie eine andere Erklärung als unsere Internisten. Die Pythagoreer glaubten, dass die Himmelskörper durch mathematisch exakte Intervalle voneinander getrennt sind, die den harmonischen Klängen von Saiten entsprechen. Die Bewegung der Planeten in ihren kristallinen Sphären erzeugt die Sphärenmusik als akustische Grenze zum Nichts. Das Sein reibt sich geradezu am Nichts. Beide sind so mathematisch exakt voneinander geschieden.

Hier ist es wieder, das *unvorstellbare* Nichts. Kann Nichts eigentlich *sein*, und wo *ist* dann dieses Nichts? Man kann die These vertreten, dass nur das Seiende ist: »Nichts ist nicht«. Leider lehnt man damit auch die Auffassung ab, dass das Seiende eine Mannigfaltigkeit darstellt und sich verändert, entsteht oder vergeht, da all dies in irgendeiner Weise voraussetzt, dass etwas nicht, noch nicht oder nicht mehr ist. Bleibt die Frage, wie dann das Seiende und das Nichts voneinander abzugrenzen sind. Die Grenze ist das Spannende, weil sie zwei Seiten hat. Normalerweise.

Eine mögliche Erklärung für dieses Problem bietet Heidegger. Er unterscheidet zwischen dem *Nicht*, der Abwesenheit dieser oder jener Bestimmung des Seienden (»Dieser Tabak ist nicht feucht genug«), und dem *Nichts*, das heißt dem Sein des Seienden, insofern es als dieses Sein im Gegensatz steht zum Seienden. Zwar erfüllt uns dieses unbegreifliche Nichts mit Schrecken, aber damit macht es uns unsere Existenz erst völlig bewusst, weil sie als endliche vergeht. Im aufkeimenden Bewusstsein der Vergänglichkeit liegt für Heidegger Ursprung und Sinn der Philosophie. Erst am unheimlichen Abgrund zum Nichts ist man ganz bei sich.

Andere Philosophen vertreten die genau gegenteilige These. Da das Nichts nicht schlecht sein kann (sonst wäre es ja zumindest etwas, nämlich schlecht), kann nur das Sein erschreckend oder übel sein. Erstrebenswert wäre, nächst dem gar nicht erst geboren zu werden, nicht mehr zu sein. Das Sein hat keinerlei Vorrang vor dem Nichts, wenn dieses ist, was es allein sein kann: *nichts*. Die Frage ist also, was schlimmer ist: das fürchterliche Nichts oder das schreckliche Sein?

Nun könnte man zur Ansicht gelangen, dass Philosophie eine Art intellektueller Geisterbahnfahrt ist. Auch wenn dieser Verdacht durchaus nicht unbegründet scheint, kann man doch immerhin beim Philosophieren zur Pfeife greifen. Der entspannte Genuss einer Pfeife bietet den imaginärer Ort eines sicheren Hafens im Alltag, wenn man die Insel der Ereigniszeit im alles mit sich reißenden Zeit-Strom des Chronos ansteuert und wenigstens für einige Augenblicke wieder auf den eigenen Rhythmus hört. Mögen Sein und Nichts doch machen, was sie wollen.

In diesem Augenblick des Genusses pfeift man auf den Klabautermann. Die Zeit scheint sich nahezu räumlich fassbar zu dehnen, der sich kräuselnde Rauch sieht manchmal so aus, als würde er im Raum still stehen. Alles scheint wie in Zeitlupe zu gehen. Die Tiefe des Raumes wirkt verändert, der vertraute Ort erhält etwas Surreales und man glaubt »irgendwie« entrückt zu sein. Menschen in Grenzsituationen berichten häufig von solchen temporal-räumlichen Anomalien – aber eben auch Genießer. Man muss sich nicht mit einem Rennwagen überschlagen oder vom Blitz treffen lassen, man kann auch durch Genuss an diesen Ort der Fermate gelangen.

Genuss ist nicht bloß etwas Sinnliches. Zu genießen ist eine Syntheseleistung und damit immer eine *intellektuelle* Leistung. Würde der Mensch nur über die Vernunft oder den Verstand definiert werden, fehlte eine seiner wichtigsten Vermögen. Vernunft und Sinnlichkeit kommen im Genuss zusammen. Man kann somit in Anlehnung an Kant sagen, dass nichts im Genuss ist, was nicht vorher in den Sinnen war.

Genießen heißt aber immer auch, klaren Verstandes zu vergleichen, und das bedeutet nichts anderes, als durch Verstehen zu *verorten*. Neben Vernunft und Sinnlichkeit treten Erinnerungsvermögen (Vergangenheit) und Vorstellungskraft (Zukunft). Wir bestimmen, wo wir stehen, wir weisen dem Genuss seinen Ort zu. Geräusche, Gerüche, Geschmacksnuancen und taktile Eindrücke werden dabei wie auf einer geistigen Landkarte verzeichnet. Je mehr man über etwas weiß, um so mehr genießt man es, weil man es zu würdigen weiß und dieses Wissen wiederum *auskostet*. Und Vorfreude ist bekanntlich die schönste Freude. Als dieses *Irgendwo* zeichnet sich der gesuchte Ort ab, an dem wir sind, wenn wir genießen.

Im Genuss beschäftigen wir uns gleichermaßen intensiv mit dem Genussmittel, das wir uns einverleiben, als auch mit uns selbst, weshalb wir im Genuss immer ganz bei uns und doch völlig bei der Sache sind. Dabei vertreibt die Konzentration die meisten störenden Einflüsse aus unserem Bewusstsein. Unvergesslich bleibt Honoré de Balzacs Beschreibung des Pfeifenparadieses, bei der uns der Autor direkt anspricht und damit sofort in den Bann der Imagination zieht: »Sie liegen auf einem Diwan, geben sich dem Müßiggang hin, sie hängen ohne Anstrengung ihren Gedanken nach, sie berauschen sich, ohne zu trinken, ohne Ekel. Ihr Gehirn erlangt neuartige Fähigkeiten, sie spüren ihre schwere Schädeldecke nicht länger, sie schweben auf leichten Flügeln ins Land der Phantasie, sie erhaschen ihre herumflatternden Delirien mit einem Schleier wie ein Kind, das auf einer göttlichen Wiese Libellen jagt, und sie sehen sie in ihrer Idealgestalt, was sie der Selbstverwirklichung näher bringt. Die schönsten Hoffnungen ziehen vorbei, nicht mehr nur als Illusion, sie haben Gestalt angenommen und fahren in die Höhe wie bei Taglioni [einem damals berühmten Tänzer, J.P.], mit welcher Anmut! Raucher, ihr kennt das! Dieses Spektakel verschönt die Natur, alle Schwierigkeiten des Lebens werden nichtig, das Leben ist leicht, der Verstand ist klar, die graue Atmosphäre des Denkens wird blau; aber welch seltsame Wirkung; der Vorhang vor dieser Oper fällt, sobald die Pfeife erlischt.«

Pfeifenraucher sind also nicht nur in der Lage, die Zeit zu vergessen, sie können sogar vergessen, *wo* sie sind. Jeder Pfeifenraucher weiß, dass die Pfeife über die zeitlose Tristesse einer Bahnhofskneipe »hinweghelfen« kann, in der man sonst bis zum nächsten ICE schier verzweifeln würde. Und wer schon mal in einem Zugabteil zwischen einem Dicken und einem Langweiler eingekeilt gesessen hat, kennt den Zusammenhang von Raum und Zeit. Pfeifenraucher wissen in solchen Situationen einen Pfeifentabak zu schätzen, der binnen kürzester Zeit böse Geister jeder Art aus dem Raum vertreibt – jedenfalls aus dem Raucherabteil.

Man kann aber noch mehr sagen: Die Pfeife schafft Raum und nicht nur Platz. Gemeint ist die Raumfrage nicht im Sinne einer breschenschlagenden Tabakmischung, sondern als Hinweis darauf, dass man selbst in der schäbigsten Umgebung mit der Pfeife eine »Aura« um sich verbreiten kann, die heimisch ist und in der man sich wohlfühlen kann. »Das, was allem Pfeifenrauchen solchen Reiz verleiht, ist, dass sich der Raucher, wo auch immer, mit einer vertrauten Atmosphäre umgeben kann«, meint deshalb Christian Morgenstern.

Die beste aller Pfeifenwelten

Beim Pfeifenrauchen macht sich so mancher Gedanken über das, was man »normalerweise« Realität nennt. Dabei handelt es sich um jenen uralten und unheimlichen Verdacht, dass alles gar nicht so ist, wie es scheint. Es stellt sich die Frage nach der Wirklichkeit der Wirklichkeit und wie viel wir davon wirklich wissen wollen. Nehmen wir die poetische Beschreibung des Meisters Tschuang-Tse aus dem China des vierten vorchristlichen Jahrhunderts.

»Einst träumte mir, ich sei ein Schmetterling. Ein schwebender Schmetterling, der sich wohl und wunschlos fühlte und nichts wusste von Tschuang-Tse. Plötzlich erwachte ich und merkte, dass ich Tschuang-Tse war. Nun weiß ich nicht, bin ich Tschuang-Tse, dem träumte, ein Schmetterling zu sein, oder bin ich ein Schmetterling, dem träumt, er sei Tschuang-Tse.«

Die Geschichte verblüfft zwar, wahrscheinlich auch, weil es sich offenbar um einen Tabakfalter handelt, doch können wir sogleich eine Reihe kritischer Einwände erheben. Etwa das traditionelle Unterscheidungskriterium von Traum und Wirklichkeit: Nur wenn wir wachen, haben wir mit anderen eine gemeinsame Welt, wenn wir aber träumen, hat jeder allein seine eigene. Andererseits haben wir von der »gemeinsamen« Welt nur unsere Sinnesdaten – und wer sagt uns denn, dass es da draußen überhaupt etwas gibt, was sich irgendwie von einem Traum unterscheidet? Was, wenn alles bloß Illusion wäre und nichts existierte? In dem Fall hätten wir nicht nur für die letzte Pfeife zu viel bezahlt.

Fassen wir zusammen: Man ist nicht völlig im Hier und Jetzt, wenn man entspannt an der Pfeife zieht; aber auch nicht gänzlich im Da oder Dort – also Orte, die man im wörtlichen Sinne *bestimmen* könnte. Den Ort jenes illustren Seins, von dem oben die Rede war, kann man weder räumlich noch zeitlich exakt bestimmen. Man kann diesen Genuss-Ort der Pfeifenenthusiasten vielleicht am besten als *»Ort des ortlosen Seins«* beschreiben, in Anlehnung an Platon und seinen Überlegungen zum Leben in der Anschauung: Wo sind wir, wenn wir denken? Im Reich der Ideen, der reinen Anschauung, der Phantasie?

Wie die meisten Pfeifenraucher bestätigen werden, sind die intensivsten Pfeifenerlebnisse in der »blauen Stunde« angesiedelt. Es ist der Augenblick der Beruhigung am Übergang vom Tag zur Nacht, wenn die Schatten am längsten sind, die scharfen Konturen und Kontraste sich allmählich im weichen Abendlicht auflösen, in der aufkommenden Kühle und im Zwielicht an den dämmernden Rändern das Eine ins Andere übergeht, ohne Einerlei zu werden. Noch sind zu dieser Stunde nicht alle Katzen grau.

Es handelt sich hier um jene Dämmerstunde, der Hegel zufolge die *Eule der Minerva*, der Wappenvogel der Philosophie, ihren Flug beginnt.

Und das ist auch *die* Stunde der Pfeife. Kant wusste die Abenddämmerung als Zeit der Besinnung zu schätzen: »Gemütsarten, die ein Gefühl für das Erhabene besitzen, werden durch die ruhige Stille eines Sommerabends, wenn das zitternde Licht der Sterne durch die braunen Schatten der Nacht hindurch bricht und der einsame Mond im Gesichtskreise steht, allmählich in hohe Empfindungen gezogen, von Freundschaft, von Verachtung der Welt, von Ewigkeit.« Ob im sommerlichen Garten oder im Winter vor dem Kaminfeuer: Hier greifen die meisten Pfeifenraucher zu Tabak und Pfeife.

Der sich bläulich kräuselnde Rauch der Pfeife geleitet in die Muße und der Pfeifenraucher wird an der ruhigen Schwelle vom Tag zur Nacht seiner Wünsche und Träume gewahr. Alles um ihn raunt: »Nutze die Stunde, um sie verstreichen zu lassen.« Der mit der Pfeife *verträumte* Feierabend entlockt so manchen Seufzer des Wohlbehagens. Mit logischen Begriffen kommt man dem Ort des ortlosen Seins nicht näher, man kann ihn nicht erklären. Aber träumend erleben.

Träumen, das ist es! Aber nicht wie im Schlaf, nicht wie im willenlos-trägen Dösen, im apathischen Dämmern, sondern im aktiven träumerischen Abschweifen, wenn man mit der Pfeife im Mund der Vorstellungskraft heiteren Gemüts freien Lauf lässt und entspannt Wünschen und Hoffnungen die Zügel der Kreativität schießen lässt. Gelassenheit ist die Parole an diesem inspirierenden Ort, der sich als Raum der Freiheit öffnet, als Asyl des Tagtraums. Es ist die unendliche und zyklische »Traumzeit«, die Vergangenheit, Gegenwart und Zukunft verschmilzt und jenes *Moratorium des Alltags* darstellt, das die Kunst des Pfeifenrauchens gewährt.

Es sind jene »Traumpfade« im Pfeifenrauch, die zu dem uralten Ort des Mythos führen, wo der Absolutismus der Wirklichkeit suspendiert ist und sich die Chance bietet, dem Vergehen des Gewöhnlichen entgegenzutreten. Der Mythos gilt universal und er erklärt die Welt als totale. Eine Ahnung des Ewigen offenbart sich dort, wo das Raumzeitliche aufgehoben scheint.

Wir erinnern uns an Balzac: Frei streifen die Gedanken auf leichten Flügeln der Phantasie durch die Weite der von uns entworfenen Welten – ein Kosmos, in dem wir Göttern gleich alles unserem Wink gehorchen lassen. Kühn oder sachlich, ausschweifend oder realistisch – ganz wie es dem Demiurgen mit der Pfeife beliebt. Hier ist alles möglich, nichts fremd. Welche Freiheit, welche Möglichkeiten, welche Lust – und welches Wagnis! Der Tabaktraum eröffnet unzählige Möglichkeiten, er birgt aber auch beträchtliche Gefahren. Und hier sind ausnahmsweise mal nicht die Kondensate gemeint. Wer nämlich nicht Acht gibt, wird wie Ikaros aus den Höhen seiner Träume im Sturzflug fallen und auf dem Boden der so genannten Realität zerschellen. Meinen jedenfalls die ewigen Spaßbremsen.

Italo Svevo zeichnet diese dunkle Seite des Tabaktraums: »Der Raucher ist in erster Linie ein Träumer, es ist die unmittelbarste Wirkung seines Lasters, die ihn dazu macht; ein schrecklicher Träumer, der seinen Verstand in einem Dutzend Träume vergeudet und, wenn er wieder zu sich kommt, nur ein einziges Wort notiert hat. Die Träume mögen ja kühn und genial sein, aber sie hinterlassen geringe Spuren im Vergleich zu ihrem Ausmaß; es mag eine ganze Welt erträumt worden sein, und zurück bleibt eine Wolke, eine Tragödie und ein Epos erträumt, und aufgeschrieben ein Vers. Der Träumer ist sich selbst gegenüber nie konsequent, denn der Traum treibt ihn fort.« Und auch der amerikanische Philosoph Ralph Waldo Emerson hatte Bedenken, ob das Pfeifenrauchen tatsächlich als »Kreativitätskonverter« taugt: »Zu glauben, daß wir etwas tun, während wir nichts tun, ist die Hauptillusion des Tabaks.«

Bei Svevo und Emerson scheint das Ergebnis, die *Verwertbarkeit* des Tagtraums im Mittelpunkt zu stehen. Beide thematisieren die geistige Ökonomie des blauen Dunstes, wobei sie als nikotinsüchtige Zigarettenraucher nicht die entspannte Gelassenheit im Umgang mit dem Tabak an den Tag legen, wie etwa der Pfeifenliebhaber Mark Twain: »Mit dem Rauchen aufzuhören ist die einfachste Sache der Welt. Ich muss es wissen, da ich es schon tausendmal getan habe.«

Insbesondere Svevo scheint nur auf das Lasterhafte, das Obsessive und das Scheitern zu blicken; seine Romanhelden leiden trotz aller Ironie an der fixen Idee des Rauchens, die selbst deren Träume beherrscht. Detlef Bluhm zufolge kultiviert Svevo als Reaktion darauf das Image eines »Don Quijote der Zigarette«, dessen Träume Chimären sind, und bei dem sich jede Oase als Fata Morgana herausstellt. Die Selbstreflexion führt dabei in die tiefsten Abgründe des Unbewussten eines eingebildeten Gesunden. Die Wirklichkeit wird dabei kurioserweise zur Kenntlichkeit verzerrt.

Für Svevo hat der Tabaktraum etwas Somnambules, Alptraumhaftes, weil er den Traum mit dem Maßstab der Realität misst, seinen Zauber rationalisiert und deshalb immer mit falschen Ansprüchen handelt. Man könnte meinen, er lese den Mythos als Aktennotiz und beklage sich dann buchhalterisch über das Missverhältnis von Traum und Realität. Aber genau darüber hat Svevo traumhafte Bücher geschrieben. Hier spielt der Autor *ironisch* über die tragikomischen Figuren seines Romans mit dem Leser. Mag der Träumer bei Svevo auch ikarusgleich abstürzen und letztlich nichts von seinem Traumbild übrig bleiben, so ist er doch wenigstens im Scheitern leidenschaftlich und großartig. Und damit lebendig.

Svevo pflegte so die *Kunst, sich das Rauchen nicht abzugewöhnen*. Ihm ist das Rauchen zwar *amour fou*, eine verrückte Leidenschaft, die in der fixen Idee des abhängigen, des getriebenen und sich krankhaft um sich selbst drehenden Denkens endet. Aber gerade diese Selbstbespiegelung nutzt er, um jede Therapie zu verhöhnen. Die Psychoanalyse wird ironisierend in Rauch aufgelöst: »Man wird geheilt und weiß gar nicht wovon«, heißt es bei ihm. Die Kunstlosigkeit des Rauchens wird dabei zur Kunst erhoben.

Während im Werk von James Joyce oder Thomas Mann das Rauchen eher eine oberflächliche Rolle als Interieur, als stimmungsvolle Requisite spielt, zielt die Tabakfixiertheit und der aussichtslose Kampf der Romanfiguren bei Italo Svevo, Robert Musil und Franz Werfel um die Freiheit von ihrer Nikotinsucht auf den Kern des modernen Individuums, das sich am liebsten von der Emanzipation emanzipieren würde. Und schon findet man sich draußen vor der Tür wieder, zusammen mit den anderen Rauchern und muss hören, wie die meisten jener bedauernswerten Kreaturen sich vom Nikotin befreien wollen, während sie im nasskalten Wetter gierig-leidend an Zigaretten saugen.

Die Problematik der Tabakentsagung hat bei Jean-Paul Sartre zu einer theoretischen Auseinandersetzung mit dem Pfeifenrauchen in seinem philosophischen Hauptwerk *Das Sein und das Nichts* geführt: »Vor einigen Jahren kam ich zu dem Entschluss, nicht mehr zu rauchen. Die Entscheidung war schwer, und in Wahrheit machte mir der Verlust des Geschmacks von Tabak weniger Sorge als der des Sinns des Rauchens. Eine Kristallisation war entstanden: Ich rauchte im Theater, vormittags bei der Arbeit, abends nach dem Essen, und ich hatte den Eindruck, wenn ich aufhörte zu rauchen, würde ich dem Theater sein Interesse, dem Abendessen die Würze, der Vormittagsarbeit den Schwung nehmen. Jedes unerwartete Ereignis, das mein Auge träfe, war, so schien mir, grundlegend verarmt, sobald ich ihm nicht mehr rauchend entgegentreten konnte. Rauchend von mir aufgenommen werden können: diese konkrete Qualität hatte sich universell auf den Dingen ausgebreitet.«

Sartre betreibt hier sozusagen eine dekonstruktivistische Entwöhnungsstrategie, indem er das Rauchen als Akt des Einsaugens der Schweldämpfe eines glimmenden Krautes betrachtet, das Rauchen also jeder »metaphysischen« Qualität zu entkleiden versucht. »Ich zerschnitt seine symbolischen Verbindungen zur Welt, ich überzeugte mich davon, daß ich dem Theaterstück, der Landschaft, dem Buch, das ich las, nichts nähme, wenn ich es ohne meine Pfeife betrachtete.« Zwar ist nun der Duft des Rauchs, die Wärme des Pfeifenkopfs zwischen den Fingern und das Gefühl, eine Pfeife zu rauchen, zu einem harmlosen Bedauern geworden, was die Entwöhnung vom Nikotin erträglicher machte, aber der überwiegend wahllose Raucher Sartre fiel bereits nach kurzer Zeit des Martyriums wieder in seine alten Rauchgewohnheiten zurück und erfreute sich wieder am Tagtraum mit Pfeife. »Ohne Pfeife ist auch keine Lösung.«

Wie sieht es nun mit dem Träumen selbst aus? Tagträumer sind keine Untertanen in Morpheus‘ Reich, aber sehr wohl dessen Anrainer, wie jeder weiß, der schon mal mit der Pfeife in der Hand eingeschlummert ist. Wer diese Linie überschreitet, ist im Ungewissen darüber, was hinter der Grenze wartet. Die Initiative liegt bei einer anderen (unbewussten) Instanz, die von nun an für das volle Programm sorgt.

Der Tagträumer dagegen ist im Sinne des Bewusstseins sein eigener Maître de Plaisier. Sicher hat das Unbewusste manches mitzureden, aber wenn man Luftschlösser in den blauen Dunst der Pfeife baut, dann genießt man als Gedankenarchitekt einfach nur sein phantastisches Glück. Zwar erscheint auch hier die Wirklichkeit gedämpft, sie wird aber nicht ausgeblendet wie beim Rausch oder Schlaf. In den Privatgemächern unseres »Geistreichs« wird nur imaginiert, nicht halluziniert. Deshalb bleibt, wer mit vollem Bewusstsein »ich« sagt, stets Souverän des Geschehens und bestimmt den Gang der Gedanken. Da ist nichts, was überwältigt oder verschleppt. Psychologen und Neurophysiologen mögen das anders sehen, Philosophen beharren in der Regel auf einem Subjekt, das sich sein Denken zurechnet: Man hätte sonst Schwierigkeiten zu sagen, wer oder was da denkt. Und raucht.

Das Pfeifenrauchen in der »blauen Stunde« wird zur Abschweifung, der Genuss zur intellektuellen Ausschweifung, wobei der Tagtraum auf der Ebene der Welt bleibt, auch wenn er mitunter einer bewusst verfremdeten Geografie folgt. Der tagträumende Zustand zwischen Wachen und Schlafen wird als *hypnagogisch* bezeichnet. Hier, wo es zu Visionen und Geistesblitzen kommen kann, ist das menschliche Hirn besonders aktiv und kreativ.

Dem Pfeifenphantasten gehören die luftigen Höhenflüge, das ebenso geheime wie weite Reich der Luftschlösser in seiner ganzen beruhigenden Unverbindlichkeit. Der Kreativität sind in diesem »Raum« keine Grenzen gesetzt. »Die schönsten Bilder sind die«, so der Maler Vincent van Gogh, »die man malt, wenn man nachts im Bett liegt und Pfeife raucht.« Vielleicht, weil man der Wahrheit näher ist – und Rauchmelder in der Psychiatrie damals noch unbekannt waren.

Die Grenze zum Pathologischen mag bei van Gogh fließend gewesen sein, doch geht es hier nur um den uns allen bekannten Wunsch, nach dem Verweilen des schönen Augenblicks. So Oswald Oberhuber: »Trotzdem hoffen wir dahin in den Tagträumen und den ewigen Gedanken vom aufblitzenden Glück der Augenblicke, um darin zu bleiben, wo wir uns nicht beherrschen müssen. Das ist der sicherste Augenblick, in dem wir verweilen wollen.«

Aber wo *genau* liegt dieses Land der Pfeifenträume? Ist es nicht, wie wir bereits sagten, ein Land sowohl im *Nirgendwo* wie im *Überall* und dabei ein (für uns) durch und durch *guter Ort*? Offenbar verbirgt sich hier der alte Humanistenscherz des Thomas Morus, der den Ort »Nirgendwo« (griechisch *outópos*) mit dem »guten Ort« (*eutópos*) zur *Utopie*, dem nirgendwo vorhandenen Ort des ungetrübten Glücks, zusammenzog und daraus eine ferne Insel der Seligen im Meer der Zeit machte, auf die sich unsere Hoffnungen und Wünsche beziehen.

Zu diesem Thema haben wir einen Fachmann unter den pfeifenrauchenden Philosophen: Ernst Bloch. Der marxistische Erzutopiker, der das *Prinzip Hoffnung* als Fähigkeit zur Antizipation (zum vorauseilende Denken) versteht, hat sich mit dem Phänomen des Tagtraums und dem *Geist der Utopie* intensiv auseinandergesetzt.

Ausgangspunkt der menschlichen Anlage zum Tagträumen ist der Wunsch nach Weltverbesserung. »Es besser haben zu wollen, das schläft nicht ein. Vom Wunsch wird man nie oder nur täuschend frei.« Utopische Träume halten die Welt in Bewegung, sie sind eine Grundbestimmung des Menschseins: Wer lebt, fühlt den Bedarf zu ändern. Der Träumer spürt die Sehnsucht nach dem erfüllten Augenblick und die Utopie zeigt die Erfüllung. Insofern ist sie normativ, d.h. sie stellt Forderungen und formuliert Ziele.

Die Bezeichnung *Träumer* ist, wie die des *Idealisten* oder *Utopisten*, meist abfällig gemeint, unterstellt sie doch weltfremde Abgeschiedenheit und intellektuelles Obskurantentum. Für den *Realisten* ist beim Träumer das Scheitern inklusive gedacht. Wenn sich der Träumer denn überhaupt dazu versteigt, zu handeln. Wer wollte da schon ein Träumer sein. Ob nun mit oder ohne Pfeife.

Dabei ist der tagträumerische Entwurf zum Menschsein notwendig. »Anders als der nächtliche Traum zeichnet der des Tages frei wählbare und wiederholbare Gestalten in die Luft, er kann schwärmen und faseln, aber auch sinnen und planen. Er hängt auf müßige Weise (sie kann jedoch der Muse der Minerva nahe verwandt werden) Gedanken nach, politischen, künstlerischen, wissenschaftlichen. Der Tagtraum kann Einfälle liefern, die nicht nach Dichtung, sondern nach Verarbeitung verlangen, er baut Luftschlösser auch als Planbilder und nicht immer nur fiktive«, so Bloch.

Der pfeifenrauchende Philosoph wusste, wovon er sprach: Dieser Ort des ortlosen Seins können Realisten ruhig Nimmerland oder Insel Utopia nennen, denn gerade dort findet sich das *Maß* zur Veränderung der Realität. Mehr noch: Von hier stammen Ziel und Elan des Willens zur Veränderung. Die Vernunft kennt die weite Spanne der Phantasie, jener dunklen Kraft, die aus den Tiefen des Geistes hervorbricht und deren Wirkung zwischen Parnass und Narrenparadies liegt – und *wir* entscheiden darüber, wohin uns die Phantasiereise trägt. Unsere Souveränität macht diese Zeit mit der Pfeife gleichzeitig spannend und entspannend. Komme dabei heraus, was wolle.

Der Ausgriff ins Utopische offenbart erst die Fülle der Möglichkeiten und die höchsten der Ziele – aber leider auch die Fülle der Möglichkeiten des Scheiterns. Angesichts dieser bitteren Einsicht wird mancher kleinmütig. Doch gerade hierin liegt die häufigste Ursache unseres Scheiterns: Gar nicht erst begonnen zu haben. »Man flüchtet sich ins Mäßige, wenn man an dem Schönen verzweifelt, das man sich erträumt hat«, so Gustave Flaubert, der in Frankreich als der Erfinder des realistischen Romans gilt.

Der Erfüllungsort der Tagträume kann immer nur dort liegen: in der Zukunft. Selbst das Vergangene dient noch als Grundlage des Entwurfs für die Zukunftsgestaltung. Was für eine kuriose Wendung: Wir haben bei der Zeitlichkeit unserer Existenz die Ausrichtung auf die Zukunft als den beängstigenden Faktor ausgemacht, der uns das Leben als einen sich beschleunigenden Prozess des Lebensverbrauchs erscheinen lässt, und unseren »Möglichkeitssinn« als den Hauptschuldigen für die Beschleunigungsfalle identifiziert. Und nun findet sich gerade hier, wo es um den Raum im Sinne des Ortes des ortlosen Seins geht, in der Zukunftsausrichtung die stärkste Bastion des Menschseins.

Die subjektive Wirklichkeit, so Bloch, ist vom Noch-Nicht, von der Dimension der Möglichkeit durchdrungen. Unsere Existenz ist wunschgesättigt und strebt nach Verwirklichung. Die pure Möglichkeit treibt uns an und setzt geistige Kräfte und Kreativität in Handlungen frei. »Erwartung, Hoffnung, Intention auf noch ungewordene Möglichkeit: das ist nicht nur der Grundzug des menschlichen Bewusstseins, sondern, konkret berichtigt und erfaßt, eine Grundbestimmung innerhalb der objektiven Wirklichkeit insgesamt«, so Bloch. Mögen wir auch aus der Pfeife verträumt kleine Wölkchen in den Abendhimmel paffen, so können wir doch im Inneren sehr aktiv sein. Wir dürfen aber einfach auch nur träumen – schließlich ist es unser Tagtraum! Und das macht das Ganze so befriedigend. Das Wunderbare an einer Pfeife ist, dass sie uns schneller und weiter weg bringen kann als jedes (T)Raumschiff.

Die »trockene Trunkenheit« des kreativen Pfeifenrauchens kann man aber auch aus einer anderen Perspektive mit Arno Schmidt beschreiben. Sein Ansatz bietet gegenüber Blochs *Prinzip Hoffnung* den terminologischen Vorteil, dass er nicht von Tagträumen, sondern von *längeren Gedankenspielen* spricht. »Das Gedankenspiel ist kein seltener oder auch nur extremer Vorgang, sondern gehört zum unveräußerlichen Bestand der Bewusstseinstatsachen: ohne der Wahrheit Gewalt anzutun, lässt sich behaupten, daß bei jedem Menschen die objektive Realität ständig von Gedankenspielen, meist kürzeren, nicht selten längeren, überlagert wird.«

Wie Blochs Tagträume sind auch Arno Schmidts längere Gedankenspiele deutlich vom Nachttraum unterschieden. Nachttraum und Gedankenspiel sind zwar beide zugleich auf einer realen *und* einer fiktiven Ebene angesiedelt, jedoch ist das längere Gedankenspiel, im Gegensatz zum unterbewusst geleiteten Traum, der »erlitten« wird, ein bewusster aktiv-auswählender Vorgang. Der unwillkürliche Umschlag in einen Alptraum ist im längeren Gedankenspiel ausgeschlossen. Es ist ein *Planspiel*, eine Aktivität, die zwischen konkreter Planung und freiem assoziativem Spiel der kreativen Kräfte angesiedelt ist. Das Spielerische wird mit dem Träumerischen kombiniert. Manches wird auch nur mehr oder weniger konsequent »durchdekliniert«. Auch bei Schmidt ist der Ort des ortlosen Seins letztlich wieder die Utopie.

Das Gedankenspiel hat bei Schmidt aber auch eine, wie er es nennt »kompensatorische Facette«, die immer dann aufscheint, wenn es um Fluchten aus dem Alltag geht. Die Palette reicht dabei von der notwendigen Psychohygiene (Auszeit, Pause) über den kalkulierten Rückzug in die Gelehrtenstube bis hin zur pathologischen Weltflucht ins Schneckenhaus der Phantasie.

Aus dieser Perspektive könnte man sagen: Die Pfeife, zur »blauen Stunde« genossen, befreit die kreativen Kräfte, geleitet zu Höhenflügen und hilft die kleinen Tiefschläge in den Niederungen des Alltags zu kompensieren. Mit Abstand und doch aus der Mitte des Lebens heraus genießt der Raucher die distanzierte Unmittelbarkeit des Pfeifenaugenblicks an einem Ort, wo er ganz und gar er selbst ist. Der Pfeifentraum verhindert so, im Konkreten verschollen zu gehen.

Die Frage danach, wo man ist, wenn man Pfeife raucht, sollte man also niemals nur als physikalisch-räumliches Problem begreifen. Man ist sich beim Pfeifenrauchen gegenwärtig, und das in besonderer Weise. Wohin man auch geht, immer hat man sich selbst mitgenommen, wo man auch ankommt, immer ist man schon da. Pfeifenrauchen wird so nicht nur zum sinnlichen, sondern vor allem auch zum intellektuellen Genuss.

Zugegeben: Zu alledem braucht man nicht wirklich die Pfeife. Es geht auch mit einer Tasse Tee, einem Glas Wein, beim Musikhören – oder einfach nur so mit dem Blick über das Meer. Das Pfeifenrauchen stimmt nur ein und schafft den nötigen Frei-Raum der Muße, indem es das Bewusstsein der Freiheit aufruft. Deshalb versetzt einen Pfeifenraucher nichts besser in die Stimmung der »blauen Stunde« als eine bewusst gerauchte Pfeife.

Warum das so ist? Weil Zeit, Raum und Glück untrennbar über den Augenblick der Gegenwart verbunden sind. Wer glücklich ist, ist mit seiner Gegenwart eins und sich selbst genug. Eine duftende Pfeife am Feierabend ist so ein Glücksmoment und nicht umsonst machen Pfeifenraucher einen so zufriedenen und entspannten Eindruck. Im Gegensatz zu vielen Zeitgenossen, die glauben, in der Vergangenheit glücklicher als jetzt gewesen zu sein, oder sich von der Zukunft mehr oder reineres Glück erhoffen, sind Pfeifenraucher wenigstens von Zeit zu Zeit mit dem Hier und Jetzt zufrieden. Glück wird für Manche zu einem fernen Ziel, einem schier unerreichbaren Gut, weil sie zuviel erwarten. Und so laufen sie wie der kleine Herr Rossi dem vermeintlichen Glück unablässig hinterher, ohne Aussicht, es je zu erhaschen.

»Die Zeit zu verstehen bedeutet, das Leben zu verstehen«, sagt Luciano DeCrescenzo, »und daraus folgend auch das Glück.« Man müsste viel öfter innehalten und auf das Glück des Augenblicks achten. Und dabei anerkennen, genau in jenem Moment glücklich zu sein, in dem man sich mit der Pfeife in der Hand die Frage nach dem Glück stellt. Und genau das wollen wir jetzt tun.

Zum Weiterlesen empfehle ich
den Roman um einen auf dem Balkon ausgesperrten Raucher, der nun reichlich Zeit hat, über sich und seinen Platz in der Welt der Nichtraucher nachzudenken: Mark Kuntz, *Der letzte Raucher*, Kindler Verlag, Reinbek bei Hamburg 2006. Die philosophische Theorie zu diesem Kapitel vertieft Hannah Arendt, *Vom Leben des Geistes*, Band 1, *Das Denken*, Pieper Verlag, München 1993[2]. Eine Kulturgeschichte des Raumes von Dante zum Internet erzählt Margaret Wertheim in *Die Himmelstür zum Cyberspace*, Serie Pieper, München, Zürich 2002.

Kapitel 8
Das Glück liegt in der Pfeife

In welchem wir uns vorübergehend das Denken abgewöhnen, einen ziemlichen Dusel haben und mit Epikur viel Spaß beim Pfeifenrauchen entwickeln, bis dem ein echter Kaiser Einhalt gebietet.

Für manche Pfeifenraucher scheint das Glück nur dann vollkommen zu sein, wenn der dichte Rauch ihrer Pfeifen wie eine Mischung aus Weihrauch und brennendem Autoreifen den Raum verfinstert. Eine englische Mixture ohne Latakia ist für sie wie ein Weltuntergang ohne Wagner. Andere schwören auf dänische Mischungen, bei denen Diabetiker fluchtartig den Raum verlassen. Wieder andere lieben den tabakechten Genuss mit seiner unverwechselbar »animalischen« Note. Ob Weihrauch, Pudding oder Kuhstall, bei diesen verschiedenen Glücksvorstellungen handelt es sich zumeist nicht um konfessionelle Positionen wie bei der Filterfrage, denn die meisten Pfeifenraucher sind durchaus den verschiedenen Geschmacksrichtungen gegenüber aufgeschlossen. Auch wenn sie ihre Lieblingstabake haben, rauchen sie doch nach der Devise: »Alles zu seiner Zeit.« Was folgt daraus für das Pfeifenglück?

Erstens: Der Pfeifentabak sollte nie mehr Charakter haben als man selbst. Zweitens: Pfeifenraucher als solche sind immer dann glücklich, wenn sie im zeitlosen Augenblick am Ort des ortlosen Seins vollkommen zufrieden sind: Pfeife, Tabak und Situation sind im Einklang mit dem Raucher. *Glück ist Lebenszufriedenheit.* Leider ist diese Beschreibung nicht sonderlich erhellend, weil sie zirkulär ist. Die Definition »Glück ist Lebenszufriedenheit« verrät nämlich noch nichts darüber, was Lebenszufriedenheit ist, wenn nicht wiederum Glück. Ganz zu schweigen davon, dass man Glück auch als Zukunftsausrichtung verstehen kann: Der gegenwärtige Zustand scheint sich zu bessern, wenn man einem zukünftigen Glück entgegensieht. Umgekehrt gilt, wer eine schwere Hypothek aus der Vergangenheit mit sich herumschleppt oder düstere Wolken des

Schicksals am Horizont aufziehen sieht, wird das Glück des Augenblicks nicht recht genießen können – da mögen Tabak und Pfeife so gut sein, wie sie wollen.

Was also ist Glück? In der Antike wandte man sich mit solchen Fragen an das Orakel seines Vertrauens, später dann in christlicher Zeit an den diensthabenden Beichtvater, seit dem 20. Jahrhundert legt man sich beim angesagtesten Psychoanalytiker auf die Couch. Heute ist es hip, eine *Philosophische Praxis* aufzusuchen. In Gesprächskreisen, die etwas an die anonymen Alkoholiker erinnern (»Hallo, ich bin der Lutz und Metaphysiker!«), kann man unter fachkundiger Anleitung darüber diskutieren, was das ist – Glück.

In dieser philosophischen Gruppentherapie stellt man recht schnell fest, dass Rauchen nicht gern gesehen ist. Woraus man sofort lernt, dass Glück für jeden im Stuhlkreis etwas anderes bedeutet. Der Cowboy findet das Glück nur auf dem Rücken der Pferde, Seemanns Braut ist die See, ein anderer preist das stille Glück des ersten Bissens des zweiten Nachschlags und gehört eigentlich in die Ernährungsberatung. Und der Pfeifenraucher? Der würde nach der ersten Vorstellungsrunde nur zu gern Pfeife rauchen. Am liebsten zuhause.

Doch schon dieser kurze Besuch in der Philosophischen Praxis hat einiges gezeigt: Zum Beispiel, dass wegen der individuellen und kulturellen Vielfalt menschlicher Interessen und Sinnentwürfe die Glückserwartungen und Glückserfahrungen gar nicht einheitlich sein *können*. Glück scheint irgendwie Geschmackssache zu sein und über die kann man nicht streiten. Einig ist man sich zunächst nur darin, dass das Streben nach Glück ein menschliches Lebensziel darstellt, vielleicht sogar die mächtigste Triebkraft des Lebens ist.

Deshalb beharren viele Philosophen darauf, dass Glück nur individuell *empfunden* werden kann, denn es besteht im »herrlichen Entschweben in die Sorglosigkeit«, wie Ludwig Marcuse meint. Das ist nicht objektiv darstellbar, allenfalls subjektiv nachvollziehbar. Folgt man dieser Argumentation, dann hat das individuelle Glück zwei unterschiedliche Ursachen, die allerdings auch gemeinsam auftreten und sich gegenseitig verstärken können: Da ist zunächst das sinnliche Glück des Augenblicks, das auch als körperliches bezeichnet wird. Man greift zur Pfeife und genießt den Geschmack, den Duft, die Wärme... Glück ist ein akut lustvolles Gefühl, das zumindest teilweise wegen seiner Empfindungsqualität erstrebt wird. Glück tut einfach gut, und zwar jedem. Aber mit dieser psychosomatischen Bestimmung geben sich Philosophen natürlich nicht zufrieden, zumal sie Glück und Lust nicht ausreichend differenziert. Deshalb setzt man in der Philosophie oft dem sinnlichen Glück das Glück des Geistes entgegen.

Den Philosophen ist seit jeher das sinnliche Glück, insbesondere die Lust am Genuss, suspekt. Sie setzen lieber auf die Vernunft als Garanten für *wahres* Glück. Was hat schon der Leib, der alte Madensack, zu bieten außer Vergänglichkeit und launischem Schwanken der Stimmung, meinen sie. Das echte Glück des Denkens wird von dieser philosophischen Fraktion als sicher und beständig gepriesen, dagegen die obskure Lust, der frivole Genuss, also auch das Pfeifenrauchen, als unmoralisch, wankelmütig und unbefriedigend verworfen. Im Alltag wird man das sicher schade finden, gleichwohl besticht der Versuch, das Glück jenseits der Fortuna zu suchen.

Betrachtet man das Problem in Ruhe bei einer Pfeife, dann wird schnell fraglich, ob Denken tatsächlich glücklich macht. Übrigens bestreiten auch namhafte Philosophen die These vom Glück des Denkens. Das philosophische Denken selbst muss keineswegs glücklich machen, vor allem dann nicht, wenn man über das Glück nachdenkt. Das meinte etwa John Stuart Mill: »Frage dich, ob du glücklich bist, und schon hörst du auf, es zu sein.« Es ist viel wahrscheinlicher, dass Denken unglücklich macht.

Es ist eine alte Binsenweisheit: Denken verkompliziert alles, es schadet der Karriere, verleidet den Genuss, verhindert Spontaneität, vermindert die Attraktivität, stört bei der Liebe und es sorgt alles in allem für einen betrüblichen Lebensverlauf. Hohlköpfe haben es deutlich besser. Man denke nur an den Chef, den »Neuen« der Ex oder den reichen Nachbarn. Wer denkt, scheitert. Der Kluge ist der Dumme und wer zweifelt, hat schon verloren. »In der Welt läuft so viel schief«, schreibt Bertrand Russell, »weil die Dummen immer sicher sind und die Gescheiten immer Zweifel haben.« Und Skepsis ist der erste Schritt ins Verderben.

Denken und Unglück scheinen zusammenzugehören wie Topf und Deckel, während die Kunst des Nicht-Denkens von jenen gepflegt wird, die zugleich auch Lebenskünstler sind. »Schlagen auch Sie sich auf die

Sonnenseite des Lebens!«, lockt Hannes Stein hintersinnig. »Wollen nicht auch Sie den Intellekt planmäßig absenken, bis sie selig dahinvegetieren wie frisches Gemüse im warmen Mai«? Doof, aber glücklich. Und jeder weiß doch, was die Dummen besonders gut können.

Selbstverständlich bleibt man trotzdem auf der Seite der Denker. Schon allein wegen des unschätzbaren Vorteils des Klugen, sich dumm stellen zu können – was umgekehrt schwer möglich ist, auch wenn das Fernsehen bei der Suche nach Millionären das Gegenteil behauptet. Wetten, dass? Niemand wünscht sich ernsthaft den IQ eines Kohlkopfs.

Dennoch gilt: Zu sehr auf das Glück fixiert zu sein macht unglücklich. Aber das ist gar nicht das Problem. Philosophen denken über alles Mögliche nach, Ziel ist dabei jedoch nicht, einen Glückszustand durch Denken herzustellen, sondern ein Problem zu lösen. Die Lösung mag glücklich machen oder nicht.

Kommen wir auf Ludwig Marcuse zurück. Der meint mit geistigem Glück genau jenes, das aus rationalem Denken entsteht, gleichwohl aber gefühlsmäßig erlebt wird und nicht so stark an den Augenblick gebunden ist. Durch die Konzentration, die wir zur Problemlösung mobilisieren, ist man nicht mehr von Alltagssorgen abgelenkt; sie treten zurück und man vergisst sie vorübergehend, wenn man sich dem Denken gänzlich hingibt.

Nachdenkliches Pfeifenrauchen kann also glücklich machen, insofern es ablenkt – wie jede andere Tätigkeit auch, auf die man sich konzentrieren muss. Das nennen Psychologen Flow-Erfahrung, eine selbstvergessene Versunkenheit, die das Glück der Hingabe gewährt. Aber ein konstantes oder gar vollkommenes Glück scheint auch das geistige Glück nicht zu sein, denn der Flow ist anstrengend und kann selten lange aufrecht erhalten werden. Ob nun mit oder ohne Pfeife.

So viel Glück

Dem vollkommenen Glück als Ziel des Strebens gestehen die meisten Philosophen bestenfalls eine Art mystische oder bloß theoretische Qualität zu. Das sinnliche Glück des Augenblicks und das geistige Glück des Nachdenkens sind beide gleichermaßen nur als Annäherung an das vollkommene Glück zu erleben. Vollkommenes Glück kann nicht erlebt, wohl aber im alltäglichen Glück geahnt werden. Bedenkt man es recht, dann klingt das geradezu so, als gäbe es ein Spektrum des Glücks mit verschiedenen Abstufungen.

Der amerikanische Moralphilosoph Robert Nozick gibt zu bedenken, dass wir gar nicht in der Lage sind, Glück quantitativ zu bestimmen – etwas, was wir aber mit Ausdrücken wie großes, kleines, langes oder kurzes Glück alltagssprachlich fortwährend tun. Selbst wenn man die ausgeschütteten Glückshormone und die Stärke der elektrischen Ströme in den Nervenbahnen misst, sagen diese *objektiven* Werte noch lange nichts über das *subjektive* Glücksempfinden des Einzelnen – etwa beim Pfeifenrauchen. Von dieser physiologisch messbaren, aber philosophisch schwer interpretierbaren Wahrnehmung des Glücks ist die Beurteilung der Empfindung durch das Subjekt zu unterscheiden. Nur wer sich frei und unabhängig fühlt, wird »herrlich in die Sorglosigkeit entschweben«. Neben dem physischen Gesamtzustand spielen gesellschaftlich vermittelte Wertvorstellungen und individuelle Gemütslagen gleichermaßen entscheidende Rollen bei der Beurteilung eines Glückszustandes.

Schopenhauer hat dieses mathematische Glücksmodell ironisch auf den Punkt gebraucht: »Glück ist ein Bruch, bei dem die Güter im Zähler und die Ansprüche im Nenner stehen.« Wir erinnern uns: Je größer der Nenner, desto kleiner das Ergebnis.

Angenommen, man könnte Glück tatsächlich objektiv der Größe, der Verteilung und der Menge nach bestimmen: Aus philosophischer Perspektive hätte man bei der *Quantität* des Glücks die Menge und Verteilung des Glücks zu bestimmen, bei der *Qualität* käme die Intensität und die moralische Wertigkeit der Ursache des Glücks und seiner Wirkung in den Blick. Was wäre wohl besser: ein höheres, aber kleines oder ein größeres, aber profanes oder gar verwerfliches Glück, etwa ein Glück, das man nur auf Kosten anderer genießt? Solche Pfeifen schmecken nicht! Was wäre ferner vorzuziehen: Ein kurzes, aber glückliches Leben oder eine lange mehr oder weniger glücklose Existenz? Eine gute Frage für Raucher. Es wäre darüber hinaus nicht nur die Dauer eines Glückszustandes zu bedenken, sondern man müsste mit seinem zeitlichen Auftreten auch die Häufigkeit seines Erscheinens kombinieren.

Oder sind wir nur an der Gesamtsumme des Glücks interessiert, etwa im Sinne der Glücksmaximierung, bei der die Nettosumme des unmittelbaren Glücks (das heißt, die gesamte unmittelbare Lust abzüglich der gesamten unmittelbaren Unlust) oder die Gesamtsumme des Nettoglücks im Laufe des Lebens berücksichtigt wird?

Wir können getrost den Taschenrechner liegen lassen, denn die bloße Addition des Glücks sagt noch nichts über die Verteilung der einzelnen Glückszustände und deren Qualität aus. Eine stetige Zunahme des Glücks im Verlaufe des Lebens oder eine ständige Abnahme könnten quantitativ mit einem gleichmäßigen mittleren »Glückslevel« identisch sein und trotzdem zu sehr unterschiedlichen Bewertungen des Lebens führen. Glücksstatistiken sind absurd und doch wird oft mit ihnen argumentiert.

Könnte man wählen, würden die meisten wahrscheinlich das stetig steigende Glück wählen, da kommendes Glück bereits Glücksmomente beschert. Dieses Glück »auf Kredit« nennt man auch Vorfreude. Man denke nur an das Glück der Feierabendpfeife, auf das sich mancher den ganzen Tag freut. Hier wird einem womöglich trübselig verlaufenen Tag doch noch etwas Glanz verliehen, sodass man zu dem Schluss kommt, dass der Tag doch nicht so übel war und dass Statistiken nichts über das richtige »Timing« aussagen.

Damit kommen wir wieder auf die am Anfang des Kapitels vorgestellten Pfeifenraucher und ihre Lieblings-Mixtures zurück. Jeder von ihnen will ja einfach nur mit Genuss Pfeife rauchen. Der Einzelne braucht nicht primär die Empfindungsqualität des Pfeifenrituals zu wollen oder die Anerkennung als Pfeifenmeister zu wünschen und schon gar nicht muss er sich nach dem höchsten Gut fragen. Er raucht nicht einmal vorrangig Pfeife, um glücklich zu sein, sondern er raucht eben *jetzt*, weil er möchte. Das Glück stellt sich bei diesem Vorgang von selbst ein (oder auch nicht), aber es ist kein unmittelbares Ziel, sondern »nur« mit-gewollt. Man nennt dies auch das Glücksparadox: Es ist unmöglich, das Glück direkt strebend zu erreichen.

Philosophisch formuliert heißt das, dass es nur eine *formale Einheit* des Glücks gibt: »Glück ist kein dominantes, sondern nur ein inklusives Ziel, nicht die Spitze einer Hierarchie von Zielen, sondern Inbegriff der Erfüllung der dem jeweiligen Menschen wesentlichen Bedürfnisse und Wünsche.« Der Moralphilosoph Otfried Höffe will sagen, dass sich Glück sozusagen nur nebenbei als Begleiterscheinung einstellt, wenn uns etwas gelingt oder aus anderen Gründen zufällt und unserem Leben damit eine günstige Wendung schenkt. Wir sind deshalb glücklich, weil unser Lebenskonzept (jedenfalls im Augenblick) funktioniert und sich entsprechend Lebensfreude einstellt. Glück ist demzufolge »die Qualität eines zufriedenstellenden, weil sinnvollen Lebens« (Höffe). Wer so über das Glück nachdenkt, ist schnell bei der Frage nach der Lebensführung. Und wer die Zusammenhänge des Lebens im Ganzen bedenkt, muss auch die seines eigenen Lebens hinterfragen. Und schon ist man wieder bei der Kunst der Lebensführung und der Kunst des Pfeifenrauchens.

Philosophie wurde von jeher als Anleitung zum Glücklichsein verstanden. Cicero behauptete gar: »Die Untersuchung des geglückten Lebens ist der einzige Gegenstand, den sich die Philosophie zum Zweck und Ziel setzen muss.« Quer durch alle Epochen und Kulturen ist das Thema Glück *das* Grundthema der philosophischen Lebensberatung.

Früher oder später denkt jeder beim Pfeifenrauchen über das Glück im Allgemeinen und sein Verhältnis zu ihm im Besonderen nach. Leicht kommt man dann zu dem Schluss, dass Pfeifenraucher die glücklicheren Menschen sind. Natürlich ist das nur ein Klischee. Soll das nicht so bleiben, muss der Begriff des Glücks in Beziehung zum Pfeifenrauchen genauer bestimmt werden. Beginnen wir dies mit einer kurzen Geschichte.

Gestern fiel mir meine Glückspfeife hin; ausgerechnet die Meerschaumpfeife, die ich beim Preisausschreiben gewonnen habe. Zum Glück fiel sie nicht auf die Fliesen, sondern auf den Teppich. Wie groß war mein Glück, als ich sah, dass sie nicht zerbrochen war. Später rauchte ich sie mit einem großen Glücksgefühl bei meinen Freunden vom Stammtisch »Pfeifenglück«, die mich zum glücklichen Ausgang der Geschichte beglückwünschten. Und darüber war ich besonders glücklich. Ich bin eben ein Glückspilz – und zum Glück besitze ich mehrere Meerschaumpfeifen.

In dieser kurzen (»zum Glück« frei erfundenen) Geschichte ist ziemlich viel vom *Glück* die Rede, und man kann leicht erkennen, dass es die deutsche Sprache mit dem »Glück« nicht sonderlich genau nimmt. Offensichtlich gibt es gleich mehrere Bedeutungen. Auf Anhieb lassen sich mindestens zwei Grundbedeutungen unterscheiden: Zum einen kann Glück im Sinne eines Hochgefühls, der Emotion des Glücklichseins, der Freude, der Glückserfahrung bestimmt werden; zum anderen lässt sich

Glück verstehen im Sinne von Zufall, Glücksfall, Fügung, also etwas, das einem in den Schoß fällt.

Insbesondere durch Letzteres macht der Glücksgedanke auf den wichtigen Umstand aufmerksam, dass nicht alles in unserer Macht liegt. Es geht beim geglückten Leben nicht nur um unser Handeln, die so genannte Entfaltungsleistung des Einzelnen, sondern auch um die Stimmigkeit der Umstände. Und doch ist es immer das Individuum, das *für sich* feststellt, was daran Glück ist und wie es Glück empfindet.

Bei näherer Betrachtung der kleinen Geschichte (und mit Hilfe des Philosophen Günter Bien) lassen sich neben der Bestimmung von Glück als Empfindung oder Stimmung und als Zufall weitere Unterscheidungen ausmachen. Da ist zunächst das Glück des Augenblicks, jenes zeitlich eng begrenzte Hochgefühl, als ich die Pfeife aufhob und feststellte: Alles ist in Ordnung. Der Schweiß steht noch auf der Stirn und man ist einfach nur froh, dass nichts passiert ist. Nach der Anspannung kommt nun eine spontane Entspannung, die als Moment des Glücks erlebt wird. Das »Glück gehabt«, also der erfreuliche Umstand, dass die Pfeife auf den Teppich und nicht auf die Fliesen fiel, gehört zwar notwendig zu diesem Gefühl, ist aber vorhergehend und damit Ursache der Emotion »Glück« und mit dieser selbst nicht zu verwechseln.

Das genüssliche Rauchen am Ende der Geschichte gehört ebenfalls in die Kategorie der Glücks-Emotion, nur liegt hier das Glücksgefühl etwas anders: Es wird mit Spaß und Bewusstsein ein Glücksgefühl der länger andauernden Entspannung genossen. Das erste war ein spontanes Erlebnis als Ergebnis eines Zufallsereignisses, das andere ein vorsätzlich herbeigeführter Genuss durch Pfeifenrauchen. In beiden Fällen war ich es zwar, der das Glück spürte, aber im ersten Fall reagierte ich nur auf ein Ereignis, das in seinem Glückscharakter nicht von mir abhing, während ich im zweiten selbst der Akteur war und der Verlauf weitgehend von mir kontrolliert wurde. Gleichwohl stellt sich auch hier das Glücksgefühl nicht auf Kommando, sondern »irgendwie« von selbst ein.

Neben diesen beiden sinnlichen Glückserfahrungen lässt sich noch eine weitere Form des Glücks feststellen, die eher ein geistiges als ein emotionales »Höhepunkterlebnis« ist. Wir haben diese schon bei Marcuse kennen gelernt, Bien unterscheidet aber noch genauer: Man stellt sich vor, was alles hätte passieren können, wenn die empfindliche

Meerschaumpfeife auf die Fliesen gefallen wäre, und schon ist man froh darüber, dass dieser Fall nicht eingetreten ist. Man kann auch sagen, dass man diesen Augenblick aufgrund der Überlegung genießt, mit der Welt in Übereinstimmung zu sein, weil alles wie am Schnürchen klappt und man (respektive die Pfeife) noch mal davon gekommen ist.

Als letzte Form des emotionalen Glücksverständnisses bestimmt Bien jene mehr oder weniger »institutionalisierten Lebenshöhepunkte«, wie wir sie etwa im Glück der Pfeifenrunde finden. Es wurde sogar der Stammtisch danach benannt: »Pfeifenglück.« Hier finden all jene Rituale statt, die auf das Glücksgefühl einstimmen und damit das Eintreten der Emotion »Glück« erleichtern. Es wird die Außeralltäglichkeit zelebriert, hier findet das Moratorium des Alltags nach mehr oder weniger festem Ritus statt. Und man tut dies mit anderen *gemeinsam*, auch wenn das Ritual des Pfeifenrauchens darauf nicht angewiesen ist. Ob sich nun das Glück bei jedem Einzelnen einstellt oder nicht, ist dann aber wieder eine andere Frage und hängt vom Individuum und seiner Gestimmtheit ab, die wiederum von der Stimmung in der Gruppe beeinflusst wird.

Die zweite Grundbedeutung des Wortes »Glück«, das Glück im Sinne der *Fortuna*, geht über den offensichtlich puren Glücksfall, also den einzelnen günstigen Zufall hinaus, indem sie, neben dem rein positiven Ereignis als Einzelfall, etwa dem Gewinn der Meerschaumpfeife in einem Preisrätsel, auch noch das einzelne zufällige Ereignis kennt, durch das ein Übel verhindert wird. In unserem Falle der »glückliche Umstand«, dass die Pfeife auf den Teppich fiel und deshalb nicht beschädigt wurde. George Bernard Shaw nannte dies »das Glück jenes Stuhls, der zufällig dasteht, wenn wir uns gerade zwischen zwei andere setzen«.

Unter Glück versteht man auch den *Besitz* jener Glücksgüter, die man haben kann oder auch nicht. Den meisten fällt hier Gesundheit, privater und beruflicher Erfolg, Wohlstand und so weiter ein. »Möge Deine Pfeife nie ohne Tabak sein«, wünschen sich die irischen Pfeifenraucher gegenseitig. Aber auch hier zeigt sich wieder, Glücksgüter sind nicht universal, sie hängen von den Wertvorstellungen des Einzelnen ab und sind überwiegend kulturell vermittelt. Was sollte auch ein Nichtraucher mit der irischen Pfeiflein-füll-dich-Märchenpfeife anfangen?

Ein weiterer grundlegender Unterschied der Glücksbegriffe wird deutlich, wenn man einen Blick auf Geburtstagskarten wirft: Die Phrase

»Herzlichen Glückwunsch« ist offenbar auf die Vergangenheit gerichtet, scheint man sie doch nur darauf zu beziehen, dass jemand es so weit geschafft hat. Dieses Glück existiert nur rückblickend, es kann nur nachträglich beglückwünscht werden. Dies haben die Pfeifenfreunde im Beispiel getan, als sie zum glücklichen Ausgang (einzelner Zufall) gratulierten. Wichtig ist dabei, dass es auch hätte anders kommen können. Dieter Birnbacher bezeichnet dies als periodisches Glück, bei dem man ein Urteil über einen zurückliegenden Lebensabschnitt abgibt, im Unterschied zum episodischen Glück, also etwa dem akuten Glücksgefühl.

Diesem Glücksbegriff haben viele griechische Philosophen angehangen, wobei sie die Grundidee konsequent zu Ende dachten: Sie wollten ein Leben erst dann als geglückt bezeichnen, wenn es nicht nur gut verlaufen, sondern auch gut geendet hatte. *Eu thanatos*, der schöne Tod macht aus der Sicht der antiken Griechen erst das Glück komplett. Allerdings ist fraglich, ob der Glückspilz sein Glück wirklich noch ungetrübt genießen kann.

Eine andere Perspektive hat, wer »Viel Glück« wünscht. Er blickt in die Zukunft (und damit auf den Zufall) und bittet Fortuna meist um eine ganze Litanei von Glücksgütern für eine längere Periode des Glücks. Die Gesundheit steht hier nicht von ungefähr ganz oben auf der Liste, halten wir sie doch für das höchste glücksbedingende Gut. Dagegen spricht die Ansicht der Ärzte, dass nur der vorübergehend für gesund gelten kann, der noch nicht richtig untersucht wurde. Deshalb halten es viele mit dem alten Spruch: »Gesundheit ist nicht alles, aber alles ist nichts ohne Gesundheit.« Hier ist es ähnlich wie mit dem Geld, das selbst nicht glücklich macht, aber ungemein beruhigt.

Der auf die Zukunft hin ausgerichtete Glücksbegriff wird häufig von Religionen oder Weltanschauungen vertreten und könnte böswillig als Teil einer Vertröstungsstrategie interpretiert werden. Tatsächlich ist aber dem Streben nach Glück durchaus ein *utopischer* Zug eigen. Und das macht das Ganze so problematisch, aber auch so dynamisch.

Kant misstraut deshalb grundsätzlich der Möglichkeit einer Philosophie des Glücks. Für ihn ist Glück nur ein »Ideal der Einbildungskraft«: Es ist die – der Vielfalt, dem Grad und der Dauer nach – möglichst vollständige Erfüllung aller je auftretenden Interessen und Sehnsüchte. Der Glückszustand ist gestilltes Verlangen, erfüllter

Wunsch, Sättigung. Das Utopische daran ist, dass im Schlaraffenland alle Beschränkungen und Widersprüche aufgehoben sind. Bis dahin sind die Aussichten auf ein bisschen Glück eher bescheiden, wenn nicht illusorisch: »Die Absicht, daß der Mensch glücklich sei, ist im Plan der Schöpfung nicht enthalten« meint Sigmund Freud.

Andererseits bleibt fraglich, ob ein endgültiger Glückszustand nicht auf Dauer unerträglich langweilig wäre. Glücksspiele basieren im Wesentlichen darauf, dass die meisten Pech haben. Wer würde schon bei einem Würfelspiel mitmachen wollen, bei dem immer alle gewinnen. Zum Glück gehört sein Schwanken, seine Launenhaftigkeit.

Das ominöse »glücklich sein« kann man weiter als einen Zustand des Begünstigtseins verstehen und damit Glück als »Geist« bestimmen, der das Glück im Sinne der günstigen Fügung *herbeiruft. Eudaimonia* nannten dies die alten Griechen, was man meist mit »Glückseligkeit« übersetzt, aber genau genommen »vom guten Geist (Dämon) geleitet« bedeutet. Hier geht es um den Glückspilz, also jemanden, der immer oder in einem besonders bemerkenswerten Einzelfall Glück hat und deshalb in der Regel hemmungslos beneidet wird.

Zu solcher Glückseligkeit gehört eine spezielle geistige Verfassung: »Als Seelenverfassung«, so Günther Bien, »meint das Glück jenen guten Geist, der den Menschen so erfüllt, dass er in relativer Unabhängigkeit von äußeren Glücksfällen oder deren Ausbleiben im Innersten glücklich wird.« Psychologen nennen das Lebenszufriedenheitskompetenz. *Marie von Ebner-Eschenbach* bringt dieses schreckliche Wort einfach auf den Punkt: »Sich glücklich fühlen können, auch ohne Glück, das ist Glück.« Glück hängt von unserer *Einstellung* zu uns selbst und der Welt ab. Insofern liegt das Glück in unseren Händen. Das meinte wohl der alte Soldatenkönig, als er einen Generalsanwärter fragte: »Hat er auch Fortüne?«

Dem armen Soldaten wäre eine Glückspfeife (wie in unserem Beispiel) sehr zu wünschen. Sie ist ein Glücksbringer, ein Talisman, an den ihr Raucher aus unterschiedlichen Gründen mehr oder weniger fest glaubt und der durch seine Vertrauen einflößende Präsenz für eine glückliche Grundhaltung sorgt. Und die mag (oder auch nicht) Fortuna anlocken.

Ein glücklich gestimmter Pfeifenraucher neigt dazu, alles von der erfreulichen Seite zu sehen. Seine Pfeife ist nie halb leer, sondern mindestens halb voll. »Seine Stimmung ist eine Tendenz, gewisse Arten von Bewertungen vorzunehmen, sich auf Tatsachen zu konzentrieren, die in dieser Weise bewertet werden können, und die damit verbundenen Gefühle zu haben«, so Robert Nozick. Der Glückspilz (mit Glückspfeife) hat objektiv gesehen vielleicht sogar weniger Glück (im Sinne der Fortuna) als andere, aber er lässt keines seiner Glücksgefühle unbeachtet, und er versteht sie zu genießen und für sich nutzbar zu machen. Er macht damit sogar aus Niederlagen Siege, indem er sie einfach zu Ergebnissen erklärt, deren Erfahrung für ihn wichtig sind. Glücklich zu sein heißt in diesem Sinne, das Leben in vollen Zügen zu genießen, und das ohne das Gefühl, etwas Entscheidendes zu verpassen. Man denke etwa an das Märchen vom *Hans im Glück*.

Eine derart gusseiserne Disposition zum Glück zieht mit hoher Wahrscheinlichkeit wiederum Glücksgefühle nach sich. Wer hingegen »mies drauf« ist, sieht das Glück vor seiner Nase nicht, er sieht es immer nur bei den anderen. Das ist übrigens der Grundkonflikt zwischen Gustav Gans und Donald Duck: Glückspilz versus Pechvogel. Nicht nur in Entenhausen scheint das Geheimnis des Glücks in einer Disposition zum Glück zu liegen: Man müsste nur regelmäßig einen Bezugsrahmen wählen, von dem aus sich die Aspekte der aktuellen Situation als gut und besser bewerten lassen.

Diese Anleitung zum Glück kennen wir seit der Antike, leider hilft sie erstens nicht allen Menschen, und zweitens wirkt sie nicht in allen Situationen; aber als Faustregel ist sie brauchbar und kann als Grundhaltung trainiert werden.

Aus der Distanz des Pfeifenrauchers sieht man, dass man selbst nicht viel mehr zu seinem Glück tun kann, als seine Einstellung zum Leben positiv zu verändern. »Think positive!« Nach allem, was wir bislang sahen, scheint es nur um den *rechten Umgang* mit den Glücksgütern und Glücksfällen zu gehen. Sollte alles nur Einstellungssache sein und gibt es tatsächlich bestimmte Techniken, um glücklich zu werden? Kann man Glück lernen? Und ist wirklich jeder seines Glückes Schmied?

»So viel ist klar«, stellt der Moralphilosoph Volker Gerhardt fest, »die Frage nach dem Glück stellt sich immer der Einzelne.« Ob das Leben als gelungen und damit glücklich zu bezeichnen ist, weiß letztlich nur der,

der dieses Leben führt, und bestehe es auch nur darin, ewig nach dem Glück zu suchen – oder gleich Pfeife zu rauchen. Meinen manche.

Es gibt also keinen generellen Maßstab des Glücks. Da sind nur unsere Ansprüche und unser Verhältnis, das wir zu unseren Ansprüchen haben, wodurch der Bezirk des Glücks abgesteckt wird. Wer den Stein der Weisen sucht, ein Perpetuum Mobile bauen möchte oder nach der Formel für ewige Jugend forscht, wird aller Voraussicht nach nie zu einem erfolgreichen Ende kommen. Was den einen aber an seinen Ansprüchen scheitern lässt, gibt dem anderen die Möglichkeit, immer weiter zu forschen und auf seinem Weg viele andere Ziele zu erreichen. Der eine wird immer frustrierter und verzweifelt schließlich an seinem Unglück, der andere genießt das Glück des unendlichen Forschungsprozesses als Selbstzweck. Aus dieser Sicht ist tatsächlich jeder seines Glückes Schmied. Aber wie macht man das, sein Glück schmieden? Zunächst braucht man drei Dinge: Feuer, Pfeife – Muße!

Alles scheint auf die *Glücksfähigkeit* hinauszulaufen, und die zeigt sich darin, dass man unabhängig von äußeren Glücksfällen und dem Vorhandensein von Glücksgütern so agiert, dass man einfach glücklich ist. Der eine ist nur glücklich in der gelassenen Distanz zu den Dingen und der Welt, während er sanft an seiner Pfeife zieht, der andere genießt es in vollen Zügen, mitten im Sturm des Lebens zu stehen und sich an der Pfeife festzuhalten. Mancher erfreut sich nur an der zelebrierten Pfeife, andere paffen Pfeife ohne Unterlass. Was hier »glücklicher« macht, kann unmöglich verordnet werden. Es weiß letztlich nur der Glückliche für sich zu sagen.

Die Bewertung, was Glück ist, liegt an unseren Erwartungen, Ambitionen, Maßstäben und Forderungen, und diese sind zumindest teilweise unserer Kontrolle unterworfen. Insofern kann man sich bis zu einem gewissen Grad entschließen, glücklich zu sein – nicht im Sinne eines aktuellen Glücksgefühls (auf Befehl kann nur der Heuchler glücklich scheinen), sondern im Sinne einer langfristigen Lebensstrategie, die sich auf Glückspotenziale ausrichtet. Wir können lernen, »passende« Bewertungskriterien zu wählen oder zumindest situativ »anzupassen«. Natürlich soll das nicht heißen, die Welt nur durch eine rosa Brille zu betrachten und uns selbst etwas vorzumachen.

Das führt zu dem kuriosen Problem, dass jemand in vollkommener Verkennung der Tatsachen und aufgrund abenteuerlicher Fehlinterpretationen meinen könnte, glücklich zu sein. Immerhin fühlt sich der Betreffende glücklich, wie er selbst glaubhaft versichert – aber er könnte es besser wissen, wenn man ihm »helfen« würde. Dieses unangenehme Aufklärungspathos kennt jeder Raucher, der unter die Nichtmehr-Raucher gefallen ist. Wir halten's mit dem Alten Fritz: »Werde jeder nach seiner Façon glücklich.«

Philosophen formulieren diese Einsicht natürlich etwas pointierter. Sie sprechen vom doppelten Subjektivismus des Glücks und der daraus resultierenden Bewertungssouveränität des Glücklichen. Dieter Birnbacher erklärt uns das so: »Ob jemand glücklich ist und wie glücklich er ist, bemisst sich danach, wie sich ihm sein subjektiver Zustand aus seiner eigenen Sicht darstellt.« Sollen die anderen doch glauben, was sie wollen!

Betrachtet man die *Emotion* »Glück« genauer, fällt sofort auf, dass sich Glück als ein ganzes Bündel von Emotionen interpretieren lässt, wobei die Gestimmtheit des Glücklichen in drei Phasen differenziert werden kann: Annahme, positive Bewertung und das auf den beiden ersten beruhende Gefühl. Wir wollen uns das an unserer Glücksgeschichte von gerade veranschaulichen:

Während die Meerschaumpfeife fällt, kommen wir zur *Annahme*, dass sie beim Aufprall zerschellen wird. Diese Annahme kann wahr oder falsch sein, jedenfalls so lange noch nichts passiert ist, lässt sich dies nicht entscheiden. Wie bei Schrödingers Katze. Vieles spricht aus unserer Erfahrung dafür, dass sich die Annahme bestätigt, und es macht den besonderen Reiz der Situation aus, dass sie sich wider Erwarten als falsch herausstellt. Eine *positive Bewertung* ist die Folge.

Aus der emotionalen Berg- und Talfahrt entsteht das *Gefühl* des Glücks. Ist nun aber die ursprüngliche Annahme von der Beschädigung der Pfeife doch richtig, wie sich vielleicht erst bei genauem Hinsehen herausstellt, ist die Bewertung der Annahme zu korrigieren und entsprechend wird sich das Gefühl der Verärgerung über den Verlust einer kostbaren Meerschaumpfeife einstellen. Das vermeintliche Glück hat sich in sein Gegenteil verwandelt. Schlimmer noch: Es kommt die Enttäuschung über die getrogene Hoffnung hinzu. Wir fühlen uns unglücklich.

Nun könnte es sein, dass die Bewertung der Situation in keinem

Verhältnis zu Gegenstand, Annahme und dem sich bildenden Gefühl steht. Ob man nun jubelnd wie der Torschütze beim Endspiel durch die Wohnung hüpft oder, bei negativer Bewertung, schluchzend in sich zusammensinkt, es steht offensichtlich nicht im Verhältnis zum Anlass. Trotzdem ließen sich Situationen denken, wo diese »normalerweise« überzogenen Reaktionen als durchaus angemessen gelten könnten, etwa wenn die Meerschaumpfeife aus Sentimentalität weit über ihrem nominellen Wert stehend geschätzt wird oder gar als unersetzlich gilt.

Robert Nozick unterscheidet im Anschluss hieran drei Arten von Glücksemotionen. Die erste Art beinhaltet das Glück darüber, dass die eine oder andere Sache der Fall ist oder nicht. Im Großen und Ganzen ist das das eben beschriebene Meerschaumpfeifen-Beispiel. Man ist einfach glücklich darüber, dass alles noch mal gut gegangen ist.

Die zweite Art ist das Gefühl, dass das eigene Leben *jetzt* gut ist. Dieser Fall ist etwas verwickelter, da die Situation als komplexer erlebt wird. Man erinnert sich etwa an die besonderen Augenblicke des Glücks, während man Pfeife raucht: Man sagt, man sei in diesem friedlichen Augenblick glücklich, weil alles gut ist. Jene seltenen Momente des Glücks sind so glücklich, weil das Glück komplett versammelt scheint und man eine Ahnung davon erhält, was vollkommenes Glück sein könnte. Man ist einfach wunschlos glücklich. Nicht, dass es *tatsächlich* nichts mehr zu wünschen gäbe, aber diese Wünsche sind im Augenblick nicht aktuell, entweder weil man seine Bedürfnisse befriedigt fühlt und gewissermaßen gesättigt ist oder das ganze im Prozess befindliche Tun als beglückend erlebt.

Der dritte Glückstypus bezieht sich auf die Zufriedenheit mit dem eigenen Leben als Ganzem. Auch diese Position kennen wir bereits: Aristoteles ist ihr radikalster Verfechter, beurteilt er doch das Leben vom guten Tod her. Fragt sich nur, wer das Glück dann noch feststellen kann. Vielleicht der sterbende Philosoph Wittgenstein: »Tell them, it was a very good life«. Werner Fulds *Lexikon der letzten Worte* ist hier eine wahre Fundgrube, aber überzeugt den mitten im Leben Stehenden (wer weiß?) kaum von dieser Interpretation des Glücksbegriffs.

Wir sind heute gewöhnt, dass der Blick aus der Mitte des eigenen Lebens auf den aktuellen Stand des bisher Erreichten fällt und wir unser Glück überwiegend in der Zukunft suchen. Das *Streben* nach Glück wird so zum Zukunftsentwurf des Lebens, das in seinem *Vorankommen* (also dem erfolgreichen Streben) selbst als glücklich geschätzt wird. Diese Perspektive ist deshalb besonders wichtig für die Entscheidungen, wie wir unser Leben leben wollen. Das führt geradewegs auf das Problemfeld der Ethik: Ein moralisches Leben muss nicht glücklich verlaufen und etwas, dass glücklich macht, kann sogar extrem unmoralisch sein. Wir können es drehen, wie wir wollen, letztlich bleibt das emotionale Glück ein problematischer Bewertungsmaßstab des Lebens.

Überlegungen zum Glück entwickeln sich deshalb häufig zu einer mehr oder weniger grundsätzlichen Kritik an unserer Lebensführung, der Gesellschaft und ihrer Kultur. Keine Frage: Jede Zeit hat ihre Glücksillusionen und es scheint alles nur darauf anzukommen, ob der Betreffende glücklich ist, denn die Ursache seines Glücksgefühls könnte ja immer auf purer Illusion beruhen. Was aber ist wahres Glück und was taugt es, wenn man auch in der Illusion glücklich sein kann? Und was für uns noch wichtiger ist: Wohin gehört unser Pfeifenglück?

Epikur, Marc Aurel und das Pfeifenglück

Es ist offenbar gar nicht so einfach zwischen wahrem und falschem Glück zu unterscheiden. Vielleicht ist nicht einmal diese Unterscheidung sinnvoll. Philosophen bemühen sich seit Jahrtausenden, dieses Problem zu lösen. Manche betrachten Glück als Größe, die zur Beurteilung des ethischen Werts von Handlungen als Maßstab dient: Eine Handlung A (beispielsweise das Pfeifenrauchen) ist dann und nur dann besser als eine Handlung B – (etwa dem Ringkampf mit einem Braunbären), wenn A das Glück stärker vermehrt als B – was in unserem Beispiel normalerweise der Fall ist. Vergleichen wir aber das Pfeifenrauchen mit dem Weintrinken, dann ist das Ganze schon nicht mehr so klar und einfach zu entscheiden, wie mit dem Problembären. Mancher schätzt, was ein anderer verabscheut. Hinzu kommt noch die kulturelle Vermittlung bestimmter Glücksvorstellungen.

Nehmen wir die moderne Spaß- und Erlebnisgesellschaft, die uns so gern das Pfeifenrauchen verleiden möchte, weil sie uns entweder für unkorrekte Tabaklümmel hält oder zu uncoolen Schmauchonkeln erklärt.

Die Tabakindustrie erzählt uns wieder etwas anderes: Da propagiert die Glücksmaschine Werbung die Gleichsetzung von Lust und Glück. Alles dreht sich um die Fata Morgana der Lustmaximierung, wobei Lust ausgerechnet definiert wird als Konsum, und zwar ein Konsum, der in seiner Wirkung immer schneller zur Lustlosigkeit führt, weshalb man immer neue »Kicks« braucht. Glück wird so zur permanenten Überbietung des gewöhnlichen Lebens, Genuss zum Leistungssport. Ein unerfüllbarer Anspruch, der zwar für klingende Kassen sorgt, aber nicht unbedingt auch glücklich macht. Jedenfalls nicht den Konsumenten.

Materielle Güter und leibliche Genüsse (zu denen wir auch die Waschbrettbauchaskese rechnen dürfen) sind flüchtig. Der »Speck« in dieser Glücksfalle scheint gerade darin zu bestehen, dass Lust nichts Dauerhaftes ist, sie dauernd vergeht. Beständig ist allein die Jagd nach dem Glück und dieses grenzenlose Streben nach Konsumgütern schafft Zwänge, die möglicherweise gerade vom Glück abhalten. Da kann die Pfeife eine echte Notbremse darstellen, vorausgesetzt man hetzt nicht auch hier schon wieder einer Glücksillusion von Pfeife zu Pfeife hinterher. Wohl dem, der hier Kants Rat befolgt: »Man kann viele Dinge verlangen, und doch dabei zufrieden sein, wenn man sie auch nicht hat, weil man sie bloß als *Mittel* zur Vergrößerung der Zufriedenheit betrachtet. Wer sie als *Bedürfnisse* zur Zufriedenheit ansieht, der ist unglücklich.«

Es ist für viele frustrierend, wenn sie bei dem Tanz um das goldene Kalb nicht mithalten können, weil sie unserer jugendkulturfixierten Konsumgesellschaft zu alt, zu dick oder zu arm sind. Und irgendwann ist für jeden von uns aus dem einen oder anderen Grund dieser Punkt erreicht. Die Selbstwahrnehmung geht nicht mehr mit den Konsumforderungen der Gesellschaft einher. Schlimmer noch: Das unendliche Streben bleibt notwendig unerfüllt. Wilhelm Schmid konstatiert deshalb: »Das moderne Streben nach Glück macht unentwegt unglücklich.« Das heißt jedoch nicht zwingend, dass man, je mehr man nach Glück strebt, umso unglücklicher werden *muss*. Konsumgüter sind immerhin Glückschancen, »Gratifikationspotentiale«, wie sie Otfried Höffe nennt, die man als solche erkennen, ergreifen und in persönliche Befriedigung umsetzen kann. Wir haben die Wahl, aber nur so lange wir uns darüber bewusst sind, dass wir die Wahl haben, es auch zu lassen.

Man muss *vernünftig* wählen, um das Leben in eine Balance zu bringen, in die Mitte zwischen Lustmaximierung und Schmerzertragen, zwischen individuellen Ansprüchen und kollektiven Notwendigkeiten. Und man sollte stets kritisch prüfen, was einen selbst glücklich macht und was nicht. Hierzu ist der Bezugsrahmen realistisch zu wählen. Wer mit fünfzig noch wie ein Zwanzigjähriger aussehen und handeln will, liest wahrscheinlich die falschen Magazine, liegt aber voll im Trend. Der bloße Konsum ist kein *alleiniger* Glückskandidat, dennoch sollte man ihn als solchen aber nicht völlig verwerfen.

Wie kann man für sich den richtigen Weg finden, ohne den kommerziellen Bauernfängern allzu leicht auf den Leim zu gehen? Da hilft nur genaue Überlegung und vielleicht ein Blick in die Vergangenheit, denn es gibt kaum etwas, was es nicht schon mal gab. Zum Beispiel den Leitspruch vieler Pfeifenraucher: »Bewusster Genuß ist Lust ohne Reue.« Das klingt zwar wie der Werbeslogan einer Diät-Margarine, stammt aber von dem antiken Philosophen Epikur, dem heimlichen Schutzpatron der Pfeifenraucher.

Warum ausgerechnet Epikur, wird mancher fragen, ist doch der Epikureismus ziemlich übel beleumundet. Die meisten halten nämlich Epikureer für elende Lustmolche, hemmungslose Schlemmer und maßlose Prasser. Was hat das mit der noblen Kunst des Pfeifenrauchens zu tun? Nichts. Übrigens auch nichts mit Epikur.

Dieser griechische Philosoph aus dem dritten vorchristlichen Jahrhundert war nämlich alles andere als ein unbedingter Befürworter des dolce vita. Zwar hat er festgestellt: »Alle Menschen streben nach Genuß und Lust« (griechisch *hédoné*), und er fand das auch ganz berechtigt, aber deshalb vertrat er noch lange keinen platten Hedonismus, also die Theorie zur bloßen Lustmaximierung, und schon gar nicht befürwortete er die ausschweifende Lustbefriedigung auf Kosten anderer.

Der antike Epikureismus ist eine *ethische* Auffassung, nach der menschliches Vergnügen oder Lustgefühle das einzige an sich Gute sind und Unlust oder Schmerz das einzige an sich Böse. Alles übrige »Gute« oder »Böse« besitzt nur bedingt Wert oder Unwert, nämlich in dem Maße, wie es Lust oder Unlust hervorruft. Eine These, die man tatsächlich leicht als Aufruf zu bloßer Lustoptimierung missverstehen kann. So hielten ihm schon seine Zeitgenossen vor, er verstecke seine Genusssucht nur in den Falten seines weiten Philosophenmantels. Und so hat man ihn seither entweder aus Bosheit oder aus Unverständnis so interpretiert und damit seinen üblen Leumund begründet. Sehr zu unrecht, wie wir gleich sehen werden.

Lust ist ein irrationaler, von der Sinnlichkeit gegebener positiver Endwert, wie sich Malte Hossenfelder in seinem Buch über Epikur ausdrückt. Die Freiheit von Schmerz oder Unlust ist demzufolge in sich selbst die größte Lust, aber nicht der Inhalt des Lebens. Es gilt das Ziel, die *gesamte* Lebensführung im Auge zu behalten. Hier kommt der Pfeifenraucher ins Spiel: Nicht bloß um eines unmittelbaren, das heißt vorübergehenden Lustgefühls willen soll man nach Epikur die einzelnen Wünsche und Bedürfnisse erfüllen, sondern man soll sein Leben so führen, dass sich Glück und Lust möglichst beständig einstellen.

Epikur plädiert für heitere Gelassenheit, bewussten Umgang und freundliche Zuwendung in allen Belangen. Er war davon überzeugt, dass Lebensqualität darin besteht, sich einfachen Genüssen zu widmen, und zwar mit Muße und in Maßen. Besonders empfiehlt er, die kleinen Dinge des Alltags ehrlich zu würdigen und die Lust auf sie immer wieder durch kalkulierten Verzicht anzuregen. Dauernde Lustbefriedigung macht stumpf. Das gilt natürlich auch für das Glück des Pfeifenrauchens, denn, wie Lichtenberg feststellt, »ein langes Glück verliert schon bloß durch seine Dauer«. Wer jede Unlust (oder im Gegenteil jede Lust) vermeidet, dem wird alles einerlei, da die Unterschiede zwischen Lust und Unlust verblassen.

Bewusst zu genießen heißt Epikur zufolge, bewusst zu leben – und das hat recht wenig mit der Spaßgesellschaft und ihrem Konsumrausch zu tun. So erweist sich Epikur tatsächlich als Vorläufer der Kunst des Pfeifenrauchens: Die vorsätzliche Begrenzung der Lüste hält die Sehnsucht nach dem Genuss wach, denn Sehnsucht gibt es nur nach etwas, das nicht beliebig verfügbar ist. Epikureer haben ein wählerisches Verhältnis zum Glück. Weniger ist ihnen mehr.

Wilhelm Schmid unterscheidet in diesem Zusammenhang *Selbstmächtigkeit* von *Selbstbeherrschung.* »Der Mensch arbeitet daran, über sich selbst zu verfügen und das Maß des eigenen Lebens zu finden – einiges auszuwählen und vieles zu lassen.« Das erinnert an eine ganze Reihe ausrangierter Pfeifen und den Tabakvorrat zuhause. Und vielleicht auch an Aristoteles, der Glück im Sinne einer praktischen Vernunft definiert. Er verwendet dafür den Begriff *Autarkie* und meint damit nicht Bedürfnislosigkeit, sondern Unabhängigkeit. Glück als die vernünftige Wahl der nach Selbstgenügsamkeit strebenden unabhängigen Existenz.

Wen tyrannische Unterbindung zum Verzicht drängt, der übt Selbstbeherrschung, verkneift sich mit Verzagtheit das Feierabendpfeifchen. Wenn's der Arzt verboten hat, wäre alles andere auch bodenlos unvernünftig. Wer hingegen sein Leben gestalten will (und kann), muss selbstmächtig sein und greift bewusst zur Pfeife oder lässt es sein. Wer nur aus purer Lust und nicht aus Sucht raucht, ist, was die Pfeifenleidenschaft betrifft, autark. Dazu Schmid: »Die Ausbildung eines Könnens im Umgang mit sich selbst verschafft Möglichkeiten, über sich selbst zu verfügen, und erlaubt, das Maß des eigenen Lebens in allem zu finden.« Jeder muss für sich das rechte Maß, die rechte Mitte zwischen den Extremen finden, und das lässt sich nicht arithmetisch ermitteln. Die Mitte als Gleichgewicht unseres Lebens liegt für jeden woanders. Hier entfalten wir unsere Möglichkeiten und erfahren uns im Selbstgefühl. Man kann von Selbstmächtigkeit sprechen.

Dieser Selbstmächtigkeit als Balance liegt ein Konzept der *Freiheit* zu Grunde, einer Freiheit, deren Ziel ein Leben ist, das erfüllt ist vom Bewusstsein der Erfahrung der Existenz – der eigenen Existenz und der der anderen. Glück ist Inbegriff des erfüllten Lebens, das ganze Spektrum des Selbstseins, getragen vom Gebrauch und Genuss des Lebens.

Ganz anders bestimmen Stoiker als Hauptgegner des Epikur ihr Verhältnis zum Glück. Sie setzten auf Selbstbeherrschung und Selbstbescheidung. Wer sich nichts wünscht, ist auch nicht enttäuscht, wenn er leer ausgeht. Das Freisein von Bedürfnissen ist deshalb ihr Ziel. Warum also Pfeife rauchen, schafft es doch nur neue Bedürfnisse – Bedürfnisse, von denen man sich aber gerade befreien sollte, um in Ruhe und Frieden leben zu können.

Ein glückliches Leben im Sinne der Stoiker ist eines, das frei ist – frei von hoffnungslosem Streben nach Glück. So hat Marc Aurel, der wohl berühmteste Stoiker, argumentiert. Einer der Hauptgedanken dieses römischen Kaisers aus dem zweiten vorchristlichen Jahrhundert lautet, dass wir die Wirklichkeit als an sich gut anerkennen müssen, denn das Gefühl, unglücklich zu sein, wurzelt nur in einer falschen Erwartungshaltung. Das einzig Böse für den Menschen sind seine eigenen unmoralischen

Handlungen. Marc Aurel rät deshalb zur Besinnung, zur Sammlung und stillen Einkehr. Was man besonders beim Pfeifenrauchen erreichen kann, dürfen wir etwas ketzerisch ergänzen.

Man sollte in den Stoikern aber nicht die miesepetrigen Besserwisser der Philosophiegeschichte sehen. Es ist nicht der Totalverzicht, der den Stoizismus ausmacht, sondern es ist die Abgeklärtheit, die ruhige Distanz und die Wahl nach reiflichem Bedenken. Aber auch, sich in die als unabänderlich erkannte Situation zu schicken, ist, was den Stoiker kennzeichnet.

Stoiker zerbrechen sich den Kopf darüber, wie Menschen sich in Übereinstimmung mit sich selbst, der Vernunft und der Natur erhalten und behaupten können. Das tun bekanntlich die meisten Philosophen, aber den Stoikern geht es unmittelbar um weise Lebensführung und Vervollkommnung. Der Weise lebt ihnen zufolge in *Harmonie* mit sich und der Welt. Das funktioniert so, dass er sich nicht von äußeren Umständen leiten lässt, sondern Herr seiner selbst ist, indem er alle Leidenschaften und Triebe souverän durch seine Vernunft beherrscht. Dies soll zur unerschütterlichen *Gemütsruhe* führen, der höchsten Glückseligkeit der Stoiker.

Weil sie diese Grundhaltung häufig teilen, stehen viele Pfeifenraucher dem Stoizismus nahe. Sie scheinen tatsächlich von einer gewissen Abgeklärtheit und Unerschütterlichkeit zu sein, die aus ihrer inneren Ruhe herrührt und sich in einem abgewogenen Urteil niederschlägt. Illusionslos, nicht desillusioniert erscheint der stoische Pfeifenraucher wie ein Fels in der Brandung.

Man kann sich leicht vorstellen, dass es mehr als nur des gelegentlichen Pfeifenrauchens bedarf, um zu diesem abgeklärten Zustand des Glücks zu gelangen. Für den Hausgebrauch empfehlen führende Stoiker weder im Glück noch im Unglück zu überschwänglich zu sein. Auch hier geht es wieder um die rechte Mitte, die Ausgewogenheit. Man muss rechtzeitig seine Empfindungen trainieren und sich eine vernünftige, das heißt *logische* Sichtweise angewöhnen, dann wird schon nicht alles so schlimm werden. Man sieht: Die Logik ist bei den Stoikern mindestens so hoch geschätzt wie bei den Vulkaniern.

Nun besteht in der Philosophie gelinde gesagt Uneinigkeit über die Frage, ob es verschiedene *Sorten* des Glücks gibt. Nach Jeremy Bentham gibt es nur eine Art des Glücks, nämlich den Genuss, während John Stuart Mill zwischen höherem und niedrigerem Glück unterscheidet. Für ihn ist eine (qualitativ) höhere Form des Glücks auch dann vorzuziehen, wenn man von einem niedrigeren Glück (quantitativ) mehr erlangen könnte. Was macht wohl glücklicher: sich jeden Monat eine bescheidene Pfeife oder einmal im Jahr eine herrliche Designerpfeife zu kaufen? Sind wir sicher, dass sich jeder so wie wir entscheiden würde?

Wenn wir all jene klugen Theorien über das Glück prüfen, machen wir eine sehr interessante Feststellung: Es gibt tatsächlich immer wieder Menschen, deren Leben uns lehrt, dass es einen Plural von Glück gibt, auch wenn sich die Sprache dagegen wehrt. Ob das Glück nun die bloße Unterbrechung des Unglücks ist oder umgekehrt, wichtig ist, wie wir unsere Lebensqualität einschätzen und gestalten. Es ist die ungeheuerliche Entdeckung beim Pfeifenrauchen, dass das Glück bis zu einem gewissen Punkt in uns selbst liegt. Was aber in uns liegt, das befindet sich im Bezirk unserer Macht. Es bedarf nur der Kunst, dies auch zu *sehen.*

Glück ist jenes Gefühl der Zufriedenheit, das der Mensch aus sich selbst hervorbringt, wenn er glaubt, mit sich und der Welt in Harmonie zu sein – etwa beim Pfeifenrauchen. Damit ist Glück nicht statisch, universell oder generell, sondern dynamisch, individuell und exklusiv. »Das Glück«, so Höffe, »ist in einem lebenslangen, inhaltlich offenen Bildungs- und Selbstfindungsprozeß immer wieder neu zu bestimmen und zu verfolgen, wobei die Entwicklung der eigenen Möglichkeiten und Fähigkeiten dazugehört.«

Also: Macht Pfeifenrauchen nun glücklich? Natürlich macht nur glücklich, was man als solches erlebt, und man strebt möglichst nur nach dem, was Glück verheißt. Was man nicht kennt, kann man auch nicht schätzen und erstreben. Umgekehrt kann man es auch nicht vermissen. Wer lieber bei seinen Zigaretten bleibt und das Pfeifenrauchen nicht mal ausprobiert, hat für sich eine Entscheidung getroffen, eine Entscheidung, die ihn als Persönlichkeit in vielerlei Hinsicht auszeichnet, aber nichts über ein tatsächlich vertanes Glück aussagt.

Glück ist aber auch ein kreativer Akt der relativen Selbsterfindung. Zum Glück! – Wer sagt »Glück ist...«, der meint immer »für mich ist Glück...«. Mein Glück ist meine Schöpfung. Insofern hat Ludwig Marcuse Recht, wenn er Definitionen des Glücks als kleine Gedankenlosigkeiten oder große Konfessionen versteht.

Das Glück des Pfeifenrauchens lehrt, dass es ein beständiges lebenslanges Glück nicht gibt und auch gar nicht geben kann. Und dass man sich davor hüten sollte, die Sinnfrage auf die Glückseligkeit anzuwenden. Im Leben sind viele Glücksmomente und Seligkeitspotenziale »eingesprengselt«, aber einen Sinn werden wir darin nicht finden. Glücklichsein, so Marcuse, ist eine Kunst und wer auf das Glück verzichtet, erfüllt sein Dasein nicht. Man *muss* dazu nicht Pfeife rauchen, gleichwohl *kann* die Kunst des Pfeifenrauchens zu dieser Einsicht verhelfen.

Zum Weiterlesen empfehle ich
das von Andrea Löhndorf herausgegebene Lesebuch zu 3000 Jahren Lebenskunst mit dem knappen Titel *Glück*, Deutscher Taschenbuch Verlag (dtv), München 2002. *Die Lust am Rauchen*, herausgegeben von Mario Leis, hält, was der Titel verspricht: Geschichten und Gedichte, die von den Wonnen des Rauchens berichten (Insel Taschenbuch, Frankfurt am Main 2003). Der Roman zum Thema stammt von Will Ferguson und heißt *Glück*®, Ullstein Verlag, Berlin 2004.

Kapitel 9
Das Ethos des Pfeifenrauchers

Wo wir alle Todsünden ausprobieren, alles richtig machen, feine Epikureer werden, im Gehirn nach einem Knopf suchen und ganz nebenbei lernen, wie man richtig fragt, ob man Pfeife rauchen darf.

»Eine der großen Freuden im Leben eines Philosophen ist die Tatsache, dass er jedem (und nicht nur Kindern und Hunden) sagen kann, was er tun sollte. *Das ist Ethik*!« So meint jedenfalls Jim Hankinson. Wenn es danach ginge, wären Pfeifenraucher nur noch von Philosophen umgeben. Nun kann man Hankinson sicher manches vorwerfen, jedoch bestimmt nicht, an das große Thema Ethik kleinlich heranzugehen. Wir wollen zumindest in dieser Hinsicht seinem bemerkenswerten Beispiel folgen.

Ethische Sätze sind meist leicht zu erkennen, denn sie haben eine mehr oder weniger verklausulierte *imperative* Form: »Du sollst« oder »Du sollst nicht«. In unserem Fall lautet er häufig: »Du sollst nicht rauchen.« Ethik – darunter versteht man heute eine Festlegung dessen, was in moralischer Hinsicht erlaubt ist und was nicht. Dieser moderne Ethikbegriff soll uns hier aber nur am Rande interessieren, denn wir wollen uns dem ursprünglicheren Begriff zuwenden, der den Kern der menschlichen Existenz, den Keim des freien Handelns ausmacht. Wir suchen nach dem, was den Pfeifenraucher als solchen auszeichnet – seinem *Ethos*.

Vom Ethos des Pfeifenrauchers

Das Wort *Ethik* stammt vom griechischen *ethos*, was so viel wie Charakter, Sitte, Gewohnheit, Brauch bedeutet: das die Sitten Betreffende. *Moralis* nannten das die Römer. Moral- oder Sittenlehre sagen wir noch heute. Sitte und Brauchtum legen fest, was als *ethische* Tugenden, als gemeinsame Werte, verbindliche Regeln des Handelns und verpflichtende

Verfahren innerhalb einer Gemeinschaft angesehen und schließlich durch Anleitung eingeübt wird. Ausgehend von der Annahme, dass wir freie, für unser Verhalten *verantwortliche* Vernunftwesen sind, nehmen wir diese Festlegungen selbst vor. Ethische Prinzipien sind damit in unsere Verantwortung gestellt und werden von uns als verbindlich anerkannt und verinnerlicht. Soweit die moderne Definition.

Nun wissen wir auch ohne die fürsorglichen Kennzeichnungen des Gesetzgebers auf den Tabakprodukten, dass Rauchen, auch das von Pfeifen, nicht gerade gesund ist. Rauchen scheint deshalb paradigmatisch für unsere kleinen moralischen Schwächen zu sein. »Es gibt eine Menge kleiner moralischer Falschheiten, die man übt, ohne zu glauben, dass es schädlich sei; so wie man etwa aus ähnlicher Gleichgültigkeit gegen seine Gesundheit Tabak raucht«, liest uns Lichtenberg die Leviten. Sehr wahrscheinlich hat er, als er dies 1794 schrieb, mit schlechtem Gewissen Pfeife geraucht.

Damit nicht genug: Lichtenberg räumt bereits ein, dass unser Rauchen unter Umständen sogar Unbeteiligte (heute so genannte Passivraucher) belastet, und er fordert dazu auf, dies nicht als unvermeidlichen Kollateralschaden zu betrachten. Natürlich wissen wir als Genussraucher, was sich gehört und vermeiden jede Belästigung anderer. Auch meiden wir jedes Übermaß, um uns nicht unnötig zu schaden. Und trotzdem quälen wir uns mit dem »Pfeifenrauchen-Dürfen« herum. Aber nicht nur damit: Der Wein, das Essen und viel zu viel Couch. Ein Wunder eigentlich, dass nur 42% aller Deutschen Gewissensbisse plagen, wenn sie genießen. Sie haben auch allen Grund, glaubt man jedenfalls den einschlägigen Ratgebern. Die alte Frage der philosophischen Ethik nach dem »Was soll ich tun?« – hier in der Form »Soll ich‘s nicht besser lassen?« – schwelt in jeder Pfeifenfüllung mit, und manchem vergällt sie den Genuss, denn ein schlechtes Gewissen kann schlimmer heulen als ein Rauchmelder.

Nun also auch noch so ein Buch über das Pfeifenrauchen! Dies muss jedem Tugendwächter suspekt erscheinen, könnte hier doch ein labiler (also tendenziell unmündiger) Nichtraucher zum blauen Dunst *verführt* werden, der selbstverständlich vollkommen arglos in diesem Buch blättert. Sollten auch Sie zu jenen leicht beeinflussbaren Naturkindern gehören und nichts Böses ahnend dieses Buch über die *Philosophie des*

Pfeifenrauchens gekauft haben, weil Sie glaubten, hier reine und gute Belehrung über die Philosophie zu finden, dann sollten Sie sich nun unbedingt dieser heimtückisch-subtilen Manipulation entziehen und keinesfalls weiterlesen, oder wenn, dann höchstens mit geschlossenen Augen.

Trotz aller Beteuerungen, dass hier natürlich niemand zum blauen Dunst verführt werden soll, scheint es doch besonders perfide, ausgerechnet in einem Buch über das Pfeifenrauchen auch noch ein Kapitel zur *Moral des Pfeifenrauchens* einzufügen. Die Grenze zum Zynismus scheint damit erreicht.

Aber nicht nur der heikle Gegenstand des Pfeifenrauchens an sich macht ein solches Kapitel so delikat; es hat auch mit der Ethik selbst zu tun. Der englische Philosoph Bernard Williams meint dazu: »Über Moralphilosophie zu schreiben ist in jedem Fall riskant, und zwar nicht nur aus den Gründen, aus denen es riskant ist, über ein schwieriges Thema zu schreiben (oder auch überhaupt zu schreiben), sondern aus zwei ganz bestimmten Gründen. Der Erste ist, dass die Begrenztheit und Unzulänglichkeit der eigenen Einsicht hier viel eher und deutlicher zum Vorschein kommt als auf irgendwelchen anderen Gebieten der Philosophie. Und der zweite ist, daß man Gefahr läuft, die Leser – wenn sie einen ernst nehmen – bei wirklich wichtigen Fragen in die Irre zu führen.« Es dürfte auf der Hand liegen, dass das Ganze nicht gerade leichter wird, wenn es ausgerechnet noch ums Rauchen geht.

Die meisten Philosophen haben sich der ersten Gefahr nicht entziehen können, so Williams weiter, der zweiten konnten sie hingegen ausweichen »und zwar dadurch, daß sie es einem entweder unmöglich machen, sie ernst zu nehmen, oder sich strikt davor hüten, über irgendetwas Wichtiges zu schreiben, oder beides miteinander kombinieren.«

Nun kann man verhindern, nichts sagend, langweilig und schlichten Unsinn zu schreiben, indem man möglichst konkret bleibt und für klare Übersicht sorgt. Beispielsweise dadurch, dass man feststellt, hier *keine* Einführung in die Ethik zu geben. Solche Bücher gibt es bereits und manche von ihnen sind sogar empfehlenswert. Etwa das des soeben zitierten Bernard Williams. Unser Blick ist auf das Pfeifenrauchen gerichtet, schließlich liegt die Antwort auf die Frage nach dem Ethos des Pfeifenrauchers genau dort, wo der bewusste Genuss anfängt, also im Pfeifenrauchen selbst.

Tatsächlich besteht die Möglichkeit, die Absicht dieses Kapitels so misszuverstehen, dass man eine Reihe praktischer Regeln erwartet, die sich als ethische Handreichungen für Pfeifenraucher gebrauchen lassen. Wer sich von diesem Kapitel gar eine Art Genehmigungsgutachten, einen »Persilschein« für sein Rauchen erhofft, wird enttäuscht werden. In der Ethik wird man überhaupt nur etwas über die *Kriterien* erfahren, die man in bestimmten Fällen für angemessen hält und zwischen denen man abwägen muss. Schließlich sind wir alle für uns selbst verantwortlich – was die meisten Tugendapostel und Sittenwächter natürlich ziemlich ärgert, möchten sie uns doch nur zu gern »geraten« haben.

Hier geht es aber nicht um Verbieten oder Erlauben. Die Aufgabe der philosophischen Ethik besteht in erster Linie darin Begriffe zu präzisieren, Probleme zu identifizieren und Fragen zu formulieren. Auf die Antworten müssen wir schon selbst kommen. Ethik kann Optionen anbieten und Vorschläge plausibel machen – aber sie hat keine *Macht* Normen zu setzen und deren Einhaltung zu erzwingen. Außer vielleicht den zwanglosen Zwang des besseren Arguments oder die Macht des schlechten Gewissens; aber selbst das ist umstritten. Ein Tugenddiktat, wie es die platteste Form der politischen Korrektheit anstrebt, ist strikt abzulehnen, spricht es doch dem Handelnden jede Freiheit ab.

Ethik kann nur beraten, nicht zwingen oder freisprechen. Das wäre der Herrschaftsbereich der *Legalität*, des Staates. Es steht zwar immer in unserer Verantwortung, wie wir handeln, die staatlichen Organe sollen aber darauf achten, dass wir uns dem Recht entsprechend verhalten, und notfalls zu Zwangsmitteln greifen. Ob Sie die Tabaksteuer nun jubelnd oder zähneknirschend entrichten, ist Vater Staat egal. Deshalb ist es dem Staat auch egal, ob Sie sich zu den Genussrauchern zählen oder aus purer Sucht rauchen. Für ihn ist Rauchen Rauchen und insofern lieb und teuer. Aus *moralischer* Sicht liegen zwischen Genussrauchen und Suchtrauchen aber Welten. Und die moralische Beurteilung des Politikum »Tabaksteuer« steht damit auf einem ganz anderen Blatt. Woraus man erkennt, dass bei der Diskussion um Rauchverbote immer wieder unzulässig moralische und politische Argumentationsebenen vermischt werden.

Wir wollen hier der moralischen Argumentation folgen und kommen damit zurück zum Ethos des Pfeifenrauchers. Hier nämlich können wir (wieder einmal) en détail lernen, was gutes Leben im Sinne einer nach Vollkommenheit strebenden Lebensführung bedeutet. Dabei erweist sich die bewusste Lebensführung des kultivierten Genießers als Inspiration und gleichzeitiger Dreh- und Angelpunkt der Bestimmung dessen, was man in ethischer Perspektive als Kunst des philosophischen Pfeifenrauchens bezeichnen kann.

Magne Falkum, der Doyen des Tabakgenusses, skizziert den Genussraucher wie folgt: »Bewußtes Praktizieren und Zelebrieren eines kultivierten Rauchgenusses; Genußerlebnis, keine Suchtbefriedigung, spürbare Freude beim Tabakgenuß; Genußrauchen als Katalysatorfunktion zur Erreichung eines psychisch-emotionellen Wohlempfindens; Dosierung des Tabakgenusses und Maßhaltung (gemäß *Paracelsus*: Alles ist Gift, nur auf die Dosis kommt es an); aufrichtige Wertschätzung gegenüber der Pfeife und der Rauchzeremonie; liberale Grundeinstellung, Toleranz und Verantwortungsbewußtsein gegenüber sich selbst und der Umwelt.« Das klingt ein wenig, als müsse man erst einmal eine Art »Pfeifenführerschein« ablegen, um rauchen zu *dürfen*.

Doch so weit möchte Magne Falkum sicher nicht gehen. Er will wohl nur sagen, dass die Art, wie wir Pfeife rauchen, etwas über uns als Person, über unsere Form der Lebensführung aussagt. Und dass uns das als Genussraucher von manch anderen Rauchern unterscheidet wie den Feintrinker vom Säufer. Bei der Durchsicht der Alternativen wird man sich leichten Herzens entscheiden.

Das Ethos des Pfeifenrauchers wird am besten sichtbar in seiner sozialphilosophischen Dimension: Es führt idealerweise zu dem, was man vorgestern noch als *Gentleman*, *Gentilhomme* oder *Ehrenmann* bezeichnete – und das schließt selbstverständlich alles ein, was damenhaft beziehungsweise »ladylike« ist: Respekt vor anderen, Rücksichtnahme auch ohne Aufforderung, Mäßigung, höflich bleiben, auch wenn es manchmal schwer fällt, ruhig zuhören können, ausreden lassen, eingehen auf andere, bei aller Schlagfertigkeit fair und konstruktiv sein, ebenso charmant wie diskret auftreten und etwas Gutes wirklich schätzen können – das alles sind selten gewordene Sekundärtugenden. Und ich behaupte, dass man diese am Ideal des Gentlemans gewonnenen Tugenden des vornehmen Anstands, des guten Geschmacks und des tadellosen Benehmens unter Pfeifenrauchern, wie überhaupt unter Genussmenschen, häufiger findet als anderswo.

Nicht, dass Pfeifenraucher »den Benimm« gepachtet hätten, sicher kennt jeder einige Pfeifenrüpel, aber grundsätzlich geben sich Genießer einfach mehr Mühe: Manierliche Umgangsformen, Höflichkeit, Rücksichtnahme und Pflichtgefühl wurzeln in einem selbstkritischen Bewusstsein und nur hieraus erwächst ein reflektiertes Selbstwertgefühl. Eigentlich geht es um nichts anderes als gesunden Menschenverstand.

Damit sind wir beim Einzelnen und seinem Ethos angekommen: Nur wer sich selbst achtet, achtet andere; nur wer sich zu schätzen weiß, kennt Respekt. Es ist für uns eine tägliche Herausforderung, angesichts von Massengesellschaft, Anonymität, Zerstreuung, Fahrigkeit und Reizüberflutung menschenwürdig zu leben und das heißt immer auch die Freiheit und die Würde des anderen zu respektieren, ja sogar für sie einzutreten.

Nun gilt dies im Guten wie im Bösen, denn alles lässt sich missbrauchen. Stalin war Pfeifenraucher. Da hilft es auch nichts, dass der Diktator seine Dunhill schrecklich malträtierte und so von vielen Pfeifenbuchautoren aus dem Kreis der »wahren« Raucher ausgeschlossen wird. Die Bonhomie des Pfeifenrauchers hat ihre Grenzen, ja ihre Schattenseiten. Kant bringt dieses Problem auf den Punkt: »Es ist überall nichts in der Welt, ja überhaupt auch außer derselben zu denken möglich, was ohne Einschränkung für gut könnte gehalten werden, als allein ein guter Wille. Verstand, Witz, Urteilskraft, und wie die Talente des Geistes sonst heißen mögen, oder Mut, Entschlossenheit, Beharrlichkeit im Vorsatz, als Eigenschaften des Temperaments, sind ohne Zweifel in mancher Absicht gut und wünschenswert; aber sie können auch äußerst böse und schädlich werden, wenn der Wille, der von diesen Naturgaben Gebrauch machen soll und dessen eigentümliche Beschaffenheit darum Charakter heißt, nicht gut ist.« Pfeifenraucher sind eher Genießer, Schöngeister, aber eben nicht immer. Fehlt der Wille, ist alles verdorben.

Es reicht also nicht, die *10 goldenen Regeln des Pfeifenrauchens* eifrig zu befolgen, um schon wie ein Gentleman zu rauchen und damit automatisch »zu den Guten« zu gehören. Es gibt bekanntlich nur *eine* echte Regel für den Gentleman und Pfeifenraucher: Er folgt keiner Regel, er tut nur immer das Richtige. Die positive Grundhaltung, das eindeutige Verhalten, die spürbare Verbindlichkeit – all das kann man nicht als

Regelwerk auswendig lernen, man muss darin durch Praxis sicher werden und es zu seinem Habitus, seinem Ethos machen. Man kann dies vornehme Lebensart nennen oder schlicht feststellen, jemand hat *Stil*.

Erst wenn die Pfeife selbstverständlich geworden ist, genießt man sie, so wie man, wenn es darauf ankommt, ohne lange nachdenken zu müssen, wenigstens überwiegend das Richtige tut. Man braucht in solchen Situationen einen trainierten Instinkt, wie Heidegger »Philosoph« übersetzt: jemand, der den richtigen Riecher hat. Wir sahen bereits, dass man dieses Vermögen auch als *Urteilskraft* bezeichnen kann. Und diese Fähigkeit des richtigen Handelns wurzelt letztlich in der Muße. Hier trainiert man jene Kraft, die später zum Urteilen gebraucht wird.

Die Pfeife verhilft durch Muße zu dem, was man ehemals Wohlberatenheit nannte: Wenn es darauf ankommt, urteilt der Pfeifenraucher mit Distanz; er geht mit sich und anderen zurate, er wägt in Ruhe ab, spielt verschiedene Möglichkeiten durch und entscheidet dann bedacht und soweit vorausschauend wie nur möglich. Wir erinnern uns an Einsteins Rat: »Bevor man eine Frage beantwortet, sollte man immer erst seine Pfeife anzünden.« So verhindert man Fehlentscheidungen und kann mit den dennoch gemachten Fehlern besser leben, weil man sich nach bestem Wissen und Gewissen entschieden hat. Und man muss sich nicht auf die bloße Befolgung irgendeiner Etikette verlassen, sondern kann sie, wo sie unsinnig ist, bewusst brechen.

Etikette ist künstlich und willkürlich, gutes Benehmen hingegen beruht auf gesundem Menschenverstand, dem gelassenen Blick aus der Distanz und nicht allein auf regelkonformem Verhalten – kurz: es ist die schnörkellose Geradlinigkeit des Verständigen. Und auf den kann man sich verlassen. *Praktische Klugheit* nannte Aristoteles dies und er rechnete sie unter die Tugenden des Verstandes.

Klugheit bedeutet in diesem Sinne, dass man die sachliche Erkenntnis der Wirklichkeit zum Maßstab für sein Handeln wählt. Der Kluge blickt also einerseits auf die tatsächliche Wirklichkeit der Dinge und andererseits auf sein konkretes Wollen und Tun, so der Moralphilosoph Josef Pieper in seinem Traktat über die Klugheit: »Die Wahrheit der wirklichen Dinge kommt, fruchtbar und maßgeblich, zu Wort in der Tugend der Klugheit. In diesem Rahmen erhält das Gewissen seine Geltung«.

Diese Klugheit hat zunächst nichts mit Cleverness oder IQ zu tun. Sie ist das Vermögen, von allgemeinen Handlungsregeln auf das zu schließen, was in einer gegebenen Situation getan werden muss, wenn man auf das »gute Leben« ausgerichtet, also selbstzweckhaft handelt – was immer auch die Anderen mit einschließt. Für das alltägliche Handeln bedeutet das: Klugheit ist die Kunst, eine Situation von jedermanns Standpunkt aus zu betrachten – einschließlich des eigenen.

Aber in der praktischen Klugheit verbirgt sich noch mehr: Die Grundhaltung des *Interesses*, der *Toleranz*, der Achtung, der *Instinkt* für das Angemessene und die Fähigkeit zum *Mitgefühl* wird durch sie ausgebildet und gefördert. Toleranz ist stets ein Zeichen von Selbstvertrauen. Sie gründet in einer Weltoffenheit, die den Vergleich des eigenen Standpunktes mit anderen nicht zu scheuen braucht. Ihre Grenze findet die Toleranz an den Grenzen zu Dummheit, Ideologie und Fanatismus, den größten Feinden der Freiheit und den Vorboten der Barbarei. Und das erinnert nicht von ungefähr an manche Aspekte der Debatte ums Rauchen. Und zwar auf beiden Seiten.

Immanuel Kant unterstreicht im Zusammenhang mit der Klugheit besonders den *Gemeinsinn*: Das sich an die Stelle des anderen denken können als Grundlage einer jeden Gemeinschaft. Es handelt sich dabei um ein »Beurteilungsvermögen, welches in seiner Reflexion auf die Vorstellungsart jedes anderen in Gedanken (a priori) Rücksicht nimmt, um gleichsam an die gesamte Menschenvernunft sein Urteil zu halten und dadurch der Illusion zu entgehen, die aus subjektiven Privatbedingungen, welche leicht für objektiv gehalten werden könnten, auf das Urteil nachteiligen Einfluß haben würde.« Ein Konzept der feinen Lebensart, das sich übrigens auch bei dem sehr zu Unrecht von »Benimm-Päpsten« zum Anstandapostel umgedeuteten Freiherrn von Knigge findet.

Jenseits der Benimmregeln kann man den vornehmen (oder klugen) Menschen als Stoiker bestimmen, der andere zu nehmen und zu ertragen weiß und dies nicht ohne Ironie, aber unter keinen Umständen mit Zynismus trägt. Jenseits jeder Herrenreiter-Attitüde stellen sich tief empfundener Respekt, Fairness und ein gelebter Humanismus als die Zauberformel dieser kultivierten Lebensweise heraus. Der Gentleman ist im besten Sinne des Wortes diskret, was sich übrigens auch in seiner Wahl von Tabak und Pfeife sowie deren Einsatz äußert.

Nun ist nicht jeder ein geborener Aristokrat, aber gleichwohl sollte man es im Leben wie mit den Pfeifen halten und sich mit nichts Geringerem als mit dem nur irgendwie verfügbaren Besten zufrieden geben. Etwas, das im Vollsinne seiner Möglichkeiten steht, bezeichneten die Griechen als Bestheit (*aristeuo*), und das verstand man als *Tugend.* Und Tugend kommt von *taugen* im alten Sinne von *passen* und entwickelte sich erst später zum Gegenteil des Lasters.

Als *Kardinaltugenden* gelten seit der Antike Weisheit, Tapferkeit, Besonnenheit und (alles andere umgreifend) Gerechtigkeit. Das Christentum fügte nur noch Glaube, Liebe und Hoffnung hinzu. Nun glauben manche, dass es sich bei den klassischen Tugenden um Pfeifenrauchertugenden handelt. Insbesondere die Besonnenheit wird jeder Pfeifenraucher gern für sich beanspruchen. Hinsichtlich der Tapferkeit empfehlen manche, doch einfach mal eine Pfeife in einem modernen Großraumbüro anzuzünden, dann werde man schon sehen, was das mit Tapferkeit zu tun habe. Fragt sich nur, ob man auch wohlberaten ist, dies zu tun. Klug oder gar weise ist es keineswegs und anständig schon gar nicht. Mit echter Tapferkeit hat dies ohnehin nichts zu tun. Tapferkeit ist wesensmäßig an den Willen zur Gerechtigkeit geknüpft – und entspringt nicht der Todessehnsucht.

Wer sich mit dem Begriff der Tugend beschäftigt, stellt schnell fest, dass es in der Ethik wie im Kinofilm zugeht, dass nämlich die Schurken viel interessanter sind als die Guten. Richtig, wir reden von den *Todsünden.* Zu ihnen werden Hochmut, Zorn, Neid, Wollust, Maßlosigkeit, Geiz und Trägheit gerechnet. Die Langeweile suchen wir hier vergeblich. Das Pfeifenrauchen zum Glück auch – und doch fragen wir uns, ob Pfeifenrauchen Sünde sein kann. Fragen wir die Profis.

Kann denn Pfeifenrauchen Sünde sein?

Zwei Mönche, ein Jesuit und ein Dominikaner, begegnen sich eines Tages brevierlesend und pfeiferauchend. Beide kommen über ihre Pfeifenleidenschaft ins Gespräch und überlegen sich, ob es denn zulässig sei, beim Gebet Pfeife zu rauchen. Sie beschließen, bei ihren jeweiligen Oberen anzufragen, ob ihr Verhalten erlaubt sei. Als sie sich wieder begegnen, raucht der Jesuit, der Dominikaner nicht: Der Jesuit hatte gefragt, ob er beim Pfeifenrauchen beten, der Dominikaner, ob er beim Beten rauchen dürfe...

Aus dieser Perspektive scheint das Pfeifenrauchen an sich nicht verwerflich zu sein, man muss nur aufpassen, was man dabei mit welcher *Absicht* tut und wie man es anfängt. Wir wollen aber gerade wissen, was am Pfeifenrauchen *selbst* »sündig« sein könnte. Gehen wir nun zur Klärung dieser Frage das amtliche Sündenregister durch, um es auf das Pfeifenrauchen hin zu überprüfen.

Hochmut kommt bekanntlich vor dem Fall, und wer würde schon Pfeife und Zähne durch einen Sturz riskieren wollen. Selbstüberschätzung, Stolz, Vermessenheit, all dies ist dem Hochmütigen eigen. Allein schon deshalb passt der Hochmut nicht zum Ethos des Pfeifenrauchers, wohl aber das Wissen um die Exklusivität, der Stolz auf das Besondere des Pfeifenrauchens. Da diese Pfeifenaristokratie aber nicht auf andere Bereich unzulässig übertragen wird, sondern im Gegenteil positiv über die Wohlberatenheit ausstrahlt, erscheinen Pfeifenraucher als vertrauenswürdige und geschätzte Zeitgenossen, was nichts mit Hochmut zu tun hat.

Im Gegenteil lehrt uns die Pfeife durch ihre Besonderheiten geradezu Demut. Es ist das Bewusstsein des unendlichen Zurückbleibens hinter der erstrebten Vollkommenheit, das man beim Pfeifenrauchen anschaulich erfährt. Weder fand man bisher die vollkommene Pfeife noch rauchte man die besten Pfeifen immer vollkommen. Und das Häufchen Asche, das am Ende vom Tabak übrig bleibt, ist ein Sinnbild des Lebens und macht uns unsere Vergänglichkeit deutlich. Manchen mag das betrüben, ärgern wird man sich seltener – aber zu zürnen wäre barer Unsinn.

Zorn ist, neben der Liebe, eine der heftigsten Emotionen. Wer wütend ist, lässt auch die Pfeife vor Zorn glühen, denn er wird dazu neigen, unkontrolliert zu paffen. Das lässt jede Pfeife durchbrennen, weshalb diese Gemütsregung gerade beim Pfeifenraucher, wenn überhaupt, dann nur extrem gezügelt vorkommt. Hier hilft das Pfeifenrauchen also sogar, eine Todsünde zu vermeiden, was für diese Form des Genusses spricht. Wer zunächst alles in Ruhe beim Pfeifenrauchen bedenkt, wird immer erst den Zorn im wahrsten Sinne des Wortes verrauchen lassen, um dann, mit kühlem Kopf (seinem, wie dem der Pfeife) eine wohlberatene Entscheidung treffen. Überhaupt liegt dem Pfeifenrauchen die

Versöhnung mehr als der Zwist. Nicht umsonst spricht man von der *Friedenspfeife.* Hier kommt man nicht nur wieder zum Ausgleich mit anderen, man *ist* auch ausgeglichen.

Neid kann ehrlich gesagt schon mal beim Pfeifenraucher aufkommen – etwa beim Anblick einer herrlichen de luxe Pfeife, die leider im falschen Mund steckt. Das ist nicht nett, legt sich aber meist nicht sonderlich aufs Gemüt und bleibt insofern lässlich, weil diese Anwandlung des Neides selten zu seiner niederträchtigsten Form, der Missgunst ausartet. Es ist eher das Bedauern darüber, dass jemand diese Pfeife schändlich behandelt. Man könnte quasi von Mitleid sprechen. Und immerhin gilt Neid als die höchste Form der Anerkennung.

»Geiz ist geil?« Von wegen: *Geiz* ist beim Pfeifen-Genießer verpönt. Man wird bei ihm maßvolle Sparsamkeit finden, aber keinen Geiz. Knauser, die alte Stumpenstummel in ihrer Pfeife aufrauchen, gehören sowieso aus dem Adelsregister der Pfeifenraucher gestrichen. Außerdem bereitet Geiz höchstens pathologischen Neurotikern eine gewisse perverse Form des Genusses. Schrecklich wäre es auch, wenn sich die Pfeifenleidenschaft nur durch den Geiz bei anderen Dingen befriedigen ließe. Wer könnte schon eine Pfeife genießen, wenn andere deshalb auf eine neue Handtasche verzichten müssten?

Das Gegenteil des Geizes, die *Maßlosigkeit,* ist aus Sicht des Pfeifenrauchers ebenfalls diskreditiert: Der Genuss kommt mit dem Maßhalten. Das Übermaß schadet, wie jeder vernünftige Genießer weiß. »Junger Mann«, ruft Kant aus und meint uns alle, »versage dir die Befriedigung der Lustbarkeit, der Schwelgerei und dergleichen, wenn auch nicht in der stoischen Absicht, ihrer entbehren zu wollen, sondern in der feinen epikurischen, um einen immer noch wachsenden Genuß im Prospekt zu haben. Dieses Kargen mit der Barschaft deines Lebensgefühls macht sich durch den Aufschub des Genusses wirklich reicher.« Feine epikureische Lebensart – das sollte man sich merken.

Die Pfeife lehrt nicht nur Demut, sondern auch das rechte Maß: Nur wer langsam und maßvoll und nicht gierig oder hektisch raucht, wird von der Pfeife mit einzigartigem Geschmack belohnt. Guter frischer Tabak, eine ordentliche Pfeife und viel Zeit – so lernt man zwischen Geiz und Maßlosigkeit das rechte Maß zu finden und kommt ins Gleichgewicht mit sich und der Welt.

Die Sünde der *Trägheit* haben wir ebenfalls schon als Teil einer Lebensführung bestimmt, die mit dem Pfeifenrauchen schlecht zusammenpasst, denn sie ließe die Pfeife andauernd ausgehen. Wer Pfeife raucht, unterwirft sich einem aufwendigen Pfeifendienst.

Die unerschütterliche Ruhe des Pfeifenrauchers, von oberflächlichen Zeitgenossen fälschlich für Trägheit oder Müßiggang gehalten, ist Ausdruck von Gelassenheit und Kontemplation. »Wer eine Pfeife zwischen die Zähne will, der muss über die höchsten Tugenden verfügen: die Leidenschaftslosigkeit eines Heerführers, die Schweigsamkeit eines Diplomaten und die Kaltblütigkeit eines Falschspielers«, so Ilja Ehrenburg. Wache Sinne, Aufgeschlossenheit, Zielstrebigkeit und der Wille zur Vervollkommnung machen ja gerade den Genießer aus.

Bleibt nur noch die unmäßige *Wollust*, die teuflische Chefsache unter den Todsünden. Sie wird wohl deshalb für die satanischste Verfehlung gehalten, weil sie die einzige der Todsünden ist, die unmittelbar zur Steigerung des Lebensgefühls beiträgt und, wie Margit Schönberger sagt, für »Anarchie« steht. Damit trägt sie sozialen Sprengstoff in sich, denn sie gefährdet den Besitz in all seinen Formen, da sie sich auf alles ausdehnt. Dieses teuflische Konfliktpotenzial der *Geilheit* (*luxuria*) muss von den Sittenwächtern aller Kulturen natürlich ausgerottet werden, was am wirkungsvollsten durch Diabolisierung geschieht. Mit dem Pfeifenrauchen selbst hat das selbstverständlich nichts zu tun. Wer raucht schon fremde Pfeifen? Also begehrt auch niemand seines Nächsten Pfeifen. Bleibt nur noch die Frage, ob das Pfeifenrauchen selbst Wollust bereitet.

Das Wort »Wollust« besteht aus *Wollen* und *Lust*: Die zügellose Lust an Ausschweifung und Unmäßigkeit wird vorsätzlich gewollt. Das macht das Ganze so pikant: Da »stolpert« man nicht »aus Versehen« in eine Lust, es wird vielmehr vorsätzlich das Laster verübt und auch noch das Lustempfinden mit allen zur Verfügung stehenden Mitteln gesteigert. Zugegeben, Pfeifenraucher gehen durchaus planmäßig vor: Pfeifen und Tabak werden gezielt beschafft, meist unter Aufwendung nicht unerheblicher finanzieller Mittel, man eignet sich mühevoll das notwendige Grundwissen zum Pfeifenrauchen an und übt sogar konsequent, wobei niederste orale Triebe schamlos befriedigt werden.

Zweifellos erfährt man beim Pfeifenrauchen einen Lustgewinn, doch werden wohl die wenigsten dabei von Ausschweifung oder Unmäßigkeit sprechen. Wir haben uns das Verhältnis des Pfeifenrauchers zur Lust schon im vorherigen Kapitel näher angeschaut und Epikur zum Schutzpatron gekürt. Von einer ausschweifenden Wollust kann bei der »feinen epikurischen Lebensart«, wie wir das Pfeifenrauchen mit dem sittenstrengen Kant nun nennen wollen, wirklich keine Rede sein.

Wir können uns vorerst beruhigt zurücklehnen und erleichtert einige Rauchwölkchen aufsteigen lassen: Pfeifenrauchen gehört nicht unter die Todsünden. Die Pfeife steht für Ruhe, Entspannung und Umsicht. *Tranquilitas* nannten dies die Scholastiker, jene mittelalterlichen Philosophen, die den Frieden als besonderen Einklang und Freundschaft mit sich, Gott und der Welt schätzten – jedenfalls solange man Christ der richtigen Sorte war. Insofern ist im scholastischen Sinne jede Pfeife eine Friedenspfeife.

Die Pfeifenpassion gehört also schlimmstenfalls zu den *Lastern*, »den kleinen Verwandten der großen Sünden«, wie Schönberger meint. Und Laster bleiben so lange unproblematisch, wie man mit ihnen Maß hält. Maßhalten heißt hier: Verträglich für uns und andere. Es liegt in unserer Hand. Wir sind so frei. Sind wir?

Von der Freiheit des Rauchers

Offensichtlich geht es hier nicht um die Frage nach dem Rauchen-Dürfen, sondern um die grundsätzlichere nach der Freiheit des Willens. Und ein Problem in der aktuellen Ethikdiskussion ist, dass gerade der freie Wille als Grundlage moralischer und rechtlicher Entscheidungen durch die medizinische Forschung, insbesondere die Neurophysiologie, in Frage gestellt wird. Man könnte sagen, der Mensch denkt, doch das Hirn lenkt. Wer aber nicht frei ist, der ist auch nicht verantwortlich für sein Handeln. »Können wir, wie wir wollen, oder wollen wir, was wir müssen«, fasst Martin Seel die aktuelle Debatte um Freiheit oder Fremdbestimmung zusammen.

Diese Frage hat sich auch Albert Einstein gestellt: »Ich weiß ehrlich nicht, was die Leute meinen, wenn sie von der Freiheit des menschlichen Willens sprechen. Ich spüre, daß ich meine Pfeife anzünden will, und tue das auch; aber wie kann ich das mit der Idee der Freiheit verbinden? Was liegt hinter dem Willensakt, daß ich meine Pfeife anzünden will?

Ein anderer Willensakt?« Kant hätte geantwortet: »Daß *ich* einen Anfang machen kann.« Wer, wenn nicht wir selbst, drückt im Hirn den Knopf mit der Aufschrift »Pfeifenrauchen – Jetzt!«? Oder drückt sich der Knopf von selbst bei sinkendem Nikotinpegel?

Die Fronten der Diskussion um die Willensfreiheit scheinen zumindest im akademischen Bereich klar gezogen: Hier jene, die die Freiheit des Willens als Grundlage des Menschseins verteidigen; dort diejenigen, die den freien Willen als Illusion entlarven möchten. Dazwischen die Grauzone des Vereinbarkeitsansatzes, der darauf setzt, beide Seiten des modernen Selbstverständnisses zu rechtfertigen. »Frei ist demnach, wer sich in seinem Handeln an seinen eigenen Präferenzen (rationalen Entscheidungen) auszurichten und somit selbst zu bestimmen vermag, auf welche Weise er sein Leben verbringen will« (Martin Seel). Kurz gesagt: Wer kann, der kann auch anders.

Das heißt, dass Einstein immerhin das bestimmte Gefühl gehabt haben musste, seine Pfeife selbst angezündet zu haben, und zwar, weil *er* es so *wollte*. Physikalisch-medizinisch mag dieses Phänomen noch nicht exakt zu klären sein, aber was wäre erklärt, wenn dies der Fall wäre? Paradoxerweise ist es gerade ein Zeichen der Freiheit, die eigene Fremdbestimmung als solche erkennen zu können; ebenso ist es ein Zeichen unseres Determiniertseins, so bestimmt zu sein, dass wir uns durch Gründe bestimmen können – also frei sind.

Vielleicht liegt da eine Parallele zur Physik nahe: Wenn ein Ingenieur eine Brücke baut, tut er gut daran, auf die Quantenmechanik zu verzichten. Er hält sich an die klassische Physik. Und es funktioniert. Gleiches gilt womöglich für die Konstruktion »Bewusstsein«. Wenn man auf das weit verzweigte »System Hirn« blickt, dann verhält es sich so komplex, als hätte es einen freien Willen, meint jedenfalls Bas Kast. Doch wir wollen hier nicht zu früh aufgeben!

Die Kluft zwischen Bestimmtsein und Selbstbestimmung können wir hier nicht überbrücken. Vielleicht ist es ja gerade die Spannung zwischen diesen beiden Polen, die das Menschsein ausmacht. Dafür können wir aber hier der Frage nachgehen, wie frei man als *Pfeifenraucher* ist. Und dabei geht es wohl mehr um das Thema *Nikotinabhängigkeit* als um die Determinismusdebatte. Es ist stets die eigene Entscheidung, Pfeife zu rauchen, und es ist die eigene, es wieder zu lassen.

Raucher gelten im Allgemeinen als suchtgeplagte Schwächlinge, die unter der Herrschaft der gestrengen Lady Nicotine stehen und von ihrem Laster nicht lassen können, und wenn, dann nur unter großen Mühen und Qualen mit Kaugummi und Pflaster. Nun scheint das für Pfeifenraucher nicht pauschal zu gelten, denn sie zeigen deutlich seltener das für Raucher typische Suchtverhalten. Aber auch Pfeifenraucher kann‘s erwischen.

Unter einer Sucht versteht man im weitesten Sinn jede zwanghafte Bedürfnisbefriedigung, die Symptome einer psychischen und meist auch physischen Abhängigkeit aufweist. Unruhe, Nervosität, Schweißausbrüche etc. – alles Zeichen des »Entzugs«. Wer nachts aufstehen muss, um zu rauchen, jede kleine Pause für ein paar hektische Züge aus der kalten Pfeife nutzt, hat sich meilenweit vom Genuss entfernt. Beim Alkohol fällt uns der Missbrauch eher auf: Wenn aus dem abendlichen Cognac ein Frühstücksgetränk geworden ist, dann ist die Alkoholsucht kaum noch zu leugnen.

Dabei ist das Faktum der Abhängigkeit leicht auszumachen, nämlich immer dann, wenn für den Betroffenen eine unerträgliche innere Spannung die Bedürfnisbefriedigung *erzwingt*. Der Süchtige kann gar nicht mehr anders, er muss einfach rauchen. Italo Svevo hat diesen Zustand immer wieder in seinen Romanen beschrieben und zum Sinnbild für den modernen Menschen gemacht. Wenn die Konzentrationsfähigkeit sinkt, während gleichzeitig der Grad der Gereiztheit steigt, wissen alle: Es wird Zeit für eine Zigarettenpause. Das hat nichts mehr mit Genuss zu tun, schon gar nicht, wenn man draußen vor der Tür im eisigen Regen Rauch inhaliert oder auf Reisen zusammengepfercht in der so genannten Smoker-Lounge des Flughafens, jenem blauen Terrarium für Raucher, Nikotin aufnimmt.

Von Sucht kann in diesem Sinn sowohl bei der Abhängigkeit von der psychoaktiven Substanz Nikotin gesprochen werden, als auch hinsichtlich eines bestimmten Verhaltensmusters. Rauchen strukturiert den Tagesablauf: Meetings werden durch Raucherpausen unterbrochen, man raucht noch eben, bevor man das Büro verlässt, oder so lange, bis der Bus kommt. Die Zeit ist meist zu kurz für eine genussvolle Pfeife, aber ausreichend für ein paar Züge. Hierfür gibt es sogar besondere Pfeifen, die den Shagpfeifen verwandten *Entreactes*, Minipfeifen mit fertig portionierten Tabakpatronen für die Rauchdauer einer Zigarette. Diese kleinen Tröster versorgen all jene, die meinen, unbedingt zwischendurch, mittendrin, nebenbei und vor allem rasch ein paar Züge paffen zu müssen. Insofern haben diese Minipfeifen einiges mit dem Flachmann gemeinsam. Beides kann mal ganz amüsant sein, aber als tägliche Begleiter kommen sie für den Genießer nicht in Frage. Hier zeigt sich wieder die Freiheit des Gentlemans im Ethos des Pfeifenrauchers: Wer kann, kann auch anders.

Zum Weiterlesen empfehle ich
Michael Flocker, der unter dem Titel *Das süße Leben* ein Sammelsurium für den hedonistischen Genießer zusammengestellt hat, Goldmann Verlag, München 2004. Das Problem der Tugendhaftigkeit stellt Axel Braig in seinem Buch *Warum es sich lohnt, faul, unpünktlich und unordentlich zu sein*, Argon Verlag, Berlin 2003 gehörig auf den Kopf. Einen Einblick in die feine Lebensart gibt Martin Scherer *Der Gentleman, Plädoyer für eine Lebenskunst*, Deutscher Taschenbuch Verlag (dtv), München 2003.

Kapitel 10
Von Jägern und Sammlern

In dem wir uns fast prügeln, beinahe den Gral finden, unsere Pfeifen über uns tuscheln und nicht ganz klar wird, was ein surrealer Pfeifenplan mit einem reichlich pedantischen Schweizer zu tun hat.

Erinnern Sie sich noch? Am Anfang gibt es keine Probleme. Selbst für ausgesprochene Pfeifenignoranten ist das eherne Gesetz der Pfeifenkunde ohne weiteres nachvollziehbar, demzufolge ein »ordentlicher« Pfeifenraucher mehr als nur ein oder zwei Pfeifen braucht. Benutzte Pfeifen fallen bekanntlich unter eine strenge Sabbatregelung: Nach dem Rauchen müssen sie nicht nur gründlich gereinigt werden, sie sollen auch mindestens einen Tag ruhen, damit die ins Holz eingedrungenen Kondensate wieder »ausdünsten« können. Man braucht also schon mehrere Pfeifen – so fünf bis sechs gelten in Fachkreisen als *absolutes Minimum*. Ein Anfang ist gemacht. Alle Welt ist damit einverstanden. Und es ist Freude auf Erden und Frieden in den Familien.

Der Pfeifenvirus

Wenn es dann ein paar Pfeifen mehr werden, ist das Ganze immer noch recht amüsant, umso mehr als die uns nahe stehenden Menschen mittlerweile eine gewisse Sachkunde über Pfeifen erworben haben – ob sie nun wollen oder nicht. Das macht sie zumindest tendenziell zu Mitverschworenen: Eine robuste sandgestrahlte Pfeife für die Reise musste sein (natürlich), eine rustizierte Pfeife ist etwas ganz anderes und gilt auf der Arbeit als unentbehrlich (klar), wenigstens eine exquisite Nobelpfeife zur eleganten Abendgarderobe war nötig (selbstverständlich), so eine schwungvolle Fullbent ist ein MUSS (freilich), und dann hier und da ein Schnäppchen (sowieso). Noch zwei oder drei Meerschaumpfeifen (aber sicher doch), ohne Frage eine Calabash (richtig, die fehlte noch) und eine echte »Ingo Garbe« sollte es immer schon mal sein (seufz).

Die Verwandtschaft ist zufrieden, gibt es doch endlich etwas, das sie schenken kann: Onkel Fred hat die Möglichkeit, wahlweise etwas Geld zur kostspieligen Luxus-Pfeife »beizusteuern« (jeder Beschenkte tut gut daran, immer darauf zu bestehen, sich die Pfeifen zumindest selbst auszusuchen), oder er schenkt einfach mehr oder weniger prächtige Accessoires. Feuerzeuge, Stopfer und ähnlich nützliche Pfeifen-Utensilien kann man ja immer gebrauchen. Dabei zählen diese *Quisquilien* (Kleinigkeiten) nicht einmal auf unserem »Pfeifenkonto«. So freuen sich Beschenkte wie Schenkende.

Jedenfalls eine Zeit lang. Denn irgendwann setzt sich unter den edlen Spendern die Meinung durch, jetzt sei es aber genug. Wer Ähnliches für Gleiches oder gar Selbes hält, findet den ganzen Pfeifensegen schnell langweilig und blöd. Was will der auch mit dem ganzen Krempel? Hat der nicht schon genug davon? Sogar Tante Helga mault »Och, du willst schon wieder bloß so 'ne olle Pfeife! Fällt dir denn gar nichts Besseres ein?«. Na ja, es fällt vor allem immer Besseres auf. Das macht einen riesigen Unterschied. Pfeife ist ja nicht gleich Pfeife – aber wem sage ich das?

Man wird mit der Zeit immer wählerischer und deshalb zurückhaltender, was jedoch kaum jemandem auffällt, weil Laien die feinen Unterschiede nicht so ohne weiteres sehen. Mit den Jahren geht der Pfeifenfreund dazu über, nur noch selten (jedenfalls *seltener*) Pfeifen zu kaufen, dafür aber hochwertigere, sprich: exklusivere Modelle auszuwählen. Der Smartshopper mausert sich zum Connaisseur – mit dem Erfolg, dass ihn angesichts der Preise der Pfeifen nunmehr alle für komplett übergeschnappt halten.

Tatsächlich wird es immer schwieriger, etwas Passendes zu finden, wenn bereits die Grundformen, die gängigen Farbnuancen, die unterschiedlichen Oberflächenvariationen und natürlich die verschiedenen Pfeifenmarken mit ihren klingenden Namen bei uns zuhause mit würdigen Vertretern versammelt sind. Was man nun sucht, ist das makellos Reine, das außergewöhnlich Gelungene, das ästhetisch Reizvolle. Das ist die Suche nach *der* Pfeife.

Die *Eine*, die *Einzige*, erweist sich immer wieder zwar nicht als

Falsche, wohl aber ist sie nie die *Wahre*, *Makellose* und *Reine*. Die Rede ist von wundervollen, aber eben nur *beinahe* perfekten Pfeifen! Obwohl man niemals die ideale Pfeife in der realen Welt finden kann, sucht mancher Pfeifenfreund, treu wie Parzival den Gral, immer wieder eine neue, eine schönere, eine bessere Pfeife, eine Pfeife, die dem, was man philosophisch die *Idee der Pfeife* nennt, möglichst nahe kommt.

Insofern sind passionierte Pfeifenraucher durchweg objektive Idealisten und ästhetische Existenzen: Immer auf der Suche nach dem Urbild des eigentlichen Pfeife-Seins, des Schönen in Pfeifenform. Und sie müssen immer wieder erkennen: Es gibt sie nicht, *die* Pfeife, es gibt nur mehr oder weniger gelungene Abbilder, Nachahmungen der Idee der Pfeife. Wahre Perfektion ist nicht von dieser Welt. Und selbst wenn es sie gäbe, würde sie kaum jemanden erfreuen, wie Egon Friedell durch den Rauch seiner Pfeife wissen lässt: »Alles Ganze, Vollendete ist eben vollendet, fertig und daher abgetan, gewesen; das Halbe ist entwicklungsfähig, fortschreitend, immer auf der Suche nach seinem Komplement. Vollkommenheit ist *steril*.« Und doch strebt insbesondere der Pfeifensammler stets nach dem Vollkommenen, trachtet er nach Vollendung, gerade weil sie Erfüllung des Strebens wäre.

Die wirklich Großen unter den Pfeifenmachern stellen sich diesem letztendlich metaphysischen Problem – und deshalb sind auch sie immer auf der Suche nach *der* Pfeife. Leidenschaftliche Pfeifenraucher bilden mit ihnen die verschworene Gemeinschaft der *Pfeifenästheten*. Und wenn man sich erst mal mit diesem Pfeifenvirus infiziert hat, wird es schwierig. Also: teuer. Leider führt diese Infektion in der Regel zu Spannungen – eben des Preises wegen. Ohne Qual kein Gral.

Nicht, dass diese Preziosen aus Meisterhand ihr Geld nicht wert wären – sie sind in der Regel jeden Cent wert. Aber die Preise erscheinen doch recht happig, wenn man gewohnt ist, dass eine gute Gebrauchspfeife nicht wesentlich mehr kostet als ein Paar ordentliche Schuhe. Und jetzt soll man den Gegenwert eines Urlaubs für so ein kleines Stück Wurzelholz hinlegen? Sammlerstück mit Wertsteigerung? Geldanlage? Vergessen Sie es! Man wird dem kein Verständnis entgegenbringen, auch wenn Sie zu Recht darauf beharren, dass das Gesuchte im ästhetischen Anspruch eben deutlich über den bloßen Gebrauchs- und Materialwert hinaus geht.

Design hat seinen Preis – und wir wissen: Genießer investieren nicht in das Genussmittel (hier: Mittel zum Genuss), sondern in sich selbst. Passion statt Okkasion. Nur, wen will man mit dieser Argumentation eigentlich überzeugen? Etwa die Schmuckträger-Fraktion? Auch hier zeigt sich wieder, wie ungerecht die Welt ist: Während die Dame alles anlegen kann, was glitzert und glänzt, muss der Gentleman Zurückhaltung bewahren. »Frauen haben die Wahl«, sagt der Juwelier, »Männer haben Manschettenknöpfe«. Vielen Dank! Und jetzt werden auch noch die paar Pfeifen schlecht gemacht...

Halten wir fest: Mit der Zahl der gehorteten Pfeifenschätze und deren zunehmender Qualität steigt nicht nur der Stolz des Besitzers, sondern leider auch der Begründungsnotstand für jede Neuanschaffung, insbesondere wenn diese aus der Pfeifenoberliga stammt. Das böse Wort vom Pfeifenraucher als »Jäger und Sammler« macht zunächst hinter vorgehaltener Hand und schließlich immer unverhohlener die Runde.

»Jäger und Sammler?« – Vor unserem geistigen Auge krümmt sich unser Rücken, die Arme werden länger und überall sprießen Haare. Wir werfen uns das Bärenfell lässig um die Schultern und greifen zur Keule. Da fällt unser Blick auf die Reihe herrlicher Pfeifen, jene edlen Trophäen des stolzen Jäger- und Sammlertums, die unserer Höhle erst den wohnlichen Charme des ausgehenden Paläolithikums verleihen. Unser Nachbar aus dem Neandertal folgt unserem Blick (behindert durch seine mächtigen Augenbrauen) und schon schrumpft seine ohnehin ein wenig zu flach geratene Stirn vor lauter Ratlosigkeit noch mehr. »Wie sind Sie dazu gekommen, Pfeifen zu sammeln, Herr Wackermann?«, grunzt er heimtückisch. »Mein Anlageberater hat mir dazu geraten, Herr Speckstein«. Für weitere Fragen haben wir ein schlagkräftiges Argument in der Rechten. Das merkt sogar Freund Flachkopf und hält sich zurück. Trotzdem wissen wir: Wir haben ein Problem, denn unsere Pfeifenleidenschaft genießt keinen Welpenschutz mehr. Es wird Zeit für eine philosophische Offensive.

Sammeln als philosophisches Problem

Zunächst einmal ist das mit den Jägern und Sammlern, von denen wir Pfeifenraucher in direkter Linie abstammen, gar kein Problem. Es trifft tatsächlich auf alle Menschen zu. Jeder sammelt irgendwas: Sprechen Sie mal Ihre Kritiker auf deren vollgestapelte Weinkeller oder überquellende Schuhschränke an, und Sie werden sehr schnell merken, wie dünn der Lack der Zivilisation ist. Wir alle haben unseren keulenschwingenden Vorfahren einige »Ticks« zu verdanken. *Atavismen* nennt man so was und niemand ist frei von ihnen.

Außerdem hat der Vergleich mit den urzeitlichen Vorfahren Grenzen, da nämlich Jäger und Sammler *Wildbeuter* sind. Bekanntlich wachsen Pfeifen aber nicht auf Bäumen, sondern höchstens ihr Rohstoff als Wurzelknollen der *Erica arborea* – und jagen muss man sie auch nur im übertragenen Sinne auf dem Pfeifenmarkt. Einfaches Kaufen reicht normalerweise völlig aus, auch wenn uns die Pfeifenbranche mit ihren limitierten Auflagen von Jahrespfeifen oder ähnlichem Hokuspokus etwas anderes vorgaukeln will. Was unterscheidet schon eine Sommer- von einer Herbstpfeife? Haben Weihnachtspfeifen etwa Zipfelmützen? Es besteht also kein Grund »auf die Pirsch« zu gehen, es sei denn, man ist tatsächlich *Sammler*... oder Schnäppchenjäger...

Nun weiß man aber nur zu gut, was mit dem Vorwurf der urtümlichen Sammelleidenschaft gemeint ist: Es geht ums Anhäufen, Horten, Bunkern und Hamstern als solches. Angesichts der vielen Pfeifen kommt sogar ein Primatenmännchen ins Grübeln. Bleiben wir noch eine Weile in unserer Höhle hocken, rauchen etwas und stellen zunächst die Frage, was »Sammeln« denn nun genau ist.

Es geht hier nicht so sehr um die Psyche (oder Psychopathologie) des Sammlers, der in uns allen steckt. Das ist schnell geklärt: Aristoteles hat dieses Phänomen wunderbar als *Pleonexie* beschrieben, ein griechisches Wort, das man noch am besten mit »den Hals nicht vollbekommen« übersetzen könnte. Wenn wir etwas haben wollen, dann streben wir meist nach Vollständigkeit. Wir möchten am liebsten immer ALLES haben. Und zwar sofort. Wer weiß, wie lange es das, was wir haben wollen, noch gibt. Also nehmen wir, was wir bekommen können. Und noch etwas mehr. Sicher ist sicher. Und um ganz sicher zu gehen, dass man auch wirklich nichts ausgelassen hat, ist eine komplette Übersicht notwendig. Über das, was man hat, und über das, was es gibt. Ordnung muss sein!

Das Sammeln ist eine urtümliche Triebkraft aller ökonomischen Systeme und uns Menschen so eigen, wie der opponierbare Daumen. Enthaltsamkeit vom Sammeln geht nur freiwillig durch asketische Zurückhaltung, etwa aus *Einsicht* oder (wie meistens üblich) unfreiwillig durch *Verbot* oder begrenzte Ressourcen (in unserem Falle Angebot, Geld, Platz und die Androhung ernster Konsequenzen). Bei leidenschaftlichen Sammlern sind diese »Sperren« manchmal verschoben oder gar neutralisiert. Suchtähnliche Zustände können gar bis zur Beschaffungskriminalität führen.

Wird das Sammlerstück zum Kultgegenstand, zum Fetisch, dann kann das Hobby zur Obsession geraten. Das Sammlerstück bestimmt nunmehr den Sammler und nicht umgekehrt. Man könnte auch sagen, dass bei diesem Verhältnis das Steckenpferd dem Reiter die Sporen gibt. Allerdings trifft man bei Pfeifenrauchern nur selten diese extreme Form dessen, was man *morbus collector* nennen könnte. Im Allgemeinen wird höchstens die Stufe der Manie erreicht und selbst die lässt sich mit Balzac noch idealisieren: »Manie ist eine in den Zustand der Idee erhobene Lust.«

Pfeifensammeln ist ein altes und anerkanntes Hobby, immerhin wurden Pfeifen bereits gesammelt, als es noch nicht einmal Briefmarken gab. Das alltägliche Sammeln von Pfeifen unterscheidet sich von vielen Kollektionen allerdings dadurch, dass man die Exponate benutzen kann. Es sei denn, man verlegt sich auf historische Rauchgeräte, also auf die Pfeife als Antiquität. Hier spielen Alter, Größe, Erhaltungszustand, Ausstattung, Material, Seltenheit und Herstellername zentrale Rollen. Übrigens ist beim musealen Pfeifensammeln immer auch von Interesse, wem die historische Pfeife einst gehörte. War der verblichene Raucher eine Berühmtheit, so halten wir eine »Reliquie« in Händen. Und niemand käme allen Ernstes auf die geschmacklose Idee, Albert Schweitzers treue Bent-Rhodesian rauchen zu wollen.

Aus philosophischer Sicht muss Sammeln nicht unbedingt ein aktiver, von einem Sammler begangener Akt sein, es kann auch als natürlicher Prozess verstanden werden. Etwa wenn sich der Staub auf Großonkel Willys Reservistenpfeife sammelt. Oder sich Tabakkrümel am Boden der Pfeifentasche sammeln. Allerdings sammeln sich Pfeifen in unserer Wohnung nicht von selbst an, auch wenn wir manchmal überhaupt nicht erklären können, wo die alle herkommen... Etwas sammelt sich, sagt man, es sammelt sich an und es versammelt sich nicht etwa. Andererseits, was wissen wir schon, was die Dinge machen, wenn wir nicht mehr im Zimmer sind... Worüber sich wohl Pfeifen im Schrank unterhalten?

Ach, Sie meinen, das sei eine recht skurrile Vorstellung? Was spricht denn dagegen, anzunehmen, dass die Gegenstände nur genau dann an ihrem Ort sind, wenn sie jemand beobachtet? Ließe sich eine Welt, in der dies der Fall wäre, von einer anderen Welt, in der die »Gegen-Stände« auch in den Momenten ihrer Nichtbeobachtung »gegenständlich« sind, überhaupt unterscheiden? Und was spräche dagegen, dass sie sich irgendwie anders verhalten, etwa sich unterhalten, während wir mal eben in die Küche gehen? »Gerade, dass alles bei unserer Rückkehr wieder dasteht, als wäre nichts gewesen, kann das Unheimlichste von allem sein«, gruselt sich Ernst Bloch.

Und wer sammelt hier eigentlich wen? Vielleicht suchen sich Pfeifen den Raucher aus und kommen so direkt und unerklärlich zu ihm. Wenn wir schon an diesem Punkt der ontologischen Paranoia sind, wird es Zeit, dass wir einen Augenblick innehalten, um uns zu sammeln. Am besten indem wir die Pfeife neu anstecken. Wir gehen in uns, um Ordnung in die Gedanken zu bringen: Ins Chaos der bloßen Ansammlung kommt die Ordnung eines Systems, die Formulierung von Hypothesen, Thesen und Theorien. Das meiste unseres Wissens beruht nämlich auf mehr oder weniger planmäßigem Sammeln.

Das Sammeln, um das es dabei geht, mag aus dem natürlichen Sammeln hervorgegangen sein, es zeichnet sich aber durch absichtsvolles und zielstrebiges Zusammentragen aus. Das setzt einen ordnenden Blick für das voraus, was es zusammenzutragen gilt. Man muss also einen mehr oder weniger klaren Begriff davon haben, was zusammengehört und inwiefern es zusammengehört. Zum Sammeln gehört also nicht nur das Zusammentragen, es gehört vor allem das Trennen, Ausgrenzen, Bestimmen, Strukturieren, Systematisieren und Katalogisieren. Dies geschieht durch Kategorisierung: Man muss exakt definieren, was dazu gehört und was nicht. Sammeln ist trennen, wie wir seit der Einführung des »Grünen Punktes« lernen mussten. Dies alles verleiht dem Sammler einen leicht pedantischen Zug.

Man sieht, dass der sammelnde Mensch den Dingen eine Ordnung und damit einen Ort im Kosmos gibt, damit er die Welt verstehen kann. Die Ordnung schafft Orientierung, die Verortung weist dabei auch dem Betrachter seinen Ort zu. So versteht er sich selbst besser, indem er die Welt als einen geordneten Kosmos begreift, wo alles seinen Platz hat und Pfeifen nicht miteinander tuscheln. Der geschaffene Mikrokosmos ist ein Abbild des Makrokosmos und das beide Verbindende ist die schöne Ordnung. Das griechische Wort *Kosmos* bedeutet nicht nur (Welt)-Ordnung, sondern auch Schmuck und Zierde.

Aber Sammeln bedeutet noch mehr: In dem Maße, wie durch Entzauberung der Glaube an eine göttliche oder natürliche Ordnung der Welt schwindet, wächst das Interesse an der von Menschen gemachten Ordnung des Sammelns. So wird Sinn gestiftet und souverän mit einer Welt umgegangen, die man ästhetisch erschließt. Sammeln bewahrt nicht nur das, was sonst verloren ginge, es bewahrt auch den Sammler davor, selbst verloren zu gehen. Sammlungen zielen auf Ewigkeit und der Stifter hofft, etwas von der Unsterblichkeit der Sammlung abzubekommen. Wallraf-Richartz Museum, Tate-Gallery, Smithsonian, Museo Borghese, Musée Carnavalet... Wer sammelt, bleibt. Wenigstens dem Namen nach.

Natürlich wünscht sich auch der Künstler in der Sammlung zu verewigen. Rainer Barbi, der Haute Couturier der Pfeifenmacher, gibt unumwunden zu: »Wenn sich der Käufer mit meinem Produkt identifiziert, dann habe ich mein Ziel erreicht. Dann lebe ich nach meinem Tod in diesem Produkt weiter. Ich gebe zu: Pfeifenmachen ist für mich die Suche nach Unsterblichkeit.« Diese Ansicht teilt der Pfeifenkünstler mit Leonardo da Vinci: »Laß dein Werk so beschaffen sein, daß du nach deinem Tode zum Abbild der Unsterblichkeit wirst« – was mit der Mona Lisa leichter sein dürfte, als mit einer noch so perfekten Bent-Rhodesian. Deshalb wird es mancher lieber mit Woody Allen halten: »Ich will die Unsterblichkeit nicht durch mein Werk erringen. Ich will sie dadurch erringen, daß ich nicht sterbe.«

Man muss das Ganze nicht so dramatisch sehen. Sammeln macht Spaß, es bereitet Lust, wenn auch nur sublimierend, wie Balzac feststellt: »Ihr alle, die ihr euch nicht mehr an dem erquicken könnt, was man zu allen Zeiten den Becher der Lust genannt hat, nehmt euch vor, etwas zu sammeln – was es auch sei –, und ihr werdet den Goldbarren des Glücks in kleiner Münze wiederfinden.«

Manfred Sommer hat in seinem Buch *Sammeln – ein philosophischer Versuch* zwei fundamentale Unterschiede hinsichtlich des Sammelns festgestellt. Schauen wir dazu noch einmal unseren haarigen Urahnen zu: Die treffen wir vor allem beim Sammeln von essbaren Früchten und Pilzen. Die leckersten werden mehr oder weniger sofort vertilgt, den Rest packen sie sich ein für später. Daneben werden aber auch hübsche Muscheln und schöne Steine gesammelt, damit man sie sich immer wieder anschauen kann. Sommer leitet aus diesen beiden Sammlungsmotiven das seit Urzeiten bestehende Nebeneinander von *Ökonomie des Verschwindens* und *Ästhetik des Bewahrens* ab.

Sammeln im ökonomischen Sinne (von griechisch *oikos* für Haus, also Hauswirtschaft) ist ein Ansammeln und Einlagern, eine Vorratshaltung, deren Ziel der Verbrauch und damit das Verschwinden des Gesammelten ist. Ein besonders sinnfälliges Beispiel ist unsere Tabak-Sammlung, denn letztlich soll der ganze gehortete Tabak doch irgendwann in Rauch aufgehen. Es ist der Sinn solcher Sammlungen zu vergehen. Man könnte auch einfach von häuslicher Vorratshaltung sprechen, wären da nicht jene Tabakhamster, die im pharaonischen Maßstab für die Ewigkeit einbunkern.

Das führt zur Ästhetik des Bewahrens, bei der der Weg vom Entdecken des Sehenswerten zum Sammeln von Kunst führt. Hier wird nicht verbraucht, sondern behalten. Das Kunstwerk wird dabei nicht bloß angesammelt, sondern bewahrt. Das *ästhetische* Sammeln führt außerdem zusammen, was nur um des »Anschauens« (griechisch *theorein*) willen geschätzt wird. Das Ästhetische ist das Sehenswerte, das Theoretische schlechthin. »Insofern ist der Kunstsammler der Sammler par excellence«, so Manfred Sommer. Was angeschaut werden soll, muss entsprechend ausgestellt, präsentiert und theoretisch erarbeitet werden. Dieses Sammeln ist vorsätzlich, akribisch, professionell, systematisch und strukturiert. Es ist die Vorstufe zur Wissenschaft.

Pfeifenkunde

Die Pfeife scheint nun aber nicht völlig in Sommers Kategorien zu passen, sondern beide nahezu dialektisch in sich aufzuheben. In die Ökonomie des Verschwindens gehört zweifellos der Tabak, für den die Pfeife lediglich ein *Werkzeug* des Verbrauchs darstellt. Nur der Pfeifentabak löst sich beim Rauchen in blauen Dunst auf. Trotzdem geht das »Tabakverbrennen« nicht spurlos an der Pfeife vorbei. Bei jedem Rauchen lagern sich Kondensate in der Pfeife ein, was irgendwann zwangsläufig zur Sättigung des Holzes führt. Eine gesättigte Pfeife kann man nicht mehr mit Genuss rauchen, sie ist verbraucht. Jedes Rauchen trägt also doch zum »Verschwinden« der Pfeife im Sinne eines Verbrauchs bei. Im Laufe der Jahre setzt eine gut gepflegte Pfeife Patina an, sie reift wie ein guter Wein – bis auch sie »umkippt«. Sie kann dann aber immer noch ausgestellt werden, wie eine Flasche Wein aus dem Besitz Napoleon Bonapartes, die heute auch niemand mehr trinken wollte.

Deutlich unterschieden haben Pfeifenraucher nichts mit dem rein anhäufenden Sammeln zu schaffen, bei dem nur möglichst viel Gleiches zusammengetragen wird, und das mitunter pathologische Züge aufweist. Eine Form des Sammelns übrigens, die Pfeifenrauchern von unbedarften Zeitgenossen leichtfertig unterstellen wird, weil sie einfach nur eine große Anzahl Pfeifen sehen. Die Unterschiede sind dem pathologischen Anhäufer völlig gleichgültig, dem Pfeifensammler aber gerade nicht. Kein Pfeifenraucher würde der Menge wegen Pfeifen kaufen, denn er weiß die großen wie kleinen und insbesondere die feinen Unterschiede zu schätzen. Im Detail zeigt sich der Kenner und versagt der Dilettant.

Jede Pfeife ist ein Unikat, eine Kombination aus natürlichem Rohstoff und handwerklicher Kunst. Selbst industriell gefertigte Pfeifen, bei denen die Kopierfräsen auf den Maserungsverlauf keinerlei Rücksicht nehmen, sind, jede für sich betrachtet, einzigartig – sieht man von den bunt lackierten Fancy-Pfeifen ab, wo eine wie die andere aussieht, weil die natürlichen Unterschiede bunt überkleistert wurden. Dies mag auch der Grund sein, warum sich die so genannten Kunststoffpfeifen aus *Pyrolit* nicht durchsetzen konnten. Es sind bloß funktionale Rauchgeräte ohne jeden Charakter, seelenlose Tabakbrenner, auf die das schreckliche Wort *unkaputtbar* für PET-Flaschen zutrifft.

Das *ästhetische* Sammeln differenziert das Zusammentragen von Gleichem von vornherein sehr sorgfältig durch Betrachtung und Beachtung der sich zeigenden Unterschiede. Hier fühlen sich Pfeifenraucher schon eher verstanden. Genaue Kenntnisse über den eigenen Bestand der Sammlung und das Angebot des Marktes zeichnen den echten Pfeifen-Kenner aus. Verwaltungsprogramme für Pfeifen und Tabake tummeln sich auf der Festplatte seines Computers, Fachbücher und einschlägige Zeitschriften stapeln sich in seinen Regalen, und die Kataloge des Versandhandels flattern aus den fernsten Regionen zu ihm ins Haus. »Es gilt das Augenmerk dessen, der *ästhetisch* sammelt, vor allem dem, wodurch das eine Objekt, Gleichheit vorausgesetzt, sich von andern doch noch unterscheidet.«

Jeder Pfeifenraucher kennt das, was Manfred Sommer hier anspricht, etwa wenn man als familiäre Kaufberatung gesagt bekommt: »So eine Pfeife hast Du doch schon.« Sicher, es mag ja durchaus schon eine Bulldog-Form vorhanden sein (immerhin: gut erkannt), auch stimmt die Färbung in etwa (na ja, seien wir nicht kleinlich), aber diese Pfeife hier ist deutlich größer, kräftiger, eben bulliger, und außerdem hat sie einen Silberring; die Maserung ist superb und überhaupt wäre es toll, von diesem Pfeifenmacher ein Modell zu besitzen. Eigentlich ist es so eine Pfeife, wie man sie schon lange gesucht hat, und sie geht deutlich in Richtung *ideale* Bulldog. Das sind die Kriterien, nach denen der Kenner abwägt und die dem Laien erst nahe gebracht werden müssen.

Hier haben wir es aber noch mit einem anderen, weitaus komplizierteren Problem zu tun: Wenn jemand eine Pfeife kauft, macht er das nun mit der Absicht zu verbrauchen oder wird er sorgfältig differenzieren und behutsam präparieren? Das heißt letztlich: *Konsumieren versus Konservieren.* Schnöde Ökonomie oder hehre Ästhetik. Oder läuft das alles doch eher unter »intellectual snobbery«? Und warum sammelt man nicht französische Taschenmesser, englische Füllfederhalter oder Schweizer Uhren? Ach, auch...

Eine Pfeife wird *überwiegend* nach ästhetischen Gesichtspunkten ausgewählt, da die Funktionalität stillschweigend unterstellt werden kann, zumindest in einem guten Fachgeschäft. Trotzdem ist die Kaufsituation nicht so eindeutig, wie es zunächst scheint. Ökonomisches und ästhetisches Interesse treten verwickelt, um nicht zu sagen untrennbar verknäult, auf.

Etwas übersichtlicher ist die Situation, wenn wir, weil wir unsere Pfeifentasche bei Reiseantritt vergessen haben, in einem dubiosen Laden eine eher preiswerte Gebrauchspfeife aus schauerlicher Lagerhaltung auszuwählen gezwungen sind. Wo wir noch als unbedarfte Pfeifennovizen problemlos aus dem übersichtlichen Zehn-Pfeifen-Sortiment einen »Tabak-Terminator« ausgesucht hätten, haben wir heute als gestandene Pfeifenfüchse »Bauchschmerzen« wegen der vielen Mängel. Zu viele »Wenn« und »Aber«, und so entschließen wir uns, lieber gar nicht zu rauchen als aus so einer Zumutung. Keine Kompromisse!

Bleibt die Frage, ob hierbei nun die Ästhetik über die Ökonomie siegt oder die Entscheidung letztlich nicht doch wieder ökonomisch motiviert ist, wegen der leidvollen Erfahrung, dass ganz billig oft ganz teuer wird. Wir haben unsere Lektion als Homo Oeconomicus gelernt.

John Ruskin, der große englische Sozialphilosoph des viktorianischen Zeitalters, hat diese Erfahrung auf den Punkt gebracht, als der Massenkonsum gerade aufkam: »Es gibt kaum etwas auf dieser Welt, das nicht irgendwer ein wenig schlechter machen und ein wenig billiger anbieten könnte, und die Menschen, die sich nur am Preis orientieren, werden die gerechte Beute solcher Machenschaften.« So greift der Kenner zum hochwertigen Qualitätsprodukt, weil er es sich wert ist – und natürlich auch, weil er es sich leisten kann.

Wer nur auf das bloße Anhäufen und Konsumieren aus ist, achtet nicht auf Nuancen oder hat noch keine ausreichenden Kenntnisse von den Unterschieden. Man könnte auch von Anschauungs- und Erfahrungsdefiziten sprechen. Erst wenn der Konsum zum Genuss wird, ändert sich auch auf dieser Seite der Skala etwas. Das Ästhetische hält Einzug in den Konsum. Wir kultivieren unseren Geschmack und verbrauchen nicht bloß irgendetwas. Wir, die wir es besser wissen, schämen uns nun, mit so einem Kocher »aufzutreten« – und zwar nicht so sehr vor anderen, als vielmehr vor uns selbst. Wir wollen uns in unseren Ansprüchen an uns selbst ernst nehmen, und wir messen uns daran, wie sehr wir uns darin wieder finden. Wieder einmal bewahrheitet sich die alte Paradoxie des Daseins: Ohne Opfer kein Luxus.

Hier liegt der entscheidende Punkt: Eine rein konsumtive Haltung entspricht nicht mehr unserem gewachsenen Selbstverständnis. Was dem Pfeifenanfänger noch Spaß gemacht hatte, lässt den fortgeschrittenen

Genießer erschaudern. Es ist eben alles etwas komplizierter und teurer, aber auch besser geworden, wenn man erstmal auf den Geschmack gekommen ist. Geschmack ist sicherlich eine Frage der Erfahrung, aber auch die Erfahrung ist eine Frage des Geschmacks.

Wer als Wildbeuter eine wirklich schöne Pfeife erworben hat, will sie zeigen, will *sich* mit ihr zeigen. Stolz wird die »Trophäe« zuhause oder unter Gleichgesinnten herumgereicht. Man dürstet nach Anerkennung, und hofft, dass die Peergroup in der Wohnhöhle die Beute auch entsprechend würdigt. Man fiebert dem Einrauchen entgegen, ein Vorgang, der technisch gesehen zwar nicht mehr unbedingt nötig ist, aber die Inbesitznahme der Pfeife zelebriert. Kaufen allein reicht nicht. Die Pfeife wird durch Rauchen *einverleibt*. Es beginnt mit dem Einrauchen der lange Prozess des Verbrauchens.

Bei den meisten Pfeifenrauchern stehen im Pfeifenhangar mindestens zwei oder drei Pfeifen (in der Regel Meerschaumpfeifen), die so schön oder kostbar sind, dass sie noch nie geraucht wurden und quasi als Ausstellungsstücke behandelt werden. Bei meinen beiden habe ich den Eindruck, dass ich zwar deren Eigentümer, aber (noch) nicht deren Besitzer bin. Pfeifen, die man nicht raucht, sind bloße Exponate und insofern sterile Ausstellungsstücke, reine Ästhetik des Bewahrens; sie gehören uns, aber sie gehören nicht zu uns.

Hier zeigt sich eine weitere Facette des durchschnittlichen Pfeifensammlers: Seine Pfeifen sollen nämlich nicht steril sein. Die, die wir besitzen, sagen uns etwas. Und sie sagen etwas über uns. Manchmal aber nur uns. Es ist nämlich nicht nur so, dass es hierbei um die Dinge in der Welt geht, sondern auch um die Welt, die an den Dingen hängt. Und dabei geht es nicht um irgendeine Welt, wie es nicht um irgendein Ding geht. Es handelt sich um uns und unsere Pfeife als eines Kerbholzes der Erinnerung. Da kann eine Pfeife unvermutet wichtig werden. »Schließlich«, so Don DeLillo, »ist jede unserer Erinnerungen vor allem eine an uns selbst. Wenn die Erinnerung als ein Erlebnis Risse hat, ist das ein Bruch in der Kontinuität des Ichs.« Es mag für andere völlig uninteressant sein, was diese unscheinbare alte Pfeife mit dem gerissenen Holm zu erzählen hat. Dem, der zuzuhören versteht, ist sie aber lieb und teuer.

Eine langjährige Gebrauchspfeife gehört in besonderer Weise zu uns, unsere Pflege hat sie die vielen Jahre überstehen lassen. Sie ist irgendwie ein Teil von uns geworden. Solche Pfeifen sind nicht nur durch uns, sondern auch mit uns »gesättigt«. Wie Sherlock Holmes schon Dr. Watson erklärt: »Pfeifen sind gelegentlich von außergewöhnlichem Interesse. Nichts ist persönlicher, vielleicht mit Ausnahme von Uhren und Schnürsenkeln.«

Zählt nun der Pfeifengenuss zur Ökonomie des Verschwindens oder doch zur Ästhetik des Bewahrens? Es ist tatsächlich eine Frage der Perspektive. Betrachtet man die Pfeife als Gerät zur Tabakverbrennung, fällt sie als sich abnutzender Gebrauchsgegenstand unter die Ökonomie des Verschwindens. Sieht man aber in derselben Pfeife einen künstlerischen Gegenstand, ein Unikat aus herrlichem Rohstoff und bezaubernder Form, so gehört sie zur Ästhetik des Bewahrens. Also gehört die Pfeife *auch* in den Rahmen des ästhetischen Sammelns. Vor allem dann, wenn der Pfeifenraucher über viele schöne Pfeifen verfügt, verbindet jede Pfeife beim Rauchen Sammeln und Sich-Sammeln zur Ästhetik des Bewahrens. »Es ist das Verlangen nach dauerhafter Gegenwart all der wunderbaren Dinge, die zu sehen uns beglückt. Das ist Selbsterhaltung im Modus und im Medium der Anschauung«, so Manfred Sommer.

Das macht die Pfeife zu einem idealen Gegenstand des Sammelns. Man gebraucht, ohne nennenswert zu verbrauchen. Ja, mehr noch: Der Verbrauch des Tabaks veredelt den Gebrauch der Pfeife. Das für das Rauchen der Pfeife Wesentliche liegt nicht allein im Tabak, sondern in der Kruste, die *wir* durch Rauchen im Pfeifenkopf aufbauen. Damit hat der Pfeifenraucher teil am Schöpfungsprozess des Kunstwerks, das er zwar in seiner Ursprünglichkeit nicht gemacht hat, aber durch Nutzung gänzlich aneignend verändert, transformiert, indem er es prägt und damit erst die Intention des Künstlers verwirklicht, indem er das Kunstwerk verinnerlicht. Wir werden uns im nächsten Kapitel mit diesem Phänomen eingehend beschäftigen.

Nun gibt es Pfeifensammler, bei denen *allein* der ästhetische Aspekt im Vordergrund steht: Zum Beispiel Nichtraucher, die unermüdlich die verschiedensten Pfeifenformen aus den unterschiedlichsten Epochen zusammentragen und ausgefeilte Systeme anlegen. Solche Sammlungen tendieren, wie übrigens fast alle Sammlungen, zum Wuchern, und mit ihnen wächst der talentierte Sammler über sich selbst hinaus und wird zum Erbauer einer eigenen Welt: der des Hobbys.

Hier kommen wir zu einem etwas peinlichen Thema: Kaum ein Begriff ist derart altväterlich, »prall seelenvoller Betulichkeit« und so weit jenseits des Lifestyle angesiedelt wie der des Hobbys. Alte Sabbergreise haben Hobbys, wenn sie im Keller an ihrer kleinen Welt bosseln, weil die junge Erlebniswelt ihnen verschlossen ist. Heimwerker reiten ihre Steckenpferde, Pedanten tragen kleinlich zusammen und langweilen mit ihren Schrullen ihre Umwelt zu Tode – und rauchen Pfeife. Wie uncool!

Manche Analytiker der Freizeitkultur glauben sogar, dass es sich hier um eine reine Männerdomäne handelt – der Psyche wegen. Man ahnt schon, was daraus für Theorien folgen: »Das Hobby«, so Dietrich Schwanitz, »ist der Ersatz des stummen Inneren der Männer. Dort wird es zum Sprechen gebracht. Dort findet es die Sprache des Bastelns. In seinem Hobby artikuliert sich das Unterbewußte des Mannes.« Der ganze Kerl definiert sich über die Dinge und nicht über soziale Beziehungen, wie angeblich die Frauen. Oh Gott, wir rauchen und sammeln Pfeifen nur aus Artikulationsnot, aus Sucht nach Sicherheit und Willen zur Kontrolle! Unsere Pfeifensammlung aus Marken- und Designerpfeifen ist demzufolge nur ein beruhigendes Abbild der Ordnung. Ein Spielplatz für große Jungs. Und TV-Soaps wie *Ally McBeal*, *Sex in the City* oder *Desperate Housewives* sind wohl nur deshalb bei weiblichen Fernsehzuschauern so beliebt, weil sich hier niemand über Designer-Dinge definiert und alle problemlos miteinander kommunizieren.

Nun wird man einräumen müssen, dass sich so mancher Pfeifenraucher tatsächlich differenzierter über die Feinheiten der Pfeifenkunde ausdrücken kann als über seine Gemütslage. Wozu auch, wird der meinen: »Eine Pfeife sagt mehr als tausend Worte.« Rechnet man so, stehen ganze Romane im Pfeifenschrank. Aber all das nützt natürlich nichts. Noch einmal Schwanitz, der nun bezeichnenderweise das Verhältnis von Mann und Frau dem des treuen Hundes mit seinem Frauchen gleichsetzt: »Da er nicht sprechen kann, legt er ihr einen Knochen auf den Bettvorleger. Das ist seine Sprache der Innerlichkeit. Das Frauchen aber versteht ihn nicht und schimpft, er versaue ihr den Teppich. Darauf verschwindet der Hund mit eingezogenem Schwanz im Keller und nagt am Knochen seines Hobbys.« Paff-paff kommen die Tabakswolken aus dem Keller.

Dieser Theorie zufolge pflegen Frauen *naturgemäß* keine Hobbys. Sie haben ja eine Innenwelt und es gibt für sie angeblich nichts Schöneres, als darüber ausführlich zu reden. Deshalb *brauchen* sie gar keine Hobbys – und wenn, dann nur, um Männer kennen zu lernen. Also Vorsicht vor Pfeifenraucherinnen! So jedenfalls Schwanitz, der, selbst wenn man ironische Überzeichnung und satirische Absicht unterstellt, reichlich abgestandene Klischees präsentiert. Hobbys können heute nämlich jeden treffen. Jawohl meine Damen: Das nennt man Emanzipation!

Unter einem Hobby versteht man eine Beschäftigung, der man in seiner Freizeit nachgeht aus Liebhaberei, Interesse oder als Kontrast zur beruflichen Tätigkeit – so weit das Lexikon. Als Hobbys gelten das Anlegen von Sammlungen, Werken, Handarbeiten, sportliche Aktivitäten usw. Früher waren Hobbys auf Wohlhabende beschränkt, heute hingegen verfügen viele Menschen über die notwendige Freizeit und die finanziellen Mittel, um neben ihrem Beruf noch andere Interessen zu pflegen.

Sogar auf den zweiten Blick finden sich keine geschlechtsspezifischen Unterscheidungen. Wo man sich in den Familien die Arbeit teilt, finden alle Zeit für Hobbys. Rosenzüchten, Tennisspielen, Briefmarkensammeln, Pfeifenrauchen – was für Lords, Ladies und skurrile Gentlemen als »Leisure Activities« gut war, wird uns doch wohl billig sein. Und wenn‘s Sportrauchen ist. Wer mag, kann freimütig alte Maserholzpfeifen sammeln, im Heimwerkerkeller Freehands schnitzen, hingebungsvoll Porzellanpfeifen restaurieren oder olympische Ringe Rauchen. Das sind zwar für den durchschnittlichen Pfeifenliebhaber eher Sonderformen der Pfeifenlust, aber sie sind nicht weniger respektabel als der aktive Pfeifendienst.

Der »durchschnittliche« Pfeifenfreund spricht selten vom Pfeifenrauchen als seinem Hobby. Er hat zwar eine ganz ansehnliche Zahl Pfeifen gesammelt, aber darunter sind selten historische oder kuriose Exponate. Pfeifenraucher wollen Pfeifen auch rauchen. Historisches bestaunen sie im Allgemeinen in den Vitrinen der Museen, die sie auf ihren Reisen besuchen, und schätzen sich schon glücklich, wenn sie ein solche Pfeife in die Hand nehmen dürfen, um sie durch Anfassen besser begreifen zu können. Bei solchen Pfeifen ist es unstrittig, von der *Ästhetik des Bewahrens* zu sprechen, handelt es sich doch bei ihnen ausschließlich um künstlerische Ausstellungsstücke, historische Artefakte und damit rein *museale* Exponate. Schön zu sehen, aber nichts für den Hausgebrauch.

Bei unseren ganz »normalen« Pfeifen scheint es wirklich unsere jeweilige Einstellung zu sein, die sie zu dem machen, was sie *uns* sind. In der Regel werden wir der Ökonomie des Verschwindens unterworfen rauchen, für uns aber die Ästhetik des Bewahrens *beanspruchen*. Schauen Sie nur einmal nach, wie sie Ihre Pfeifen aufbewahren. In einer Schublade? Irgendwo lose im Schrank oder durcheinander gewürfelt in einem alten Schuhkarton? Überall in der Wohnung achtlos verstreut? Alles Ökonomie des Verschwindens. In Pfeifenständern aufgereiht im Bücherregal? In einem repräsentativen Pfeifenschrank oder einer Glasvitrine ausgestellt? Ästhetik des Bewahrens. Ist das wirklich so einfach? Entfalten nicht auch die bloßen Vielraucher um das Pfeifenrauchen einen gewissen unorthodoxen Charme des Ästhetischen? Das Pfeifenrauchen ist immer auch der Kultur der Achtsamkeit verbunden.

Werfen wir noch einen kurzen Blick auf das Pfeifenrauchen als *Wissenschaft*, denn die Wissenschaft ist nicht nur aus dem Sammeln entstanden, sie hat das Sammeln auch perfektioniert und professionalisiert.

Pfeifenwissenschaft

Wer sagt »Pfeifenrauchen ist eine Wissenschaft für sich«, der meint, dass es mit bestimmten, teilweise schwierigen oder wenigstens eigenwilligen Regeln verbunden ist und von Außenstehenden nicht so ohne weiteres verstanden wird. Und man sollte sich schon etwas intensiver und ernsthafter damit auseinander setzen. Der ganze Ausspruch kann aber auch ironisch gemeint sein, in dem Sinne, dass da jemand einen ziemlichen Zinnober um eine reichlich banale Sache macht.

Wissenschaft, das klingt nach begrenztem Zugang, geschlossenen Zirkeln, exakter Fachsprache, anerkannten Fachleuten mit Sachkunde und Fachmeinungen, Forschungsgebieten mit Forschungsergebnissen und einschlägigen Publikationen. Na, scheint doch alles auf das Pfeifenrauchen zuzutreffen, zumal wir dies ja gerade in einem Buch über die Philosophie des Pfeifenrauchens lesen und die Früchte wissenschaftlicher Beschäftigung vom Baum der Erkenntnis ernten. Aber was soll das Ganze?

Man kann natürlich auch sagen, dass alle Tabakspfeifen im Wesentlichen ein Merkmal haben: Man kann mehr oder weniger gut aus ihnen rauchen. Der Rest ist Design. Fertig! Das geht natürlich auch und solche unprätentiösen Pfeifenraucher halten es mit einer der wichtigsten Grundregeln des Gentlemans: Keep it simple.

Den meisten Menschen ist dieser Komplexitätsgrad jedoch nicht ausreichend und so gestalten sie die ganze Sache noch um Einiges delikater. Man führt eine minutiöse Unterscheidung in *Baugruppen* ein (Pfeifenkopf, Holm, Mundstück, Biss, Rauchkanal, Brennkammer, Filterkammer etc.), differenziert *Formen* (Shapes, Mundstücksformen, Bissformen), *Materialien* (Bruyère, Meerschaum, Ton, Ebonit, Acryl), *Maserungen des Holzes* (straight grain, cross grain, birds eyes, flame grain), *Oberflächenstrukturen* (glatt, gebürstet, sandgestrahlt, rustiziert), *Farben* und *Applikationen.* Hinzu kommen noch Markenzeichen, Verarbeitungsqualität und Ausstattung. Schon haben wir eine *Fachsprache*. Lichtenberg, der geistreiche Erfinder ausgefallenster Forschungszweige wusste, »wie bald man mit der Entwicklung einer Wissenschaft fertig ist, wenn man einmal die Kunstwörter weg hat.«

Die Ansprüche der Raucher, die Kreativität der Pfeifenmacher und der Geschäftssinn der Branche haben die Zahl der Formen und die Gestaltungsweisen von Pfeifen nahezu unbegrenzt und unüberschaubar werden lassen. Und siehe da: schon lassen sich klassische Grundformen beschreiben, die auf historische »Urformen« (Billiard und Bent) zurückgehen und aus denen sich die schier unglaubliche Vielfalt der Varietäten entwickelt hat. Jedes »ordentliche« Pfeifenbuch führt eine Liste der verschiedenen Formen und Namen auf. Technische Risszeichnungen und Abbildungen der geläufigsten Grundformen runden das Ganze als *Fachbuch* ab. Und die Autoren gelten wegen ihrer *Fachkenntnisse* als *Fachleute.*

Nun handelt es sich bei dieser Fachsprache und deren Anwendung nicht wirklich um ein Zeichen von Wissenschaftlichkeit. Die im Pfeifenkreis gepflegte Fachsprache ist die des Handwerks, also der Technik. Experimentelles Rauchen, Brennwertberechnungen, Befeuerungstechnik, Zugwiderstandsermittlung: All das würde bestenfalls in die Ingenieurwissenschaften führen. Wo bleibt da die Suche nach der *Wahrheit*; ist in diesem Sinne eine Pipologie als *Wissenschaft* möglich und wie steht‘s um die *Forschung*?

Zunächst ist Wissenschaft als solche eine kulturelle Leistung. Es ist das nach Prinzipien geordnete Ganze der Erkenntnis, der sachlich geordnete Zusammenhang von wahren Urteilen, wahrscheinlichen Annahmen (Hypothesen, Theorien) und möglichen Fragen über das Ganze der Wirklichkeit. Zentral ist dabei das systematische und methodische Vorgehen: zergliedernd in der Analyse vom Ganzen in seine Teile, zusammensetzend in der Synthese aus den Einzelteilen zum Ganzen – immer das eine am anderen kritisch prüfend. Der Wissenschaftler sammelt Wissen wie der Pfeifenraucher Pfeifen.

Wissenschaft ist das Sammeln methodischer, systematischer, exakter und allgemeingültiger Erkenntnisse; eine Sammlung, die allein auf Wahrheit und Wissenszuwachs abzielt. Und hier zeigen sich die Grenzen zu unserer Pfeifenleidenschaft. Die Wissenschaft als Verknüpfung von Erkenntnissen ist ein Zusammenhang von wahren Sätzen und dieser Zusammenhang ist dadurch bestimmt, dass die Sätze nicht einfach nebeneinander stehen, sondern sich gegenseitig begründen. Man kann einfacher sagen: *Wissenschaft schafft Wissen.* Nicht Meinung, Anschauung oder Glauben, sondern Gewissheit.

In diesem Sinne kann man also nur noch bedingt von einer *Pfeifenwissenschaft* sprechen. Das Ganze scheint nun doch sehr übertrieben. Andererseits kann man aber festhalten, dass das Pfeifenrauchen wissenschaftlich untersucht wird. Angesprochen sind hier nicht nur Betriebswirte, Botaniker, Psychologen und Mediziner, sondern auch Ingenieure, Historiker und vor allem Kunst- und Kulturwissenschaftler: So gibt es einen wissenschaftlichen Arbeitskreis zur Erforschung der Tonpfeifen, einen internationalen und interdisziplinären Zusammenschluss von Neuzeitarchäologen, Völkerkundlern, Wirtschafts- und Kulturhistorikern, die seit einigen Jahren in regelmäßigen Abständen eine wissenschaftliche Zeitschrift (*Knasterkopf*) herausgeben, Vortragsveranstaltungen und Tagungen organisieren. Hier wird die Pfeife zum Forschungsgegenstand wie jeder andere auch.

Zu welchen pseudowissenschaftlichen »Blüten« die Pfeifenwissenschaft jedoch auch getrieben werden kann, zeigt das Beispiel des universalgelehrten Pfeifensammlers Oscar Amedée Baron de Watteville du Grabe (1825-1901), über dessen *Tabakspfeifen-Ethnologie* der Pfeifenhistoriker Ernst J. Kläy vom *Bernischen Historischen Museum* berichtet, dass der Wahlspruch des wackeren Pfeifenforschers frei nach

Paracelsus lautete »Sage mir, was du rauchst, und ich sage dir, wer du bist.« Natürlich geht es nur um Pfeifenraucher.

Watteville klassifiziert die Menschheit anhand ihrer Tabakpfeifen, wobei er die Klischees über die so genannten Naturvölker, wie sie im kolonialistischen Europa verbreitet waren, aber auch die Vorurteile gegenüber den unmittelbaren Nachbarvölkern ausgiebig pflegt. Sechs Lehrsätze leitet der Pfeifen-Enzyklopädist aus seiner großen Pfeifensammlung ab.

Der erste Lehrsatz lautet: »Die Pfeife ist ein Charakteristikum des jeweiligen Volkes, Zigarre und Zigarette sind dagegen kosmopolitisch.« Eine kühne Argumentation. Wenn man aber große Pfeifenhersteller befragt, berichten diese tatsächlich von einer Vielzahl nationaler Besonderheiten, die sie beim Export ihrer Produktpalette in die unterschiedlichen Länder beachten müssen. Der Zusammenhang von Filterpfeifen und saucierten Tabaken ergibt große Pfeifen mit mindestens mittlerem Füllvolumen für den deutschen und österreichischen Markt. Angelsächsische Länder bevorzugen schlanke kleinköpfige Pfeifen ohne Filter. Bei den Tabakpreisen kein Wunder! In den Vereinigten Staaten raucht man sehr gern Giants (Everything is big in USA!), in Japan ist small beautiful. Die Franzosen mögen es eher schlicht, die Dänen opulent, die Italiener ausgefallen...

So scheint auf den ersten Blick doch etwas an Wattevilles Überlegungen zu sein, den Pipero national zu bestimmen, während es der Aficionado eher mit den Produkten der Globalisierung hält. Was Letzterer natürlich bestreiten wird: Riesenformate raucht man in den USA, bei uns sind Robustos sehr beliebt, der Niederländer raucht gern Zigarillos, ganz zu schweigen von den unterschiedlichen Tabakvorlieben.

Doch halten wir all dies einmal für zugestanden: Da es sich bislang nur um Rauchgewohnheiten handelt, ist das Ganze ja noch relativ harmlos und unverbindlich, doch Watteville will nicht nur der Linné, sondern gleich der Lavater der Pfeife sein. Seine Argumentation zielt auf eine *Physiognomie der Pfeife* im nationalen Maßstab, wie bereits der zweite Lehrsatz zeigt.

»Die Aktivität eines Volkes ist umgekehrt proportional zur Länge der Mundstücke ihrer Pfeifen.« Daraus folgert der Pfeifenforscher flugs drittens: »Je kürzer die Pfeifen, desto fleißiger ist das Volk.« Als Beispiel dienen hier die kurzen Shagpfeifen der fleißigen französischen Arbeiter und Seeleute. Im Gegenzug gilt wenig überraschend viertens: »Je länger die Pfeife, desto fauler ist das Volk.« Hier dienen die langen türkischen Tschibuk- und Wasserpfeifen als Beispiel, da man diese nur im Liegen rauchen kann, ja sogar eines Dieners zum Entzünden bedarf.

Der fünfte Lehrsatz ist bereits eine Art Fazit: »Je kürzer die Pfeife, desto wirtschaftlicher das Volk« und im Gegenzug gilt sechstens, »Je verschwenderischer ein Volk im Rauchen ist, desto gefräßiger und größer ist der Pfeifenkopf.« Damals rauchte man in Deutschland noch mächtige Gesteckpfeifen mit monströsen Pfeifenköpfen!

Der Betrachter ist nun in der Lage, anhand der Pfeifenrohr- oder Schlauchlänge sowie der Größe des Pfeifenkopfs mit Leichtigkeit die Fleißigen von den Faulen, die Sparsamen von den Verschwendern, die Agilen von den dumpfen Brütern zu unterscheiden, wenn er es nicht vorzieht, den Tabak und die Raucher insgesamt ins Pfefferland zu wünschen und die Menschheit grundsätzlich in Raucher und Vernünftige einzuteilen »parce que la pipe n'est pas, ce qu'un vain peuple pense.«

Das aus heutiger Sicht Erheiternde an Wattevilles Pipologie ist die groteske Ernsthaftigkeit des »Forschers«. Bar jeder Selbstironie (und Selbstkritik) verfolgt er seine »Wissenschaft« und verteidigt sie zäh gegen alle Einwände. Das Ganze hat tatsächlich etwas vollkommen surreales. Nicht von ungefähr finden wir Wattevilles Ideen dann auch bei dem großen Maler des Surrealismus René Magritte neu aufgelegt. Magritte spielt aber im Gegensatz zu Watteville ganz bewusst mit dem Thema Pfeifenrauchen als Wissenschaft, um das gängige Wissenschaftsbild als selbstgefällige Ikone zu entlarven. Er gestaltet einen Pfeifenplan, der die Pseudowissenschaftlichkeit einer so genannten Pfeifenwissenschaft offenbart. Allein schon die Terminologie scheint grotesk. Das Banale wird durch die groteske Inszenierung offensichtlich.

Nun kann man dem Pfeifenrauchen jeden Rang der Wissenschaftlichkeit absprechen, denn im Gegensatz zur echten Wissenschaft fehlt ihm jede Strenge, die peinlich genaue Systematik und vor allem die Allgemeingültigkeit. Außerdem ist die so genannte Wissenschaft von der Pfeife jedem zugänglich, wenn er nur über die Fähigkeit zum Tabakgenuss verfügt. Aber stehen nicht alle Wissenschaften grundsätzlich jedem offen, der über die entsprechenden Fähigkeiten verfügt? Wir lernen daraus, dass allgemeine Äußerungen über die Wissenschaften unversehens banal werden. »Man merkt leicht, daß auch kluge Leute bisweilen faseln«, spottete schon Kant über verschiedene Versuche in der Wissenschaftstheorie.

Bleibt jenseits aller Trivialität immer noch die Frage, ob Pfeifenraucher tatsächlich jene Jäger und Sammler sind, die ihrem Trieb zum Sammeln folgen, weil es sie eben treibt – sei es nun zum Verbrauch oder zur Bewahrung. Sind Pfeifenraucher nicht doch leicht verrückte Snobs, die ihre Leidenschaft und Pedanterie manchmal übertreiben, indem sie das Pfeifenrauchen zur Pseudowissenschaft erheben? Die Antwort fällt letztlich leicht: Man sollte es wie Laurence Sterne halten, »der sein Steckenpferd mit so viel Wonne bestieg, und das ihn so artig trug, daß er sich äußerst wenig Kopfzerbrechen darüber machte, was die Welt darüber sagte oder dachte.«

Zum Weiterlesen empfehle ich
Rolf Joachim Rutzen, *Pfeifen, Die Pfeifenmacher der Welt, Marken und Modelle*, Heyne Verlag, München 1999 – weil dieses Buch jedes Sammlerherz höher schlagen lässt. Wer mehr zu absurden Wissenschaften lesen möchte, greife zu Giorgio Celli, *Der letzte Alchemist, Betrachtungen über Komik und Wissenschaft*, Suhrkamp Taschenbuch, Frankfurt am Main 1989. Mit der hohen Kunst wissenschaftlicher Argumentation spielt Christopher Buckley in seinem Roman *Danke, daß Sie hier rauchen*, Fischer Taschenbuch, Frankfurt am Main 1998. Übrigens ist auch die Verfilmung sehenswert.

Kapitel 11
Die Pfeife als Kunstwerk

In dem wir Pfeifen wie Blumenvasen behandeln, Verehrungsdeponien besichtigen, zum Künstler werden, an einem Pfeifen-Happening teilnehmen und aufs Polizeirevier müssen.

Kunst oder nicht – das ist hier die Frage. Nun ja, jede Pfeife sei ein *Kunstwerk*, sagt man. Ein Kunstwerk, das alle Sinne anspricht und zu begeisterter Beschäftigung auch über das bloße Rauchen hinaus einlädt. Dabei steht die Pfeife (und erstaunlicherweise nicht der Tabak) im Zentrum der Aufmerksamkeit. So spricht man vom »Pfeifenrauchen«, obwohl man natürlich Tabak raucht und keineswegs beabsichtigt, eine Bruyère-Pfeife zu ruinieren.

Das Pfeifenrauchen selbst bezeichnen die meisten Pfeifenraucher ebenfalls als Kunst, allerdings beziehen sie dies meist auf den richtigen technischen Ablauf. Das Handwerk des Rauchens will gelernt sein. Wir sahen bereits, dass darüber hinaus die Kunst des Pfeifenrauchens auch und gerade als Sonderfall der *philosophischen Lebenskunst* verstanden werden kann.

Betrachtet man das Pfeifenrauchen aus Sicht der *philosophischen Ästhetik*, bieten sich drei Ansatzpunkte: Da ist zuerst die Pfeife als künstlerischer Gegenstand, als *Skulptur*. Zweitens kann man das Pfeifenrauchen selbst als eine künstlerische Handlung begreifen und es zum *Kunstwerk* erklären. Drittens kann aus *kunsthistorischer Perspektive* die Darstellung der Pfeife in der Kunst untersucht werden. Beginnen wir mit dem Nahe liegenden, mit der Pfeife in unserer Hand.

Pfeifenkunst

Das Bruyèreholz als Rohstoff birgt herrliche Maserungen und die Verarbeitung durch den Pfeifenmacher gibt immer wieder Anlass zur Bewunderung. Keine handgemachte Pfeife gleicht der anderen in Form, Finish, Phantasie. Überhaupt gibt es an *jeder* Pfeife so viel zu entdecken und ich rede hier nicht von Spots und Kittstellen. Alle Pfeifen, sogar die industriell gefertigten Serienpfeifen, haben ihre eigene »Ästhetik«.

Bei dem Stichwort »Ästhetik der Pfeife« fallen uns also zunächst Fragen des Designs, der Ausgewogenheit der Formgebung, der Materialgestaltung und der Handhabung ein, kurz alles, was sichtbar und fühlbar ist: Der Schwung der Linienführung, die Rücksicht auf den Maserungsverlauf im Holz bei einer Freehand, die Proportionierung und das im Inneren der Pfeife verborgene ingenieurwissenschaftliche Können machen zusammengenommen eine Pfeife erst zu jenem ästhetischen Gegenstand, der er ist. Aber das Ästhetische selbst – wo liegt es? Und worin besteht es?

Wir sind damit bei der Frage angekommen, ob die Pfeife *tatsächlich* ein Kunstwerk ist. Und dabei ist noch nicht einmal das grundlegende Problem ausgemacht, was überhaupt das *Ästhetische* ist. Die Philosophie bietet uns auf diese schwierigen Fragen wieder mehrere Antworten.

Zunächst kann man unter Kunst im Sinne der Ästhetik verstehen, was ein Künstler macht. Und in der Tat finden wir die schönsten Pfeifenexemplare bei den großen Pfeifenkünstlern, den Meistern der »Freehand-Gestaltung«. Im Gegensatz zu dieser Kunstauffassung steht jene, wonach Kunst allein im Auge des Betrachters entsteht. Weil der Betrachter etwas (beispielsweise eine Pfeife) für ein Kunstwerk ansieht, ist es auch Kunst. Er ist somit der eigentliche Künstler.

Das dritte Verständnis von Kunst basiert darauf, dass man ein Merkmal angibt, das Kunst zur Kunst macht. Etwa, wenn das Schöne, das Wahre und das Gute zusammenfallen. Kunst wird so zum »sinnlichen Scheinen der Idee«, wie Hegel meint. Kurz gesagt: Kunst ist Wahrheit. Das Kunstwerk ist somit ein exemplarischer Gegenstand, der uns Einblicke in die Zusammenhänge des Kosmos gewährt; Zusammenhänge, die uns in der Alltagswelt verschlossen blieben – gäbe es nicht die Kunst. Und es ist dem Genie vorbehalten, Kunst hervorzubringen. Mit seiner ästhetischen Schöpfung beginnt etwas Neues. Hier wollen wir mit einer frisch gestopften Pfeife anknüpfen.

Pfeifen wurden erst nach dem Zweiten Weltkrieg zu den ästhetischen Genusswerkzeugen, wie sie Kenner und Genießer heute schätzen. Die moderne Pfeife basiert zwar auf der alten Shag- oder Mutzpfeife, sie ist aber geprägt durch die revolutionären Entwürfe des Pfeifenkünstlers Sixten Ivarsson, den auch die Pfeifenmacher-Kollegen neidlos als »Genie der Pfeife« bezeichnen.

Genie, das bedeutet in der Ästhetik eine naturgegebene, spontane und gefühlsbetonte Anlage der Kreativität und ist verbunden mit dem Anspruch auf geistiges Wagnis, schöpferische Phantasie und die Unmittelbarkeit des Ausdrucks. All dies schlägt sich nieder in Produktivität und Originalität, wie Ernst Cassirer in seiner Kulturphilosophie erklärt. In diesem Sinne kann man Ivarsson mit gutem Recht als Genie bezeichnen, denn er schuf nicht nur die moderne Pfeife mit ihrem Formenreichtum, sondern er bereitete mittels moderner Produktionstechnik (Kopierfräsen) die Verbreitung der neuen genussorientierten Pfeifen für einen großen Käuferkreis vor. Die Pfeife wurde so zum ästhetischen Objekt für die breite Masse. Man sieht: Der geniale Künstler gibt die Impulse für die industrielle Formgebung.

Die großen Pfeifenkünstler sind Liebhaber des Details und Perfektionisten der Gestaltung, die in ihren wenigen, von Hand gefertigten Pfeifen ein ästhetisches Gesamtkonzept realisieren. Und einige Pfeifenmacher wie Anne Julie und Poul Winsløw sind auch als Maler und Bildhauer erfolgreich. Sie folgen, wenn nicht im Stil, so doch im Anspruch, dem genialen Pfeifenschöpfer Ivarsson: Ihre Kreativität, ihr Talent stellt die Einheit von Kunstwerk und Werkzeug in der Pfeife her. Natur, Kunst und Technik werden dabei in ein harmonisches Gleichgewicht gebracht. Insbesondere der kürzlich verstorbene Jørn Micke brachte es hierin mit seinen Nautilus-Formen zur wahren Meisterschaft.

So setzen die großen Pfeifenmacher unbestritten die Maximal-Standards in der Branche. Sie sind die Top-Designer der Branche, ihre Pfeifen gelten nicht nur im übertragenen Sinn als Kunstwerke. Das Industriedesign, jene Kunst, die sich nützlich macht, vollziehen zwar andere, aber sie sind inspiriert durch diese Künstler. Und so finden wir mehr oder weniger stark die Einflüsse der großen Freehand-Meister sogar in den Serienpfeifen wieder.

Wechseln wir nun die Perspektive und wenden uns jener Sichtweise zu, bei der sich eine Pfeife erst im Auge des Betrachters als Kunstwerk realisiert. Der nach Vollkommenheit (des Genusses) strebende Pfeifenraucher ist für den Pfeifenmacher das, was der Mäzen für den Künstler ist: Er holt durch seine Initiative das Werk ins Dasein und er verbindet es mit seinem Ansehen. Vor allem, wenn er ein Prominenter ist.

So wie das Kunstwerk dem Mäzen Lob zollt, schmückt den Raucher die Pfeife. Besondere Pfeifen fallen auf – jedenfalls werden sie von all jenen sofort erkannt, die Ahnung und Geschmack haben. Und nur auf die scheint es in dem speziellen Fall tatsächlich anzukommen. Seneca hat in seiner heute noch aktuellen Kritik am Massengeschmack im *7. Brief an Lucilius* eine schöne Formulierung gewählt: »Das schreibe ich nicht für viele, sondern nur für dich; denn wir sind einer für den anderen ein hinreichend großes Publikum.« Kenner unter sich.

Eigentlich wird in Pfeifenraucherkreisen das Understatement gepflegt, aber geschmeichelt sind die meisten doch, wenn man sie auf die besondere Pfeife oder die Raffinesse des Tabaks anspricht. Hier zeigen sich Geschmack, Individualität und Kunstsinn – und zwar auf beiden Seiten.

Dieser besondere Geschmack hängt mit der planmäßigen Entwicklung des ästhetischen Empfindens zusammen. Die mittelalterlich-scholastische Maxime »De gustibus non est disputandum« (Über Geschmack lässt sich nicht streiten) bekam spätestens im Zeitalter der Aufklärung einen kritischen Sinn, wie Birgit Recki in ihrer *Einführung in die Ästhetik* feststellt: »Im Verhältnis von Natur und Kultur wird die Beziehung von Sinnlichkeit und Vernunft konkretisiert und individualisiert.«

Das heißt: Heute ist der *gute* Geschmack nicht mehr notwendig definiert als Übereinstimmung mit dem Erdkreis. Im Gegenteil, er wird zur Domäne der Subjektivität, wo man sich von den anderen nachdrücklich unterscheidet. Der *feine* Geschmack ist heute ein Zeichen von Exklusivität. Beides, Subjektivität und Exklusivität, bestimmt jenen Bereich, über den sich das *Individuum* als ein besonderes definiert. Eine besondere Musik zu hören, bestimmte Autoren zu lesen und luxuriöse Tabakmischungen aus exquisiten Pfeifen zu rauchen sind Ausdrucksmittel der Persönlichkeit. All das sind jene Mosaiksteinchen, aus denen sich unser Bild (sowohl von uns selbst als auch für andere) zusammensetzt.

Durch jedes dieser Ausdrucksmittel sagen wir uns und anderen: »Das bin ich.« Wir entwerfen so unser Selbstbild. Und selbstverständlich mischen wir der englischen Mixture noch eine extra Prise Latakia bei.

Beim ästhetischen Urteil erfahren wir also nicht nur etwas über den Gegenstand der Betrachtung, sondern auch eine ganze Menge über den Betrachter, denn jedes Geschmacksurteil gibt immer auch Auskunft über den Grad der Ausbildung der Urteilskraft als des Vermögens, etwas künstlerisch zu begreifen und zu bewerten.

Das *ehrliche* Geschmacksurteil »Das ist eine schöne Pfeife« ist eine freie Zuwendung, ganz um der Sache selbst willen und das heißt ohne irgendwelche Absichten auf den Nutzen. Mit anderen Worten, man will nicht dem Chef schmeicheln, das Herz einer Pfeifenraucherin erobern oder einem Freund die bittere Wahrheit ersparen, sondern man findet die Pfeife tatsächlich einfach nur schön, auch wenn sie vielleicht im falschen Mund steckt.

Kant nennt diese Grundlage des ästhetischen Geschmacksurteils »interesseloses Wohlgefallen«, ja er hält dieses *Gefühl* sogar für den Ausdruck des Ästhetischen schlechthin. Für ihn ist das Gefühl des Schönen (und Erhabenen) eine Gemütsbewegung, an der intellektuelle und sinnliche Momente gleichermaßen mitwirken und so ein reflektiertes lustvolles Lebensgefühl auslösen. Wir befinden uns dabei in einem animierten Zustand spielerischer Aufmerksamkeit, die wir als angenehmes Spannungsverhältnis zwischen uns und der Welt erleben.

Das Geschmacksurteil »Das ist eine schöne Pfeife« beinhaltet den Anspruch auf Verbindlichkeit, ein »Das findest Du doch auch, oder?«. Wir erweisen uns mit diesem Anspruch unseres Urteils als freie Individuen mit Geschmack und Streitkultur. Und das wiederum öffnet der Kritik Tür und Tor. Keine Kunst ohne Kritik.

In Hinblick auf die Pfeifenleidenschaft können im Anschluss an Luciano DeCrescenzo zwei Arten von Geschmacksurteilen unterschieden werden: die elementaren und die elitären. Elementare Geschmacksurteile, wie wir sie bei einer normalen Gebrauchspfeife anwenden, lenken die Aufmerksamkeit nicht auf den Menschen, der das Urteil abgibt, sondern auf das Objekt des Gefallens. »Eine schöne Pfeife hast du dir da gekauft«, sagt man. »Die sieht gut aus.« Wer hätte gedacht, dass es so was im Tabakladen an der Ecke gibt. Aber etwas ganz anderes ist es, wenn eine ganz besondere, eine herausragende Pfeife, als ein Genusswerkzeug angeschafft und mit viel Überlegung ausgesucht wurde – das sagt sehr viel mehr über denjenigen aus, der sich damit umgibt und hebt ihn gleichzeitig aus der Gemeinschaft der Pfeifenfreunde heraus. Und entsprechend fällt das Urteil auch aus: »Da ist jemand mit Sach- und Kunstverstand«, sagt man und nickt anerkennend. Hätte man dem gar nicht zugetraut.

Es ist die kleine Gemeinde der Pfeifenästheten, die die Spitzenklasse-Pfeifen überhaupt erst *möglich* machen, da nur sie nach solchen Pfeifen fragen. Der Käufer als Mäzen wählt den Künstler, er übt damit Einfluss auf Entwürfe und Ausführungen aus, billigt, kritisiert, lobt und ist schließlich bereit, entsprechend tief in die Tasche zu greifen. So gesehen ist die preiswerte Serienpfeife der Kunstdruck unter den Pfeifen. Mögen auch innovative Ideen von Underdogs und Shooting-Stars der Szene kommen, letztlich ist es immer die Pfeife der Spitzenklasse, die jenseits aller Modegags und Trends das Bild der Pfeife der Zukunft bestimmt. Vielleicht ist deshalb die Pfeifenbranche immer etwas konservativ und gilt der Pfeifenmacher (wie auch der Pfeifenraucher) als Traditionalist.

Manche dieser Michelangelos der Pfeife behaupten, nur die bereits im Holz verborgene Form aus dem rohen Klotz befreien zu wollen. Das Material, der Stoff selbst, scheint für Pfeifenkünstler zur Form zu drängen. Eine solche Pfeife ereignet sich einfach, auch wenn sie nur unter Mühen zur Welt kommt. Poul Winsløw erläutert dieses Pfeifenmachen als handwerkliches Falsifikationsverfahren: Wer eine Pfeife aus einem Kantel schneiden will, soll nicht versuchen, eine Pfeife zu schaffen, sondern einfach nur das wegschneiden, was nicht nach Pfeife aussieht. Und sogar Ingo Garbe, der Zauberer von Læsø, wie der Pfeifenmacher der Spitzenklasse respektvoll genannt wird, sieht sich eher als Kunsthandwerker denn als Künstler. Wird die These von der Pfeife als Kunstwerk damit problematisch oder handelt es sich hier nur um Understatements?

Begeben wir uns zur Lösung dieser Frage am besten dorthin, wo Kunst im Allgemeinen zu finden ist, nämlich in die »Verehrungsdeponien unserer Kultur« – gehen wir mit dem Philosophen Odo Marquard ins Museum und suchen dort nach der Pfeife als Kunstwerk. Im Pfeifenmuseum finden wir in verschiedenen Vitrinen archäologische Schätze, prä- und postkolumbianische Pfeifenartefakte, zierliche Tonpfeifen aus dem 16. und 17. Jahrhundert, imposante Maserholzpfeifen aus dem 18. Jahrhundert, mächtige Gesteckpfeifen vaterländischer Art. Auch martialische Reservistenpfeifen und üppige Meerschaumpfeifen mit feinsten Wiener Schnitzereien aus dem 19. Jahrhundert, moderne Industriepfeifen des 20. Jahrhunderts und sogar futuristische Kunststoffpfeifen aus Pyrolit sind darunter. Alles »schön« anzusehen, alles Ästhetik des Bewahrens. Historisches, wohin das Auge reicht. Aber auch Künstlerisches - oder doch nur Kunsthandwerk?

Die Pfeife als Skulptur ohne Sockel

Das Künstlerische an der Pfeife scheint zuallererst im Skulpturhaften zu liegen. Mit der Skulptur betreten wir den Bereich der Bildnerei, also den Raum jener Kunst, bei der aus mehr oder weniger festem Stoff körperhafte Gebilde geschaffen werden. Die Pfeife gehört, wenn überhaupt in den Bereich der Kleinplastik. Hier finden wir nicht nur Kunstwerke im strengen Sinn (was immer das vorerst bedeuten mag), sondern auch Gebrauchsgegenstände wie unsere Pfeifen, da sie bei aller Funktionalität plastischen Schmuck aufweisen. Ihre gesamte Formgebung, insbesondere wenn sie sich am Verlauf der Holzmaserung orientiert, ist Schmuck – also nicht nur die Zwischenringe oder andere Applikationen. Die Grenzen zum Kunsthandwerk sind tatsächlich fließend. Aber das dachten wir uns ohnehin schon, wenn wir eine sandgestrahlte Pfeife als Maserung zum Anfassen und damit als Skulptur »begriffen« haben.

Normalerweise führt ein Kunstwerk ein Dasein jenseits der Realität, wo es eine rein abgelöste, in sich ruhende Existenz hat, für die seine materielle Wirklichkeit bloß der Träger ist. In diesem Sinne kann man Kunst als Modell der Wirklichkeit verstehen. Funktionalität spielt für ein Kunstwerk keine Rolle, auch wenn es über sie verfügt. Die Pfeife wäre demzufolge nur insofern ein Kunstwerk, wenn sie nicht auf ihre Funktionalität reduziert wäre. Oder anders herum: Nur eine Pfeife, die keine Pfeife sein will, wäre ein Kunstwerk. Allein eine solche Pfeife könnte man ausschließlich als Skulptur betrachten. Die großen Pfeifenmacher berichten immer wieder von Sammlern, die Pfeifen ausschließlich als Skulpturen betrachten und sie niemals rauchen würden. Aber was heißt da noch Skulptur?

Eine Skulptur ragt merklich in den Raum, sie teilt ihn mit uns. Man kann meist um sie herum gehen, sie, wenn man darf, sogar berühren und damit mehr Perspektiven entwickeln als die Malerei, die auf zwei Dimensionen und die geregelte Strenge der formellen Linearperspektive festgelegt ist.

»Skulptur ist, worüber man stolpert, wenn man zurücktritt, um ein Gemälde anzusehen«, hat der Künstler Ad Reinhardt nicht ohne Groll gesagt. Wir wollen dies nicht für unsere empfindlichen Pfeifen hoffen, aber genau das, was Reinhardt hier so ärgert, passiert uns häufig im Kunstbetrieb: Die Skulptur wird nicht immer sofort als Kunst erkannt, sie steht einfach so da, sie wird gar als Auflockerung des Raums benutzt und führt folglich im wahrsten Wortsinne ein Schattendasein, da das Licht hauptsächlich auf die Gemälde fällt.

Dabei stand die Skulptur anfangs gleichberechtigt neben der Malerei: Wahrscheinlich zu der Zeit, als unsere haarigen Vorfahren herausfanden, dass man mit schmutzigen Händen Graffiti an Höhlenwände malen kann, begannen sie bereits aus Holz, Knochen, Stein oder anderen formbaren Materialien Figuren zu fertigen. Unverhüllt, wie die etwa 35.000 Jahre alte *Venus von Willendorf*, steht die Skulptur wie die Wahrheit nackt im Raum. »Gegenstand der Bildnerei ist die schöne Außenform des ganzen Leibes«, meint der große Romantiker August Wilhelm Schlegel in seiner Ästhetik und sein Zeitgenosse Johann Joachim Winckelmann hält die Skulptur gar für den Ursprung der Kunst.

Auch wenn unser heutiges Schönheitsideal nicht mehr dem des Pummelchens aus der Spätsteinzeit entspricht, weil wir von den Medien auf magersüchtige Teenager festgelegt werden, teilen wir doch immer noch Denis Diderots Einstellung: »Gemälde betrachte ich; mit einer Skulptur muss ich reden.« Sie fordert dazu auf, sie zu berühren, sodass es schwer fällt, die Finger bei sich zu behalten. »Malerei ist Kunst für das Auge«, meint Herder, »Skulptur ist Kunst für die tastende Hand.« Und so ist unser Zugang zur Skulptur immer noch im wahrsten Wortsinne ein *begreifender*, auch wenn zumeist noch der alte Satz gilt: »Das Berühren der Figüren mit den Pfoten ist verboten.«

Wer eine Pfeife kaufen möchte, nimmt jede halbwegs interessante Pfeife in die Hand, befühlt sie ausgiebig, lässt seinem Tastsinn schmeicheln. Wie jeder Fachverkäufer weiß, spielt neben der schönen Optik insbesondere die »Handerkundung« eine entscheidende Rolle bei der Kaufentscheidung. Pfeifen hinter Glas verkaufen sich kaum, weshalb gute Kaufleute selten »Berührungsängste« haben.

Die Pfeifen-Skulptur als Artefakt teilt mit dem Betrachter den Raum der Dinglichkeit, das unmittelbare Sein, sie tritt in Relation zur Umwelt, in der sie denselben Raum einnimmt wie er, so Günter Schulte in seinem Essay *Über die Skulptur*. Damit ist die Skulptur nicht auf die reine Präsenz eines konkreten Objekts beschränkt; sie ist mehr als nur ein Meerschaumblock oder ein Holzstück mit einem Kunststoffrohr. Sie stellt etwas dar, wobei sie nicht unbedingt etwas *abbilden* muss.

Mit Ausnahme der Portraitschnitzer unter den Pfeifenmachern (und einiger weniger figürlicher Pfeifendarstellungen) stellt die Pfeife tatsächlich nichts dar als eben eine Pfeife. Für Platon wäre sie deshalb kein Kunstwerk, sondern zählte unter die kunstvoll gearbeiteten Gebrauchsgegenstände, »welche man in den Werkstätten der Bildhauer findet, so wie diese Künstler sie mit Pfeifen darzustellen pflegen; wenn man sie aber nach beiden Seiten hin auseinandernimmt, dann zeigt es sich, daß sie Götterbilder einschließen.« Zugegeben, Platon meint hier Pfeife im Sinne von Flöte. Aber es hätte so wunderbar passen können... Auch wenn Platons Kunstverständnis schon seit langem überholt ist.

»Moderne Kunst bildet nicht mehr ab«, sagt Paul Klee, »moderne Kunst macht etwas erlebbar.« In der modernen Plastik tritt die figürliche Darstellung als traditionelles Objekt zurück zugunsten der zum Selbstzweck erhobenen »reinen« Form, die zwischen Gegenständlichkeit und völliger Abstraktion ihre Gestaltfülle entfaltet. Der Abbildcharakter wird durch die symbolhafte Wirkung ersetzt. In der Pfeifenbranche dominieren derzeit schlichte Modelle mit klarer Linienführung. Löwenköpfe, Adlerklauen und Familienoberhäupter sind weitgehend »out«. Das Bauhausverdikt »Dekor ist Sünde« gilt für die moderne Pfeife. Trotzdem haben die opulenten Dekorpfeifen auch heute noch treue Anhänger und mancher munkelt gar in der Branche von einer Renaissance des Dekors. Üppige Orientalistik findet sich nicht mehr nur bei Meerschaumpfeifen.

Eine Tabakspfeife ist ein künstlerisch gestaltetes dreidimensionales Objekt, auch wenn sie nichts als sich selbst abbildet. Man könnte sogar im Sinne Platons sagen, dass jede Pfeife der künstlerische Versuch ist, die Idee der Pfeife zu konkretisieren. Dass Gebrauchsgegenstände als

Kunstwerke aufgefasst werden, kann man an einer chinesischen Vase aus der Ming-Dynastie sehen. Was unterscheidet in ästhetischer Hinsicht eine Pfeife von einer Vase? Beide können seltene Sammlerstücke von erlesener Qualität und hohem Wert sein, beide können sich dem alltäglichen Zugriff dank ihrer Vortrefflichkeit und Seltenheit entziehen und trotzdem ihrer Funktionalität entsprechend genutzt werden.

Pfeife wie Vase sind also sowohl Kunst- wie Gebrauchsgegenstände, die sich in die Hantierungen und Zusammenhänge der Alltagswelt einbeziehen lassen. Was aber holt nun das Kunstwerk »Pfeife« oder »Ming-Vase« in die Wirklichkeit des Ereignisses? Wo liegt die Verbindung von Kunst und Raum, von Ästhetik und Tätigkeit im Gebrauchs- beziehungsweise Kunstgegenstand?

Es scheint, dass dies bei der Pfeife das *Mundstück* bewerkstelligt. Man kann diese überraschende These durch einen philosophischen Exkurs des Sozialphilosophen Georg Simmel stützen. Der hat sich zwar auf die Gebrauchsskulptur »Vase« und ihren »Henkel« bezogen, man kann aber seine Ausführungen auf die Gebrauchsskulptur »Pfeife« und ihr »Mundstück« anwenden, ohne Simmels Argumentation oder dem Gegenstand seines Exkurses Unrecht zu tun.

Eine Pfeife scheint, wenn man Simmel folgt, zugleich in zwei Welten zu existieren: der der Kunst und der des Alltags. »Während das Wirklichkeitsmoment in dem reinen Kunstwerk völlig indifferent, sozusagen verzehrt ist, erhebt es Forderungsrechte an die [Pfeife], mit der hantiert wird.« Im Klartext: Sie muss nicht nur schön, sondern auch funktional sein. Diese Zweiteilung zeigt sich besonders in den verwendeten Materialien der Pfeife. Neben dem natürlichen Holz von Kopf und Holm sticht das Mundstück aus *Kunst*-Stoffen wie Acryl oder Ebonit ab. Die Zusammensetzung der Pfeife aus zwei Sphären ist somit offensichtlich. In der Regel wird auch eine deutlich andere Färbung für das Mundstück verwendet, um den Unterschieden auch optisch Rechnung zu tragen. Ein Holzmundstück (oder Imitat), das die Maserung des Holms fortführt, wirkt irritierend.

Das Mundstück ragt heraus, ist aus künstlichem Material, es ist zwar etwas anderes, gleichwohl aber nichts Fremdes. Zur Pfeife gehörend weist es über das Skulpturhafte des ästhetischen Kopfs hinaus, gleichzeitig bildet es eine Einheit mit Holm und Kopf, die wir als künstlerischen Gesamteindruck erfassen. Dabei macht das Mundstück den Werkzeugcharakter der Pfeife offenkundig – während Brennkammer und Rauchkanal im Inneren der Pfeife verborgen sind. Den Pfeifenkopf halten wir ruhig in den Händen, hier spüren wir die angenehme Wärme.

Mit dem Biss wird die Pfeife als Werkzeug zwischen die Zähne geklemmt und so die Verbindung zwischen dem Raucher und der Pfeife hergestellt. So wie der Biss den Übergang von Pfeife und Welt darstellt, so ist der Mund die Verbindungs- und gleichzeitig die Trennlinie von Innen und Außen. Die Pfeife ragt durch ihr Mundstück in den Raucher hinein.

Mit dem Mundstück hält der Pfeifenraucher Kontakt zum Rest der Pfeife, beeinflusst er direkt das Geschehen des Rauchens, mit dem Mundstück ragt die Pfeife »in die Welt der Wirklichkeit, das heißt zu allem Außerhalb hinein, das für das Kunstwerk als solches nicht existiert«, so Simmel weiter. Wie der Bilderrahmen den Übergang von Kunst und Welt bewerkstelligt, muss auch das Mundstück nicht nur den Ansprüchen von Funktion und Formgebung genügen, es muss ebenso Akzente setzen. Sonst würde es uns gleichgültig sein. Erst das richtige Mundstück macht die gute Pfeife nicht nur komplett, sondern schön – und es wird viel zu selten auf das Mundstück geachtet. Ein Lamento, das wir in jedem Pfeifenbuch antreffen, und bei dem wir nun erkennen, dass es nicht nur seine technische *Berechtigung*, sondern auch seinen ästhetischen *Sinn* und seine philosophische *Bedeutung* hat.

Das Mundstück, das die Pfeife einerseits mit dem Design und andererseits mit dem Dasein verknüpft, muss mit seiner Funktionalität zugleich in die Kunstform einbezogen sein, manchmal sogar gegen den praktischen Zwecksinn aufbegehren, es darf ihm aber nie grob zuwider handeln. Nur so werden die beiden Welten in sich zur Harmonie gebracht: die äußere, deren Anspruch mit ihm an die Pfeife herangreift, und die Kunstform, die es, ohne Rücksicht auf die bloße Funktionalität, für sich fordert – »das scheint das unbewußte Kriterium seiner ästhetischen Wirkung zu sein«, so Simmel. Kopf, Holm und Mundstück bilden eine Einheit und verbinden damit das Ästhetische mit dem Praktischen. Die Pfeife als Kunstwerk – das trifft heute nicht mehr nur auf die kunstvoll gefertigte Unikatpfeife, die von Meisterhand geschaffene Designerpfeife zu. Die moderne Kunst öffnet neue Wege zum Pfeifenrauchen, etwa, wenn man das Pfeifenrauchen selbst als Kunstwerk betrachtet. Und dieser Weg führt überraschenderweise ausgerechnet über die Serienpfeife.

Pfeifenrauchen als schöne Kunst betrachtet

Seit der ersten Hälfte des 20. Jahrhunderts sehen wir mit Marcel Duchamp, dem Enfant terrible der französischen Kunstszene, in der Serienpfeife ein *Ready-made*. Als Ausdruck des Unbehagens am modernen Kunstbetrieb, als Protest gegen die traditionellen Kunstauffassungen und als Ironisierung der gesamten modernen Zivilisation stellte der Pfeifenraucher Duchamp gebrauchsfertige Gegenstände, also handelsübliche Produkte, als Kunstwerke aus. Eine ganz normale Durchschnittspfeife hat so das Zeug zum authentischen Kunstwerk: Die Pfeife als Kunstwerk im Zeitalter seiner Reproduzierbarkeit.

In Duchamps Sinne können wir also unter einer Serienpfeife einen Gegenstand handwerklicher und industrieller Machart verstehen, der »in seiner Vervielfachung triumphiert und der allein durch den Diskurs, den man über ihn führt, zum Kunstwerk erhoben wird.« Der Künstler verleiht der Pfeife durch Benennung und Inszenierung einen neuen Sinn. Er bestimmt sie zum Kunstwerk.

In dem Augenblick, wo der Raucher die Pfeife ansteckt, ereignet sich das, was der Kulturphilosoph Michel Onfray »Kunst des Vergänglichen« nennt. Im Gegensatz zu *Mona Lisas* ewigem Lächeln oder der Dauersitzung von Rodins *Denker* endet das Kunstwerk »Pfeifenrauchen« mit dem Ausklopfen der Pfeife. Die Auswahl von Pfeife und Tabak, das Zelebrieren des Pfeifenrauchens, das ganze Raffinement des Pfeifengenusses, all das stellt eine Verwirklichung des Stilwillens in der jeweiligen Art des Pfeifenrauchens dar. Das bedeutet, dass ein Weltbild vertreten wird und dieses sich auf ästhetische Weise äußert. Und das erhebt das Pfeifenrauchen selbst zur Kunst. Zur Kunst unter dem Aspekt des Vergänglichen.

Das Pfeifenrauchen in seiner ästhetischen »Totalität« ist jedoch eine Mischung aus der hergebrachten Ästhetik des Unvergänglichen und der modernen Ästhetik des Vergänglichen. Die Pfeife selbst ist unvergänglich als Ausstellungsstück, eine *zeitlose Metapher* für die Kunst,

Pfeife zu rauchen. Diese Rolle kann sie ungeraucht oder gesättigt mit Kondensat, verbraucht für das Rauchen, immer in jeder Vitrine spielen. Das Pfeifenrauchen selbst aber ist Ausdruck der bemerkenswerten Ästhetik des Vergänglichen. Mit ihm verschwindet der Tabak im Rauch, lösen sich die Raucheigenschaften der Pfeife durch Sättigung auf. Pfeifenrauchen beinhaltet somit klassische und moderne Momente der Ästhetik zugleich.

Erst seit der ästhetischen Revolution Marcel Duchamps sind wir in der Lage, das Pfeifenrauchen als zeitgenössische Kunst zu bestimmen, es als *Tätigkeit* in den Kosmos der schönen Künste einzufügen. Mochte es auch zuvor schon kunstvolle Pfeifen und Pfeifenästheten gegeben haben, so drückte sich doch ihre Kunst des Pfeifenrauchens zu einer Zeit aus, die es ihnen nicht gestattete, das Pfeifenrauchen selbst als schöne Kunst zu betrachten. »Wir verdanken Duchamp das vergängliche Kunstwerk, das eine andere Art von Beziehung zur Zeit unterhält als die der Ewigkeit, die gewöhnlich dem anerkannten Meisterwerk vorbehalten bleibt«, so Onfray. Was verschwindet, konnte vor Duchamp ebenso wenig Kunst sein wie das Banale oder das Vulgäre. Zahllos sind in der Moderne die Spuren ohne Spuren: Ist der Rauch verflogen, bleibt nur die Erinnerung und die Pfeife als Metapher für die Kunst zu rauchen.

Es ist die Unsterblichkeit des Einfachen und die Flüchtigkeit des Komplexen, die uns nicht nur in ästhetischer, sondern auch in kosmologischer Perspektive überrascht. Was von uns bleibt, sind nur die Stoffe, aus denen wir bestehen, Moleküle und Atome, die sich wieder in den Reigen des Kosmos einfügen. Der Pfeifenraucher wird zum Bildner der Ereigniszeit. Das vermittelt ihm eine Ahnung dessen, was es bedeuten würde, nicht entfremdet zu sein: Als ästhetisches Genusswesen in der Ereigniszeit mit seiner Welt versöhnt zu sein und nicht nur gut, sondern auch schön zu leben.

Das Pfeifenrauchen tritt so in der modernen Kunst seinen Siegeszug an. Das ästhetische Konzept des *Environment* beispielsweise bringt eine grundlegende Neuorientierung der Plastik mit sich: Die Kunst lässt das Objekt konsequent über sich selbst hinaus in den Raum expandieren. Also etwas, das den meisten Pfeifenrauchern geläufig ist und sie zu modernen Künstlern macht: Der Raum wird durch das Objekt inszeniert, erhält durch das Vorhandensein der Plastik eine eigene Aura. Wer mit der

Pfeife einen Raum betritt, prägt ihn. Das kennen wir gut, denn der Duft einer Pfeife ist absolut charakteristisch.

Nun kann uns in ästhetischer Hinsicht nichts mehr aufhalten: Das Rauchen einer Pfeife wird zur *Prozesskunst*; einer Kunstform, bei der die sich von selbst oder als Folge des Gebrauchs einstellenden Materialveränderungen als das eigentliche Kunstwerk betrachtet werden. Jede Pfeife ist hierzu geeignet, Meerschaumpfeifen aber besonders. Die Plastik, so Joseph Beuys, erscheint als ablesbarer Arbeitsprozess. »Kunst ist schön, macht aber Arbeit«, wusste auch Karl Valentin. Kunst des Pfeifenrauchens? – Pfeifenrauchen als Kunst! Und da ohnehin jeder ein Künstler und alles Kunst ist, darf auch die alte Meerschaumpfeife wegen ihrer Patina als Kunstwerk gelten. Da wird die weiße Göttin rot.

Das Pfeifenrauchen selbst ist uns bereits als Manifestation, als handgreifliche Demonstration der Genusskultur geläufig. Nun wird es zum *Fluxus*, zur *Aktionskunst* und zum *Happening*, das in der *Performance* gipfelt. Rufen Sie doch öfter mal laut »Pfeifenrauchen ist schön«, während Sie im Museumsfoyer dicke Wolken paffen. Sie werden damit zwar einiges Befremden hervorrufen, vielleicht sogar die Sprinkleranlage auslösen, aber dafür unglaubliche Achtungserfolge auf Vernissagen einheimsen. Kennt man Sie erstmal, so wird man Ihr Pfeifenrauchen stets für einen applauswürdigen Auftritt halten. Und wo können Sie solche Erfolge heute noch als Raucher genießen?

Man bedenke: In welchen Galerien darf man überhaupt rauchen? Kaum ein Selbstportrait van Goghs ohne Pfeife, fast auf jedem Foto raucht Picasso Pfeife und Magritte wäre ohne Pfeife undenkbar – aber Rauchverbote in allen Ausstellungen, wo man die Pfeifenbilder der genannten Künstler betrachten kann. Deshalb: Nutzen Sie die Gelegenheit! Pfeifenrauchen für Frieden und Freiheit, für Kunst und Selbstbestimmung, Rauchen als Fanal gegen Political Correctness – rufen Sie zum Smoke-in auf. Sie können hinterher auf der Polizeiwache immer noch behaupten, dass alles nicht so gemeint war. Ehrlich, es war Kunst! *Ironic Pipe-Art* als Ausdruck modernen Kunstgenusses. Warum Ihnen die freundlichen Beamten glauben sollen? Na, wenn man etwas nicht versteht, weil es irgendwie verrückt ist, dann *muss* es Kunst sein. Sie müssen nicht einmal verstehen, was Sie selbst sagen. Duchamp musste das auch nie. Das klassische »Was weiß ich schon, was ich denke« hat bisher noch nie seine dadaistische Wirkung verfehlt. Sie als Pfeifenraucher, pardon: *Gesamtkunstwerk* müssen ja fast nichts tun, außer unbeirrt Pfeife zu rauchen – aber das tun Sie ja ohnehin schon. Und berufen Sie sich bei all dem bitte *nie* auf mich!

Die Pfeife in der Malerei

Seit kurzem gibt es eine Pfeifenserie, die einige der in der bildenden Kunst dargestellten Pfeifen als rauchfähige Reproduktionen in den Handel bringt. Hier wird der Kunstbetrieb auf den Kopf gestellt, denn man erhält die Nachbildung einer Abbildung, die ein Künstler nach einer Original-Pfeife gemalt hat. Bei genauerer sachkundiger Inspektion keimt allerdings bei Pfeifen- wie Kunstkennern der Verdacht, dass die von den Herstellern gemachte Zuordnung der erhältlichen Pfeifen zu den einzelnen Gemälden und Malern recht willkürlich erfolgt sein muss. So sollte man das Ganze wohl eher als einen PR-Gag ansehen. Aber wenigstens macht uns das auf den Zusammenhang von Pfeifenrauchen und Malerei aufmerksam.

Das Serielle der Kunst kondensiert in der Serienpfeife, so deuteten wir Duchamps These. Umgekehrt scheint das Pfeifenrauchen aber auch direkt die bildenden Künste beeinflusst zu haben. Wer weiß schon, dass Andy Warhol statt der Büchse *Campbell's Soup* ursprünglich eine Dose *Rattray's Accountants' Mixture* malen wollte. Da er aber seinen letzten Tabak an Roy Lichtenstein verliehen hatte, der gerade seinen Zyklus *Popeye's Pipe* vollendete, musste er nehmen, was der Küchenschrank gerade hergab. So jedenfalls die nicht verbürgte Anekdote.

In der Kunstgeschichte treffen wir seit der frühen Neuzeit immer wieder auf das Motiv der Pfeife, insbesondere in der Malerei. Deshalb sind wir in der glücklichen Lage, über eine Vielzahl von »Pfeifenbildern« zu verfügen. Zur besseren Übersicht werden die Pfeifendarstellungen in vier Gruppen eingeteilt. Selbstverständlich ist diese mutige Systematisierung ebenso willkürlich wie unvollständig und vorläufig.

Da ist erstens das *Stillleben* zu nennen, in dem insbesondere die zerbrechliche Tonpfeife als Symbol für die Vergänglichkeit des Lebens neben Totenkopf, Stundenglas und leicht verderblichen Früchten abgebildet wird. Das 16. und 17. Jahrhundert ist besonders reich an diesen so genannten Vanitas-Gemälden. Vor allem niederländische Meister, und hier besonders die der Leidener Schule, haben sich dieses Genres angenommen und den wahrscheinlich größten Teil der bildlichen Darstellungen der Pfeife geschaffen.

Die Kunsthistorikerin Anita Albus weist darauf hin, dass solche Stillleben in den Niederlanden ursprünglich »Toebackjes« genannt wurden, also eine eigene Bezeichnung innerhalb des Genres existiert. Wein- und Bierglas werden als »Gemahlinnen des Tabaks« bezeichnet und tauchen regelmäßig auf Stillleben als »natura morta« gemeinsam mit Pfeifen auf, weshalb man solche Bilder in Deutschland bis ins 17. Jahrhundert hinein »Rauchsaufstücke« nennt. Wir erinnern uns: Bis zu diesem Jahrhundert sprach man nicht von »Rauchen«, sondern von »Rauch trinken« oder »Rauch saufen«. Die »trockene Trunkenheit« war ein geflügeltes Wort fürs Pfeifenrauchen.

Im 19. Jahrhundert setzt sich die robuste Bruyère-Pfeife durch und damit verliert die Pfeife in der Malerei weitgehend ihre Funktion als Symbol für die Zerbrechlichkeit alles Irdischen. Die Bruyère-Pfeife wird zeitgleich als ästhetischer Alltagsgegenstand entdeckt, der, als ständiger Begleiter des Künstlers, wie selbstverständlich im Stillleben in Szene gesetzt wird. Nun aber mit gänzlich anderer Intention, nämlich als Genussgegenstand und als Zeichen von Ruhe und Intellekt.

Die *zweite* Gruppe der Pfeifenabbildungen stellt die Genremalerei, die Szenen und Handlungen aus dem alltäglichen Leben zum Inhalt hat. Sie befasst sich beispielsweise mit dem Familienleben, mit Sport, Straßen-, Fest- und Wirtshausszenen. Charakteristisch für diese Gattung der Malerei ist das Interesse an Menschen und ihrem für Ort, Zeit, Gesellschaftsschicht, Geschlecht und Alter typischen Verhalten. Und dazu gehört natürlich auch das Pfeifenrauchen. Das Studenten- und Gelehrtenleben etwa ist auf diesen Bildern ohne Pfeife undenkbar. Die Pfeife wird zum Zeichen des Intellektuellen, wenn sie gemeinsam mit Büchern, Schreibzeug, Landkarten und astronomischem Gerät auftritt.

Eine weitere Untergruppe der Genremalerei bilden die szenetypischen Wirtshausbilder des 16. bis 18. Jahrhunderts, in denen breughelsche Säufer und hogarthsche Zuhälter dargestellt werden, die sich durch wüste Kneipen schmauchen. Das ganze Pfeifenraucherelend gibt es noch in seiner abschreckenden Übersteigerung für das Vereinsheim der Temperenzler-Bewegung: Spelunken, Spielhöllen, Absteigen, Bordelle und haarsträubende Kaschemmen sind das Biotop jener abgebildeten Pfeifenraucher. Diese Form der Genremalerei diente vor allem zur Abschreckung und stellt eine frühe Nichtraucher-Kampagne dar.

Viel positiver geht eine weitere Untergruppe der Genremalerei mit dem Pfeifenrauchen um, obwohl auch hier seine leicht frivolen Seiten präsentiert werden: Das Pfeifenrauchen vor exotischer Kulisse, wobei die Alltagssituationen klischeehaft übersteigert sind. Niemals war das wirkliche Asien so bunt, der echte Orient so reizvoll, wie in diesen Bildern. Da rauchen in der üppigen Erotik des Serails spärlich bekleidete Odalisken die Nargileh, die Wasserpfeife der Araber; Haremsdamen nuckeln an orientalischen Pfeifen, während sie sich im Hamam, dem türkischen Dampfbad, verführerisch rekeln. Der Sultan zieht genüsslich auf dem Diwan hingegossen an einer Tschibuk, der langen Liegepfeife, während ihm (und dem Betrachter) ein prickelnder Bauchtanz dargeboten wird. Meister dieses orientalischen Pfeifenmetiers sind vor allem im späten 19. Jahrhundert zu finden.

Ganz ohne die exotische Üppigkeit des Orients kommen dagegen die Darstellungen pfeifenrauchender Menschen von Georges de la Tour, Jean Hegesippe Vetter, Gustav Courbet oder Fantin-Latour aus. Gleichwohl sind sie von hoher emotionaler Ausdruckskraft und atmosphärischer Dichte. Sie sind im besten Sinne stimmungsvolle Bilder. Die Pfeifenpause im kühlen Schatten an einem flirrend heißen Sommertag, die Pfeife bei der Lektüre im weichen Kerzenlicht, die ins Gespräch vertiefte Freundesrunde beim Schmauch. Die Pfeife ist hier immer ein Katalysator der ruhigen Stimmung, der gelassenen Bedächtigkeit.

Diese Bilder leiten über zur *dritten* Gruppe, den Portraits. Hier sind die Pfeifen oft nur schmückendes Beiwerk oder bloße Requisite, manchmal aber auch bewusster Ausdruck einer ästhetischen Grundhaltung des Dargestellten. Kess oder nachdenklich, in jedem Fall aber selbstbewusst blicken die Pfeifenraucher aus dem Bild: »Schau her, ich rauche Pfeife.«

Einer der Künstler, der die Pfeife am häufigsten bei Portraits verwendete, war im 19. Jahrhundert Vincent van Gogh. Wie wir aus seinen Briefen an den Bruder wissen, schätzte er ihr Durchhaltevermögen, er erfreute sich an ihrer trostspendenden Präsenz. Und auch bei Paul

Cézanne, August Macke, Franz Marc und Pablo Picasso finden wir häufig ausdrucksstarke Portraits von Pfeifenrauchern.

Während die künstlerische Malerei ihren Weg im Impressionismus zur Moderne fand, wurde die Darstellung von Pfeifenrauchern in der »Gebrauchsmalerei« des späten 19. Jahrhunderts trivialisiert. Die Technik ist perfektioniert, der Stil realistisch und die Abbildungen schwanken zwischen Portrait- und Genremalerei. Heraus kommt dabei der lustige Schmauchonkel als wohnzimmertaugliches Ölgemälde. Das Schlimmste an diesen Bildern ist, dass sie bar jeder Selbstironie sind. Zielstrebig wird die Grenze zum Kitsch überschritten, denn der Hang zur Gefühlsbetonung, zur übertriebenen Romantisierung ist ebenso deutlich, wie die Tendenz zur Verniedlichung und zum Dekorativen offensichtlich ist. Die gute alte Zeit mit der Pfeife...

Die Wirklichkeit wird in diesen Bildern verzerrt, stark vereinfacht oder gezielt ungenau wiedergegeben: Behaglich sitzt der Spießbürger mit seinem Pfeifchen im rustikalen Ohrensessel und grinst feierabendlich aus dem Bilderrahmen. In der schmierenkomödiantischen Inszenierung wird der rüstige Oberförster gegeben, der seine Gesteckpfeife seelenvoll zum »Waldweben« raucht. Es treten ferner die üblichen Verdächtigen auf: der feiste Bruder Kellermeister mit der dicken Piepe (und dem obligatorischen Weinkrug), der wettergegerbte Seemann mit dem Nasenwärmer und dem zugekniffenen Auge, der joviale Reservist, der als Familientier seine Pfeifenruh‘ hat und natürlich das selbstgefällige Schulmeisterlein mit der Rohrstockpfeife. Gelegentlich taucht noch sein Pendant auf, der pfeifenrauchende Lausbub mit dem grün angelaufenen Ohrfeigengesicht als Piktogramm kleinbürgerlicher Hochkomik.

Diese Bilder finden sich häufig als gut gemeinte Illustrationen in Pfeifenbüchern und verbreiten so jenen rustikalen Butzenscheiben-Charme, den manche nur zu gern mit dem Pfeifenrauchen verbinden. Leider, denn hier schmeichelt man sich mit klischeehaften, falschen oder übertriebenen Gefühlen beim Publikum ein, was sich katastrophal auf das Image des Pfeifenrauchens auswirkt.

Die *vierte* Gruppe der bildlichen Darstellungen von Pfeifen schließlich geht einen vollkommen anderen Weg, einen dezidiert *philosophischen* Weg, wie der Marburger Philosoph Reinhard Brandt meint: »Philosophische Bilder im hier gemeinten Sinn werden bestimmt als

Bilder, die eine eigenständige Anschauungswirklichkeit gestalten und in Gedanken mitteilen, die nach unserer üblichen Rubrizierung zur Philosophie gehören. Die Mitteilung zeichnet sich nur dadurch gegenüber der Mitteilung in den literarischen Werken aus, daß sie nicht verbal ist, sondern im spezifischen Medium der Bilder geschieht.«

Dem Pfeifenraucher fällt in diesem Zusammenhang sofort René Magrittes berühmtes Gemälde *La trahison des images* (Der Verrat der Bilder) ein, das er in mehreren Ausführungen malte. Stets wird eine naturalistisch gemalte Pfeife mit der Unterschrift »Ceci n'est pas une pipe« (Dies ist keine Pfeife) versehen, um den Betrachter daran zu erinnern, dass es sich bei dem Bild um ein Referenzmodell von wirklich vorhandener Pfeife, gemalter Pfeife und jeder vorgestellten Pfeife handelt.

Der surrealistische Maler Magritte setzt in seinen Bildern, bei denen er häufig auf das Motiv der Pfeife zurückgreift, auf die Sichtbarkeit des Denkens. Was das Bild zu sagen hat, meint der Künstler, das lässt sich nur so, nämlich bildlich sagen. Alles andere, alles Verbalisieren ist bloß Übersetzung. Dies kommt dem sehr nahe, was die Philosophen der Postmoderne entwickelten. Und so hat Michel Foucault auf Einladung Magrittes eine ausführliche Interpretation des oben genannten Gemäldes geschrieben. Dieses lesenwerte Büchlein hat er sinnigerweise wiederum *Dies ist keine Pfeife* genannt.

Weitere bekannte Beispiele philosophischer Pfeifenbilder finden sich in der Kunst des 20. Jahrhunderts: Etwa bei Marcel Broodthaers, der mit *Pipe et Formes Académiques* das doppelbödige Verhältnis von Gegenstand und Abbild, Wirklichkeit und Begriff thematisiert. Die Pfeife wird von ihm als sechster platonischer Körper postuliert, was aus mathematischer Sicht natürlich vollkommener Unsinn ist, aus ästhetischer Perspektive aber der Pfeife den ihr zukommenden philosophischen Platz zuspricht.

Oder wie wäre es mit M. C. Eschers *Stilleben und Straße*, in dem eine schlanke Bruyère-Pfeife das Zentrum des optisch verwirrenden Bildes beherrscht? Auch hier werden gewohnte Sehweisen irritierend unterlaufen, wird die Welt des naiven Realismus verabschiedet, weil die Abbildung die Realität zur Kenntlichkeit verzerrt. Die Pfeife erweist sich so am Ende dieses Kapitels als ein philosophisches Vexierbild, als Kunstwerk der besonderen Form. Den Pfeifenraucher überrascht das freilich nicht, aber die philosophische Argumentation mag in mancher Hinsicht gefehlt haben und wird nun nützlich sein.

Zum Weiterlesen empfehle ich
den oben genannten Band von Reinhard Brandt, *Philosophie in Bildern*, DuMont Verlag, Köln 2001². Zum Thema Kunst und Pfeife siehe André-Paul Bastien, *Von der Schönheit der Pfeife*, Wilhelm Heyne Verlag, München 1976. Dieser Band ist zwar vergriffen, aber häufig noch antiquarisch erhältlich. Von Klaus-Dieter Billerbeck stammt ein Reiseführer durch Deutschlands Pfeifenmuseen, *Mit Rauchern läßt sich reden*, Buchverlag Otto Heinevetter, Hamburg 1993. Hier würde man sich über eine aktualisierte Neuauflage freuen.

Kapitel 12
Eine Pfeife ist eine Pfeife ist eine Pfeife

Wo wir im Dunkeln rauchen, uns die Finger versengen, Casanova wieder mal Recht behält, wir poetisch werden, einen Buchtitel korrigieren und uns nicht mehr so sicher sind, ob es noch jemanden außer uns gibt.

Haben Sie schon mal im Dunkeln geraucht? Man kann dabei irritierende Erfahrungen machen. »Vor Stockholm ist ein langer Eisenbahntunnel«, berichtet Kurt Tucholsky, »und den bin ich neulich durchbraust, und vorher hatte ich mir meine neue Dunhill-Pfeife angesteckt, die mir Musch [Tucholskys Freundin, J. P.] in einem Anfall von Größenwahn geschenkt hat, oben auf dem schwarzen Lauf trägt sie jenen kleinen weißen Perlmuttfleck, der da sagt: Hier raucht ein feiner Mann. Gut. Der feine Mann raucht eine Mischung aus französischem Scaferlati Levant und deutschem nikotinfreiem Tabak, das Ganze schmeckt etwa wie getrockneter Schafdung. Raucht also und fährt in den Tunnel ein. Ist die Pfeife ausgegangen? Seit wann geht eine Dunhill aus, wenn ein feiner Mann sie raucht? Schließlich kann ich nicht mit dem Finger in den Tabak fahren... ich will's mal probieren... das ist heiß! Die Pfeife brennt. Ich schmecke nichts. Tunnel aus; heraus ans Licht; da liegt Stockholm und der Hafen und die bekannten Gebäude... die Pfeife brennt. Warum habe ich nichts geschmeckt?«

Gute Frage. Ob bei gleißendem Sonnenlicht oder tiefster Finsternis, es ist immer das Gleiche: Sieht man den Rauch der Pfeife nicht, hat man das Gefühl, sie wäre ausgegangen. Eine nahe liegende Erklärung hierfür ist, dass die dezenten Aromen der Pfeife einfach zu fein sind. Zu fein für die alte Lederzunge, um *allein* klar zu kommen. Man verlässt sich eher auf die Augen, als auf den Geruchs- oder Geschmackssinn. Aber man raucht doch nicht mit den Augen, oder etwa doch? Und warum rauchen, wenn man angeblich nichts schmeckt? Tucholsky wäre nicht der unerschrockene Pfeifenraucher, als den wir ihn kennen und schätzen, wenn er nicht im Selbstversuch das Problem genau zu ergründen suchte.

Nachmittags nimmt er den Expresszug zurück und bevor er abfährt, steckt er sich die bewusste Dunhill wieder an. »Ich qualme wie ein alter Seemannsmaat, und dann kommt der Tunnel – ich schmecke wieder nichts. Und als wir ans Tageslicht kommen, brennt die Pfeife. Dies hat mich zu wunderbaren Versuchen geführt. Resultat: Man schmeckt im Dunkeln weder die Qualität eines Tabaks noch spürt man überhaupt, ob man raucht oder nicht! Du spürst es nicht, wenn du keinen Lungenzug machst und wenn du den Rauch nicht durch die Nase gehen läßt. Probier's!« – Hab' ich. Tucholsky hat Recht.

Des Rauchers Seele

Die Beschäftigung mit diesem Phänomen ist nicht neu: Ein grob unterschätzter Denker des 18. Jahrhunderts hat sich hierzu ausführlich Gedanken gemacht: Als sich der venezianische Botschaftssekretär Giacomo Casanova 1745, gerade mal zwanzigjährig, nach Konstantinopel begibt, trifft er dort auf den berühmten arabischen Philosophen Jussuf Ali. Der führt ihn ein in die Finessen des orientalischen Pfeifenrauchens mit dem Tschibuk, der osmanischen Liegepfeife. Dabei entspinnt sich auf dem Diwan ein Gespräch darüber, womit man wohl am besten genießt, mit den Sinnen oder der Seele.

Für den greisen Jussuf Ali sind nur jene Genüsse wahre Freuden, die die Seele ohne Vermittlung der Sinne genießen kann. Der Rauchgenuss wird so zu dem, was Philosophen reine intellektuelle Spontaneität nennen: Theorie als die Schau der Ideen. Casanova hält dagegen, dass er sich überhaupt keine Genüsse vorstellen kann, welche die Seele ohne Vermittlung der Sinne auskosten könne. Jussuf Ali wird darauf schulmeisterlich und zählt drei angeblich unvermittelte Seelengenüsse beim Pfeifenrauchen auf: Erstens das Vergnügen, dass das Pfeifenstopfen bereitet, welches nicht aus dem Tastsinn stamme, sondern reine Vorfreude sei; zweitens die Befriedigung, die eine vollkommen zu Ende gerauchte Pfeife bereite, da sie über das bloße Gefühl der Sättigung hinausreiche, und drittens der Rauch: »Der wesentliche Genuß beim Rauchen besteht im Anblick des Rauches. So sicher ist dieser Genuß der wesentliche, daß du niemals einen Blinden finden wirst, der am Rauchen Freude hat.

Versuche selbst, in deinem Zimmer nachts ohne Licht zu rauchen; kaum hast du deine Pfeife angezündet, wirst du sie auch schon wieder fortlegen.«

Nun kennt auch der Pfeifenraucher Casanova dieses Phänomen, er bemerkt aber scharfsinnig, dass der Greis gerade mit dem letzten Argument genau die gegenteilige These des »Sensualismus« stärkt. Bescheiden, aber in der Sache unnachsichtig treibt Casanova nun seinen Gegner zielstrebig vor sich her, indem er eine Verbindung von Sinneseindruck und verknüpfender Verstandesleistung entwickelt, die erst so etwas wie »Genuss« entstehen lässt. Nicht Sinne pur, aber auch nicht die »Seele« allein. Sinnlichkeit als Genießen von Sinneseindrücken ist mehr als bloßes Wahrnehmen oder reines Denken, es verbindet beides. Damit vertritt der als Libertin geschmähte Doyen des Genießens sehr moderne Ansichten.

Erst das Zusammenspiel aller Sinne untereinander sowie die Abfrage von Gedächtnis und Phantasie machen den Genuss vollständig, so heute Gero von Randow. Aber wieso hört das alles beim Pfeifenrauchen im Dunkeln auf? Weil wir unsere Sinne nicht mehr ausreichend aktivieren können, meint Casanova. Herz, Hand und Hirn müssen eben zusammenspielen, um nicht nur ein vollständiges Bild zu erhalten, sondern auch den Genuss selbst noch genießen zu können. Das Auge raucht mit, könnte man also tatsächlich sagen.

Trotzdem bleibt die grundsätzliche Frage, was man denn nun genau von der Pfeife, die man gerade raucht, wissen kann. Unsere Sinnesorgane scheinen ja nicht gerade verlässlich zu sein. Leider haben wir aber nichts anderes, um uns in der Welt zurecht zu finden. Casanovas und Tucholskys Frage führt also geradewegs in das Feld der Erkenntnistheorie, jener philosophischen Disziplin, die die menschliche Erkenntnis hinsichtlich ihrer Bedingungen, Möglichkeiten und Grenzen untersucht. »Was können wir *sicher* wissen?«, lautet ihre Frage.

Natürlich sind wir uns sicher, diese Pfeife zu rauchen, schließlich haben wir sie doch eben erst gestopft. Sicherheitshalber zünden wir sie noch einmal an. Das beruhigt. Und versichert: Klar, paff-paff, die Pfeife ist da. »Esse est percipi«, Sein ist Wahrnehmen, heißt es bei Berkeley. Fragt sich nur, paff-paff, wie verlässlich die Wirklichkeit ist, wenn uns die Sinne schon im Dunkeln Streiche spielen.

Das Problem ist, dass wir immer nur über *Sinnesdaten* verfügen:

Die Hände ertasten die Oberfläche der Pfeife, fühlen die Wärme und die Schwere. Die Augen nehmen die Färbung und Maserung der Pfeife wahr, sehen den Rauch aufsteigen, die Nase schnuppert den Duft, die Zunge schmeckt den Tabak, die Ohren vernehmen das leise Knistern und die Paffgeräusche, man spürt den Widerstand des Mundstücks zwischen den Zähnen und die angenehme Wirkung von Lady Nikotin im Körper. Sinnesdaten sind aber problematisch, da sie, wie beim Pfeifenrauchen im Dunkeln, nicht nur sehr *unzuverlässig*, sondern auch noch *exklusiv* sind. Man kann sich täuschen, jeder kann etwas *anders* wahrnehmen und jeder kann etwas *anderes* wahrnehmen.

Biologisch gesehen nehmen Sinnesorgane Reize auf, die sie als elektrochemische Impulse zum Gehirn weiterleiten und die dort in verschiedenen Zentren beispielsweise zum Gesamteindruck »Pfeifenrauchen« zusammengesetzt werden. Im Dunkeln fehlt der optische Impuls, um das Bild des Pfeifenrauchens abzurunden.

Wer dagegen häufiger im Dunkeln raucht, schärft die anderen Sinne, sodass sich Tucholskys Wahrnehmungsproblem langfristig auflöst. Lichtenberg etwa hat besonders gern im Dunkeln geraucht, wie wir aus Briefen an seine Freunde wissen. »Das Pfeifenrauchen im Dunkeln ist wirklich eine angenehme Beschäftigung, und wenn man sonst wohl ist, so denke ich, kommt es unmittelbar nach dem Küssen im Dunkeln.«

Doch auch wenn man durch entsprechendes Training seine Sinne schärfen kann, löst das nicht das grundsätzliche Problem der mangelnden Zuverlässigkeit von Sinneswahrnehmungen. Das Problem muss viel grundsätzlicher angegangen werden.

Wahrnehmen – also: *für-wahr-nehmen* – ist ein alltäglicher Prozess, der auf dem naiven Grundvertrauen basiert, dass die Welt wohl schon so sein wird, wie sie erscheint. Und die Alltagstauglichkeit gibt diesem Vertrauen ja auch größtenteils Recht. Aber eben nicht immer.

Genau betrachtet ist Wahrnehmen *immer* schon Interpretieren und damit ein komplexer Prozess, der wie ein Dialog zwischen dem Reizauslöser, im vorliegenden Fall die rauchende Pfeife in der Hand, den Sinnesorganen und dem Gehirn hin und her läuft. Das Bild der rauchenden Pfeife, das man zu sehen glaubt, existiert *so* nämlich gar nicht, wie Anita Albus deutlich macht: »Auf der konvexen Netzhaut der in kleinen Sprüngen fixierenden Augäpfel malt sich eine Welt zunächst in randverzerrten, sphärischen und flachen Bildern, die, mit blindem Fleck und einer schemenhaften Nase mitten im Gesichtsfeld, spiegelverkehrt auf Kopf stehen, während sie sich am Ende eines von Stufe zu Stufe abstrakteren Spiels vergleichender und unterscheidender Deutungen im Gehirn in ihrer sinnlichen Dimension rekonstruiert: die Bilder der Netzhäute verschmelzen mit räumlicher Tiefe zu einem makellosen Bild von farblicher Konstanz, das mit den anderen Sinnen und der Erinnerung verknüpft ist.« Ähnliches spielt sich mit den anderen Sinnesorganen ab.

Die Eindrücke *entstehen* also erst in unserem Kopf aus der Summe der eingehenden Reize und deren Verknüpfung. Es entsteht die *Wahrnehmung*, das *Bild*, der *Eindruck* »Pfeife«, der von allem anderen deutlich unterschieden wird: »Dies ist eine Pfeife und keine Gießkanne.« Je mehr Sinnesdaten in Übereinstimmung sind, desto sicherer sind wir uns bei unserem Urteil, dass das, was wir gerade in der Hand halten, eine Pfeife ist.

Man erkennt eine Pfeife leichter als eine bestimmte Pfeife, wenn man bereits Pfeifen kennt. Je besser man etwas kennt, desto mehr erkennt man auch von ihm. Es fällt in der Regel schwer, an einem unbekannten Objekt Details auszumachen und man braucht viel Zeit, bis man alles entdeckt hat. Deshalb sehen für Laien erst einmal alle Pfeifen mehr oder weniger gleich aus. Umgekehrt genügt dem Kenner bereits ein kurzer Blick, um sicher zu sein, was das hier für eine Pfeife ist.

Die Wahrnehmung der Pfeife, die man gerade raucht, ist ein komplexer und komplizierter Akt, den man jedoch gewöhnlich ohne lange nachzudenken »mit links« macht. Alles läuft nahezu automatisch ab. Aber nicht perfekt. Und das hat grundsätzliche Ursachen.

Um tatsächlich *sicher* zu entscheiden, ob eine Sinneswahrnehmung zutreffend ist, die zum Urteil »Das ist eine Pfeife« führt, müsste man die Wahrnehmungen direkt mit dem wahrgenommenen *Objekt* vergleichen können. Man müsste sich quasi beim Wahrnehmen selbst wahrnehmen können, also vergleichen können, ob die innere Wahrnehmung von »Pfeife« mit der äußeren *Pfeife an sich* übereinstimmt, was aber wiederum nur eine Wahrnehmung wäre, die den Wahrnehmungsapparat überfordern würde, da sie ihrerseits mit dem Objekt der Wahrnehmung zu vergleichen wäre – und so weiter und so fort bis ins Unendliche.

Da wir aber so nicht weiterkommen, verknüpfen wir die vorhandenen Sinneseindrücke. Erst wenn die unterschiedlichen Quellen übereinstimmen, kommen wir zu der vorläufigen Feststellung: Das ist eine Pfeife. Aber sicher können wir im skeptischen Sinne nie sein.

Irgendwie kommen wir an die Pfeife in unserer Hand nicht heran, weil wir nicht so recht aus uns herauskommen: So nah und doch so fern. Im Alltag mag uns das nicht weiter stören; unser Leben ist auch so schon kompliziert genug. Wir wissen, was es bedeutet, wenn man »Das ist eine Pfeife« sagt, also worauf der sprachliche Ausdruck innerhalb bestimmter Kontexte referiert – so was bekommt man durch Wortbedeutungsfragen recht klar heraus, selbst wenn man *poetisch* den Vorrang der Form vor einem sinnvollen Inhalt behauptet: »Eine Pfeife ist eine Pfeife ist eine Pfeife«, kann man mit Gertrude Stein sagen. Aber im skeptischen Sinne weiß man nie wirklich, was eine »Pfeife an sich« ist. Außer man argumentiert mit Jussuf Ali und sucht das Wahre in den Ideen der Dinge und umgeht so die trügerischen Sinne durch eine »intellektuelle Anschauung«, also eine die absolute Realität der Dinge unmittelbar wahrnehmende Intuition, wie Philosophen sagen. Aber das führt wieder in ganz andere Erklärungsnotstände.

Unser kleines Experiment ging stillschweigend von der Voraussetzung aus, dass es da draußen, also außerhalb von uns, tatsächlich etwas gibt, das sich irgendwie bei uns mehr oder weniger wirklichkeitsgetreu abbildet, etwa wie bei der Projektion eines Films auf eine Leinwand. Die Sinne wären dann nur eine Art Objektiv, das das Bild eines Objekts von außen nach innen hineinlässt. Diese Theorie der Entstehung von Sinneseindrücken heißt *Abbildtheorie*. Dabei handelt es sich um eine erkenntnistheoretische Auffassung, nach der die menschlichen Erkenntnisse *tatsächliche* Verhältnisse der Außenwelt widerspiegeln oder eben »abbilden«.

Was aber, wenn die Linsen unseres »Objektivs« aus verzerrendem Material bestehen, also die Sinne das Bild des ursprünglichen Objekts verfälschen; was, wenn wir nicht alles, sondern nur einen Ausschnitt oder immer nur das Falsche wahrnähmen? Wir würden es gar nicht merken, es überhaupt nicht wissen *können*, weil wir nicht aus unserer Wahrnehmung heraus können. – Und was, wenn dem Bild *nichts* zu Grunde liegt? Da ein »ungefilterter« Blick nach außen unmöglich ist, würden wir keinen Unterschied merken. Ein schrecklicher Verdacht: Wir *merken* keinen Unterschied! Die Antworten auf die Frage danach, was wir sicher wissen können, werden immer bedrückender, denn offenbar wissen wir gar nichts sicher.

Wenn wir aber sicher gehen wollen, dann müssten wir unser ganzes Wissen, all unsere Erkenntnisse überprüfen. Wenn man bloß wüsste, wie. Über diesem Problem brütete der französische Philosoph René Descartes: »Die Philosophie«, so seine Überzeugung, »beginnt nicht mit dem Staunen, sondern mit gründlichem Zweifeln – darum bin ich der Meinung, man müsse einmal im Leben von Grund auf alles umstürzen und von den ersten Grundlagen an ganz neu anfangen.« Aber woran sollte man unser Wissen überprüfen und womit? Was kann überhaupt noch als sicher gelten, wenn nicht mal die Pfeife beim Pfeifenrauchen? Skeptiker haben es schon schwer – vor allem, wenn sie sich beim Pfeifenrauchen solche Fragen stellen.

Der Ausgangspunkt von Descartes' Denken ist die einzige Wissenschaft, die seiner Meinung nach auf zweifelsfrei sicherem Wissen beruht, weil sie nämlich auf einem erfahrungsunabhängigen, also nicht durch die Sinne »verdorbenen« Fundament basiert – dem der Mathematik. Seine an der Geometrie orientierten philosophischen Meditationen beginnen damit, *radikal* an allem zu zweifeln, an den überkommenen Meinungen ebenso wie an der Evidenz, also der Offensichtlichkeit der Sinneserkenntnis. Diesen Zweifel an der naiven, gleichwohl alltagsüblichen Weltsicht entwickelt Descartes konsequent weiter zu einer fortschreitenden Überwindung des Zweifels selbst. Descartes will also gewissermaßen das ganze System herunterfahren und noch einmal »sauber booten«.

Unzweifelhaft bleibt dabei nur die Tatsache des Zweifelns selbst als eine Art des Denkens: Mag auch die Pfeife, an der ich gerade ziehe, langsam bitter schmecken, so muss ich doch zugestehen, dass das einzige, was mich meines Seins sicher sein lässt, die Tatsache ist, dass ich soeben denke. Genau genommen müsste ich sagen: Nur im Vollzug des Denkens (Zweifelns) kann ich mir meines Seins (und Rauchens) sicher sein. »Ich denke, also bin ich«, folgerte Descartes. Von hier aus versucht er wieder Vertrauen zum Wissen zu fassen. Heute fragt man wohl eher: »Wozu denken, wenn man schon ist?«

Übrigens gilt der Satz des Descartes nur in die eine Richtung, weshalb der alte Witz nicht wirklich funktioniert: Sitzt Descartes in der

Kneipe und raucht Pfeife. Fragt ihn der Wirt »Na, René, noch'n Wein?« – »Ach, ich denke nicht.« und »Plopp!« – weg ist Descartes...

Bei den Überlegungen im Anschluss an Descartes' radikalem Zweifel entsteht unversehens das ebenso aberwitzige wie hartnäckige Problem, dass man folgenlos die Existenz der Außenwelt leugnen kann. Die Beweislast für die Existenz der Welt außerhalb von uns scheint bei demjenigen zu liegen, der sie behauptet. Diese radikale Position nennt man *Solipsismus*.

Hallo – raucht da jemand?

Solipsismus kommt vom lateinischen *solus* (allein) und *ipse* (selbst). Also etwa: Ich bin mit mir selbst allein; außer mir ist da nichts. Dabei geht es nicht um die Wirkung bestimmter Tabake, sondern um die Frage, wie ich mir grundsätzlich über das Bestehen einer Außenwelt sicher sein kann, wenn allein mein Sein als Zweifelnder unzweifelhaft sicher ist. Hier denkt *nachweislich* nur einer, und das bin ich. Also jetzt Sie – ähm: Sie denken es für sich, wenn Sie das hier lesen, so wie ich es für mich denke, indem ich es schreibe. Aber wissen kann das jeder nur von sich selbst, nie von anderen. Jedes Gespräch wird so zum Selbstgespräch. Wofür schreibt man dann noch Bücher, wenn man sich über die Existenz von Lesern nicht sicher sein kann?

Solipsismus ist die beunruhigende Meinung, die das subjektive Ich mit seinen Bewusstseinsinhalten für das *einzige* Existierende hält. Ihre Anhänger sind selbstverständlich Einzelgänger und als intellektuelle Isolationisten mit sich allein. Eric-Emmanuel Schmitts philosophischer Roman *Die Schule der Egoisten* müsste also richtig *Die Schule der Solipsisten* heißen, geht es in ihm doch um den (erfundenen) Philosophen Languenhaert, der konsequent die Existenz der Außenwelt leugnet und dadurch zum Opfer seiner eigenen Geistesschärfe wird.

Alles, was man Außenwelt nennt, hat sich für den Solipsisten nur dessen *Ich* zurechtgelegt, ausgedacht, eingebildet oder konstruiert, damit es nicht so langweilig wird in einem Universum, das nur aus ihm selbst besteht.

Solipsisten haben deshalb keinen Anhaltspunkt, »Traum« von

»Wirklichkeit« zu unterscheiden. Wie auch? Und wozu? Sie könnten sich ja tatsächlich *alles* nur ausgedacht haben. Was zu der Annahme führt, dass man es sich an manchen Tagen wirklich sehr schwer macht.

Genau genommen beginnt die Welt mit dem Solipsisten. Jedenfalls hat er (wie wir) keine Erinnerung an sie vor seiner Zeit – wenn man mal von einigen reinkarnierten Buddhisten absieht, die eigensinnig das Gegenteil behaupten. Wenn die Welt aber schon mit ihm begonnen hat, dann scheint es doch wohl nur logisch, wenn sie auch mit ihm enden wird. Und was zum Kuckuck hat Descartes eigentlich geraucht, um auf so verrückte Ideen zu kommen?

Die skurrile Theorie des Solipsismus klingt zugegebenermaßen reichlich zwangsjackenverdächtig. Was haben wir auch von diesem kuriosen Gedankenexperiment, außer Migräne? Vielleicht die Einsicht: Wenn einen etwas um den Verstand bringen kann, dann zeigt das wenigstens, dass man welchen hat. Nach Schopenhauer gehören die Vertreter des Solipsismus ohnehin allesamt ins Tollhaus. Aber genau genommen sind sie da ja schon, sie sitzen sogar bei sich selbst in Einzelhaft...

Dabei ist der Solipsismus argumentativ gesehen eine absolut »wasserdichte« Position. Bertrand Russell meint ironisch: »Warum überrascht es Sie zu hören, daß ich Solipsist bin? Ist das nicht jeder?« Und der amerikanische Logiker Raymond Smullyan ergänzt: »Natürlich glaube ich, daß Solipsismus die richtige Philosophie ist, aber das ist lediglich die Meinung eines einzelnen Menschen.« Man kann jemandem, der die »Realität« der Außenwelt *konsequent* leugnet, nur entgegenhalten: Das glaubst auch nur du! Aber was nützt das schon.

Man kann neben dem hier geschilderten *radikalen* Skeptizismus gemäßigtere Formen, wie den *methodischen* Solipsismus vertreten und sofort werden die Vorteile dieses Gedankenexperiments deutlich: Man beginnt mit solipsistischen Positionen, von denen aus man sich Gedanken über Subjektivität, Bewusstsein, das Fremdpsychische und das Phänomen *Wirklichkeit* macht, also etwa, was eine Pfeife ist und was es heißt, sie im Dunkeln zu rauchen.

Der naive Realismus des »die Welt wird schon so sein, wie sie aussieht« ist mit ihm geplatzt wie eine Seifenblase. Und trotzdem fällt der Abschied von der anschaulichen Abbildtheorie ziemlich schwer, denn es will nicht so recht gelingen, einen entsprechenden Ersatz zu finden. Wir suchen eben immer einfache Antworten auf komplizierte Fragen und reagieren übellaunig, wenn uns umgekehrt jemand auf so eine einfache Frage wie »Was ist eine Pfeife?« eine irrwitzig komplizierte Antwort gibt.

Descartes selbst, der für dieses Problem mitverantwortlich ist, setzt tapfer auf den gütigen Schöpfergott, der uns unmöglich über die Existenz der Welt da draußen belügen könne – eine Hypothese, die ihm den Spott der gesamten Innung eingebracht hat. Nach dem bereits oben erwähnten Bertrand Russell habe Descartes damit begonnen, alles zu bezweifeln, um am Ende alles zu glauben. Das homerische Gelächter der Philosophieprofessoren vom universitären Olymp sollte uns aber nicht darüber hinwegtäuschen, dass die Lacher auch keine wirklich überzeugende Lösung für Descartes' Probleme haben. Die beeindruckende Zahl der erkenntnistheoretischen Versuche legt hier ein beredtes Zeugnis ab.

Kann man tatsächlich und allen Ernstes die Außenwelt derartig verabschieden, wie es die radikalen Skeptiker tun? Man wird einräumen müssen, dass es praktisch unmöglich ist, all die Dinge um uns herum zu leugnen. Ein Pfeifenraucher, der unter Hinweis darauf, dass das aushängende »Rauchen verboten« Schild überhaupt nicht existiere, sich davor hinstellt und raucht, wird die Konsequenzen tragen müssen, die aus einem nicht beachteten Verbot nach dem Kausalitätsprinzip der geleugneten Realität notwendig folgt. Seine hyperskeptische Position wird ihn auch nicht vor einem Bußgeld schützen. Aber selbst das wird ihm nichts ausmachen, denn es ist ja nicht »sein« Geld, das er da bezahlt.

Unser Glaube an die Außenwelt ist aber nicht nur in solchen Extremsituationen machtvoll und instinktiv. Ehrlich gesagt können wir ihn auch nicht durch die überzeugendsten philosophischen Einwände los werden. Warum auch? »Wenn uns ein Glaube an die Welt außerhalb unseres Bewußtseins auf solchermaßen natürliche Weise zufällt, dann brauchen wir für ihn vielleicht gar keine Gründe«, mutmaßt Thomas Nagel. »Und dies ist es auch, was die meisten Leute tun, nachdem sie ihre Beweisversuche aufgegeben haben: wenn sie den Skeptizismus schon nicht zu widerlegen vermögen, mit ihm leben können sie ebensowenig.«

Das ist nicht als philosophischer Offenbarungseid misszuverstehen. Der common sense scheint nämlich nicht nur mächtiger, sondern auch klarer und verständlicher zu sein, als die ausgefuchstesten

Erkenntnistheorien. Hier kann man sich auf die Seite der Pragmatiker stellen: Hauptsache die Pfeife raucht und schmeckt. Auch von den brillantesten Argumenten lassen sich Naturgesetzte letztendlich nicht beeindrucken. Die vernichtende Kritik an der Schwerkraft wird diese nicht daran hindern, die Pfeife unbeirrt zu Boden zu ziehen, wenn wir sie loslassen. Trotzdem löst dieser Realismus nicht unsere philosophischen Probleme.

Sehen, hören, riechen, schmecken, fühlen mögen ja uralte Verfahren der Weltaneignung sein, die so tief in uns verwurzelt sind, dass wir sie trotz aller Skepsis nicht einfach ablegen können. Aber wir haben eben doch noch einige zusätzliche Strategien auf Lager, die sich sonst nirgendwo im Tierreich finden lassen. Ich rede von diesem nagenden Zweifel an allem und jedem, der keine Ruhe gibt und uns selbst das Offensichtliche hinterfragen lässt. Vor allem beim Pfeifenrauchen. Der Mensch ist der geborene Skeptiker, das Tier, das zweifelt. Jeder weiß: »The common sense is not very common.«

Und jeder Pfeifenraucher weiß instinktiv: Es gibt sie da draußen, die Welt der Stromrechnungen, PowerPoint-Präsentationen, angebrannten Bratkartoffeln und Zahnarzttermine. Er weiß aber auch, dass da noch etwas ist: Die Welt seiner Gedankenausflüge. Die Lebenskunst besteht darin, beides zusammenzubringen. Traum und Wirklichkeit. So genannte Träume und so genannte Wirklichkeiten, über die wir mehr wissen wollen. Und wir glauben natürlich daran, dass die Wahrheit irgendwo da draußen liegt.

Wenn wir den Rauch im Dunkeln nicht schmecken, suchen wir nach Erklärungen dafür, weil wir's einfach wissen wollen. Wir kommen sogar auf sehr differenzierte Erklärungsmodelle, konstruieren ganze Erkenntnistheorien, nur um das Problem durch *Begreifen* zu lösen, selbst wenn die Alltagserfahrung davon unbeeindruckt bleibt. Für uns Gewohnheitstiere geht immer noch die Sonne auf, auch wenn heute kaum noch jemand ernsthaft bestreitet, dass sich die Erde um die Sonne dreht. Aber, mal ehrlich, wer von uns kann schon wirklich plausibel erklären, warum die Australier nicht von der Kugel fallen. – Entschuldigung, ich habe mir diese Welt nicht ausgedacht... Oder doch?

❦

Zum Weiterlesen empfehle ich
den Roman *Die Schule der Egoisten* von Eric-Emmanuel Schmitt, Fischer Verlag, Köln 2004. Die philosophische Vertiefung bietet Michael Hauskeller, *Ich denke, aber bin ich? Phantastische Reisen durch die Philosophie*, Beck'sche Reihe (bsr), München 2003. Was alles aus neurobiologischer Sicht beim Erkennen schief gehen kann, beschreibt der Psychiater Oliver Sacks in seinem verunsichernden Buch *Der Mann, der seine Frau mit einem Hut verwechselte*, Rowohlt Verlag (rororo Sachbuch), Hamburg 1998[25].

Kapitel 12½
Asche zu Asche

Wo wir zur lyrischen Existenzialpfeife greifen, vier Miesepeter-Strategien ausprobieren, ein Computer gemein wird und uns nicht ganz zufällig ein Gottesbeweis für Pfeifenraucher gelingt.

Rauchen erinnert an Sterblichkeit – und das nicht nur, weil der Chor der europäischen Gesundheitsminister in seltener Eintracht auf jeder Packung Tabak sein »*Vae fumatoris*« anstimmt. Nein, das Rauchen und die Reflexion auf die Sterblichkeit gehören zusammen: »Jeder Zug ist ein flüchtiger Gedanke. Du weißt, du rauchst, der Rauch verschwindet. Erinnert dich daran, dass Leben auch Sterben bedeutet.« Paul Austers Einsicht ist nicht neu. Sie tauchte bereits zusammen mit den ersten Tabakspfeifen in Europa auf und prägte jene Epoche, die man Barock nennt. Deren Bilder kennen wir schon. Jetzt werfen wir einen Blick auf das Weltbild jener Zeit.

Damals rauchte man aus fiepsenden Tonpfeifen schlecht verarbeiteten Tabak, denn es gab einfach nichts anderes. Die verbreitetesten Geschmacksrichtungen entstanden durch die Lagerung des Tabaks zwischen Salzheringen, Gurken und ranziger Butter. Hinzu kamen noch verdächtige Beimengungen, um das teure Indianerkraut zu strecken. Gute Pfeifen und *reiner* Tabak waren Luxus. Trotzdem liebten Philosophen, Maler, Musiker und Dichter das Pfeifenrauchen so sehr, dass sie ihre Passion in Traktaten, Gedichten und Gemälden verewigten. Johann Sebastian Bach vertonte für seine pfeifenrauchende Frau das Gedicht eines unbekannten Poeten, bei dem es um unser Thema geht.

»So oft ich meine Tobacks-Pfeife, / mit gutem Knaster angefüllt, / Zur Lust und Zeitvertreib ergreife, / So gibt sie mir ein Trauerbild / Und füget diese Lehre bei, / Daß ich derselben ähnlich sei.

Die Pfeife stammt von Thon und Erde, / Auch ich bin gleichfalls draus gemacht. / Auch ich muss einst zur Erde werden, / Sie fällt und bricht, eh ihr's gedacht, / Mir oftmals in der Hand entzwei, / Mein Schicksal ist auch einerlei.«

Vanitas vanitatum, omnia vanitas – Eitelkeit der Eitelkeiten, alles ist Eitelkeit – so steht es noch heute auf mancher glasierten Tonpfeife des Barockzeitalters, die man im Museum betrachten kann. Eitelkeit meint hier übrigens Vergänglichkeit und die war den Menschen des Barock durch Kriege, Katastrophen, Hunger und Seuchen sehr nachdrücklich vor Augen geführt worden. Über die Rolle des Menschen im Universum gab man sich keinen Illusionen hin, weshalb die Weltsicht, gelinde gesagt, abgeklärt war: »Du sihst / wohin du sihst nur Eitelkeit auff Erden. / Was diser heute baut / reist jener morgen ein: / Wo itzund Städte stehn wird eine Wiese seyn«, paffte *Andreas Gryphius* finster vor sich hin.

Aber auch spätere Autoren sahen in der Pfeife ein Sinnbild für das Leben, wie etwa Friedrich Haug (1761-1829), der das Pfeifenrauchen mit den Lebensabschnitten verband: »Die sechs Lebenssechstel des Pfeifenrauchers: Das erste braucht er, um sie zu stopfen; das zweite, Feuer anzuschlagen; drei Sechstel wird er brauchen, um seine Pfeife auszuklopfen.«

Und auch wir friedensverwöhnten Wohlstandskinder kommen von Zeit zu Zeit in eine recht nachdenkliche Stimmung, wenn wir Pfeife rauchen. Pfeifenraucher erweisen sich als Unzeitgemäße, und das nicht nur, weil sie Pfeife rauchen, sondern weil man heute Themen mit Finalcharakter aus dem Weg geht. »Trübe Stimmung? Geh‘ doch joggen!« Das scheint heute vielen angemessener, als sich der Frage nach dem Letzten zu stellen.

Dem Lifestyle ist Djuna Barnes ironische Frage »Was ist Lebensart beim Sterben?« unerträglich geworden. Eine angemessene Antwort wird sich in den jugend- und gesundheitsverliebten Fitness-Gazetten nicht finden, da jede Ernsthaftigkeit, die über das »Schocker-Thema« Cellulite hinausreicht, der Spaßgesellschaft nicht zugemutet werden kann. Pfeifenraucher sind da nicht nur belastbarer, sie kommen sogar von selbst auf die unangenehme Frage nach der Endlichkeit menschlichen Seins, denn sie wissen, wie Friedrich Torberg, *auch Nichtraucher müssen sterben.* »Ich rauche, trinke schwarzen Kaffee und bin auf diese Weise 70 Jahre alt geworden. Vielleicht wäre ich bei gesünderer Lebensweise heute schon 75 oder 80, aber das läßt sich schwer feststellen.« Fundamentalfumologie könnte man jenes Thema nennen, dem wir nun nachgehen wollen.

Hundert Jahre

»Eigentlich«, so dämmert uns manchmal, »eigentlich ist doch alles egal, weil wir spätestens in hundert Jahren sowieso alle tot sein werden.« Wir selbst und alle, die wir kennen – tot und vergessen. Unser Leben stellt sich nicht nur als eine sinnlose Tretmühle dar, es scheint auch vollkommen unerheblich zu sein, ob wir es anständig führen oder nicht. Und vor allem: Es scheint sich niemand wirklich für uns zu interessieren. Wieso dann also das Ganze? Alles, was wir darüber lesen, macht unsere ärgsten Befürchtungen nur noch entsetzlicher. Wir werden entweder zynisch oder krank am Sein und selbst unsere Lieblingspfeife mit dem besonders milden Tabak schmeckt bitter. *Vanitas vanitatum...* Zeit für Melancholie.

Das Argument, dass wir in hundert Jahren alle tot und vergessen sein werden, hat schon manches für sich, zumal es einfach stimmt. Trotzdem bleibt es doch eine kuriose Vorstellung, aus dem Umstand, dass wir als Sterbliche in einer endlichen Welt der Zufälle agieren müssen, zu folgern, dass nichts von dem, was wir jetzt tun, wirklich von Bedeutung sein soll. Kurz: Wir sind bei der Frage nach dem *Sinn des Lebens* angekommen. Gehen wir ausnahmsweise mal *nüchtern* an die Frage heran. Beginnen wir mit der Wochenendbeilage unserer Zeitung und einem leichten Pfeifentabak.

Die Frage nach dem Sinn des Lebens darf in keinem Prominenten-Fragebogen fehlen; und dort lesen wir, wie der Journalist Johannes Gross seufzt: »Eine der vielen Umfragen, diesmal nach nichts weniger als nach dem Sinn des Lebens. Ich hätte meine Vermutung mitteilen müssen, dass das Leben keines Wesens einen Sinn hat, sondern dass seiner Existenz ein Zweck bestimmt wird, von irgendeinem anderen oder von einer Instanz, die sie für ihre eigene ansieht, die aber urteilt wie von außen, das Gewissen beispielsweise. Ich habe die Anfrage nicht beantwortet – die Auskunft, daß kein Leben von seinem Sinn weiß, hätte sich unter den sinnfrohen Antworten sehr sparsam ausgenommen.«

Wir schätzen diese Aufrichtigkeit, gleichwohl meldet sich beharrlich die Frage, ob in diesem Kosmos überhaupt irgendjemand verantwortlich ist. Leider ist der Geschäftsführer des Universums gerade nicht zu sprechen und so müssen wir mit dem amerikanischen Philosophen Thomas

Nagel vorlieb nehmen: »Wenn wir über die ganze Sache nachdenken«, und er meint damit unsere Rolle in der Welt, »scheint sie überhaupt keinen Sinn zu haben. Von außen betrachtet wäre es ganz egal, wenn es uns überhaupt nicht gegeben hätte. Und wenn es uns einmal nicht mehr gibt, so wird es egal sein, daß es uns gegeben hat.« Na, das macht doch so richtig Mut!

Nun kann man einwenden, dass es doch immerhin die unvergänglichen Werke von Platon oder Kant gibt. Aber erstens ist von den meisten Philosophen schon einiges verschollen (insbesondere sie selbst), und zweitens ist alles nur eine Frage von Zeit und Perspektive. Es gibt schon jetzt eine Menge Leute, die die beiden im Telefonbuch suchen würden, was mag da erst in 100 Generationen sein? Nicht mal die Pyramiden oder die Chinesische Mauer werden ewig stehen bleiben, geschweige denn, ein paar alte philosophische Bücher in den Regalen der Bibliotheken. Siehe Alexandria.

Wer in diese Pfeifenstimmung gerät, verfolgt meist eine Reihe von »Miesepeter-Strategien«, wie man diese latent melancholischen Argumentationen nennen kann: Man macht seine Seinsdepression *erstens* an seinem Verhältnis zu Raum und Zeit fest. Klein und unbedeutend; das ist die erste Miesepeter-Strategie: »Weit draußen in den unerforschten Einöden eines total aus der Mode gekommenen Ausläufers des westlichen Spiralarms der Galaxis leuchtet unbeachtet eine kleine gelbe Sonne. Um sie kreist in einer Entfernung von ungefähr achtundneunzig Millionen Meilen ein absolut unbedeutender, kleiner blaugrüner Planet, dessen vom Affen abstammende Bioformen so erstaunlich primitiv sind, daß sie Digitaluhren noch immer für eine unwahrscheinlich tolle Erfindung halten.«

Douglas Adams, der mit diesen weisen Worten seinen philosophischen Roman *Per Anhalter durch die Galaxis* einleitet, reibt uns hier genüsslich den Anthropozentrismus, den Mittelpunktswahn, unter die Nase. Wenn sich erstmal die Sonne verabschiedet hat und später das ganze Universum wie eine Seifenblase geplatzt sein wird – ob implodiert oder explodiert ist doch nun wirklich völlig gleichgültig –, dann ist es auch egal, ob wir in diesem Buch zu richtigen oder falschen Schlüssen gekommen sind. Wozu wollen Sie sich denn jetzt noch eine neue Pfeife kaufen, wenn doch eh‘ alles egal ist? Und wer will sich schon mit jemandem unterhalten, der einem ständig beweist, dass man entweder nicht existiert oder dass die eigene Existenz zumindest sinnlos ist. »Ich kämpfe sowieso schon mein halbes Leben lang gegen die Vorstellung, daß ich gar nicht da bin«, meint Wilhelm Genazino. Und nun auch noch das! Rauchen Sie ruhig weiter – was stören uns jetzt noch die Gesundheitsminister aller möglichen Welten?

Die Perspektive der eigenen Nichtigkeit kann einem tatsächlich alles vermiesen, nimmt sie doch die einfachste Möglichkeit, bei der man sich, wenigstens zeitlich begrenzt, in einer gewissen Sinnhaftigkeit sonnen darf. Und so führt man ein ebenso kurzes wie sinnloses Leben auf einer jämmerlichen Erdkugel am Rande des Nichts.

Die Frage bei dieser ersten »Miesepeter-Strategie« ist aber, warum uns nur etwas, das klein, bescheiden und kurz ist, absurd erscheinen sollte. Wäre ein ewiges Leben nicht einfach ewig langweilig oder unendlich sinnlos – und wäre es nicht vollkommen grotesk, dabei auch noch den gesamten Raum einzunehmen. Nein, entweder alles hat einen Sinn oder nichts. Oder?

Das führt zur Miesepeter-Strategie Nummer zwei: Immer wenn's am schönsten ist, muss man gehen. Dieser uns seit frühster Kindheit begleitende Grundsatz des Unbefriedigtbleibens bewahrheitet sich am Ende unseres Lebens mit Sicherheit wieder einmal. Wir werden bestimmt etwas verpassen, wenn alle anderen einfach weitermachen dürfen. Wenn sie denn dürfen. Das hängt mit der Miesepeter-Strategie drei zusammen: Eher früher als später ist für jeden und alles Schluss. Und wer eher stirbt, ist länger tot. Das heißt, jede der bei uns so beliebten Rechtfertigungsketten unseres Tuns bricht durch den Tod ab, was das Leben als eine komplizierte und anstrengende Reise vom Nirgendwo ins Nichts erscheinen lässt. Wieso hat sich die Menschheit eigentlich überhaupt so angestrengt, von den Bäumen zu kommen? Wozu nur?

Und das alles leitet über zu Miesepeter-Strategie vier: Die wichtigste Frage unseres Lebens zielt keineswegs auf den hehren Sinn des Lebens oder gar des Universums ab, wie die Philosophen meinen, sondern sie lautet schlicht: »Und jetzt?« Da wir nie eine gute Antwort auf diese banale Frage haben, werden wir im Alltag zu Meistern des Durchwurstelns. Für viel mehr fehlt uns sowieso Zeit, Können und Wissen. Beim Pfeifenrauchen fällt dagegen auf, dass wir gar nicht genau wissen, warum und wozu wir uns eigentlich so durchschlängeln. Was natürlich alles nur noch schlimmer macht. Und wir kommen zu dem Schluss, dass wir vielleicht doch besser nicht nur nicht von den Bäumen geklettert wären, sondern vielleicht gleich ganz im Wasser hätten bleiben sollen.

Normalerweise können wir stets mehr oder weniger befriedigende Erklärungen für unser Tun abgeben: Man arbeitet, weil man Geld zum Leben braucht, einige wenige vielleicht auch, um sich selbst zu verwirklichen. Und man raucht natürlich Pfeife, weil es Genuss bereitet. Was einem dabei bloß nicht schmeckt, ist, dass man für die *großen* Zusammenhänge, das Leben im Ganzen, das Universum und den ganzen Rest, keine Rechtfertigungen, ja nicht mal halbwegs vernünftige Erklärungen hat. Das Leben scheint demütigend bedeutungslos angesichts des Kosmos.

Trotzdem sind wir immer auf der Suche nach lückenlosen Begründungsketten und die Nachforschungen unter dem Titel *Der rätselhafte Sinn des Lebens* scheinen absolut erfolglos, um nicht zu sagen: vollkommen skurril, zu verlaufen. Jede Sinnstiftung ist an den Augenblick gebunden und hat damit nur eine höchst begrenzte Begründungsleistung. Wir rauchen eben jetzt Pfeife, weil wir im Augenblick Lust dazu haben. Basta! Nur klärt das nicht unsere Frage, wo »da« der *Sinn*, der *Zweck* liegt. Und was heißt schon *Selbstzweckhaftigkeit*? Wieso sollten ausgerechnet wir was besonderes sein? Vielleicht müssen wir von unserer Person absehen und in größeren Zusammenhängen denken.

Zuerst fällt uns da die Familie ein: Kinder müssen grundsätzlichen immer zur Sinnstiftung herhalten. Für sie sind wir als Vorgänger, als Versorger und Erhalter der Linie wichtig, sie sind uns Aufgabe, Verantwortung, Freude und Sorge, um ihrer Zukunft sind wir gehalten, uns zu kümmern; für sie sind wir als Erzeuger wichtig und so geben sie uns das Gefühl, gebraucht zu werden. Hier können wir für uns einen Sinn sehen. Zur Strafe stecken sie uns dann später in ein Seniorenheim.

Das Pikante an dieser Argumentation ist aber nicht, dass die kleine Racker allein schon aus Selbstschutz undankbar sein müssen, sondern dass auch sie alle sterblich sind, was die Länge der Begründungskette nur unwesentlich um ein paar läppische Generationen verlängert, aber trotzdem früher oder später unweigerlich *abbrechen* lässt. Ob 100 Jahre oder 100 Generationen, wo ist da der Unterschied? Auch wenn wir für unsere persönliche Existenz so etwas wie Sinn formulieren könnten, haben wir doch nur das Problem verschoben, ohne uns ihm zu stellen.

Das Gleiche gilt auch für die nächst größeren Strukturen, denen wir uns als Individuen anschließen können, um unserem kurzen Erden-Dasein etwas Sinn, Glanz und einen Hauch von Ewigkeit zu verleihen: Nation, Kulturgemeinschaft und Staat – auch sie vergehen, wie das Reich der Pharaonen, die Templer und Borussia Dortmund zeigen.

Und wie steht es mit der Liga der Helden, Künstler, Forscher und Philosophen... Der Satz des Pythagoras oder die Mona Lisa sind wohl nur deshalb eine so große Sache, weil sich hier eine Gültigkeit zeigt, die von den Zufälligkeiten des normalen Lebens geschützt scheint. In Theorie und Kunst suchen wir das Unwandelbare; dort ereignet sich Wahrheit und Schönheit. Finden wir sie, so haben wir teil an der Ewigkeit. Vielleicht quälen wir uns mit der Theorie, dem Malen oder der Musik nur deshalb so hartnäckig ab, weil wir hoffen, durch die Entdeckung des Zeitlosen etwa in den wissenschaftlichen Gesetzten, der Vergänglichkeit zu entkommen. Halten wir es mit Christoph Friedrich Wedekind: »Wenn meine Knasterpfeife glüht, / entreiß ich mich der Eitelkeiten / und suche die Vollkommenheiten / der philosophischen Welt mit ruhigem Gemüte.« Ohne dies wäre man nur ein nackter Affe, der dauernd vom Baum fällt.

Dienen Kunst, Forschung und Wissenschaft also nur zur Kompensation unserer Miesepeter-Strategien? Oh nein! Durch folgerichtiges Nachdenken werden wir doch erst mal so richtig aus dem Zentrum der Welt verbannt. Aber wir verstehen dabei wenigstens ansatzweise, warum dies so ist. »Weil die Wissenschaft zur Verwechslung von dem, was man mit dem Verstand fassen kann, und dem Ewigen neigt, wird sie oft als *Antischicksal* erlebt«, so Étienne Klein, der offensichtlich auch etwas ratlos dasteht.

Gibt es denn gar keinen Ausweg? – Doch, man kann den Spieß der Miespeter-Strategien einfach umdrehen, indem man sagt, dass nichts von dem, was in ferner Zukunft sein wird, für mich heute schon von Bedeutung ist. Soll doch das Universum in Jahrmillionen platzen – wenn schon. Mich geht das nichts an, ich rauche *jetzt* mit Genuss Pfeife. Irgendwann ist eben Schluss mit mir, genau wie mit der Pfeife. Was schert mich die Bedeutungslosigkeit meines Tuns heute oder in Äonen, wenn es mir gerade jetzt so gut geht. Carpe diem!

Na ja, zugegeben: So ganz einfach geht das auch wieder nicht. Natürlich sollte niemand seine unmittelbare und mittelbare Verantwortung für Zeitgenossen und nachfolgende Generationen vernachlässigen. Verantwortung zu haben, bedeutet Zurechenbarkeit sinnvoll übernehmen zu können und das ist nur insofern möglich, als man tatsächlich Einfluss hat. Das Verlöschen der Sonne in ein paar Milliarden Jahren kann niemand verhindern, sowenig irgendjemand es verschuldet, aber im Bereich der sozialen und moralischen Verantwortung (also weniger rauchen), der politischen Mitbestimmung oder des Umweltschutzes hat das Tun des Einzelnen durchaus Sinn und Zweck. Mehr noch: Angesichts der nachfolgenden Generationen besteht sogar die *Pflicht* dazu. Hans Jonas nennt das, was hier zur Sinnstiftung dient, *Das Prinzip Verantwortung*. Den Sinn des Lebens im bloßen Dasein zu sehen, trägt selten über so genannte Sinnkrisen hinweg.

Kann uns bei der Frage nach dem Sinn des Lebens die »harte Wissenschaft« weiterhelfen, die sonst so mit ihren praktischen Teflonpfannen protzt? Douglas Adams hat hierzu ein faszinierendes Szenario entwickelt: *Deep Thought,* der zweitgrößte Rechner der Galaxis, bekommt von einigen Philosophen den Auftrag, eine Antwort auf die Frage nach dem Sinn des Lebens zu geben, worauf der Supercomputer siebeneinhalb Millionen Jahre rechnet. Siebeneinhalb Millionen Jahre wartet die Menschheit geduldig auf die Antwort, denn es besteht Aussicht darauf, sich nie wieder morgens nach dem Aufwachen die Frage stellen zu müssen, ob es etwas ausmachen würde, einfach liegen zu bleiben oder arbeiten zu gehen. Als Deep Thought endlich so weit ist, lautet die Antwort auf die Frage nach dem Sinn des Lebens schlicht »42«.

42? Zweiundvierzig! Man kann sich vorstellen, dass kein Philosoph mit dieser Antwort zufrieden ist. Der elektronische Schlaumeier beharrt aber darauf, erstens alles gründlich und richtig berechnet und zweitens bestimmt die richtige Antwort auf die gestellte Frage gegeben zu haben. Das Problem sei doch wohl eher, so Deep Thought, dass die Philosophen nie richtig gewusst hätten, wie die Frage lautet. »Wenn ihr erstmal genau wißt, wie die Frage wirklich lautet, dann werdet ihr auch wissen, was die Antwort bedeutet.« Computer können so gemein sein.

Bleibt nur noch ein Höchstes: *GOTT!* Ich meine hier nicht das aus *philosophischer* Perspektive naive Vertrauen in eine göttliche Sinnstiftung, sondern Gott im Sinne eines logischen Schlusssteins unserer kausalen Denkkette: Gottes Sinn und Zweck liegt in ihm selbst, er kann keinen Zweck außer sich selbst haben – behaupten jedenfalls Theologen. Wir wollen hier keineswegs diskutieren, ob es Gott *gibt* oder nicht. Und schon gar nicht wird hier die *Theodizee-Frage* gestellt: Wie kann *ER* bloß das ganze Unheil in der Welt (inklusive Fancy-Pfeifen) zulassen?

Pfeifenrauchern ist die Existenz Gottes völlig offensichtlich. Der Gottesbeweis, an dem Anselm von Canterbury siebenfach scheiterte, ist die einfachste Sache von der Welt: »Wie ich weiß, daß Gott existiert? Was für eine Frage! Könnte ich für 40 Euro so eine Pfeife bekommen, wenn es da oben niemanden gäbe? Sehen sie nur mal diese Qualität – wie können Sie da bloß zweifeln?« (frei nach Woody Allen). Trotzdem soll es noch vereinzelt Agnostiker unter Pfeifenrauchern geben.

Aber Spaß beiseite: Ob jemand an Gott glaubt oder nicht, ist keine *philosophische* Frage. Wenn wir Gott zur Lösung *philosophischer* Probleme heranziehen wollen, funktioniert das nicht nach *philosophischen* Spielregeln. »Die Idee Gottes«, so Thomas Nagel, »ist offenbar die Idee von etwas, das alles andere erklären kann, ohne selbst erklärbar sein zu müssen. Es ist jedoch nur sehr schwer zu sehen, wie es so etwas geben kann. Stellen wir die Frage, ‚Warum ist die Welt *so* beschaffen?' und erhalten eine religiöse Antwort, was kann uns dann hindern, erneut zu fragen: ‚Und warum ist *das* so?' Welche Antwort könnte unsere *Warum?*-Fragen ein für alle mal zum Schweigen bringen? Und wenn sie hier zu einem Halt kommen, warum konnten sie nicht bereits vorher enden?«

Dieses Problem stellt sich übrigens auch, wenn wir unser Leben als die Erfüllung eines göttlichen oder wissenschaftlichen »Masterplans« zu begreifen versuchen. Wir hören entweder zu früh auf zu fragen oder wir verstehen die Antwort nicht mehr (siehe »42«), ganz abgesehen davon, dass wir in arge Probleme geraten, unsere Freiheit zu erklären, beziehungsweise zu bewahren. Gott als *philosophischer* Erklärungsgrund für den Sinn des Lebens hat also einen unerfreulichen Haken: Der Erklärungsgrund ist absolut unsicher, es sei denn, man *glaubt* an ihn.

Wenn Gott unserem Leben einen Sinn gibt, den wir nicht *verstehen* können, so ist das nur ein sehr schwacher Trost. Jedenfalls für Philosophen. »Vielleicht finden wir ihn nur deshalb nicht, weil er Angst vor unserer Sammelklage hat.« Das Übrige, was *Monty Pythons* zum

Sinn des Lebens zu bieten haben, ist blanker Zynismus. Alles scheint absurd und das kann kurioserweise mit der Feierabendpfeife ganz amüsant sein. Von »Asche zu Asche« zur Beschäftigung mit der *Eschatologie*: Sie ist die Lehre von den letzten Dingen; von den Glaubensvorstellungen, die sowohl das Leben nach dem Tod des Einzelnen als auch das Ende der Welt betreffen. Also das, womit wir uns hier gerade herumquälen.

Apropos quälen: Wäre es angesichts der hier besprochenen Probleme nicht besser, gar nicht erst nach dem großen Zweck, dem Sinn des Lebens, zu fragen und dabei vielleicht noch eine Pfeife zu ruinieren? Sollte die Sinnfrage mit dem Hinweis auf unsere bloße Existenz etwa schon beendet sein? Damit sind wir bei dem Spezialgebiet des bedeutenden Pfeifenrauchers Jean-Paul Sartre angekommen. Wie wäre es, wenn wir uns jetzt eine Gauloiserie leisten und die pechschwarze Billiard aus Paris mit einer köstlichen französischen Mélange stopfen? Wir werden's brauchen.

Für Sartre ist die Welt insgesamt absurd: Die Welt wie auch die menschliche Existenz ist letztlich sinnlos. Na, das kommt uns doch bekannt vor. Die Frage nach dem Sinn der Existenz prallt an der Welt und damit auch an uns ab, wie ein Stein, den man über das Wasser hüpfen lässt. Sartre behauptet nun, dass wir gezwungen sind, immer aufs Neue diese Frage nach dem Sinn des Lebens zu stellen, um zu erfahren, wer wir sind. Und stets sehen wir, dass alles zerbricht, nichts Bestand hat und wir immer wieder neu beginnen müssen. Aber das gehört zu unserem Menschsein. »Der Mensch«, so Sartre, »ist zuerst ein Entwurf, der sich subjektiv lebt, anstatt ein Schaum zu sein oder ein Blumenkohl; nichts existiert diesem Entwurf vorweg, nichts ist im Himmel, und der Mensch wird zuerst das sein, was er zu sein geplant hat. Der Mensch ist nichts anderes als wozu er sich macht.« Dann lieber Pfeifenraucher als Blumenkohl!

Sartres Existenzialisten-Kollege Albert Camus geht noch einen Schritt weiter. Das Absurde prägt Camus zufolge das Leben und gerade deshalb müssen wir immer wieder gegen das Absurde aufbegehren. Im Klartext: Man kann dem Absurden begegnen, indem man dagegen revoltiert, und das heißt, man muss zuerst das Absurde *anerkennen*, um es dann zu *verlachen*. Ha! Durch die Revolte gegen das Absurde, den Kampf für die Würde des Menschen, erhält das Leben Sinn.

Zugegeben, dieses Lachen ist höchstens trotzig. Mit dem Gedanken klarzukommen, dass alles absurd ist, fällt den meisten Menschen schwer. Vielleicht, weil wir die Neigung haben, uns viel zu ernst zu nehmen. Wir wollen, dass das, was wir tun, nicht nur für uns Bedeutung hat. Aber wieso eigentlich? Letztlich, so die Existenzialisten, müssen wir uns damit abfinden, dass unser Streben nach Bedeutsamkeit uns lächerlich macht – damit ist das Leben als solches zwar nicht völlig sinnlos, aber komplett absurd. So tun wir wenigstens so, als hätte alles einen Sinn. Bis schließlich alles vorbei ist. Und da wir hier in einem lyrischen Kapitel sind, fällt uns Kurt Tucholskys *Pfeifen anrauchen* ein:

> Das tut sich wohl des öftern begeben:
> Mal beginnt jeder sein ganzes Leben
> von neuem. Wirft hin, was er nur kann,
> und fängt alles wieder von vorne an,
> mit gänzlich neuer Melodie...
> Die Franzosen nennens ‚refaire sa vie'.
>
> Refaire sa vie... das ist gar nicht einfach.
> Refaire sa vie... ist leider mein Fach.
> Dazu sind wir zu gebrauchen...
> Refaire sa vie – ist wie Pfeifen anrauchen.
> Du glaubst erst gar nicht, daß es sich lohnt.
> Der Tabak schmeckt schwer und ungewohnt –
> es legt sich das Nikotin auf den Magen,
> du hast über Seelen- und Bauchweh zu klagen;
> das macht:
> das Ding ist nicht abgenutzt,
> und die Pfeife ist viel zu wenig verschmutzt.
> Aber so eine zwei, drei Jahr –
> da schmeckt die Pfeife wunderbar.
> Ihr Hals ist dir so vertraut gebogen,
> das Holz ist voller Tabak gesogen
> bis zur letzten Faser. Und du kratzst nichts ab.
> Diese Pfeife nimmst du ins Grab...

Bis zur nächsten. Bis zur nächsten Ecke.
Da krauchst du hervor aus deinem Verstecke,
der Boden bekommt eine neue Schichtung,
das Leben nimmt eine andere Richtung –
Und du bist ein Kerl und ganzer
Mann und steckst eine neue Pfeife an.

Wenn du einmal am Ende stehst,
wenn du die letzte Wende gehst,
wenn du dann klug bist, blickst du zurück,
auf das ganze geschlängelte Stück.
So viel Pfeifen! Viel Änderungen!
so oft hast du eine neue geschwungen!
Und hat die Neue genützt?
Seife.
Es war immer dieselbe Pfeife.

Damit sind wir bei einem heiklen Thema angekommen, denn die Wahrscheinlichkeitstheorie lehrt ebenso wie die Statistik, dass wir am Ende alle tot sein werden. So oder so. Alle!

Auf Leben und Tod

Je älter wir werden, umso häufiger und intensiver drehen sich unsere Gedanken um das Thema Tod und Sterben. Und natürlich haben sich hierzu seit Jahrtausenden Philosophen Gedanken gemacht. »In der gesamten Geschichte der Philosophie hat es eine ganz merkwürdige Vorstellung von einer Verwandtschaft zwischen Tod und Philosophie gegeben«, wundert sich Hannah Arendt. Das hat wahrscheinlich mit dem berühmten Satz zu tun »Philosophieren heißt sterben lernen«, den Sokrates gesagt haben soll. »Ja sind wir denn hier auf einer Militärakademie?«, wird sich mancher fragen.

Gemeint hat Sokrates wohl nur, dass uns die philosophische Auseinandersetzung mit der Notwendigkeit zu sterben auf den Tod vorbereiten soll. Gemäß der Einsicht »Wer den Tod fürchtet, hat bereits das

Leben verloren.« Weil Bangemachen nicht gilt, blicken wir lieber auf das Leben und verlängern es in unserer Vorstellung, indem wir den Tod verdrängen. »Es ist doch recht wunderbar«, grübelt Kant, »daß der Tod den Menschen nicht fürchterlich vorkommt, wir glauben, daß er immer gleichweit von uns entfernt sei. So wie eine Allee am Ende spitz zuzugehen scheint, und wenn man dahin kommt, eben so weit ist: so kann der Mensch, wenn er so lange gelebt, sein Leben in der Idee noch so lange verlängern, als er will.«

Unsere Fragen kreisen, ausgehend von der Sinnfrage, um unsere individuelle Existenz, wobei es immer schon die Philosophen gewundert hat, dass wir so begierig darauf sind, zu wissen, was sich *hinter* der Schwelle des Todes verbirgt, wir uns aber kaum darum scheren, was mit unserer individuellen Existenz war, *bevor* wir geboren wurden.

Das scheint daran zu liegen, dass es uns ziemlich gleichgültig sein kann, was war, bevor wir bewusst »da« waren, es uns aber ziemlich viel ausmacht, möglicherweise vollständig als Bewusstsein gelöscht zu werden. Es schmeichelt nicht gerade unserer Eitelkeit, plötzlich und endgültig zu verschwinden. Aus dem Nichts aufgetaucht zu sein, ist dagegen recht melodramatisch.

Außerdem, reden wir nicht darum herum, haben wir Angst vor dem Tod. Es ist mehr als nur die *Angst* vor dem Ungewissen, es ist die *Furcht* vor dem existenziellen Nichts. Dabei haben uns schon die ersten Philosophen mit einer kleinen Logelei zu beruhigen versucht: »Der Tod ist für uns gleichgültig, denn er beraubt uns ja der Empfindung. Solange wir sind, ist der Tod nicht da; wenn nun aber der Tod da ist, sind wir nicht mehr da.« Leider lässt diese geistreiche Beruhigung offen, was denn nun genau unter »nicht da sein« zu verstehen ist. Und genau da wird es heikel.

Was erwartet uns eigentlich nach dem Tod, vorausgesetzt, es gibt »da« überhaupt etwas, was uns erwartet. »Ein Mann«, so Eckhard Henscheid, »war so neugierig und wollte so gerne wissen, ob es wirklich ein *Drüben* habe und wie dieses aussehe, daß er sich den Freitod gab und sich mit einem Gewehr erschoß. Allein, da kam schon die erste Enttäuschung, da war natürlich nichts.«

Die meisten haben eher vor dem Sterben (und den möglichen Schmerzen) als vor dem Tod selbst Angst. »Nicht, daß ich Angst hätte zu sterben«, gesteht Woody Allen, »ich möchte nur nicht dabei sein, wenn es passiert.« Wenn da nichts mehr ist, braucht man auch vor nichts Angst zu haben. Somit haben die meisten nicht Angst davor, nicht zu sein, sondern im Nichts zu sein.

Aber vielleicht ist das Nichts ja gar nicht so übel. Jedes Besser oder Schlechter würde allerdings dem Nichts widersprechen und man müsste sich folglich auch keine Sorgen machen, der Ewigkeit – und nur ihr – Gesellschaft zu leisten. Wo nichts ist, kann nichts werden, geschweige denn sein. Nicht mal Nichts...

Aber wir hängen eben an dem bisschen Leben. Noch einmal Woody Allen: »Man hat mich einmal gefragt, ob es mein Traum wäre, in den Herzen der Menschen weiterzuleben, und ich sagte, ich würde gern in meiner Wohnung weiterleben.« Das ist die banale Wahrheit, wenn man mal ehrlich ist.

Was bleibt uns noch, da wir dank Kopernikus nicht mehr das Zentrum des Universums, dank Darwin nicht mehr die Krone der Schöpfung und dank Freud nicht einmal mehr Herr unserer selbst sind? Ist unser Leben nicht demütigend bedeutungslos? Wo finden wir noch Trost? Platon, Seneca, Boëtius, Montaigne – sie alle suchten und fanden Trost bei der Philosophie. Recht so, aber manche nehmen gern noch die Pfeife mit hinzu: Fichte, Hegel, Russell, Benjamin, Heidegger, Bloch, Sartre – sie alle wussten eine gute Pfeife zu schätzen, gerade bei solchen Fragen, die man die letzten nennt. Und beriefen sich auf Kant, der, seine Pfeife schmauchend, zwei tröstliche Argumente geltend machte:

»Zwei Dinge erfüllen das Gemüt mit immer neuer und zunehmenden Bewunderung und Ehrfurcht, je öfter und anhaltender sich das Nachdenken damit beschäftigt: *Der bestirnte Himmel über mir, und das moralische Gesetz in mir*.« Beide verknüpfen wir nach Kant unmittelbar mit dem Bewusstsein der Existenz. »Das erste fängt von dem Platze an, den ich in der äußern Sinnenwelt einnehme, und erweitert die Verknüpfung, darin ich stehe, ins unabsehlich-Große mit Welten über Welten und Systemen von Systemen, überdem noch in grenzenlose Zeiten ihrer periodischen Bewegung, deren Anfang und Fortdauer. Das zweite fängt von meinem unsichtbaren Selbst, meiner Persönlichkeit, an, und stellt mich in einer Welt dar, die wahre Unendlichkeit hat, aber nur dem Verstande spürbar ist, und mit welcher (dadurch aber auch zugleich mit allen jenen sichtbaren Welten) ich mich nicht, wie dort, in bloß zufälliger, sondern allgemeiner und notwendiger Verknüpfung erkenne. Der erstere Anblick einer zahllosen Weltenmenge vernichtet gleichsam meine Wichtigkeit, als eines tierischen Geschöpfs, das die Materie, daraus es ward, dem Planeten (einem bloßen Punkt im Weltall) wieder zurückgeben muss, nachdem es eine kurze Zeit (man weiß nicht wie) mit Lebenskraft versehen gewesen. Der zweite erhebt dagegen meinen Wert, als einer Intelligenz, unendlich, durch meine Persönlichkeit, in welcher das moralische Gesetz mir ein von der Tierheit und selbst von der ganzen Sinnenwelt unabhängiges Leben offenbart, wenigstens so viel sich aus der zweckmäßigen Bestimmung meines Daseins durch dieses Gesetz, welche nicht auf Bedingungen und Grenzen dieses Lebens eingeschränkt ist, sondern ins Unendliche geht, abnehmen läßt.«

Kant übergeht eine weitere Möglichkeit, unsere hoffnungslose Sterblichkeit mit einem Schimmer der Unendlichkeit zu erhellen, da es sich bei ihr um eine Sache des Herzens und nicht des Verstandes handelt: Es ist die *Liebe*, jene anarchischste Form des Widerstands gegen Zeit und Sterblichkeit, die uns dieses Licht aufgehen lässt. Auch wenn jedes Zusammentreffen mit dem Unendlichen das Vorläufige allen Menschenwerks lächerlich und absurd erscheinen lässt, so öffnet doch die Liebe ein paradoxes Fenster zur Zeitlosigkeit und zum Sinn des Daseins: Liebe als Moment der Ewigkeit. Hier vergessen wir im Augenblick unsere Vergänglichkeit, mag auch die Liebe selbst wie wir vergänglich sein. Sicher, verglichen mit der Ewigkeit ist sie ein Almosen, ein Bettelpfennig, aber jeder, der liebt, fühlt sich als König. Außer natürlich, wer unglücklich liebt. Aber das ist ein anderes Problem.

Es war der Physiker Erwin Schrödinger, bekannt als pfeifenrauchender Katzenhasser, der darauf bestand, dass sich die Ewigkeit eher meditativ erfahren als konzeptuell erfassen lässt. Man kann die Ewigkeit in jenen seltenen Augenblicken spüren, wenn man die Gegenwart so intensiv wahrnimmt, dass sich die Zeit zu verdichten scheint, bis sie schließlich »explodiert«, wie Schrödinger sagt. »Lieben Sie ein Mädchen von ganzem Herzen und küssen Sie es«, so der Physikprofessor, »dann wird die Zeit angehalten und der Raum aufhören zu existieren.« In diesem lichten Moment bleibt die Welt für Augenblicke stehen, zeigt sich die Liebe in all ihren Aspekten, als Reife, Selbsterkenntnis und Mut und nicht nur als romantische Selbstvergessenheit oder zufällig angenehmes Gefühl.

In der Liebe blitzt ein Funke der Ewigkeit auf, sodass sie nahezu ins Absolute übergeht. Hierher erhält der Begriff der Liebe seine theoretische Dimension, wie dies Erich Fromm in seinem Buch über *Die Kunst des Liebens* ausdrückt: Liebe als Antwort auf das Problem der menschlichen Existenz. Übrigens haben hieran auch viele Theologen angeknüpft.

Sogar die Freundschaft lässt uns eine Brücke über den Styx schlagen, wie Cicero erklärt: »In der Freundschaft leben auch die Toten.« Etwa, wenn wir uns beim Pfeifenrauchen an sie erinnern. Das Pfeifenrauchen als memento mori – der Verstorbenen und unserer Sterblichkeit.

Liebe, Freundschaft, Genuss, das Gefühl von Freiheit – all das befreit für Momente von der Zeit und lässt uns unsere Sterblichkeit für den Augenblick vergessen. Ohne freilich, dass die Zeit aufgehoben wäre. Eben nur vergessen. Aber das gibt uns wenigstens eine Ahnung von der Unendlichkeit. Bis wir die Pfeife ausklopfen und jenes jämmerliche Häufchen Asche sehen, zu dem der stolze Tabak geworden ist. All die Mühe, die es gekostet hat, diese Mixture zu bereiten, ist dahin. Aber sie war nicht vergebens!

Doch wie ist es beim Pfeifenrauchen, wenn wir auf jene kuriosen Räume der »eingefrorenen« Zeit treffen, und im Genuss die Welt eine Pause macht. Franz Werfel hat dies in philosophischer Gelassenheit auf den Punkt gebracht. »Da geschieht es bis zum Grund der Sinne, / Daß ich tiefer meiner werde inne, / Und bereits beim nächsten Zug der Pfeife / Einen Mund voll Ewigkeit begreife.« Unsere Sterblichkeit vergessend, scheint in Liebe, Freundschaft und Genuss das Licht der Ewigkeit auf. Und es wird deutlicher, wer wir sind: »Die Zeit ist ein Feuer, das mich verschlingt«, sinniert Jorge Luis Borges, »doch ich bin die Flamme.«

Zum Weiterlesen empfehle ich

Carlo Fruttero und Franco Lucentini, *Der rätselhafte Sinn des Lebens; Ein philosophischer Roman,* Serie Piper, München, Zürich 1996. Anschauliche Essays zum Thema finden sich bei Thomas Nagel *Über das Leben, die Seele und den Tod*, Hain Verlag, Königstein/Ts. 1984.

Wer das Ganze lieber aus kosmischer Perspektive betrachtet greife zu Ulf Danielssons *Physik für Poeten; Von Sternschnuppen, schwarzen Löchern und anderen Merkwürdigkeiten im Universum*, List Verlag, Berlin 2004. Ermutigung kann man sich holen bei Alain de Botton, *Trost der Philosophie; Eine Gebrauchsanweisung*, Fischer Taschenbuch Verlag, Frankfurt am Main 2002.

Kapitel 14
Eine Verteidigung der Stille

In welchem wir uns etwas einsam fühlen, weil Meister Eckehart nicht antwortet, wir sicherheitshalber ein Labor sprengen, einige dicke Bretter bohren und Bier trinken, während wir eine Pfeife nach der anderen rauchen.

Gelegentlich kann es vorkommen, dass der Rauch einer Pfeife von der Umwelt nicht als angenehm empfunden wird. Groucho Marx berichtet von solchen Umweltproblemen: »Mein Großvater Lafe paffte eine Pfeife, die müffelte wie ein feuchter Keller, in dem gerade aussortierte wollene Unterwäsche verbrannt wird. Wollte Lafe ein Zimmer ganz für sich haben, brauchte er es bloß mit seiner Pfeife zu betreten. Der kleinste Hauch aus seinem Miniaturverbrennungsofen ließ alle Anwesenden aufspringen und an die frische Luft eilen. Von Großvaters Pfeife hätte jedes Stinktier im Lande einiges über beißende Gerüche lernen können. Wir versteckten sie häufig, aber Großvater stöberte sie jedesmal anhand des Geruchs wieder auf.«

Meist sind mangelnde Pflege, falsche Rauchgewohnheiten, schlechtes Equipment oder alles zusammen dafür verantwortlich, wenn Pfeifen pestilenzialisch stinken. Jedes halbwegs brauchbare Pfeifenbuch gibt zu diesem rein *technischen* Problem Ratschläge und man braucht ihnen nur zu folgen, um mit seiner Pfeife wieder in Gnaden bei den Mitmenschen aufgenommen zu werden. *Philosophisch* scheint hier auf den ersten Blick nicht viel zu holen zu sein. Aber nur, wenn man von der *Einsamkeit* absieht, die Opa Lafe so intensiv gesucht hat. Und dieser Wunsch nach Einsamkeit scheint bloß oberflächlich mit den hyperaktiven Marx Brothers zu tun gehabt zu haben. Wir wissen: Lafe suchte den »Ort des ortlosen Seins«.

Pfeifenrauchen macht einsam

Die These lautet: Fachmännisch-ordentliches Pfeifenrauchen macht nicht etwa einsam, weil es andere vertreibt, sondern weil es die Haltung des Rauchers zu sich und der Welt verändert. »Die Pfeife beruhigt den Mann«, meint Adam Hornbrook, sie »besänftigt seine Unruhe, schläfert seine ungestüme Hast und Begierde ein, dämpft seinen Puls und macht ihn fähig, in seinem Lehnstuhl zu verweilen und eine Pfeife als eines der gemütlichsten Dinge im Leben zu genießen und der Welt ihren Lauf zu lassen.« Pfeifenrauchen ist aber mehr als nur ein Sedativum, denn, so Hornbrook weiter, »der wahre Raucher besinnt sich bei seiner Pfeife. Das unterscheidet ihn von demjenigen, der nur so tut. Er nimmt sich für alles Zeit. Wenn man ihn nach seiner Meinung fragt, denkt er zweimal nach und zieht an seiner Pfeife. Die aufwärts schwebenden Ringe seines Rauches gemahnen ihn an himmlisches Sehnen und das Walten der Genialität oder das Aufsteigen der Seele zu ihrer göttlichen Heimat.«

Die lange Verweildauer beim Rauchen ist dem Pfeifenrauchen eigentümlich. Der Pfeifenraucher spielt mit dem Intellekt, es verliert sich das Reden, das Sein verzichtet auf seine Schlacke, die Welt tritt zurück, der Raucher beginnt gedanklich zu gleiten, zu schweben. Er wird zum Buddhisten, könnte man witzeln. Tatsächlich ist etwas daran, auch ohne dass der Tabak gleich nach Patschuli riecht und Gebetsmühlen erklingen.

Pfeifenraucher sind Individualisten, sie ziehen sich gern von Zeit zu Zeit still in sich selbst zurück, ob sie nun allein im Lehnstuhl zur blauen Stunde oder mitten unter anderen Menschen in geselliger Runde rauchen. Denken und Pfeifenrauchen trennt und verbindet zugleich. So wie man in den Keller hinabsteigt, um eine Flasche Wein zu holen, so gehen Pfeifenraucher in sich, um eine Idee, ein Argument oder einen Einwand zu Tage zu fördern. Was aber hat es nun genau mit dieser vorübergehenden Pfeifeneinsamkeit auf sich?

Wenn man den großen Wörterbüchern der deutschen Sprache glauben darf, dann war es der mittelalterliche Mystiker Meister Eckehart, der um 1320 zur Übersetzung des lateinischen Begriffs *unio* das Wort *Einsamkeit* für dic deutsche Sprache regelrecht erfand. *Unio mystica*, die spirituelle Vereinigung des Menschen mit Gott, beinhaltet die innere Zwiesprache des Geschöpfs mit seinem Schöpfer. Das Kunstwort Einsamkeit meint eine Zwiesprache ohne konkretes, stofflich fassbares Gegenüber.

Ursprünglich stellte man sich Einsamkeit als die intensivste und höchste Form der Kommunikation im kontemplativen Leben vor. In diesem Sinne konnte Heidegger auch ohne allzu viel Mitleidspathos sagen: »Der Philosoph muss einsam bleiben, weil er es seinem Wesen nach *ist*. Seine Einsamkeit ist nicht zu *bereden.*« Schließlich ist der Philosoph im inneren Dialog vertieft. Doch da hatte sich in 600 Jahren der Begriff der Einsamkeit schon längst gewandelt.

Zu Beginn der Neuzeit erhielt das Gelehrtenwort Einsamkeit umgangssprachlich jenen bitteren Beigeschmack der Leere, der Abgeschiedenheit und Isolation, wie wir ihn heute kennen. Der moderne Mensch ist einsam im Sinne von abgesondert, vereinzelt, allein, verlassen, verwaist. Diese Einsamkeit erinnert an soziale Quarantäne und ihre besonders schrecklichen Zeichen sind, dass sie weder selbst gewählt noch absehbar ist. Solcherart einsam zu sein, heißt zu leiden.

Diese Form der bedrückenden Einsamkeit scheint zur notwendigen Begleiterscheinung der modernen Massengesellschaft geworden zu sein. Man ist nicht mehr jener mittelalterliche Eremit in der abgeschiedenen Klause, sondern nur ein einsamer Mieter unter 74 Nachbarn in einem der vielen Wohnsilos einer Großstadt, wo niemand jemanden kennt. Aber »auf's Dorf« will heute kaum einer mehr. Wir verbitten uns neugierige Blicke einer Gesellschaft, der nichts verborgen bleibt und die sich in alles einmischt, ohne etwas gesagt haben zu wollen. Wir sprechen von der bedrückenden Enge der Kleinstadt und finden sie ebenso unerträglich wie die einsame Masse in der Metropole. Mit der fortschreitenden Anonymität ist das sehr moderne Bedürfnis nach Privatheit gewachsen und mit ihm das Leiden an der Einsamkeit.

Je dichter man zusammenrückt, desto weniger will man vom Nächsten wissen. Die antrainierte Gleichgültigkeit und das prinzipielle Misstrauen eines Großstädters ist ein Akt purer Notwehr im Rahmen der Massengesellschaft: Inmitten Unzähliger kann man auf niemanden zählen. Schließlich ist man aus vielen Fehlern klug geworden. So kommt es, dass die Anonymität nicht nur belastet, sondern auch schützt. Der Einzelne bleibt unbemerkt in der Enge des überfüllten Raumes; die geforderte räumliche und soziale Mobilität der Arbeitsgesellschaft und die dröhnende Sprachlosigkeit der Kommunikationsgesellschaft zerstören schließlich auch noch die letzten Reste traditioneller Bindungen. Man fühlt sich entwurzelt und entfremdet, ohne recht zu wissen, wie man damit umgehen soll.

Einerseits fürchten viele Einsamkeit und Stille wie der Teufel das Weihwasser und gleichzeitig geht die Angst vor allzu engen Bindungen und Verpflichtungen um. Die Spaßgesellschaft boomt im Verzagten und wir finden Alleinsein und Abgeschiedenheit zunehmend unerträglich. Wir tun andererseits aber auch alles, um unverbindlich zu bleiben – und schon haben wir ein neues Leiden an der Einsamkeit.

Wir sind, wie Odo Marquard feststellt, nicht mehr primär von der Einsamkeit, sondern vom Verlust der *Einsamkeitsfähigkeit* gequält. Uns peinigt »die Schwächung der Kraft zum Alleinsein, der Schwund des Vermögens, Vereinzelung zu ertragen, das Siechtum der Lebenskunst, Einsamkeit positiv zu erfahren.« Einsamkeit wird unerträglich.

In Zeiten, wo jeder ersetzbar geworden ist, schwindet zuerst die Einzigkeit und dann die Einzigartigkeit des Einzelnen. Man kann seine Einmaligkeit dann nur noch in der Einsamkeit erfahren, einer positiv erfahrbaren Einsamkeit, die in Richtung Meister Eckeharts Verständnis weist, weil sie die Zwiesprache mit uns selbst bedeutet. Man kann sich dazu im Klo einschließen, auf einer Almhütte den Winter verbringen oder gelegentlich zur Pfeife greifen. Wer langsam und ruhig Pfeife raucht, kann sich in der Einsamkeit des Pfeifenrauchens selbst begegnen.

Pfeifenrauchen ist somit nicht nur ein bloß äußerliches Signal der Individualität, es leitet vor allem auch den Prozess der Selbstbesinnung ein, es kann die Selbsterkenntnis fördern, indem es – sagen wir es ruhig: *vereinsamt*! Exklusivität im mehrfachen Sinn: Einzigartigkeit der Individualität, Abgesondertsein vom breiten Massengeschmack und Ausschließlichkeit unseres eigenen Daseins. Es handelt sich beim exklusiven Pfeifenrauchen um einen *befristeten* und *selbst gewählten* Rückzug in die Einsamkeit der eigenen Hirnwände. Das englische unterscheidet hier trennscharf die »gute« Einsamkeit *Solitude* von der »schlechten« *Loneliness*.

Vergegenwärtigen wir uns die besondere Situation des Pfeifenrauchens, wenn man ungestört nachdenkt: Gehüllt in den Rauch der Pfeife nutzt man die zugestandene Radikalität des Denkens am Ort des ortlosen Seins, schließlich ist man hier ein einsamer »Exzentriker«, eine stolze Randexistenz. Das rebellische Spiel der Gedanken ist tatsächlich frei, denn es ist keiner da, der beobachtet oder kontrolliert. Man ist hier nur deshalb *radikal* frei, weil man absolut allein, sprich: *einsam* ist.

Odo Marquard nennt dies die *Isolierstation* für das erkenntnismäßig Brisante. Alles denken wollen setzt Einsamkeit voraus: »Man muss ohne Rücksicht auf die Folgen denken dürfen, sonst kann man nicht alles denken. Dafür braucht es einen Ort, an dem die Denkfolgen gut entsorgt sind. Der Denker muss sozusagen Sandsäcke zwischen sich und der übrigen Welt haben: für den Fall, dass sein Denken explodiert, damit dann kein anderer zu Schaden kommt. Dafür ist Einsamkeit nötig, jener Elfenbeinturm, dessen Elfenbein ist: der Berstschutz für Gedanken.« Manche Ideen sind Dynamit, sagen wir, andere eher Querschläger, Knallfrösche oder Rohrkrepierer. Man staunt, was Elfenbein so aushält, wenn uns unser Denklabor wieder mal um die Ohren fliegt.

Die grenzenlose Denkfreiheit beim Pfeifenrauchen lässt die Last der Einsamkeit zur Lust, ja sogar zur notwendigen Geisteshygiene werden. Das also meint Henning Mankell, wenn er seinem Kommissar den Ausspruch »Pfeifenrauchen reinigt das Gehirn« in den Mund legt. Gelegentliche Verpuffungen entschlacken den Geist und machen das Hirn frei.

So entsteht aus der Kunst des philosophischen Pfeifenrauchens eine neue Kultur der Einsamkeitsfähigkeit – und das Kuriosum, dass, je einsamer jemand bewusst (im Sinne von Solitude) sein kann, er es umso weniger (im Sinne von Loneliness) sein wird. Diese Dialektik der Einsamkeitsfähigkeit bringt die Lebenskunst hervor, auch allein nicht allein zu sein, und in der Einsamkeit keine fatale Leere zu sehen. Diese Einsamkeit hat nichts mit Langeweile zu tun. Im Gegenteil: Aus der eigenen Fülle zu schöpfen, das ist kreative Tätigkeit – weshalb dem Sprichwort die Einsamkeit als Zufluchtsstätte der Geistreichen und gleichzeitig als Folterkammer der Geistesarmen gilt. Die Kunst der »üppigen Selbstgenügsamkeit« liegt offenbar darin, mit sich selbst gut auszukommen, mit sich im Reinen zu sein und mit Gelassenheit und Offenheit auf andere zuzugehen. Und das macht wiederum interessant. Menschen, die sich für vieles interessieren, sind selbst interessant.

Der Club der lebhaften Philosophen

Aus der kultivierten Einsamkeit, der inneren Zwiesprache, folgt wie von selbst die von Pfeifenrauchern wie Philosophen so geschätzte Gesprächsrunde. Das Spektrum reicht von der plaudernden Tabakrunde über den philosophischen Stammtisch bis hin zur Denkerwerkstatt einer Arbeitsgruppe. In jedem Fall gilt: Das gründlich Bedachte will mit Gleichgesinnten besprochen und beurteilt werden, dabei wird es auf den Prüfstand gehoben, gemeinsam untersucht und für gut befunden oder verworfen. Pfeifen-TÜV sozusagen.

Auch die Kultur des freien Gedankenaustauschs setzt noch ein sicheres Denklabor in einem vertraulichen Kreis der Wahrheitsfreunde voraus, in dem man meist nicht die Hand vor Augen sehen kann, weil der Pfeifenrauch so dicht ist. Hier, wo die Kunst des geselligen Pfeifenrauchens ihre wahre Heimstatt hat, wo sich freies Denken ereignet und das offene Wort regiert, ist das Denkexperiment, die Diskussion unter dem theoretischen Vorbehalt des Als-Ob, insgesamt eine geschätzte Unterbrechung des Alltags. Dieser Hort der Freiheit ist ein Fest der Pfeife und des Geistes. Auch das ist eine Facette des Moratoriums des Alltags.

Der freundschaftliche Pfeifenzirkel, das Tabakskollegium, die Philosophenrunde oder wie man auch immer die Gruppe von pfeifenrauchenden Selbstdenkern nennen will, ist die heute selten gewordene Möglichkeit, mit anderen gemeinsam einsam zu sein. Es beinhaltet den Pendelverkehr zwischen dem gemeinsamen Hier und Jetzt des Gesprächs und dem individuellen Ort des ortlosen Seins, dessen Fahrplan nach den Gesetzmäßigkeiten der Ereigniszeit getaktet ist.

Ist es Ihnen schon mal aufgefallen? Gesprächspausen in einem solchen conclave fumatorium sind nie unangenehm, da man davon ausgeht, dass jeder gründlich nachdenkt. Und das braucht eben seine Zeit. Außerdem sind alle mit der Handhabung der Pfeifen und dem Schmauchen so angenehm beschäftigt, dass selbst längere Konversationsaussetzer überhaupt nicht stören. Hier kann in sieben Sprachen geschwiegen werden. Erst hängt man seinen Gedanken nach, dann folgt man wieder konzentriert den knappen Ausführungen anderer, schmiedet die nächste Pointe und wartet erstmal ab. »Ich zieh‘ es vor zu schweigen bei Dingen, wo mir das Verständnis fehlt, denn es muss ein guter Sprecher sein, der einen Schweiger verbessert«, so Schleiermacher.

Überhaupt braucht man kein Entertainment zur Pfeife. Im Gegenteil: Das Pfeifenrauchen, so das bekannte Bonmot des englischen Historikers Thomas Carlyle, ist die einzige Situation unter den Bedingungen der europäischen Sitten, wo man ohne Verlegenheit in Stille beisammensitzen kann und wo niemand sich genötigt sieht, auch nur ein Wort mehr zu sagen, als tatsächlich notwendig ist. Sobald man gesagt hat, was zu sagen war, zieht man wieder an seiner Pfeife und schweigt. Nur wer eine Meinung hat, und diese auch noch für mitteilenswert hält, äußert sie. »O hättest Du nur geschwiegen. Du wärst ein Philosoph geblieben«, grantelt der spätantike Philosoph Boëtius. Mancher redet sich wohl um den Verstand. Und unter Umständen kann Schweigen die beste Argumentation sein. Es ist schon ein Elend, dass man allerorten die Kunst der Unterhaltung, gar des Small Talks, jenes hoch virulenten Mentaldurchfalls, pflegt. Über diese Logorhöe geht die Kunst der Konversation verloren, jene Form des intelligenten Gesprächs im Geiste der Muße, die immer auch die Kunst des Zuhörens und damit des Schweigens beinhaltet.

Wie der Volksmund weiß, sind das die besten Freunde, mit denen man schweigen kann. Man denke an die literarischen Archetypen der modernen Pfeifenraucher: Sherlock Holmes und Chevalier C. Auguste Dupin sitzen mit ihren Freunden oft über Stunden in tiefem Schweigen beieinander, wobei einzig ihre Pfeifen dampfen und die höchste Konzentration den sich kräuselnden Rauchwirbeln gilt. Eine Stille, die nicht lastet, eine Einsam-Zweisamkeit, die sich durch gemeinsame Gedankenverlorenheit zeigt. Es ist ja nicht so, dass man nur zusammensäße und nichts täte. Weit gefehlt. Man raucht in dieser kultivierten Runde *gemeinsam* Pfeife und genießt in die Aura des Rauchs gehüllt die Intimität des Augenblicks. Hier wird noch beredtes Schweigen und vielsagende Stille von Sprachlosigkeit unterschieden. Reden ist Silber, Pfeifenrauchen Gold – nicht zuletzt weil man sich so seiner selbst besonders intensiv habhaft wird. Pikanterweise erlebt man im Stillen »wir« sein »ich« besonders deutlich.

Diese Situation wird eindringlich von Heidegger beschrieben, der sich zur Denkarbeit gern in eine Berghütte im Schwarzwald zurückzog. Zum Feierabend traf er sich mit seinen Nachbarn, den einfachen Bauern von Todtnauberg, wie er in seinen *Denkerfahrungen* schreibt:

»Der Städter meint, er ginge ›unter das Volk‹, sobald er sich mit einem Bauern zu einem langen Gespräch herablässt. Wenn ich zur Zeit der Arbeitspause abends mit den Bauern auf der Ofenbank sitze oder am Tisch im Herrgottswinkel, dann reden wir *meist gar nicht.* Wir rauchen *schweigend* unsere Pfeifen.«

Und noch etwas macht die Stille so außerordentlich, manche würden sogar sagen, beklemmend: In der Stille tritt uns die Ewigkeit entgegen. Konzentriert und unheimlich, dunkel und lautlos erscheint sie, wie ein ungebetener Gast. Die Ewigkeit ist wie ein Abgrund, den man im Finstern zu umgehen hat. Doch entgegen unserer Furcht müssen wir uns ihr als belanglos endliche Wesen stellen, und zwar allein. Jeder für sich. Denn nur im Ringen um unser Sein zeigt sich unsere Einzigartigkeit. Pfeifenrauchen und Freundschaft können in diese finstere Stille einen Funken Licht bringen.

»Es geht gar nicht darum, in Grübeleien oder verborgene mystische Tiefen abzutauchen, sondern es geht um ein ruhevolles Sich-Sammeln und ein Wahrnehmen der Welt: ihren Duft, ihr Licht, ihren Geschmack, ihren Raum, ihre Veränderung«, erläutert Owe Wikström. Er nennt dies sich in Gegenwärtigkeit üben. »Es geht darum, das zu sehen, was unmittelbar um einen herum ist, ohne sich von Impulsen aus dem eigenen Inneren verschlingen zu lassen.«

Die Pfeife kann dabei zum Kreativitätsbeschleuniger, zum schnellen Brüter der Gedanken werden, denn nicht nur die stille Kontemplation liegen ihr. Hier tritt der Denker ins Rampenlicht und der Disput wird durch die Pfeife zum Erlebnis. Gemeint ist nicht die hitzige Debatte und der sich im halsbrecherischen Tempo entspannende Schlagabtausch zweier Streithähne, sondern das konzentrierte Duell. Hier geht es um die Pointe, das geschliffene Argument, die filigrane Begründungskette.

Das *Kolloquium*, das nach strengem Reglement und in der Sache unnachsichtig in der Öffentlichkeit des wissenschaftlichen Diskurses stattfindet, setzt immer eine Phase der Einsamkeit voraus. Nur wer zuvor reiflich nachgedacht hat, besteht eine solche öffentliche Prüfung. Das Denken tritt in die Öffentlichkeit, es erhält, wie Kant sagt, *Publizität* und damit unter Umständen sogar politische Wirkung.

Der Denker auf der Bühne, der Philosoph in der Talkshow erscheint dem breiten Publikum aber eher putzig als nützlich, vor allem, weil man ihn nicht so recht versteht. Dabei spricht er doch über Themen, bei denen jeder glaubt, eine Meinung zu haben und folglich mitreden zu können.

Der Funkenflug seines Geistes ist deshalb nicht annähernd so gefährlich, wie der Philosoph von Zeit zu Zeit sich selbst gern glauben macht. Zwar können Ideen durchaus Brandherde sein, aus denen sich Großfeuer entwickeln, aber man darf die Rolle der Intellektuellen auch nicht überschätzen. Ein Blick auf den Sendeplatz philosophischer Diskussionen holt den eifrigen Denker schnell wieder auf den Boden seiner Randgruppe zurück. Komplizierte Antworten auf einfache Fragen haben selten ein großes Publikum. Da aber nur die Einschaltquote zählt, muss man sich schon was einfallen lassen. Etwa durch Radikalreduktion von Überkomplexitäten kombiniert mit Rüpelei. Hard talk nennt man so was.

Und nun das Ganze auch noch mit Pfeife? In der freien Wildbahn der Öffentlichkeit scheint das Pfeifenrauchen nahezu ausgerottet. Kaum noch jemand traut sich den Auftritt mit Pfeife, weil es nicht der »politischen Korrektheit« unserer sauberen Fernsehwelt entspricht, vor Publikum zu rauchen. Öffentliche Demütigungen und Beschimpfungen, Terror, Mord und Totschlag sowie Fleischbeschau auf allen Kanälen und zu allen Sendezeiten sind akzeptiert – solange dabei nicht geraucht wird.

Wird dann doch einmal in aller Öffentlichkeit Pfeife geraucht, dient sie dem unverdrossenen Bekenner als Zeigestock, als Florett, mal als mahnender, mal als fordernder Zeigefinger, der, in seiner fleischlichen Ausführung, selbstverständlich verpönt wäre.

Pfeifenraucher genießen den Vorteil, bei einer überraschenden Wendung in der Konversation durch bedächtiges Nachstopfen und, schlimmstenfalls, erneutes Anzünden, genügend Zeit zu gewinnt, um sich die passende Antwort zu überlegen und den Gegner etwas zappeln zu lassen. Das sieht wieder verdächtig nach der Pfeife als Requisite aus, kann aber von dem Pfeifenraucher durchaus als Manifestation seines Habitus gelten und sogar versöhnliche Gesten ermöglichen. Pfeifenrauchen macht menschlich, weil es eine Angewohnheit ist.

Ein Beispiel: Vor vielen Jahren gab es eine Fernsehdiskussion der beiden großen Philosophen Ernst Bloch und Gabriel Marcel. Die betagten Herren, beide über 80, waren buchstäblich in allem unterschiedlicher Auffassung. Bloch als marxistischer Philosoph kam immer wieder auf die Bedeutung der Gesellschaft zu sprechen. Marcel, katholischer Existenzphilosoph, beschwor die Tiefe der individuellen Existenz. Der Streit wurde hitzig – doch da geschah das Unerwartete: Der Moderator fragte, was denn eigentlich das Wesentliche im Leben sei. Da wurden die beiden Greise still. Ernst Bloch stopfte sich stirnrunzelnd seine Pfeife und sagte erstmal gar nichts. Gabriel Marcel sah angestrengt in die Ferne und schwieg ebenfalls. Beide schienen weit weg, jeder für sich in die Einsamkeit seines Denkens abgetaucht. In die Stille (und die Qualmwolken von Blochs Pfeife) hinein fragte in seiner Not der Moderator, ob es denn so etwas wie das Transzendente gäbe, das Jenseitige, und ob man das in diesem Leben schon erleben könne. Da richtete sich Bloch auf, nahm seine Pfeife aus dem Mund und sagte mit klarem Blick, ja, das Transzendente gebe es und man könne es auch erleben, nämlich in der Neunten Symphonie von Beethoven. Da ereigne sich Ewigkeit. Und die beiden Philosophen lächelten sich an und der Streit begann von Neuem.

Stammtischphilosophie mit Pfeife

So vergeistigt wie in diesem öffentlichen Disput geht es nicht immer zu; schon gar nicht in der geselligen Pfeifenrunde. Das liegt an der Verwandtschaft mit ihrem ungeliebten Halbbruder, dem krakeelenden *Stammtisch.* Gemeinsam mit diesem Trunkenbold ging der Pfeifenzirkel in dubioser Linie aus dem *Symposion*, dem antiken Gastmahl, hervor. In der Abendkühle zur blauen Stunde versammelten sich die alten Griechen bei Freunden, legten sich um einen Tisch, knabberten eine Kleinigkeit und genehmigten sich einen Dämmerschoppen, um die Zunge zu lösen und den Geist zu lockern. Nun war die Zeit gekommen, mit der Eule der Minerva (die hier selbstverständlich noch Athene hieß) die Gedanken fliegen zu lassen und sich nach Frédéric Pagès »der tiefgründigsten aller Zerstreuungen hinzugeben: der Philosophie«.

Erst die Römer machten aus dem philosophischen Symposion das wüste Saufgelage, die Orgie. Von diesem lateinischen Bastard scheint der Stammtisch einen Großteil seiner Gene bezogen zu haben. Das Christentum sammelte nun Denker wie Zecher um den Tisch zum Abendmahl, die *cena*, ein karges Mahl, das ursprünglich an ein kaltes Buffet erinnerte, letztlich aber auf Brot und Wein »abgespeckt« wurde. Seither sitzt man bei Tisch und redet nicht mit vollem Mund.

Heute ist ein Symposion (sogar die lateinische Variante Symposium) eine rein akademische, traurig trockene Veranstaltung, bei der das Rauchen sowieso verboten ist – wie beim Abendmahl. Und zu essen oder zu trinken gibt es auch nichts mehr, bestenfalls im Anschluss bei jener gefürchteten »gemütlichen« Runde, der deprimierenden Zwangsgemeinschaft im Hotel kasernierter Kongressteilnehmer, die den Begriff des Umtrunks nur zu oft zu wörtlich nehmen.

Der wissenschaftliche Zirkel selbst hält an runden Tischen bestenfalls geistige Kost parat und nur der Solist hat an seinem Katheder ein Glas stehen. Mit *Wasser*. »Unsere Zeitgenossen lassen sich gewissermaßen mit Worten abspeisen«, konstatiert Pagès. »Die Menschheit ist in der Lage, Hungersnöte zu bannen, aber die Philosophie ist auf Diät gesetzt. Philosophen veranstalten keine Gastmähler mehr, sie begnügen sich damit, Platons Gastmahl zu kommentieren. Ein Philosoph, der Wasser trinkt? Das hätten die Griechen nicht gewollt.«

Was an *geselliger* Denkerrunde im Alltag geblieben ist, scheint ein Spross der Kneipe zu sein. Anton Sterzl, der frisch von der Leber das Lob des Stammtisches anstimmt, hält ihn sogar für die letzte Bastion des freien Geistes. »Der Stammtisch ist der Triumph des kollektiven Denkens über den *Small Talk*. Er ist meist aus dicken Brettern und lässt bohrende Fragen zu. Er vermittelt alles, was das Leben als Zirkus bietet. Der Geist weht, wo er will. Und wenn er in der Kneipe wehen will, soll man ihn hereinlassen« – oder heraus, je nach dem. Jedenfalls hat der Wind, der einem bei dieser Peristaltik des Geistes entgegenweht, seine eigene Marke und stramme Fahne.

Am Stammtisch als ureigenstem Grundstück der Trunkenheit, darf man alles sagen, weil man, gottlob, nichts zu sagen hat. Jeder Redner genießt im Land der Zapfhähne diplomatische Immunität und lauthals Autorität, auch wenn es ganz undiplomatisch und antiautoritär zugeht. Hier kann sich die schweigende Mehrheit heiser reden. Gegessen wird selten, dafür umso mehr getrunken. Und geraucht. Noch. Vieles wird nur »angedacht«, manches »herunter gebrochen« und ins »Unreine« gesprochen, dafür darf das jeder so laut und lange er nur will. Sogar alle gleichzeitig. Der Stammtisch hat zweifellos seine Schattenseiten, denn seine Welt ist eben manchmal doch eine Scheibe, auf der der kürzeste Weg zwischen zwei Standpunkten der Trampelpfad der Vorurteile ist.

Am Stammtisch wird Tacheles geredet, wenn auch nicht immer zur Sache, dafür aber zu jedem Thema. Deshalb fühlt sich jeder hier so wohl, darf jeder sein, was er möchte: Kanzler, Arzt, Bundestrainer und vor allem Philosoph. Die Rede führt, wohin sie will, und das Glück liegt auf dem Weg. »Anything goes«, ruft uns der Geist Paul Feyerabends zu und zeigt mit dem Daumen nach oben. Noch 'ne Runde! Selbstverständlich hat er mal wieder alles ganz anders gemeint und wir sind ihm dafür dankbar. »Ist es etwa wichtig, als tiefer Denker nicht verstanden zu werden«, stichelt er. Nein, hier gewiss nicht. Hier darf gedacht und gelacht – aber wohl bald schon nicht mehr geraucht werden! Nur noch in speziell ausgewiesenen Raucherzonen ausgewählter Lasterhöhlen. Das hat eher etwas von Druckräumen für Junkies oder den Flüsterkneipen zu Zeiten der Prohibition, aber wenig vom alten Stammtisch.

Der Stammtisch im Gasthaus neben der Kirche war trotz aller Vorbehalte der natürliche Spross des philosophischen Gastmahls. Er war der Ort, wo man mit der Pfeife Zuflucht finden konnte, wenn die fundamentalistischen Tugenddiktatoren einen am liebsten aus ihrer politisch korrekten Welt verstoßen hätten. Der Stammtisch als Pfeifenasyl und damit als letztes Reservat der öffentlichen Pfeifen-Philosophie und Raucher-Freiheit, wie ehedem die Kirche als Zuflucht des Verfolgten? All das scheint Geschichte. Es ist wohl nur noch eine Frage der Zeit, bis man auch in Kirchen die Feinstaubemissionen während der Messe erheben wird, um das Verbrennen von Weihrauch verbieten zu können.

Der Stammtisch ist freiheitlich, so Sterzl, ist er doch seiner Natur nach nicht abhörsicher. Deshalb gibt es in Despotien auch keine echten Stammtische. »Schweigen können zeugt von Kraft, schweigen wollen von Nachsicht, schweigen müssen vom Geist der Zeit«, heißt es bei Karl Julius Weber, einem Journalisten des 19. Jahrhunderts. Bezieht man seine Maxime des »Nicht-Redens« aufs Rauchen, hat Weber unversehens an trauriger Aktualität gewonnen. Ein Kabarettist spekulierte kürzlich, ob Raucher bald ein scharlachrotes R gut sichtbar auf ihre Kleidung nähen müssen. Kneipen werden so jedenfalls gekennzeichnet werden.

Allerorten entstehen private Stammtische in Partykellern, die man seit Abschluss der Schule nicht mehr betreten hat. Aber ob freiheitlich-demokratisch oder privat, solche Stammtische sind *das* Instrument gegen die Verödung (um nicht zu sagen Verblödung) durch die kunterbunte Fernsehwelt und das einzige nicht apothekenpflichtige Antidepressivum, denn hier »kann sich der Mensch krampflösende, durchblutungsfördernde und vitalisierende Kräfte holen«, so Sterzl. Und wir sollten nicht verschweigen, dass er sich dabei gleichzeitig wieder mit den entsprechenden Genussgiften neu kontaminieren kann, um derart den Gesundheitseffekt gehörig abzufedern, denn hier treffen wir auf das beliebte Kombinationsrauchen®. Alkohol, Nikotin und vollfette Snacks.

Mancher meidet die finstere Kneipe oder Kellerbar. Ihn zieht es in die lichten, luftdurchlässigen Cafés und Bistros, jene Biotope der Kaffeehaus-Schwärmer des Wiener Kreises und die Existenzialisten des *Café Flor de Paris*. Hier geht es intellektueller, wenn auch nicht weniger hitzig zu – und nun ebenfalls rauchfrei! Ehrlich gesagt gibt ein Espresso ohnehin keine Garantie auf eine bessere Erleuchtung des Gedachten als ein frisch gezapftes Bier – womit wir Sterzl Recht geben wollen. Außerdem ist das Café-Ambiente dem deutschen Gemüt sowieso mit Sahneteilchen und Kännchenkaffee belegt. Ein Schuft, der dabei philosophiert! Hegel mit Rahm? Mon Dieu, Leibniz erinnert die meisten doch ohnehin nur an Kekse! Dann sind noch die Bistrotischchen viel zu klein und wackelig für teutonische Wortmetzarbeiten und das Wälzen von Gedanken. Und wer hätte schon am frühen Nachmittag die Zeit dazu? Seit es auch hier mit dem blauen Dunst vorbei ist, findet die Tea-Time mit Pfeife nur noch im privaten Kreis statt.

Sie wollen immer noch öffentlich rauchen? Ausgehen, Leute treffen *und* rauchen? Dann bleiben zukünftig nicht mehr allzu viele Möglichkeiten. Wie wäre es mit einem Pfeifenclub oder einer seriösen Smoker-Lounge mit gediegenem Ambiente? Klingt nach schweren Ledersesseln, messingbeschlagenen Couchtischen, knisterndem Kaminfeuer, gutem Whisky und dicken Zeitungen zur Pfeife.

Mit dem Wort »Club« wird meist eine englische Organisationsform der Exklusivität verbunden, also ein besonders exzentrischer Verein. *Members only* – was in Britannien so viel bedeutet wie: nur für (wohlhabende) Eingeborene und deren ausdrücklich als Gäste deklarierte Mitbringsel. Wir lernen daraus: Die Mitgliedschaft in einem Club ist ein Privileg! Das Problem ist nur, dass die Freunde des Big Smoke Individualisten sind und häufig eine ausgeprägte Abneigung gegen alles Rudelhafte haben. Groucho Marx brachte es auf den wunden Punkt: »I would never wanna belong to any club that would have someone like me for a member.« Wenn man jedoch nicht einmal mehr in Kneipen rauchen darf, dann sind Clubs und Smoker-Lounges wirklich die letzten Pfeifenreservate.

Zum Glück muss man nicht gleich in den Onassis-Clan einheiraten, um über das nötige Kleingeld zum Beitritt zu solchen Clubs zu verfügen. Meist ist man im Pfeifenclub bescheidener, freut sich über die Geselligkeit und hat Spaß an der gemeinsamen Leidenschaft Pfeife. Man organisiert *Tastings*, macht Exkursionen von Bünde bis Bahia, führt Betriebsbesichtigungen durch und veranstaltet Smoker-Nights, bei denen man sich tapfer durch mehrgängige Menüs futtert und durch ausgedehnte Weinkeller süffelt. Dining, lounging, clubbing – alles, um kultiviert Pfeife zu rauchen.

Der lebhafte Pfeifen-Stammtisch, der sich mehr oder weniger regelmäßig in der Nachbarschaft trifft, ist meist nicht zu verachten. Immerhin kommen hier Gleichgesinnte zwanglos auf ein oder zwei Pfeifen und ein paar Gläschen zusammen, wobei das Gespräch mit den anderen im Vordergrund steht. Man kennt sich und da kann es schon mal hoch her gehen. Und so endet ausgerechnet dieses Kapitel zur Verteidigung der Stille geradewegs unter fröhlich schwatzenden Menschen. Das nennt man Pfeifendialektik.

Zum Weiterlesen empfehle ich
die philosophische erste-Hilfe-Fibel von Werner Schneiders *Wieviel Philosophie braucht der Mensch? Eine Minimalphilosophie*, Beck'sche Reihe (bsr), München 2000. Wer sich nicht durch Sammelbände zur (Allgemein)Bildung quälen will, greife zu Ulrich von Rauchhaupt, *Wittgensteins Klarinette, Gegenwart und Zukunft des Wissens*, Berlin 2005. Hier wird dem geplagten Zwangsmitglied der Wissensgesellschaft das harte Urteil »Lernen, lebenslänglich« erträglich gemacht.

Kapitel 15
Vom neuen alten Mythos

Wo wir auf Kreuzritter treffen, tapfer für die Philosophie des Pfeifenrauchens kämpfen, jedoch keine wehrhafte Burg, sondern nur ein Luftschlösschen verteidigen aber am Ende doch noch alles gut wird.

Wer wollte nun, am Ende dieses Buches, noch bestreiten, dass Pfeifenrauchen und Philosophieren zusammengehört? – Jede Menge Leute, steht zu vermuten: Da sind zuallererst die Anhänger der Nichtraucherliga, die eine mögliche Verbindung rund weg leugnen werden. Was auch besser ist, denn die Kreuzritter der politischen Korrektheit hätten wahrscheinlich keinerlei Skrupel sofort die Philosophie insgesamt zu verbieten, wenn sie auch nur ansatzweise mit dem Rauchen zu tun hätte. Denkfreie Zonen müssten in Restaurants und Kneipe eingerichtet werden. In öffentlichen Räumen gilt die Vernunft ohnehin schon lange als abgeschafft. Umberto Eco berichtet in diesem Zusammenhang, dass er als Gastdozent einer amerikanischen Universität selbstverständlich nicht im Gebäude rauchen durfte. Überrascht war er allerdings, als ihm nach einiger Zeit ebenfalls untersagt wurde, mit den vor der Tür rauchenden Studenten zu reden. Die Nichtraucher fühlten sich von der fidelen Gruppe um den Pfeifenraucher ausgeschlossen und beanspruchten einen rauchfreien Zugang zum pausierenden Dozenten.

Wie steht es nun um unsere Philosophie des Pfeifenrauchens? Die systematische Auseinandersetzung mit bestimmten Problemen hat auf den ersten Blick nichts mit dem Rauchen zu tun, es sei denn, die Probleme resultierten aus dem Rauchen selbst. Alle anders lautenden Unterstellungen scheinen leicht auf eine unzulässige Romantisierung des Pfeifenhabitus zurückführbar.

Wäre dem so, dann wäre der Mythos des Pfeifenrauchens eine bloße Fata Morgana, eine Legende aus dem Werbewunderland, die dem scharfen Instrumentarium des analytischen Verstandes keine Sekunde standhalten kann. Und das bedeutete das Ende einer jeden Philosophie des Pfeifenrauchens, wenn man nur die Fakten scharfen Verstandes betrachtet.

Der scharfe Verstand sagt aber auch, dass es ein Fehler wäre, zu glauben, Philosophieren hätte gar nichts mit alltäglichen Dingen und Handlungen zu tun – das Pfeifenrauchen ist nämlich keineswegs zu profan für eine philosophische Auseinandersetzung. Außerdem gilt: Man kann zwar im Seminar aus Büchern lernen, was Philosophie ist, Philosophieren aber lernt man nur draußen in der Welt. »Das Leben des kultivierten Menschen ist nicht darauf angelegt, Philosophie zu studieren, sondern die Welt philosophisch zu erleben«, merkt Owe Wikström weise an.

Zu dieser Wahr-Nehmung der Welt gibt es viele Zugänge und einer davon kann durch das Pfeifenrauchen begleitet und bei manchen eben auch durch das Pfeifenrauchen motiviert sein. Ein philosophischer Blick auf das Pfeifenrauchen als solches gewährt durchaus eine aufschlussreiche Inspektion der menschlichen Lebens- und Erlebenswelt. Die Philosophie als Begleiterin des Pfeifenrauchens und das Pfeifenrauchen als Gegenstand der Philosophie – das sind die beiden Leitlinien, denen dieses Buch folgt, um sich einer Philosophie der Lebensführung wieder anzunähern.

Der Philosoph als Pfeifenraucher und der Pfeifenraucher als Philosoph: Es muss ja nicht gleich ein Lehrstuhl für Piposophie oder Existenzialfumologie daraus werden, es reicht schon, wenn eine lustvolle Beschäftigung mit der Philosophie und dem Pfeifenrauchen das Resultat ist. Also eine Einführung im Sinne einer Ingangsetzung des Denkens, eines in-Umlauf-Bringens von philosophischen Gedanken.

Piposophia perennis

Die prähistorischen Ursprünge des Pfeifenrauchens haben uns zurückgeführt zum Mythos, dem tief im Menschlichen verwurzelten Wunsch nach Aussöhnung mit dem Kosmos, dem ewigen Streben nach Harmonie mit der Welt. Die bohrenden Fragen danach, wer wir sind und was wir hier sollen (oder auch nur wollen), finden in den Mythen ihre erste Gestalt.

Hier wird an das Ewige und unser bleibendes Unerfülltsein im Zeitlichen erinnert. Das Dasein fordert von uns einerseits eine Versöhnung der Erkenntnis unserer Belanglosigkeit mit unserem Anspruch auf persönliche Einzigartigkeit andererseits. Der Pfeifenraucher geht diese Versöhnungsarbeit in dem einzig Erfolg versprechenden Medium an: dem der Muße. Mit Augenmaß und Leidenschaft werden nicht nur dicke Pfeifen geraucht, sondern auch schwere philosophische Gedanken gewälzt.

Das Pfeifenrauchen selbst kann nicht die Antwort auf das Fragen sein, wohl aber bietet es ein Forum, sie zu stellen und zu bedenken. Außerdem erweist sich das Pfeifenrauchen als eine bedeutende Metapher für eine philosophische Lebensführung. Vom Stopfen bis zum Ausklopfen: Erst die Einsicht in die Vergänglichkeit des Lebens schafft die Voraussetzung für Glück. Zur Ruhe kommen, dem aufsteigenden Rauch nachblicken und versonnen lächeln, das nimmt den bohrenden Fragen des Seins den Stachel der Aussichtslosigkeit und verleiht gleichzeitig dem Leben Qualität, Raum und Freude. Dabei entwickelt sich eine Geisteskultur, die ihrem Wesen nach in Muße und Toleranz verwurzelt ist und aus der heraus der Pfeifenraucher klug und kultiviert handeln kann.

Piposophie – Pfeifenweisheit: Der ruhige und besonnene Genuss als sinnliche und soziale Erlebniswelt mit unendlichen Variationen am Ort des ortlosen Seins. Und dies mit eigener Zeit, in der sich der Pfeifenraucher zur Pfeife besorgend umsichtig hinwendet, wie Heidegger dies nennt. Die Pfeife wird zum Symbol der Philosophie der Lebenskunst, das Pfeifenrauchen zur stolzen Geste des Exzentrikers, der sein Leben nicht nur lebt, sondern sich auch zu ihm verhält. Diese Art des Pfeifenrauchens bildet in gewisser Weise sogar den Charakter, da es die Grundtugend des Philosophierens einübt: die Reflexion als freies sich Hinwenden. Wir sind nicht nur zur Freiheit verdammt, die Freiheit macht auch unsere Würde aus.

Kultiviert und mit Stil: Das ist philosophisches Pfeifenrauchen und nicht nur Rauchen als Lifestyle. Der Lifestyle ist trivial, veränderlich und launisch, er ist konsumorientiert und nur insofern global, als der Konsument weltweit auf die gleiche Werbemaschinerie stößt. »Junger Genuß im Stil der neuen Zeit.« Wer Spaß daran hat, mag so rauchen: mit Spaß und Lebenslust. Warum auch nicht. Und vielleicht nähert man sich dabei doch unversehens tieferen Fragen; uralten Fragen, die um den Mythos kreisen und philosophische Antworten fordern.

Dem hektischen Nikotinaufnehmer bleibt der ursprüngliche Mythos wohl verborgen. Natürlich muss ihn das nicht sonderlich stören oder gar bekümmern. Selbst dem Genussraucher muss sich nicht die Philosophie erschließen. Aber meist passiert's ganz einfach: Der Pfeifenraucher bemerkt plötzlich, dass jene philosophische Beschäftigung, die vom Pfeifenrauchen ausgeht, keineswegs eine intellektuelle Romantisierung seiner profanen Lust darstellt, sondern im Gegenteil eine Vertiefung und Befreiung des Genusses bedeutet. Guillermo Cabrera Infante hat dies fürs Zigarrenrauchen, Richard Klein fürs Zigarettenrauchen gezeigt. Das Ziel hier nun ist, die philosophischen Eigenheiten und den intellektuellen Reiz des Pfeifenrauchens herauszuarbeiten.

Bedenkt man es recht, so haftet dem Pfeifenrauchen etwas Besonderes und Beharrendes, vielleicht sogar etwas Wertkonservatives an. Es scheint heute fast unzeitgemäß zu sein, wo Discounter Geiz für geil erklären und jeden für blöd halten, der entgegen der Schnäppchenmentalität auf Qualität achtet. Die Warenfülle hat in den letzten Jahren kontinuierlich zugenommen und mit ihr die Umsatzgeschwindigkeit sowie die Dringlichkeitsrhetorik der Werbung. Das Handy von Weihnachten ist Ostern schon veraltet. Und wenn man im Herbst das Nächste kauft, sind die alten Geräte selbstverständlich noch nicht kaputt, sondern nur nicht mehr trendkompatibel – was schlimmer als defekt ist. Es liegt nicht im Wesen des Trends, dauerhaft zu sein. Nur sein Wechsel ist beständig.

Das Alte verliert mit seiner Beständigkeit die Kraft der Identitätsstiftung. Alles büßt immer rasanter seinen Reiz ein und verschwindet zunehmend rascher aus dem Bewusstsein. Die Zeitspanne zwischen Bedürfnis und Befriedigung wird ständig kürzer. Und der Trend schlägt Purzelbäume. »Die Bedeutung der Dinge verdunstet«, meint Owe Wikström. Deshalb wird Pfeifenrauchen wohl nie wirklich trendy sein, auch wenn selbst hier Warenfülle und Umsatzgeschwindigkeit deutlich zugenommen haben. Immer neue Mixturen und ausgefallenere Designs der Pfeifen kommen auf den Markt. Trotzdem geht es rund um die Pfeife anders zu, als bei Handy, Computer & Co. Pfeifen sind nämlich technisch gesehen weitgehend ausgereizt und nahezu mit allem kompatibel. Was an einer neuen Pfeife lockt, ist kein Update oder Klingelton, sondern das Ästhetische, etwa das individuelle Design, und natürlich die Qualität im Detail, der Komfort und Geschmack beim Rauchen. Was die Pfeife als etwas Einzigartiges auszeichnet, ist letztlich ihre Balance zwischen Ästhetik des Bewahrens und Ökonomie des Verschwindens.

Nur weil eine Serienpfeife industriell gefertigt wird, gehört sie nicht schon zu den Wegwerfprodukten, die allein an den niedrigsten Produktionskosten ausgerichtet hergestellt werden. Das soll nicht heißen, dass es keine schlampig fabrizierte Massenware auf dem Pfeifenmarkt gäbe. Aber das sind nicht die Pfeifen, von denen in diesem Buch die Rede ist, denn sie bescheren Verdruss statt Genuss. Der Genussraucher hat bereits genügend Pfeifen, um »rauchtechnisch« bestens über die Runden zu kommen. Ihn interessiert jetzt die »Bestheit«, das aristokratische Streben nach Vollkommenheit. Rauchen wird zur Kunst.

Wer eine sorgfältig gefertigte Pfeife in Händen hält, kann die Wertarbeit, die Liebe zum Detail, das Streben nach Perfektion und den Willen zur Ästhetik sehen und fühlen. »Dann weiß man: Ich habe hier etwas von bleibendem Wert«, erläutert Alexander Eckert, in fünfter Generation Chef einer der bedeutendsten Pfeifenmanufakturen Deutschlands. Eine Pfeife anzuschauen und in der Hand zu halten – schon das verschafft dem Pfeifenraucher ein stilles Glücksgefühl und tiefe Zufriedenheit. Man hat etwas ausgewählt, das einen Wert besitzt, das zu einem passt, dem eigenen Geschmack entspricht, die Vernunft ebenso anspricht wie die Gefühle und deshalb Ausdruck der eigenen Persönlichkeit ist. »Von diesem Ding«, so Eckert, verdunstet die Bedeutung nicht von einem Augenblick zum anderen. Im Gegenteil wächst die Bedeutung mit dem Dunst, der aus ihr entweicht. Mit dem Rauchen einer Pfeife kann man sich intensiv beschäftigen, sogar philosophisch, wie dieses Buch zeigt.

Schöne und luxuriöse Dinge wie Pfeifen werden mit Werten verknüpft, die wiederum Teil eines Lebensstils sind. »Sie schaffen Zugehörigkeit und bilden Inseln der Wichtigkeit und Bedeutung im ständig aufgewühlten Konsumozean«, stellt Wikström fest. »In aller Stille zieht es die Menschen zu Dingen und Orten, die erfüllt sind von einem kontinuierlichen Sein – zu den Gegensätzen von Veränderung und Wandel. Philosophen würden von einem ontologischen Durst sprechen«. Rauchtrinker kennen das.

Rituelle Handlungen, Mythen und Selbsterfahrung, wie sie etwa das Pfeifenrauchen bietet, wirken stabilisierend, schaffen Entwicklungsspielräume und sind wie Schlüssel zum Reich der Nachdenklichkeit. Sie schaffen Handlungsspielräume im Sinne von Muße. Aber nur für den, der sie darin sucht. Alle anderen langweilen sich dabei, ohne aus der Langeweile zu lernen.

Wo Identität immer häufiger durch Aussehen, Mode und Pose definiert wird, ist der Pfeifenraucher, der auf Ansichten, Argumente und Wissen setzt, alles andere als trendy. Ihm präsentiert sich ein Werbeideal, das sich als Mythos aufspielt. Und dieser »Mythos« heißt Jugend. Jugend ist ein kommunikatives, ästhetisches und erotisches Trugbild, an dem sich auch die Erwachsenen und Alten immer mehr orientieren sollen. Das führt dazu, dass in einer immer älter werdenden Gesellschaft Begriffe wie Reife, Alter oder Weisheit so gut wie verschwunden sind. Ja, schlimmer noch: Es fällt auf, dass heute viele Junge bereits nicht mehr jung und attraktiv genug sind, um dem Werbeideal noch entsprechen zu können. Selbst hungerleidende Supermodels müssen, um auf die Titelseiten der Zeitschriften zu passen, noch per Computer »verbessert« werden. Die sich selbst fressende Schlange kaut bereits am eigenen Kiefer. »In Hollywood gilt man schon als dick, wenn Fußkettchen nicht um die Taille passen«, weiß die Schauspielerin Diane Keaton.

Und doch: Langsam gedeiht die Unzufriedenheit mit sich und der flachen Erlebnisindustrie in allen Generationen und überall auf der Welt. Man erkennt dies daran, dass seit Jahren kontinuierlich das Interesse an Philosophie wächst, wie man unschwer an der Menge neuerscheinender Bücher zum Thema philosophische Lebensberatung ablesen kann. Und ihre Leser sind nicht nur Midlife-crisis Gebeutelte. Die Universitäten vermelden beim Studienfach Philosophie Zulauf wie schon seit Jahren nicht mehr und philosophische Praxen schießen wie Pilze aus dem Boden. Zum ontologischen Durst gesellt sich offenbar auch ein metaphysischer Hunger. Stramme Waden und ein flacher Bauch reichen auf Dauer eben doch nicht fürs Leben.

Bleibt die Frage, ob es sich dabei nicht bloß wieder um einen Trend handelt. Hier liegt der neue Mythos des Pfeifenrauchens, der eigentlich immer noch der uralte ist. Wer das Glück des Augenblicks in einem lang anhaltenden Moment der Stille genießt, einem Moment, der so lang scheint, dass man glaubt, die Sphären des Kosmos leise summen zu hören, der hat sich schon auf den Weg gemacht neue Welten zu erkunden und neues Leben zu erforschen. Wer hier aber nur den Tinnitus am Werke glaubt, der wird wieder nur einen Trend darin sehen, dem Trend nicht zu folgen. Aber so ein Buch zur Philosophie des Pfeifenrauchens könnte dennoch ein Anfang sein...

Bertie der Baumeister

Bertrand Russell hat einmal gesagt: »Wer sich gegen Kritik möglichst abschotten will, muss sich nicht wundern, wenn sein Text so einladend ist wie eine Festung«. In diesem Sinne ist die Philosophie des Pfeifenrauchens eher eine Villa Kunterbunt, ein Luftschloss und kein argumentativer Bunker. Wer allerdings so luftig baut, muss sich nicht wundern, wenn seine Ideen für Kritiker so einladend sind, wie der Ruf »Freibier!« beim Richtfest.

In diesem Buch sollte ein gastliches Haus entstehen, mit hellen Wohnungen, freundlichen Zimmern und mit pfeifenrauchenden Philosophen als liebenswürdigen Nachbarn, die manchmal vielleicht etwas unordentlich oder sonderbar, aber immer hilfsbereit sind. Jeder Raum lädt zur Erkundung ein, jede Kammer will untersucht werden und insbesondere die Fundamente bedürfen der Erforschung. Und wie jeder Leser schnell merkt, muss überall pausenlos umgebaut, renoviert und nachgebessert werden. Die ganze Philosophie ist eine einzige Baustelle – das Leben sowieso.

Vorbildliche Baumeister für solche offenen Gedankengebäude sind gerade in der Philosophie selten. Auch Russell war eher Spezialist für Festungsbau. Wer anders vorgeht, muss also improvisieren und ausprobieren. Unverzichtbar sind Freunde und Mitstreiter, die beim Bau eines Luftschlosses mit Rat und Tat helfen. Ich habe das große Glück, viel Unterstützung bei meinem Bauvorhaben erfahren zu haben und ich möchte nicht versäumen, jene hier vorzustellen, die beim Bau mitgeholfen haben. Das gibt mir die Gelegenheit, mich bei allen zu bedanken.

Da ist zuallererst *die* philosophische Baukolonne zu nennen, die, wie immer an meinen publizistischen Baustellen, auch dieses mal wieder kräftig mitgewirkt hat – ich rede von meinen Freunden *Christoph*

Kijak (dem große Dingsbums), *Dr. Reinhard Kottmann* (dem Meister der Metaphern) und *Dr. Christian Zeuch* (dem letzten Systematiker). Mit beharrlicher Kritik, profundem Wissen, handwerklichem Können und viel Ausdauer beseitigten sie Planungsmängel, änderten hier und da die Statik, schlugen Anbauten vor, rissen Unnützes ab und machten so aus einem Rohbau philosophische Räume.

Meine Frau *Dr. Dorit Grugel-Pannier* hat sich dem Innenausbau gewidmet und sich als stilsichere Innenarchitektin betätigt. Dank ihrer Korrekturen wurden die Räume nicht nur bezugsfähig, sondern wohnlich, um nicht zu sagen luxuriös. Ihre Forschungen zum philosophischen Problem des *Luxus* sind ohnehin das Beste zum Thema.

Thomas Sandhagen, *Norbert Schulte* und mein Vater *Egon Pannier* haben als aufmerksame und kritische Korrekturleser gewissermaßen Probe gewohnt. Getreu dem Motto: »Unser Haus soll schöner werden«, haben sie kräftig aufgeräumt und dabei nicht nur kosmetische Korrekturen angemahnt. Anregungen und Hinweise erhielt ich außerdem von *Frank Hidien*, *Romeo Brodmann*, *Peter Heinrichs*, *Brigitte Träber*, *Daniel Finke*, *Götz Werner* sowie vielen anderen, die ich hier leider nicht alle aufzählen kann, da sonst der Eindruck entsteht, dass ich dieses Buch gar nicht selbst geschrieben habe. Für sämtliche auftretenden Fehler oder Missverständnisse gibt es natürlich nur einen Schuldigen. Leider ist mir gerade entfallen, wer das ist.

Schließlich möchte ich mich beim agenda Verlag bedanken, da dieser gewissermaßen das Baugrundstück zur Verfügung gestellt hat. Obwohl es heute nicht mehr gern gesehen ist, Tabakhäuser zu bauen, gefiel dort die Idee eines philosophischen Gebäudes für Pfeifenfreunde und so verhalf der Verleger *Dr. Bernhard Schneeberger* diesem Manuskript zum Buch. Dafür danke ich ihm. Auch danke ich meiner Lektorin *Jutta Hanke*. Ihre akribische Lektüre hat mich vor Dutzenden peinlicher Fehler bewahrt.

Zu guter Letzt sollte ich vielleicht noch einräumen, dass es sich bei vorliegendem Buch nicht um eine Auftragsarbeit der internationalen Tabakmafia handelt. Ich wurde weder überredet noch bestochen, nicht einmal ein mickriger Versuch, mich mit Naturalien oder Sachgeschenken gefügig zu machen, wurde von den Dunkelmännern der Nikotinlobby unternommen. Leider.

Literatur- und Quellenverzeichnis

Dieses Buch ist in erster Linie für Leser gedacht, nicht für Liebhaber von Fußnoten. Deshalb wird immer so zitiert, dass der Text durchgängig lesbar bleibt. Auslassungen, Umstellungen und Zusammenziehungen werden im Einzelnen nicht kenntlich gemacht. Die Literaturliste bietet deshalb nicht nur eine knappe Auswahl rund um das Thema *Philosophie des Pfeifenrauchens*, sondern auch die im Buch zitierte Literatur – für all jene, die gern im Zusammenhang nachschauen wollen. Bei Übersetzungen wird lediglich die deutsche Ausgabe genannt. Klassikerausgaben werden in der Regel nicht eigens aufgeführt. Der besseren Übersicht wegen wird alles in drei Abteilungen gegliedert (*Philosophisch-Wissenschaftliches, Pipologisches* und *Literarisches*), wobei die Zuordnung der einzelnen Titel vollkommen willkürlich und damit Schuld des Autors ist.

Philosophisch-Wissenschaftliches

Albus, Anita:
Die Kunst der Künste. Erinnerungen an die Malerei. Frankf. a. M. 1997.

Arendt, Hannah:
Vita Activa oder Vom tätigen Leben. München 1985[4].

Bien, Günther (Hg.):
Die Frage nach dem Glück. Stuttgart 1978.

Birnbacher, Dieter:
Philosophie des Glücks. In: Information Philosophie, 1/2006, S. 7-22.

Bloch, Ernst:
Das Prinzip Hoffnung. Frankf. a. M. 1985.

–: Spuren. Frankf. a. M. 1985.

Blumenberg, Hans:
Das Lachen der Thrakerin. Eine Urgeschichte der Theorie. Frankf. a. M. 1976.

–: Arbeit am Mythos. Frankf. a. M. 1979.

–: Lebenszeit und Weltzeit. Frankf. a. M. 1986.
Böhme, Hartmut:
Fetischismus und Kultur. Eine Theorie der Moderne. Hamburg 2006.
Böhmer, Otto A.:
Als Schopenhauer ins Rutschen kam. Kleine Geschichten von großen Denkern. München 1998[2].
Botton, Alain de:
Trost der Philosophie. Eine Gebrauchsanweisung. Frankf. a. M. 2002.
Brandt, Reinhard:
Philosophie in Bildern. Köln 2001[2].
Braig, Axel:
Warum es sich lohnt, faul, unpünktlich und unordentlich zu sein. Berlin 2003.
Brillat-Savarin; Jean Anthelme:
Physiologie des Geschmacks oder Physiologische Anleitung zum Studium der Tafelgenüsse. Braunschweig 1865 (Nachdr. Berlin, Leipzig 1991).
Cassirer, Ernst:
Versuch über den Menschen. Einführung in eine Philosophie der Kultur. Frankf. a. M. 1990.
Celli, Giorgio:
Der letzte Alchemist. Betrachtungen über Komik und Wissenschaft. Frankf. a. M. 1989.
Cioran, E. M.:
Lehre vom Zerfall. Stuttgart 1987.
Danielsson, Ulf:
Physik für Poeten. Von Sternschnuppen, schwarzen Löchern und anderen Merkwürdigkeiten im Universum. Berlin 2004.
DeCrescenco, Luciano:
Also sprach Bellavista. Zürich 1986.
–: Die Zeit und das Glück. München 2002.
Edmonds, David J.; Eidinow, John A.:
Wie Ludwig Wittgenstein Karl Popper mit dem Feuerhaken drohte. Eine Ermittlung. Stuttgart, München 2001[2].

Elias, Norbert:
Über die Zeit. Frankf. a. M. 1988.
Fehige, Christoph; Meggle, Georg; Wessels, Ulla (Hgg.):
Der Sinn des Lebens. München 2002[4].
Feyerabend, Paul:
Zeitverschwendung. Frankf. a. M. 1995.
Flocker, Michael:
Das süße Leben. München 2004.
Flusser, Vilém:
Gesten. Versuch einer Phänomenologie. Bensheim, Düsseldorf 1993.
Foucault, Michel:
Dies ist keine Pfeife. München, Wien 1974.
Frank, Manfred:
Der kommende Gott. Vorlesungen über die Neue Mythologie. Frankf. a. M. 1982.
Fromm, Erich:
Die Kunst des Liebens. Frankf. a. M. 1980.
Gaarder, Jostein:
Sofies Welt. Roman über die Geschichte der Philosophie. München, Wien 1993.
Geier, Manfred:
Die Kleinen Dinge der großen Philosophen. München 2002.
–: Worüber kluge Menschen lachen. Rowohlt Verlag. Hamburg 2006.
Geißler, Karlheinz A.:
Zeit – verweile doch... Lebensformen gegen die Hast. Freiburg i. Br. 2003[5].
Gerhardt, Volker:
Selbstbestimmung. Das Prinzip der Individualität. Stuttgart 2002.
Griffith, Jay:
Slow Motion. Lob der Langsamkeit. Berlin 2002.
Grugel-Pannier, Dorit:
Luxus. Eine begriffs- und ideengeschichtliche Untersuchung unter besonderer Berücksichtigung von Bernard Mandeville, Frankf. a. M. 1996.
Hankinson, Jim:

Alles Bluff? Mitreden beim Thema: Philosophie. München 1994.
Harrus-Révidi, Gisèle:
Die Kunst des Genießens. Düsseldorf, Zürich 1996.
Hauskeller, Michael:
Ich denke, aber bin ich? Phantastische Reise durch die Philosophie. München 2003.
Hawking, Stephen W.:
Eine kurze Geschichte der Zeit. Hamburg 1988.
Henscheid, Eckhard
Wie Max Horkheimer einmal sogar Adorno hereinlegte. Zürich 1983.
Hochkeppel, Willy:
War Epikur ein Epikureer? Aktuelle Weisheitslehren der Antike. München 1984.
Hodgkinson, Tom:
Anleitung zum Müßiggang. Berlin 2004.
Hossenfelder, Malte:
Epikur. München 1991.
Kauder, Peter:
Hegel beim Billard. Die besten Anekdoten über große Denker. München 2000.
Kast, Verena:
Vom Interesse und dem Sinn der Langeweile. München 2003.
Kijak, Christoph; Kottmann, Reinhard; Pannier, Jörg; Zeuch, Christian (Hgg):
abenteuer denken. Ein immerwährender Kalender. Munster 2000.
Köhler, Peter:
Geh mir aus der Sonne! Anekdoten über Philosophen und andere Denker. Stuttgart 2001.
Legros, Waltraud:
Was die Wörter erzählen. Eine kleine etymologische Fundgrube. München 2003[6].
Lenk, Hans:
Kritik der kleinen Vernunft. Einführung in die jokologische Philosophie. Frankf. a. M. 1987.
Levine, Robert:

Eine Landkarte der Zeit. Wie Kulturen mit Zeit umgehen. München 1998.
Löhndorf, Andrea:
Glück. München 2002.
Lütkehaus, Ludger:
Nichts. Frankf. a. M. 2003.
Marcuse, Ludwig:
Meine Geschichte der Philosophie. Aus den Papieren eines bejahrten Philosophiestudenten. Zürich 1981.
–: Philosophie des Glücks von Hiob bis Freud. Zürich 1972.
Merton, Robert K.:
Auf den Schultern von Riesen. Ein Leitfaden durch das Labyrinth der Gelehrsamkeit. Frankf. a. M. 1983.
Moser, Friedhelm:
Kleine Philosophie für Nichtphilosophen. München 2002[2].
Nagel, Thomas:
Was bedeutet das alles? Eine ganz kurze Einführung in die Philosophie. Stuttgart 1990.
–: Über das Leben, die Seele und den Tod. Königstein/Ts. 1984.
–: Das letzte Wort. Stuttgart 1999.
Nozik, Robert:
Vom richtigen, guten und glücklichen Leben. München, Wien 1991.
Onfray, Michel:
Die genießerische Vernunft. Die Philosophie des guten Geschmacks. Baden-Baden, Zürich 1996.
Pagès, Frédéric:
Frühstück bei Sokrates. Philosophen ganz privat. München 1998[2].
Paris, Rainer:
Warten auf Amtsfluren, in: Kölner Zeitsch. f. Soziologie und Sozialpsychologie 53/2001, S. 705-733.
Pieper, Josef:
Traktat über die Klugheit. München 1955.
Poulos, John Allen:
Ich lache, also bin ich. Frankf. a. M. 1988.
Randow, Gero von:
Genießen. Eine Ausschweifung. Hamburg 2001.

Rauchhaupt, Ulrich von:
Wittgensteins Klarinette. Gegenwart und Zukunft des Wissens. Berlin 2005.
Recki, Birgit:
Ästhetik. In: Münsteraner Einführungen in die Philosophie. Hg. v. Franz Gniffke und Norbert Herold. Münster 1996.
Reusch, Siegfried:
Das Rätsel der Zeit. Darmstadt 2004.
Rigotti, Francesca:
Philosophie in der Küche. Kleine Kritik der kulinarischen Vernunft. München 2002.
Roos, Theo:
Philosophische Vitamine. Die Kunst des guten Lebens. Köln 2005.
Russell, Bertrand:
Autobiographie. Frankf. a. M. 1977.
–: Eroberung des Glücks. Frankf. a. M. 1982.
–: Lob des Müßiggangs. Wien 1967.
Sacks, Oliver:
Der Mann, der seine Frau mit einem Hut verwechselte. Hamburg 1990.
Safranski, Rüdiger:
Wieviel Wahrheit braucht der Mensch? Über das Denkbare und das Lebbare. Frankf. a. M. 1993.
Scherer, Martin:
Der Gentleman. Plädoyer für eine Lebenskunst. München 2003.
Schivelbusch, Wolfgang:
Das Paradies, der Geschmack und die Vernunft. Eine Geschichte der Genußmittel. Frankf. a. M. 1992.
Schmid, Wilhelm:
Philosophie der Lebenskunst. Eine Grundlegung. Frankf. a. M. 2000[6].
Schneider, Wolfgang:
Anleitung zum Faulsein. Eine Enzyklopädie. München, Zürich 2005.
Schneiders, Werner:
Wieviel Philosophie braucht der Mensch? Eine Minimalphilosophie. München 2000.

Schönberger, Margit:
Das kleine Buch der Laster. München 2000.
Schrödinger, Erwin:
Mein Leben, meine Weltansicht. Zürich 1989.
Schwanitz, Dietrich:
Männer. Eine Spezies wird besichtigt. Frankf.a.M. 2001.
Simmel, Georg:
Das individuelle Gesetz. Philosophische Exkurse. Frankf. a. M. 1987.
Sommer, Manfred:
Sammeln. Frankf. a. M. 1999.
–: Lebenswelt und Zeitbewußtsein. Frankf. a. M. 1990.
Stein, Hennes:
Endlich Nichtdenker! Handbuch für den überforderten Intellektuellen. Frankf. a. M. 2004.
Sterzl, Anton:
Philosophie für Angeber. Augsburg 1999.
Svendsen, Lars:
Kleine Philosophie der Langeweile. Frankf. a. M. 2002.
Watzlawik, Paul:
Anleitung zum Unglücklichsein. München, Zürich 1988.
Weischedel, Wilhelm:
Die philosophische Hintertreppe. 34 große Philosophen in Alltag und Denken. München 1975.
Wertheim, Margaret:
Die Himmelstür zum Cyberspace. München, Zürich 2002.
Wikström, Owe:
Vom Unsinn mit der Harley durch den Louvre zu kurven. Zürich 2003.
Williams, Bernard:
Der Begriff der Moral. Eine Einführung in die Ethik. Stuttgart 1978.
Wittschier, Michael:
Abenteuer Philosophie. Ein Schnellkurs für Einsteiger. München 2002.
Zudeick, Peter:
Der Hintern des Teufels. Ernst Bloch – Leben und Werk. Bühl-Moos 1987.

Pipologisches

Altmann, Walter:
Pfeiferauchen. Von den Anfängen bis zur Perfektion. München 1983.

Bastien, André-Paul:
Von der Schönheit der Pfeife. München 1976.

Billerbeck, Klaus-Dieter:
Mit Rauchern läßt sich reden... Ein Reiseführer. Hamburg 1993.

Corti, Egon Caesar:
Geschichte des Rauchens. Die trockene Trunkenheit. Ursprung, Kampf und Triumph des Rauchens. (Wien 1930) Frankf. a. M. 1986.

Crole, Robin:
Pfeifen. Magie und Flair eines Genusses. Bielefeld 1999.

Dunhill, Alfred:
Das Pfeifen-Buch. Eine Kulturgeschichte des Pfeifenrauchens. München 1982 (1969^{1}).

–: Die edle Kunst des Rauchens. München 1972^{2} (1954^{1}).

Frank, Joachim A.:
Pfeifen-Brevier oder von der Kunst, genüßlich zu rauchen. Wien, Berlin 1969.

Hacker, Richard Carleton:
Das Handbuch des Pfeifenrauchers. München 2000.

Heydt, Imre von der:
Rauchen Sie? Verteidigung einer Leidenschaft. Köln 2005.

Hochrain, Helmut:
Das Lexikon des Pfeifenrauchers. München 1980^{4}.

–: Das Taschenbuch des Pfeifenrauchers. München 1999^{38}.

Huber, Thomas; Rieker, Wolfgang J.:
Abenteuer Pfeife – Die andere Art zu leben. Eching 2004.

Jeffers, H. Paul:
The Perfect Pipe. New Jersey 1998.

Kemper, Peter; Sonnenschein, Ulrich (Hgg.):
Sucht und Sehnsucht. Rauschrisiken in der Erlebnisgesellschaft. Stuttgart 2000.

Levárdy, Ferenc:
Our Pipe-Smoking Forbears. Budapest 1994.

Libert, Lutz:
Von Tabak, Dosen und Pfeifen. Leipzig 1984.
–: Tabakpfeifen. Leipzig 1986.
Liebaert, Alexis; Maya, Alain:
Die Welt der Pfeife. München 1994[3].
Maronde, Curt:
Über den Tabak. Esslingen 1978.
Morgenroth, Walter:
Pfeifen sammeln. Kunstwerke in Porzellan. München 1989.
Orhant, Alice:
Up in Smoke. The Art of Collectibles. Paris 2000.
Pannier, Jörg:
Pipe-Line; Das Buch zur Pfeife. Informationen, Tips und Trends rund um den Fetisch Pfeife. Münster 2004.
Paulokat, Mathias:
Plädoyer für die Pfeife. In: Radford's Magazin, Herbst/Winter 2002, S. 10f.
Pellisone, Aldo; Emanuel, Valentia:
Die Pfeife. Kulturgeschichte und Typologie für Pfeifenraucher und Pfeifensammler. München 1988.
Plum, Ralph (Hg.):
Von der Leidenschaft des Pfeiferauchens. Das neue Tabakskollegium. Mit Beiträgen von Gustav Casparek, Stan Hill, Walter Hufnagel und Otto Pollner. Bielefeld 1984.
Pollner, Otto:
Pfeiferauchen leicht gemacht. Die richtige Art, Tabak zu genießen. Leopoldshöhe 1999[4].
–: Tabakpfeifen aus zwei Jahrhunderten. Bad Oeynhausen 2000.
Ramazotti, Eppe; Mamy, Bernhard:
Pfeifen und Pfeifenraucher. Pfeifendunst und Pfeifenkunst. Genf 1982.
Rapaport, Benjamin:
A Complete Guide to Collecting Antique Pipes. Atglen 1979.
Roetzel, Bernhard:
Der Gentleman. Köln 1999.
Rutzen, Rolf Joachim:

Pfeifen. Die Pfeifenmacher der Welt. Marken und Modelle. München 1999.
Sant'Ambrogio, Diego:
Pfeifen. Zürich 1967.
Schulz, Manfred:
Mehr Spaß am Pfeiferauchen. Welche Pfeife, welcher Tabak? Praktische Tips und Anregungen. München 1981 (1977).
Sternberg, Friedrich:
Knasterkopfs Annehmlichkeiten und Freuden. Ronneburg 1834 (Nachdr. Dortmund 1980).
Titschack, Hans:
Die Reservistenpfeife: Ein Wehrzeit-Erinnerungsstück als volkskundliches Dokument 1813-1918. Potsdam 1999.
Verdaguer, Joaquin:
Die Kunst, Pfeife zu rauchen. München 1965[11].
–: Das Pfeifenraucher Brevier. München 1979[2] (1952).
Völger, Gisela; Welck, Karin von (Hg.):
Rausch und Realität. Drogen im Kulturvergleich. Hamburg 1982.
Zwickel, Wolfgang:
Räucherkult und Räuchergeräte, Göttingen 1990.

Literarisches

Allen, Woody:
Das Woody Allen Buch. Hamburg 1997[3].
Allende, Isabel:
Aphrodite. Eine Feier der Sinne. Frankf. a. M. 1999.
Armstrong, Martin:
Der Pfeifenraucher. In: Elke Kahlert (Hg.), Der Pfeifenraucher und andere unglaubliche Geschichten. München 1977.
Balzac, Honoré de:
Caffee, Thee, Tabac. Bremen 1993.
Blieswood, David:
Das ABC der feinen Lebens-Art. Berlin 1999.
Bluhm, Detlev:

Wenn man im Himmel nicht rauchen darf, gehe ich nicht hin. Vom Genuß des Tabaks. Berlin 2000.

Buckley, Christopher:
Danke, daß Sie hier rauchen. Frankf. a. M. 1998.

Calasso, Roberto:
Die Hochzeit von Kadmos und Harmonia. Frankf. a. M. 1990.

Casanova, Giacomo:
Geschichte meines Lebens. Darmstadt 1985.

Daphinoff, Helene (Hg.):
Kleine Bettlektüre für den weltgewandten Pfeifenraucher. Bern, München, Wien o.J.

Das kleine Buch...
für den Pfeifenraucher. München 1995.

Das kleine Buch...
für den unverdrossenen Raucher. München 1994.

Eco, Umberto:
Sämtliche Glossen und Parodien 1963-2000. Frankf. a. M. 2000.
–: Die geheimnisvolle Flamme der Königin Loana. München, Wien 2004.

Ehrenburg, Ilja:
13 Pfeifen und andere unwahrscheinliche Geschichten. Berlin 1984.

Fischer, Tibor:
Ich raube, also bin ich. Berlin 1997.

Freter, Hans:
Liebeserklärung an den blauen Dunst. Von der Art des Rauchens. Hannover 1965.

Friedell, Egon:
Steinbruch. Kleine Philosophie. Zürich 1991.

Fruttero, Carl; Lucentini, Franco:
Der rätselhafte Sinn des Lebens. Ein philosophischer Roman. München, Zürich 1996.

Fry, Stephen:
Paperweight. Literarische Snacks. München 1998.

Fuld, Werner:
Lexikon der letzten Worte. München, Zürich 2002.

Genazino, Wilhelm:

Ein Regenschirm für diesen Tag. München 2003[4].
Gerber, Michael:
Barry Trotter und die schamlose Parodie. Hamburg 2003[3].
Gernhardt, Robert; Bernstein, F. W., Waechter, F. K.:
Die Wahrheit über Arnold Hau. Frankf. a. M. 1981.
Homberg, Bodo (Hg.):
Tabakiana. Leib-, Schimpf- und nachdenkliche Gedichte. Für alle Freunde und Gegner des blauen Rauchs. Leipzig 1972.
Illies, Florian:
Generation Golf. Eine Inspektion. Frankf. a. M. 2001[5].
Infante, Guillermo Cabrera:
Rauchzeichen. Frankf. a. M. 1987.
Ittner, Josef Albrecht von:
Die Pfeife – Das Maß aller Dinge. In: Helene Daphinoff, s. d., S. 132 ff.
Klein, Richard:
Schöner blauer Dunst. München 1995.
Kundera, Milan:
Die Langsamkeit. Frankf. a. M. 2001[5].
Kuntz, Mark:
Der letzte Raucher. Reinbek bei Hamburg 2006.
Lightman, Alan:
Und immer wieder die Zeit. Einstein's Dreams. München 2002.
Luft, Werner:
Rauchringe. Feste des Tabaks. Von Zigarren, Pfeifen und Zigaretten, vom Schnupfen und Kauen. München 1961.
Marx, Groucho:
Schule des Lächelns. Frankf. a. M. 1981.
Moravia, Alberto:
La Noia. München 1996.
Multhaupt, Hermann:
Möge Gott Deine Pfeife immer mit Tabak füllen. Irische Segenssprüche. Gütersloh 2001.
Nadolny, Sten:
Die Entdeckung der Langsamkeit. München, Zürich 1987.
Neumann, Stefan:

Des Lebens bestes Teil. Geschichte und Phänotyp des Tabakmotivs in der deutschsprachigen Literatur. Schriftenreihe Literaturwissenschaft Bd. 39. Wissenschaftlicher Verlag 1998.
Preisendörfer, Bruno:
Die letzte Zigarette. Berlin 2006.
Rowohlt, Harry:
Poo's Corner. Zürich 1997.
Sartre, Jean-Paul:
Der Ekel. Hamburg 1982.
Schachtsiek-Freitag (Hg.):
Der Tabak-Spinner. Von der Lust und der Last des Rauchens. Ein Lesebuch. Frankf. a. M. 1990.
Schmitt, Eric-Emmanuel:
Die Schule der Egoisten. Köln 2004.
Sitwell, Edith:
Englische Exzentriker. Berlin 2000[3].
Svevo, Italo:
Die Kunst, sich das Rauchen nicht abzugewöhnen. Hamburg 1995.
–: Zenos Gewissen. Frankf. a. M. 2001[3].
Schwanitz, Dietrich:
Männer. Eine Spezies wird besichtigt. München 2003.
Walz, Linda; Gerhard Seidl (Hgg.):
Lust an der Lust. Ein Lesebuch der Begierden. München, Zürich 1999[2].

Glossar

In dem nicht so geläufige Namen und Begriffe kurzweilig erläutert werden und sich zeigt, dass tiefschürfende Erläuterungen nur mehr Fragen aufwerfen als beantworten.

A priori (lat.: vom früheren her). 1. Einsicht, die unabhängig von der Erfahrung erschlossen wird u. durch Erfahrung weder zu beweisen noch zu widerlegen ist. 2. Bei Kant bedeutet a priori »irgendwie ganz besonders wichtig«.

Adams, Douglas (1952-2001), engl. Schriftsteller, Raucher. Mit seinem philosophischen Hauptwerk *Per Anhalter durch die Galaxis* (1979), das manche als parodistischen Science-Fiction-Roman missverstehen, schuf er einen philosophischen Klassiker.

Altmann, Walter, dt. Pfeifenbuchautor, dessen Taschenbücher in den 80er Jahren eine der wenigen Alternativen zu den damals üblichen Pfeifenbüchern darstellten. →Pfeifenpapst

Amateur 1. franz. für Liebhaber , Verehrer , Freund , →Dilettant; Gegenteil ist nicht immer der Profi. 2. »Öffentliches Ärgernis; hält Neigung für Fähigkeit u. verwechselt sein Wollen mit seinem Können«. →Bierce

Aschenorakel. →Hermeneutischer Zweig der →Pipologie, um durch Deutung der Aschreste unfehlbare Tipps für die nächsten Lottozahlen zu erlangen.

Aufklärung, auch Zeitalter der A. (engl. *Enlightment*, franz. *Siècle des lumières*), Bezeichnung einer geistesgesch. Epoche des 18. Jahrhundert in Europa. Kant brachte es auf den Punkt: »Aufklärung ist der Ausgang des Menschen aus seiner selbst verschuldeten Unmündigkeit.« Bestes Argument gegen →Political Correctness!

Auster, Paul (*1947), amerik. Schriftsteller, der bekannt wurde durch postmoderne Detektivgeschichten (*New York-Trilogie* 1987) u. Filme rund ums Rauchen.

Barbi, Rainer (*1948), dt. Pfeifenmacher der Spitzenklasse, streitbarer Autor in Sachen Rauchkultur; veranstaltet regelmäßig Workshops.

Bastien, André-Paul, franz. Kulturwissenschaftler mit dem Forschungsschwerpunkt Pfeifen der Welt. →Pfeifenpapst

Bent. Pfeifen-Form. Klassische gebogene Variante der →Billiard: Runder Kopf, schräger Holm, geschwungenes Mundstück. Wird auch als Hänger bezeichnet. →Magrittes Lieblingspfeife.

Bent-Rhodesian. Milit. Pfeifen-Form für den Abenteurer. Geschwungene Variante der →Rhodesian.

Bentham, Jeremy (1748-1832), engl. Philosoph, Ökonom, Jurist u. Pfeifenraucher, Begründer des →Utilitarismus.

Berkeley, George (1685-1753), irischer Philosoph, Bischof u. Pfeifenraucher, der als Begründer des modernen Idealismus gilt.

Bernhard, Thomas (1931-1989), österr. Schriftsteller, lungenkrank, deshalb entschuldigter Nichtraucher. Gilt gegen den naturgemäßen Widerstand halb Österreichs als einer der bedeutendsten alpenländischen Autoren.

Bierce, Ambrose Gwinett (1842-1914, verschollen), amerik. Schriftsteller, Journalist u. Pfeifenraucher. Bedeutendster Vertreter des schwarzen Humors.

Billiard. »Mutter aller Pfeifenformen«. Gerade Form, die in strenger Linienführung auch als London bezeichnet wird. Klassisches Einstiegsmodell. Gelegentlich auch Billard, selten aber Bllrd geschrieben.

Birnbacher, Dieter dt. Moralphilosoph.

Blieswood, David, Pseudonym von Norbert Körzdörfer (*1955), dt. Journalist u. Sachbuchautor.

Bluhm, Detlef (*1954), dt. Buchhändler, Verleger u. Autor. Raucher.

Blumenberg, Hans (1920-1996), dt. Philosoph. Zu Lebzeiten als Salonphilosoph geschmäht, wird er heute von denselben Feuilletonisten zu einem der bedeutendsten deutschen Denker der Nachkriegszeit erklärt.

Brandt, Reinhard (*1937), dt. Philosoph mit den Forschungsschwerpunkten Aufklärungsphilosophie, Kunstgeschichte u. Ästhetik

Brillat-Savarin, Jean Anthelme (1755-1826), franz. Schriftsteller, Jurist u. Politiker. Sein unbestrittenes Meisterwerk ist die *Physiologie des Geschmacks* (1825), eine umfassende Abhandlung über die Philosophie des Essens. In Frankreich machte ihn jedoch die Erfindung der Süßspeise Savarin unsterblich - ein Hefeteigkranz mit viel Rum.

Bruyère (franz.), Briar (engl.) Wurzelholz (Knolle) der um die drei bis sieben Meter hohen Baumheide *Erica Arborea*; weitläufig mit dem heimischen Heidekraut verwandt. Sie wächst nur in den kargen Höhenregionen rund ums Mittelmeer. Idealer Pfeifenwerkstoff.

Bulldog. Nicht der Hund, sondern die gedrungene Pfeifen-Form. Der rautenförmige Querschnitt des Holms verleiht ihr ein rustikal-sportliches Aussehen.

Burley. Nordamerik. Basistabak, der auch in Asien, Afrika u. Europa erfolgreich angebaut wird. Burley eignet sich besonders als Aromaträger. Er schmeckt mild, süß u. etwas nach Schokolade.

Burton, Robert (1577-1640), engl. Schriftsteller u. Geistlicher. Bekämpfte seine Melancholie erfolgreich mit Tabak u. Tinte.

Cabrera Infante, Guillermo (1929-2005) kubanischer Journalist, Kulturattaché u. Aficionado, ging 1965 ins Exil u. lebte seither in London. Neben Romanen schrieb er vor allem Hymnen an den blauen Dunst.

Calabash. Extravagante Pfeife aus Kalebassen-Kürbis u. Meerschaum. Wird Sherlock Holmes zugeschrieben, hat dieser aber nie geraucht!

Camus, Albert (1913-1960), franz. Schriftsteller u. Philosoph, Nobelpreis für Literatur. Sein Denken kreist um die Frage, wie der Mensch handeln soll, wenn eh alles egal ist.

Cartesius = lat. für Descartes

Cassirer, Ernst (1874-1945), dt. Philosoph, der zu den bedeutendsten Vertretern des Neukantianismus gehört.

Castañeda, Hector-Neri (*1924), lat.-amerik. Philosoph, der, auf der Suche nach den allgemeinsten u. durchdringendsten Strukturen der Realität die Sprache mit analytischen Mitteln untersucht.

Cavendish. 1. engl. Adelsgeschlecht, das viele Forscher u. Politiker hervorgebracht hat. 2. Keine eigenständige Tabaksorte, sondern ein aromatisierter Tabak, dessen süß-fruchtiger Geschmack u. Geruch durch eine spezielle Fermentation, Pressung u. die Zugabe von Saucen erzielt wird. Er macht den Charme einer jeden Pudding-Pfeife aus.

Churchwarden. 1. engl.: Küster. 2. Überlange Pfeifen-Form. Wegen ihres 20 bis 30 cm langen Mundstücks wird sie oft auch als Lesepfeife bezeichnet.

Cioran, É(mile) M(ichel) (1911-1995), rumänisch-franz. Philosoph u. Schriftsteller, der in seinen Werken einen radikalen Skeptizismus u. düster-resignativen Pessimismus vertrat. Hätte er nur Pfeife geraucht.

Crole, Robin, engl. Pfeifenbuchautor, diente bei der Royal Navy, war

Verwaltungsfachmann in Afrika u. Lehrer in Australien. Raucht seine Pfeifen heute in Schottland.

Dadaismus. Nonsens-Bewegung. Dadaisten bevorzugen bei ihrer Rebellion gegen bürgerliche Kunstmaßstäbe provozierend unverständliche u. daher schockierende Aktionen.

Davidoff, Zino (1906-1994), gebürtiger Russe, emigrierte mit seiner Familie bereits 1911 nach Genf; Grandseigneur der Tabakbranche; setzte wie Alfred →Dunhill stets auf den kultivierten Tabakgenuss.

De Crescenco, Luciano, Neapolitaner ohne Geburtsjahr, Populärphilosoph. Arbeitete als Ingenieur als der Erfolg seines Buchs *Also sprach Bellavista* sein Leben total veränderte. Er musste Philosoph werden u. weitere Bücher schreiben.

Dekonstruktion, (franz. déconstruction, zerlegen). 1. Ein in den siebziger Jahren ausgebildetes analytisches Verfahren, das den Spielcharakter des Kunstwerks betont u. eine Ästhetik der Offenheit u. des „Gegen-den-Strich-Lesens" propagiert; Hauptvertreter ist Jacques →Derrida. 2. Hingefallene Tonpfeife.

DeLillo, Don (*1936), amerik. Schriftsteller, der mit seinen postmodernen Romanen zu den wichtigsten Vertretern der zeitgenössischen US-Literatur gehört.

Derrida, Jacques (1930-2005), franz. Philosoph. In seiner von Heidegger beeinflussten Methode der →Dekonstruktion betreibt er eine konsequente Infragestellung der abendländischen →Metaphysik seit Platon. Viel Feind, viel Ehr – aber immer mit Pfeife!

Dilettant (ital.: dilettare), 1. Nicht berufsmäßig. →Amateur, Laie, Liebhaber einer Kunst, die er nur zum Vergnügen treibt. 2. Pfuscher.

Doyle, Sir Arthur Conan (1859-1930), engl. Arzt u. Schriftsteller, der mit seinen Detektivgeschichten um den angeblich fiktiven Meisterdetektiv Sherlock Holmes weltberühmt wurde.

Duchamp, Marcel (1887-1968), franz. Maler u. Objektkünstler mit ausgefallenem Haarschnitt; einer der bedeutendsten Pfeifenraucher der Avantgarde.

Dunhill, Alfred (1872-1948), engl. Begründer der wahrhaften Pfeifenkultur; Stammgeschäft seit 1907 in London. Zahlreiche Bücher rund ums Pfeifenrauchen.

Ebner-Eschenbach, Marie Freifrau von (1830-1916), österr. Schriftstellerin, die vor allem durch sentimentale Erzählungen glänzt. Ihre Erwähnung ist durch nichts zu entschuldigen.

Eckhart, Meister, eigentlich Johannes Eckehart, (um 1260 bis ca. 1328), dt. Mystiker. Da er seine Schriften auch auf deutsch verfasste, hatten Eckharts Lehren großen Einfluss auf die Entwicklung der deutschen Sprache.

Eco, Umberto (*1932), ital. Kunstphilosoph, Schriftsteller u. passionierter Pfeifenraucher, der erfolglos versucht, immer wieder denselben Roman zu schreiben.

Ehrenburg, Ilja Grigorjewitsch (1891-1967), heute weitgehend vergessener russ. Schriftsteller. Zu seinem Leidwesen stammen Dunhill-Pfeifen aus dem kapitalistischen England.

Einstein, Albert (1879-1955), dt.-amerik. Physiker u. berühmter Pfeifenraucher. Als der begeisterte Segler einmal mit seinem Boot kenterte, hielt er verzweifelt seine Pfeife über die Wogen. Der herbeigeeilten Küstenwache rief er aus dem Wasser zu: »Nehmen Sie zuerst die Pfeife!«

Elias, Norbert (1897-1990), dt. Soziologe u. Kulturwissenschaftler. Bekannt wurde der Pfeifenraucher durch seine Untersuchungen zur westeuropäischen Zivilisation aus evolutionistischer Perspektive.

Emerson, Ralph Waldo (1803-1882), amerik. Essayist, Dichter u.

Philosoph. Gilt als bedeutendster amerik. Vertreter der Transzendentalp hilosophie u. findet sich in jedem US-Poesiealbum.

Empirismus. Phil. Richtung, die davon ausgeht, dass alle →Erkenntnis auf →Erfahrung beruht u. dabei die Möglichkeit einer Erkenntnis →a priori bestreitet. Empiristen sind Leute, die dauernd »Schau'n wir mal« sagen.

Ende, Michael (1929-1995), dt. Schriftsteller, der sich mit seinen Romanen *Jim Knopf u. Lukas, der Lokomotivführer* (1960) u. *Die unendliche Geschichte* (1979) in unsere Herzen geschrieben hat. Meisterlicher Pfeifenraucher. Heute dürfte sein Jim wohl nicht mehr Pfeife rauchen...

Epikureer. Gegner des Epikur.

Epistemologie (griech. episteme: Kenntnis, Wissen; logos: Vernunft, Sprache). 1. Disziplin der Philosophie, die sich mit philosophischen Fragen der Erkenntnis beschäftigt. Unter Erkenntnis wird dabei sowohl der Erkennensprozess selbst wie das Ergebnis dieses Prozesses verstanden. 2. Tolles Wort für jede Gelegenheit.

Erfahrung. »Die Weisheit, die uns befähigt, in der Torheit, der wir uns gerade hingeben, einen unliebsamen alten Bekannten wieder zu erkennen«. →Bierce

Erkenntnis. Einsicht durch gute, ausreichende oder zwingende Gründe, also etwas, das wahr sein muss, weil es in ein phil. System passt.

Erkenntnistheorie. »Das einzige, was Sie wirklich über Erkenntnistheorie wissen müssen ist, daß sie nichts zur Erkenntnis beiträgt« (J. →Hankinson). Die Frage »Aber wie können wir wissen, dass wir das wissen?«, sollte nicht überstrapaziert werden.

Existenzialismus. Der Begriff lässt auf das Hauptthema schließen: Die Frage nach der konkreten Existenz des Individuums u. die sich daraus ergebende Problematik von Subjektivität bzw. Seinsweise des Menschen: »Was mache ich hier eigentlich?«

Feyerabend, Paul Karl (1924-1994), österr.-amerik. Philosoph, Vertreter des kritischen →Rationalismus u. methodischer Anarchist, der die Wissenschaftler aufrief, sich dem Methodenzwang zu widersetzen. Anything goes!

Flake Cut. Während des Herstellungsprozesses werden die Tabakblätter in Schichten gepresst, dann in kleinere Riegel u. anschließend in dünne Scheiben (Flakes) geschnitten. Pfeifenpumpernickel.

Flavouring. Aromatisierung von Tabaken durch Zugabe von Duft- u. Geschmacksessenzen. Auch Tabak-Deo genannt.

Flusser, Vilém (1920-1991), in Prag geb. u. über London nach Rio emigrierter Medienphilosoph, dessen Hang zu skurrilen Themen häufig für Aufsehen sorgte.

Foucault, Michel (1926-1984), franz. Philosoph u. Historiker mit sehr breitem Scheitel. Gilt als einer der Erzväter des →Strukturalismus.

Freehand. 1. Pfeife, die komplett von Hand nach dem Verlauf der Maserung gemacht wurde. 2. Rauchen der Pfeife ohne Benutzung der Hände, insbesondere bei neuen Meerschaumpfeifen üblich.

Friedell, Egon (1878-1938), österr. Philosoph, Schriftsteller, Kabarettist, Schauspieler, Theater- u. Kulturkritiker. Berühmt wurde der passionierte Pfeifenraucher durch seine *Kulturgeschichte.*

Fries, Jakob Friedrich (1773-1843), dt. Philosoph u. Liebhaber von Gesteck-Pfeifen. Im Gegensatz zu heute kosteten ihn 1818 seine Kontakte zu Burschenschaften den Job als Philosophieprofessor.

Gaarder, Jostein (*1952), norw. Schriftsteller, der 1991 international bekannt wurde durch das Kinderbuch *Sofies Welt*, in das, man weiß nicht wie, etwas Geschichte der Philosophie geraten ist.

Gadamer, Hans-Georg (1900-2002), dt. Philosoph. Begründer einer neuen →Hermeneutik u. kreativer Rezipient aller maßgeblichen Denkschulen seiner Zeit.

Garbe, Ingo (*1945), dt. Pfeifenmacher der Spitzenklasse, lebt u. arbeitet seit über 30 Jahren auf der Ostseeinsel Læs , was ihm in der Branche den Ehrentitel »Zauberer von Læs« eingebracht hat.

Geißler, Karlheinz (*1944), dt. Wirtschaftspädagoge mit zahlreichen Publikationen zum Thema *Zeit*.

Genazino, Wilhelm (*1943), dt. Autor wunderlich-poetischer Romane voller tragikomischer Helden mit dem Hang zur Philosophie.

Gerhardt, Volker (*1944), dt. Moralphilosoph, Mitglied des nationalen Ethikrates. Forschung zu Kant u. Nietzsche.

Gernhardt, Robert (1937-2006), dt. Schriftsteller und Cartoonist, Gründungsmitglied der Neuen Frankfurter Schule, unterschätzter Intellektueller, geschätzter Humorist, zuletzt Philosoph. →Henscheid

Glucksmann, André (*1937), franz. Philosoph, Vertreter der sog. »Neuen Philosophen«, die in ihrer Auseinandersetzung mit der klassischen Philos. dieser totalitäre Strukturen vorwerfen.

Graham, Laurie, engl. Sachbuchautorin, die zahlreiche Ratgeber für alle häuslichen, familiären u. gesellschaftlichen Notlagen verfasst hat.

Griffith, Jay, engl. Journalistin, die sich gleich in ihrem ersten Buch mit Zeittheorien auseinandersetzt.

Hacker, Richard Carleton, amerik. Pfeifenbuchautor, dessen Pfeifenwissen Niederschlag in vielen amüsanten Pfeifenbüchern findet. →Pfeifenpapst

Haliburton, Thomas Chandler (1796-1865) kanad. Jurist u.

Schriftsteller, dessen satirisch-philos. Figur des vorlauten Yankees *Sam Slick* sich noch heute im engl. Sprachraum großer Beliebtheit erfreut. Natürlich raucht »Uncle Sam« Maiskolbenpfeife.

Hankinson, Jim (*1957) engl. Populärphilosoph, Kenner des Brauereiwesens, Cineast u. Autor komischer Philosophiebücher.

Hau, Arnold (1969-1900), völlig unbedeutender dt. Philosoph, aber bedeutender Pfeifenraucher, der es als Einziger schaffte, zu sterben, bevor er geboren wurde.

Hedonismus (griech.: *hedoné*, Freude, Vergnügen, Lust), die ethische Lehre, die den größtmöglichen Gewinn an Lust als erstrangig erstrebenswert ansieht.

Henscheid, Eckhard (*1941), dt. Schriftsteller. Ein gutes Beispiel dafür, dass man Autoren, die geistreich schreiben, nie ernst nimmt. →Blumenberg, →Friedell, →Gernhardt

Hermeneutik, (griech. hermeneuein, deuten, interpretieren). Lehre vom Verstehen, Auslegungskunst; auch →Aschenorakel: Nachdem die Pfeife zu Ende geraucht wurde, wird die Asche untersucht u. gedeutet. Dies brachte →Gadamer zu der Annahme, dass der Interpret u. das zu Interpretierende immer in einem gegenseitigen Bedingungsgefüge, dem hermeneutischen Zirkel stehen: Um das Ganze zu verstehen, ist es notwendig, die Teile zu verstehen, u. umgekehrt.

Heydt, Imre von der (*1964), dt. Theater- u. TV-Autor, glänzt insbesondere durch seine Verteidigung des Rauchens aus Leidenschaft. Ihm gebührt der Ehrentitel *Defensor Fumatoria.*

Hochrain, Helmut, dt. Erfolgsautor u. Auflagenlegende der Pfeifenliteratur. Seine Ratgeber u. Einführungen haben seit den 60er Jahren Generationen von Pfeifenrauchern geprägt. Größter →Pfeifenpapst

Hodgkinson, Tom (*1968), engl. Journalist, staatlich anerkannter

Müßiggänger mit philosophischen Neigungen. Wäre am liebsten Pfeifenraucher, darf aber nicht wegen seiner Freundin.

Höffe, Otfried (*1943), dt. Philosoph, gehört zu den letzten Mohikanern, die die normativ-kritische Kompetenz der Philosophie auch im Zeitalter der Globalisierung verteidigen.

Hörning, Karl H. (*1938), dt. Soziologe mit dem Forschungsschwerpunkt Lebensstile u.Ä. kulturwiss. Studien.

Hossenfelder, Malte (*1935), dt. Philosoph, hochkarätiger Skeptiker u. wackerer Verteidiger →Epikurs.

Husserl, Edmund (1859-1938), dt. Philosoph. Er gilt als Begründer der →Phänomenologie. Ihm zufolge ist nicht die Entwicklung von Theorien Sache der Phänomenologie, sondern die Beschreibung der Sachen selbst. »Zur Pfeife selbst!«

Idealismus (griech. idéa: Erscheinung, Gestalt, Form). Grundlegende phil. Richtung, der zufolge das Wesen der Welt nicht in der Struktur der Dinge, sondern im Geist liegt, der die Materie durch Ideen organisiert. Also: Blauäugigkeit.

Ivarsson, Sixten (1911-2001), schwed. Pfeifenmachergenie, der verwirrenderweise den »dänischen Stil« u. damit den modernen Mythos Pfeife schuf.

James, William (1842-1910), amerik. Philosoph u. Psychologe, Mitbegründer der Philosophie des Pragmatismus.

Jokologie, jokologische Philosophie (lat. *Iocus*, Scherz, Witz), eine Philosophie des Augenzwinkerns, eigens zur intellektuellen Lockerung von Hans →Lenk erfunden.

Jonas, Hans (1903-1993), dt. Philosoph u. Religionswissenschaftler. Bekannt wurde er durch sein Postulat einer ethischen Verantwortung des

Menschen (*Das Prinzip Verantwortung*, 1979), das auch Pfeifenraucher einschließt.

Joura, Karl-Heinz (*1942), dt. Pfeifenmacher der Spitzenklasse.

Kantel (franz. ebauchon), rohe Pfeife.

Kantianismus 1. Lehre mehrerer sich (meist zu Unrecht) auf Kant berufender phil. Schulen. 2. Synonym für dunkel, unverständlich u. schwierig.

Kartesianismus. Auf Descartes zurückgehende Erkenntnislehre: »Cogito cogito ergo cogito sum« Ich denke, dass ich denke, daher denke ich, dass ich bin. Was vermutlich richtig ist.

Kast, Verena (*1943), schweiz. Psychologin, bekannt durch populärwissenschaftliche Publikationen im Bereich der Lebenshilfe u. Ratgeberliteratur.

Kenner. Spezialist, der alles über etwas weiß u. nichts von allem anderen.

Kundera, Milan (*1929), tschech. Schriftsteller, der 1984 seinen Durchbruch als Erzähler von Weltrang mit dem Roman *Die unerträgliche Leichtigkeit des Seins* erzielte.

Latakia (ar. Al-Ladhiqiyah). 1. Hafenstadt im Nordwesten von Syrien u. Hauptstadt des Gouvernements Ladhiqiyah. 2. Sagenumwobener enorm aromatischer Würztabak, der hauptsächlich aus Syrien, Griechenland u. der Türkei stammt. Sorgt für den charakteristischen Duft nach brennendem Autoreifen einer original englischen Mixture aus.

Lavater, Johann Kaspar (1741-1801), schweiz. Pfarrer, der sich mit Physiognomik beschäftigte u. glaubte, aufgrund von Körpermerkmalen auf den Charakter eines Menschen schließen zu können.

Leacock, Stephen Butler (1869-1944), kanad. Intellektueller, der mehr als 30 gehaltvolle Bücher zu philosophischen Themen verfasste. Leider hat er auch einen Band mit witzigen Essays geschrieben. Seither gilt er als Humorist mit Pfeife.

Lenk, Hans (*1935), dt. Philosoph, Wissenschaftstheoretiker u. Autor einiger humorvoller Publikationen zum Thema Philosophie; Erfinder der →Jokologie.

Lévi-Strauss, Claude Gustave (*1908), franz. Ethnologe, der die aus der Linguistik stammende →strukturalistische Methode auf die Ethnologie übertrug u. so eine neue Kulturanthropologie begründete.

Levinas, Emmanuel (1906-1995), franz. Philosoph u. Pfeifenraucher. Sein Denken zielt auf Überwindung der in der abendl.-europ. Tradition vorherrschenden Phil. Ein Denken, das in der Phil. Tradition hat.

Levine, Robert (*1945), amerik. Sozialpsychologe, der sich intensiv mit der Wahrnehmung von Zeit beschäftigt hat.

Libert, Lutz, dt. Pfeifenbuchautor mit kulturwissenschaftlichen Publikationen in der DDR.

Liebaert, Alain →Maya

Linné, Carl von (1707-1778), schwed. Naturforscher, der die Systematik zur Klassifizierung der Pflanzen- u. Tierarten schuf.

Logik. 1. Ein sehr nützliches Wort, wenn man Zeit gewinnen will: »Wo ist da die Logik?« 2. Formales System bedeutungsloser Wörter zur folgerichtigen Beweisführung. 3. Gänzlich unverständliches Buch von Hegel.

Luhmann, Niklas (1927-1998), dt. Rechts- u. Sozialwissenschaftler. Gilt als Begründer der Systemtheorie u. zählt zu den einflussreichsten Soziologen des 20. Jahrhunderts.

Lyotard, Jean-François (1924-1998), franz. Philosoph mit Neigung zur Großpfeife. International bekannt durch seine Schrift *Das postmoderne Wissen*, wo er den Begriff der →Postmoderne ins Feuilleton einschleppte.

McCarthy, Joseph Raymond (1908-1957), amerik. Politiker und Psychopath, der zu Beginn der fünfziger Jahre die Kampagne gegen die angebliche kommunistische Unterwanderung des öffentlichen Lebens leitete. →Political Correctness

Marcuse, Ludwig (1894-1971), dt. Schriftsteller, Literaturkritiker u. pfeifenrauchender Philosoph. Viel zu guter Stil für einen Philosophen, deshalb mangelnde Anerkennung.

Marquard, Odo (*1928), dt. Philosoph, der in seinen ironischen Schriften seine Forderung nach einer »Wende zur →Skepsis« innerhalb des geistesgeschichtlichen Denkens umsetzt, wenn er der Philosophie bloß noch eine Inkompetenzkompensationskompetenz zubilligt.

Maya, Alain gehört zu den renommiertesten franz. Pfeifenbuchautoren. Gemeinsam mit dem Journalisten Alexis Liebaert hat er viel zur Erforschung der Kultur des Pfeifenrauchens beigetragen. →Pfeifenpapst

Metaphysik, (griech. meta ta physika, nach, bzw. hinter dem Physischen). 1. phil. Königsdisziplin, die die Seinsstruktur der Wirklichkeit zum Gegenstand hat, d. h. die Fundamentalbedingungen alles Seienden, dasjenige, was hinter den sinnlich konkreten Phänomenen der Wirklichkeit als dessen Urgrund betrachtet werden kann. 2. Polemischer Vorwurf des Schwachsinns. 3. Entgegnung der absoluten Wahrheit auf Schwachsinnsvorwürfe.

Mill, John Stuart (1806-1873), engl. Philosoph, bedeutendster Vertreter des Positivismus u. →Utilitarismus. Sein Schlachtruf war: »Das größte Glück der größten Zahl«.

Milligan, Spike (*1918), brit. Autor u. Pfeifenraucher, der auf der Insel so sehr für seinen skurrilen Humor geschätzt wird, dass ihm der höchste Orden seines Landes verliehen wurde. Seine vielen Bücher, Theaterstücke u. Glossen sind bei uns unbekannt.

Monty Python. Keine Person, sondern eine brit. Komikergruppe. Ihre Fernsehserie Monty Python's Flying Circus u. Filmkomödien wie *Der Sinn des Lebens* gelten als herausragende Beispiele engl. Humors. Alle rauchten Pfeife, aber möglicherweise nicht alle immer nur Tabak.

Moore, George Edward (1873-1958), engl. Philosoph, Vertreter des philosophischen Realismus u. tatkräftiger Unterstützer der Streichholzindustrie. Massiver Pfeifenraucher wie Bertrand →Russell.

Moravia, Alberto (1907-1990), ital. Schriftsteller u. Pfeifenraucher. Beschäftigte sich ausgiebig mit der Langeweile, wahrscheinlich schon während seiner Schulzeit.

Moser, Friedhelm (1954-1999) dt. Philosoph, Autor sehr erfolgreicher Bücher, in denen Kompliziertes einfach erklärt wird.

Mutz, Emil hat entgegen landläufiger Annahmen nicht die Mutz-Pfeife erfunden.

Mutzpfeife →Shag-Pfeife

Nadolny, Sten (*1942), dt. Schriftsteller. Mit seinen ironischen Romanen *Die Entdeckung der Langsamkeit* (1983) u. *Selim oder Die Gabe der Rede* (1990) gehört er zu den erfolgreichsten Autoren der gegenwärtigen dt. Literatur.

Nagel, Thomas (*1937), amerik. Philosoph, gehört zu den verständlichsten Denkern seiner Zunft.

Neuss, Wolfgang (1923-1989), Schauspieler u. Kabarettist. Der Mann mit der Pauke war unbequemer Kritiker u. nicht alles, was er in der Pfeife rauchte, war wohl auch Tabak.

Nozick, Robert (*1938), amerik. Staats- u. Moralphilosoph, der die Heiligkeit des Alltäglichen preist u. sich als Philosoph nicht scheut, über Sexualität zu schreiben – aber nicht, zu rauchen. PC!

Onfray, Michel (*1959), franz. Philosoph, gilt als Vertreter des modernen →Hedonismus.

Ontologie (griech. onta, das Seiende, u. logos, die Lehre). 1. Bezeichnung für die Lehre vom Wesen des Seins. Bereits die antike Philosophie kannte die Frage nach dem »Sein des Seienden« – seither sucht man vergeblich nach einer Antwort. 2. Entschuldigung für eine unverständliche Vorlesung.

Oppenheimer, J. Robert (1904-1967), amerik. Atomphysiker u. leidenschaftlicher Pfeifenraucher. Bekannt wurde er nicht durch seine bahnbrechenden Beiträge zur Quantentheorie, sondern durch die Entwicklung der Atombombe.

Pagès, Frédéric (*1950) franz. Philosoph, Redakteur des *Canard enchaîné*, Frankreichs bekanntester satirischer Zeitschrift.

Pantheismus. Die Lehre, dass alles Gott ist, im Unterschied zu der Lehre, dass Gott alles ist. →Spinoza

Paracelsus, Philippus Aureolus Theophrastus Bombast von Hohenheim, (1493-1541), dt. Al-Chemiker u. Homöopath. »Die Dosis macht den Unterschied«, war sein Leitspruch, der sich wohl nicht auf seinen Namen bezog.

Paradoxon. In Logik u. Mathematik ein offensichtlich widersprüchlicher Schluss, der sich jedoch von gültigen Prämissen abzuleiten scheint. Im echten Leben die Grundlage aller Gemeinschaft.

Paris, Rainer, dt. Sozialpsychologe, beschäftigt sich mit Themen des Sozial- u. Gesundheitswesens.

PC Leider nicht die Abkürzung für *Pipe & Cigar*, auch nicht für Personal Computer, sonder scharfe Zurechtweisung (sprich *pie-ßie!*), wenn man sich nicht der →Political Correctness entsprechend verhalten hat. Also andauernd.

Pessimismus. »Philosophie, die dem Beobachter durch die deprimierende Vorherrschaft des Optimisten mitsamt seiner abschreckenden Hoffnung u. seinem unansehnlichen Lächeln aufgezwungen wird«. →Bierce

Pfeife. 1. Gerät, mit dem der Rauch von verglimmenden Pflanzenerzeugnissen in den Mundraum eingesogen wird →Rauchen. 2. Folterinstrument. Es gibt zwei Folterinstrumente für Nichtraucher, die schlimmer sind als eine Pfeife - zwei Pfeifen. 3. der Vorgesetzte.

Pfeifenpapst (lat. pipofex maximus), auch Pfeifenflüsterer. Von seinen Gegenpäpsten geschmähter Autor von Pfeifenbüchern, meist mit beneidenswert hoher Auflage, in denen er seine fehlbaren Meinungen und häretischen Ratschläge verbreitet. Reine Glaubenssache.

Phänomenologie (griech.: Lehre von den Erscheinungen). 1. Philosophische Bewegung, welche die Strukturen von Erfahrung zu beschreiben versucht, wie sie sich selbst dem Bewusstsein darstellen, ohne dafür auf Theorien, Ableitungen oder Voraussetzung anderer Disziplinen, etwa der Naturwissenschaften, zurückzugreifen. 2. Zaubern ohne Zauberstab.

Pieper, Josef (1904-1997), dt. Philosoph. Gilt als einer der bedeutendsten christlichen Denker des 20. Jahrhunderts. Machte Philosophieren im Fernsehen populär.

Pipologie. Ursprünglich Geheimlehre, seit →Raleigh Lehre vom Pfeifenrauchen, bald aber wieder Geheimlehre. Dan Brown soll bereits an einem entsprechenden Roman arbeiten: *Sapperlot, die Pipomaten.*

Plessner, Helmuth (1892-1985), dt. Philosoph u. Soziologe. Gilt als einer der Begründer der philosophischen Anthropologie.

Political Correctness. Scheinheilige Bemühung, durch Sprachregelungen soziale u. politische Diskriminierungen zu verschleiern. Greift als Fundamentalismus von der Sprache auf alle Lebensbereiche über. Unter dem pseudorationalen Deckmantel der Antidiskriminierung erfolgen zuerst Rauchverbote, dann die Ächtung von Alkohol, Zucker, Fettleibigkeit u. Alter u. schließlich die Abschaffung des Denkens. → MacCarthyism

Pollner, Otto (1924-2003), dt. Grandseigneur der Pfeifenmacher, Autor historischer u. praktischer Pfeifenbücher, Mitglied der Académie Internationale de la Pipe u. beharrlicher Lokalpatriot. →Pfeifenpapst

Popper, Sir Karl Raimund (1902-1994), österr.-engl. Philosoph, gelegentlicher Pfeifenraucher. Wurde insbesondere durch Forschungen zur wiss. Methodik bekannt. Gilt als Begründer des kritischen →Rationalismus u. wurde deswegen von →Wittgenstein mit einem unphilosophischen Schürhaken bedroht.

Positivismus. 1. Philosophische Strömung, die Erkenntnis ausschließlich aus Erfahrung u. empirischem Wissen über Naturphänomene ableitet, →Metaphysik u. Theologie hingegen als zur Erkenntnisgewinnung unangemessen betrachtet u. sich entsprechend Freunde macht. 2. Lebensbejahende Einstellung des unbelehrbaren Pfeifenrauchers.

Postmoderne. Diffuser Begriff der Kultur- u. Kunsttheorie, der eine Distanzierung zeitgenössischer Künstler von den ästhetischen Verfahren der Moderne beinhaltet. In Verbindung mit Multikulti eine bunte u. zwanglose Mischung, die unversehens auf der polit. Bühne in kompletten Blödsinn umkippen kann. Die Postmoderne ist nun auch schon wieder vorbei, nur weiß noch niemand, was jetzt gerade dran ist.

Pragmatismus bedeutet, dass eine Überzeugung dann wahr ist, wenn sie für den nützlich oder befriedigend ist, der sie hat.

Ramazotti, Eppe (1898-1972), ital. Biologe, bedeutender Pfeifensammler, Kulturwissenschaftler. Seine Publikationen (gemeinsam mit Bernard Mamy, dem Leiter der Antiquitätensammlung des Louvre) sind

Meilensteine der Kulturwissenschaften der Pfeife. Weder verwandt mit Eros noch Schnapsproduzent.

Randow, Gero von (*1953), dt. Genießer, Journalist, Autor mehrerer Sachbücher; Redakteur bei »DIE ZEIT«. Zigarrenfan.

Rational (lat. ratio: Vernunft). Frei von allen Selbsttäuschungen, mit Ausnahme der auf Beobachtung, Erfahrung u. Denken beruhenden.

Rationalismus (lat. ratio: Vernunft). Phil. Strömung, die die Vernunft als für den Erkenntnisprozess wesentlich hervorhebt u. alle anderen Strömungen als unvernünftig ausschließt.

Rauchen. 1. Inhalation der Schweldämpfe getrockneten Laubes. Immer schädlich. 2. Etwas, das viel Spaß macht u. deshalb bald illegal sein wird.

Rauchhaupt, Ulf von (*1964), dt. Astrophysiker, Philosoph u. Journalist, der sich mit Gegenwart u. Zukunft des Wissens befasst.

Rauschgift. Eine unverriegelte Tür im Gefängnis der Identität. Sie führt auf den Gefängnishof. →Bierce

Rawls, John (1921-2002), amerik. Philosoph. Mit *Eine Theorie der Gerechtigkeit* (1971) schuf er das z. Zt. einflussreichste Werk über die Grundlagen der liberalen Gesellschaft. Hier darf geraucht werden.

Recki, Birgit (*1954), dt. Philosophin u. Kulturwissenschaftlerin. Publikationen zu Ästhetik u. Cassirer.

Rhodesian. Milit. Pfeifen-Form. Ist durch kompaktes Mundstück, gedrungene Form u. Metallvirole sehr widerstandsfähig. Einschliff am Pfeifenkopf.

Rigotti, Francesca (*1951), ital. Philosophin, lehrt politische Wissenschaften u. hat ihre Küche zum philosophischen Labor gemacht.

Ritus. Religiöse oder quasireligiöse Zeremonie (festgeschrieben durch Gesetz, Vorschrift oder Gewohnheit), aus der das wesentliche Öl der Aufrichtigkeit durch Auswringen entfernt wurde. →Bierce

Romantik, philosophische. Reaktion auf das mechanistische Welt- u. Menschenbild der →Aufklärung. Gegen den →Rationalismus werden die zu Unrecht vernachlässigten Aspekte menschlichen Seins u. Erkennens, das Gefühl, die Natur u. die Kunst, in den Vordergrund gerückt.

Rosendorfer, Herbert (*1934), dt. Schriftsteller. Bekannt wurde er durch seine unkonventionell-spielerische Prosa. Sein hintergründiger, teils absurd-skurriler Humor ist nicht nur unter Pfeifenkollegen geschätzt.

Russell, Bertrand Arthur William (1872-1970), engl. Philosoph, Logiker, Mathematiker, polit. Aufklärer, Gesellschaftskritiker, überzeugter Pfeifenraucher u. notorischer Bräutigam. Mentor von →Wittgenstein

Ruskin, John (1819-1900), engl. Schriftsteller, Kunstkritiker u. Sozialphilosoph mit großer Pfeifenleidenschaft.

Rutzen, Rolf Joachim (*1952), dt. Journalist, Autor von Reiseliteratur u. des verdienstvollen Überblicks über die großen Pfeifenmacher mit ihren Marken u. Modellen. →Pfeifenpapst

Sant'Ambrogio, Diego, ital. Kulturwissenschaftler, mit dem Forschungsgebiet Pfeifenrauchen. Heute vergessener →Pfeifenpapst der späten 60er.

Sartre, Jean-Paul (1905-80), franz. Philosoph. Die Grunderfahrung des Pfeifenrauchers, die er in seiner radikalen Freiheitsphilosophie auf den Punkt bringt, ist die der Unbegründetheit u. Unbegründbarkeit vorgegebener faktischer Normen. →Existenzialismus

Schleiermacher, Friedrich Daniel Ernst (1768-1834), dt. Theologe u. Philosoph. Ab 1796 Pfarrer in Berlin, wo er dem Kreis der →Romantiker angehörte. *Der* Übersetzer Platons.

Schmid, Wilhelm (*1953), dt. Philosoph mit dem persönlichen Forschungsschwerpunkt »Lebenskunst«.

Schmidt, Arno Otto (1914-1979), dt. Schriftsteller mit ergebener Fan-Gemeinde. Außenseiter der dt. Literatur, dessen von Assoziationsreichtum u. orthografischer Eigenwilligkeit geprägtes Schaffen keiner literarischen Strömung zugeordnet werden kann.

Schmitt, Eric-Emmanuel (*1960), franz. Philosoph u. Autor sehr erfolgreicher Romane u. Erzählungen.

Schneiders, Werner, dt. Philosoph, der sich intensiv mit der Philosophie der Aufklärung beschäftigt.

Schönberger, Margit, dt. Journalistin mit einem Hang zu gewichtigen Themen in der Ratgeberbranche.

Schulz, Manfred (*1943), dt. Pfeifenbuchautor. Zählte in den 70ern zu den jungen Wilden unter den →Pfeifenpäpsten

Schwanitz, Dietrich (1940-2004), dt. Schriftsteller, der durch seinen Universitätsroman *Der Campus* für Aufsehen sorgte, obwohl er darin nur den ganz normalen Alltag an einer Universität beschreibt.

Shag. Sehr feiner, langer Schnitt. Auch wenn er meist zum Drehen von Zigaretten verwendet wird, gibt es durchaus gute Feinschnitt-Mixtures für die →Shag-Pfeife.

Shag-Pfeife; auch Mutzpfeife. Seit etwa 1900 gebräuchliche kleine Billigpfeife für Feinschnitttabak. Die Grundform der Shag war Vorbild der sich nach dem ersten Weltkrieg entwickelnden Pfeifenformen.

Siep, Ludwig (*1942), dt. Moralphilosoph, Mitglied des dt. Ethikrates. Forschungsschwerpunkte sind Aristoteles u. Hegel.

Simenon, George (1903-1989), franz. Krimiautor, Schöpfer des Kommissar Maigret. Gilt wegen seines düsteren Stils als →Camus des Krimis. Pfeifenraucher der Leistungsklasse.

Simmel, Georg (1858-1918), dt. Philosoph, Pfeifenraucher u. Mitbegründer der formalen Soziologie, die versucht, die Wirklichkeit durch Modelle u. Kategoriensysteme zu ordnen, um Aussagen über soziale Erscheinungen machen zu können.

Sitwell, Dame Edith (1887-1964), engl. Schriftstellerin, vor allem als Autorin satirischer Gedichte bekannt u. als sehr exzentrische Erscheinung. Auch ohne Pfeife.

Skeptiker. Jemand, der gequält lächelt, weil er weiß, dass er wieder mal Recht behalten wird u. ihm dies nichts nützt.

Skeptizismus (griech. skeptesthai: überprüfen). Philosophische Lehre, die alle Behauptungen radikal hinterfragt u. nur durch den kritischen Zweifel geprüfte Behauptungen gelten lässt. Also entweder nichts oder nur das, was dem Philosophen in den Kram passt.

Smullyan, Raymond (*1918), amerik. Mathematiker u. Logiker, der sich jahrzehntelang als Magier durchschlug, bis er endlich eine Professur erhielt (City University of New York, nicht Hogwarts). Schreibt zauberhafte Bücher.

Sommer, Manfred (*1945), dt. Philosoph, Schüler →Blumenbergs, beschäftigt sich hauptsächlich mit Husserl u. der Phänomenolgie.

Sophist. 1. Jemand, der Wissen gegen Münzen tauscht u. Wahrheit für beliebig hält. Insofern mit Rechtsanwälten verwandt. 2. Immer der andere.

Sophistik. 1. In der Frühantike phil. Sekte, zu der offiziell niemand gehörte. 2. Fragwürdige Methode eines Gegners, die die eigene Unaufrichtigkeit u. Durchtriebenheit übertrifft.

Spencer, Herbert (1820-1903), engl. Sozialtheoretiker; gilt als erster Soziologe.

Stein, Gertrude (1874-1946), amerik. Schriftstellerin mit Hang zu ins Unendliche fortschreibbaren Sätzen, die poetisch den Vorrang der Form vor einem Inhalt propagieren.

Stein, Hennes (*1965) dt. Publizist, u. bekennender Nichtdenker, was ihn unweigerlich zum Denker macht.

Sterne, Laurence (1713-1768), engl. Schriftsteller u. passionierter Pfeifenraucher. Mit dem als fiktive Autobiografie konstruierten Roman *The Life and Opinions of Tristram Shandy, Gentleman* schuf er einen der bekanntesten satirischen Romane seiner Zeit.

Stoa, Schule der griech.-röm. Philosophie von ca. 300 v. bis ca. 200 n. Chr. Benannt nach ihrem ursprünglichen Versammlungsort, einer Säulenhalle (griech. stoa) in Athen. Stoiker sind die Kaltblüter unter den Philosophen.

Straight, auch Marsellaise. Gerade Pfeifenform. →Billiard

Strukturalismus. 1. Geisteswissenschaftliche Verfahrensweise, die den historischen Kontext ihres Forschungsgegenstands sträflich vernachlässigt, um sich der Untersuchung seiner Struktur, also des Beziehungsgefüges seiner Einzelelemente zueinander, zuzuwenden. 2. Resultat von Sandstrahlen u. Rustizieren.

Stüttgen, Albert (1932-2004), dt. Philosoph, der sich intensiv mit lebensphilosophischen Fragen beschäftigt hat.

Surrealismus (franz. sur, über u. Realismus). Avantgardistische Literatur- u. Kunstströmung, die die Wirklichkeit bis zur Kenntlichkeit verzerrt. Ausgehend von der Psychoanalyse →Freuds versuchen Surrealisten nicht länger, äußere Wirklichkeit darzustellen, sondern thematisierten das Unbewusste, Triebhafte u. Irrationale.

Svendsen, Lars norwegischer Philosoph; lehrt in Oslo.

Svevo, Italo (1861-1928), ital. Schriftsteller, Antipsychologe u. Nikotinsüchtiger. Gilt als einer der wichtigsten ital. Vertreter der klassischen Moderne u. zu unrecht als »lustiger« Autor.

Tolkien, John Ronald Reuel (1892-1973), engl. Philologe, Mythenforscher u. Schriftsteller; hat wichtige Informationen zum Pfeifenkraut zusammengetragen u. darum herum eine uninteressante u. langatmige Geschichte um irgendso einen alten Ring entwickelt.

Torberg, Friedrich (1908-1979), österr. Schriftsteller, suchtgeplagter Raucher u. uneinsichtiger Genussmensch, der irrtümlich davon ausging, dass auch Nichtraucher sterben müssten.

Transzendental (von lat. transcendere: hinübersteigen). 1. Bezeichnung für ein System, dass eine Realität jenseits der rein sinnlichen Erfahrung behauptet, die das gewöhnliche, rein empirische Verstehen übersteigt. 2. Synonym für völlig abgefahren.

Utilitarismus (lat.: utilis, nützlich), Theorie der Ethik, des Rechts u. der Sozialphilosophie, nach der eine Handlung dann als ethisch gut beurteilt werden kann, wenn sie für das Glück der meisten Menschen förderlich oder eben nützlich ist.

Verdaguer, Joaquin franz. Pfeifenbuchautor, dessen Bücher in den 50er bis 70er Jahren die Kunst des Pfeifenrauchens kultivierten. Heute vergessener →Pfeifenpapst

Virginia. Berühmteste Tabaksorte, die nicht nur in Virginia angebaut wird. Hat goldgelbe Blätter, ist leicht süßlich u. sehr aromatisch. Was dem Weißwein der Müller-Thurgau, ist dem Pfeifentabak der Virginia.

Vorsokratiker. Sammelbezeichnung für jene griech. Denker, die in der Zeit von 600 v. Chr. bis zum Todesjahr des Sokrates 400 v. Chr. lebten u. lehrten. Mit ihnen begann das Elend der Philosophie.

Weber, Carl, US-amerik. Autor verschiedener Pfeifenbücher, die Anfang der 60er Jahre großen Einfluss auch in Deutschland hatten. Heute vergessener →Pfeifenpapst

Wells, Herbert George (1866-1946), engl. Schriftsteller, Mitbegründer der Science-Fiction. In seinen Romanen schilderte der passionierte Pfeifenraucher prophetisch den Triumph der Technik. Die Schrecken der →Political Correctness konnte selbst er sich nicht ausmahlen.

Weltanschauung. 1. absolute Gewissheit, die nur von uns selbst als unumschränkt wahr erkannt wird, aber beansprucht, von allen anderen anerkannt zu werden; 2. einheitliche Deutung des Kosmos als nicht diskutable Triebkraft der Geschichte.

Weltbild. Funktionales Gedankengebäude zur Deutung der Welt.

Willemsen, Roger (*1955), dt. Literaturwiss., Journalist, Jazz-Liebhaber u. TV-Moderator. 2002 Rückzug aus dem TV-Geschäft, seither Berufsintellektueller u. Essayist. Meines Wissens kein Pfeifenraucher.

Williams, Bernard (*1929), engl. Philosoph, zählt zu den herausragenden Philosophen seines Landes.

Wittgenstein, Ludwig Josef Johann (1889-1951), österr.-brit. Philosoph mit Schürhaken. Er leistete bedeutende Beiträge zur analytischen Philosophie u. Sprachphilosophie sowie zur Einschüchterung von Karl →Popper, nicht aber zum Pfeifenrauchen.

Zenon von Elea (5. Jahrhundert v. Chr.), griech. Mathematiker u. Philosoph, der wegen seiner Philosophie des →Paradoxons bekannt ist.